Le Maghreb

*De l'empire ottoman
à la fin de la colonisation française*

Yvette KATAN BENSAMOUN
Rama CHALAK
ET AVEC LA COLLABORATION DE JACQUES-ROBERT KATAN

BELIN 8, rue Férou 75278 Paris Cedex 06
www.editions-belin.com

DU MÊME AUTEUR

« Les colons de 1848 en Algérie : mythes et réalités » *Revue d'histoire moderne et contemporaine*, avril-juin 1984.

Oujda, une ville-frontière du Maroc (1907-1956). Musulmans, chrétiens et juifs en milieu colonial, L'Harmattan, 1989, 680 p.

En couverture : © Robert Leslie/Hoa-Qui, zelliges dans les tombeaux saadiens à Marrakech.

Le code de la propriété intellectuelle n'autorise que « les copies ou reproductions strictement réservées à l'usage privé du copiste et non destinées à une utilisation collective » [article L. 122-5] ; il autorise également les courtes citations effectuées dans un but d'exemple ou d'illustration. En revanche « toute représentation ou reproduction intégrale ou partielle, sans le consentement de l'auteur ou de ses ayants droit ou ayants cause, est illicite » [article L. 122-4].
La loi 95-4 du 3 janvier 1994 a confié au C.F.C. (Centre français de l'exploitation du droit de copie, 20, rue des Grands-Augustins, 75006 Paris), l'exclusivité de la gestion du droit de reprographie. Toute photocopie d'œuvres protégées, exécutée sans son accord préalable, constitue une contrefaçon sanctionnée par les articles 425 et suivants du Code pénal.

© Éditions Belin, 2007   ISSN 1158-3762   ISBN 978-2-7011-3391-1

Notes sur les transcriptions

Il existe deux systèmes de transcription de l'arabe vers le français : celui de la *Revue arabica* et celui de l'*Encyclopédie de l'Islam*. Nous n'avons pas suivi exclusivement l'un des deux et avons privilégié le système phonétique le plus proche possible de l'arabe classique ou des dialectes maghrébins quand ces derniers sont familiers aux Français.
Exemple : *baroud* (*barûd*)
Le *ayn* dont le son n'existe pas en français est transcrit par '
Exemple : *'abid*
Pour le pluriel, nous n'avons pas ajouté un s quand le mot arabe est lui-même au pluriel
Exemple : *ûlama* (pluriel de *'alim*), *chorfa* (pluriel de *charif*).
Les voyelles doubles en milieu de mot sont transcrites *iyya* ou *uwwa*.

Sigles

A.I	*Affaires indigènes*
A.I.U	*Alliance israélite universelle*
A.L.M	*Armée de libération marocaine*
A.L.N	*Armée de libération nationale*
A.M.L	*Amis du manifeste de la liberté*
B.R.P.M.	*Bureau de recherches et de participations minières*
C.A.M	*Comité d'action marocaine*
C.A.R.N.A	*Comité d'action révolutionnaire nord-africain*
C.C.E.	*Comité de coordination et d'exécution*
C.F.L.N.	*Comité français de libération nationale*
C.G.T.	*Confédération générale du travail*
C.G.T.T.	*Confédération générale tunisienne du travail*
C.G.T.U.	*Confédération générale du travail unitaire*
C.I.S.L.	*Confédération internationale des syndicats libres*
C.N.R.A	*Conseil national de la révolution algérienne*
C.R.U.A.	*Comité révolutionnaire d'unité et d'action*
E.N.A	*Etoile nord-africaine*
F.A.F	*Front de l'Algérie française*
F.L.N.	*Front de libération nationale*
G.P.R.A	*Gouvernement provisoire de la République algérienne*
M.N.A	*Mouvement national algérien*
M.R.P	*Mouvement républicain populaire*
M.T.L.D.	*Mouvement pour le triomphe des libertés démocratiques*
P.C.A	*Parti communiste algérien*
P.C.F	*Parti communiste français*
P.P.A	*Parti du peuple algérien*
P.P.F	*Parti populaire français*
O.A.S.	*Organisation armée secrète*
O.F.A.L.A.C.	*Office algérien d'action économique et touristique*
O.S.	*Organisation spéciale*
O.T.U.S.	*Office tunisien de standardisation*
S.A.R.	*Société d'amélioration rurale*
S.A.S	*Section administrative spécialisée*
S.I.P.	*Société indigène de prévoyance*
U.D.M.A	*Union démocratique du manifeste algérien*
U.G.A.T	*Union générale des agriculteurs tunisiens*
U.G.E.M.A	*Union générale des étudiants musulmans algériens*
U.G.S.C.M	*Union générale des syndicats confédérés du Maroc*
U.G.T.A	*Union générale des travailleurs algériens*
U.G.T.T	*Union générale tunisienne du travail*
U.S.T.A	*Union syndicale des travailleurs algériens*
U.S.T.T	*Union syndicale des travailleurs tunisiens*
U.T.I.C.A	*Union tunisienne de l'industrie, du commerce et de l'artisanat*
Z.A.A	*Zone autonome d'Alger*

PARTIE 1

L'Afrique du Nord avant l'arrivée des Français

Chapitre 1

L'Afrique du Nord avant la colonisation française

I. Un ensemble homogène et divers

Une unité certaine résulte d'abord des conditions naturelles ; la diversité est imposée par le découpage politique.

1 Des pays méditerranéens

S'étalant aux mêmes latitudes, les trois pays d'Afrique du Nord, Maroc, Algérie, Tunisie (la régence de Tripoli, restée en dehors du domaine colonial français, n'est pas étudiée ici) offrent aux hommes des conditions similaires par leur climat. Celui-ci se dégradant du Nord au Sud, du climat méditerranéen au climat désertique, le problème essentiel de l'eau domine la vie de ces régions. « La carte de la répartition annuelle des pluies est la plus importante à consulter pour connaître la nature nord-africaine », écrivait le géographe Jean Despois qui insistait sur la répartition inégale des pluies, mais aussi sur le fait que « l'Afrique du Nord ne reçoit presque nulle part moins de 200 millimètres par an, donc qu'elle n'est pas complètement désertique » [10, p. 16]*. En effet, sur un tiers de sa surface, la pluviométrie supérieure à 400 mm est suffisante pour la plupart des cultures méditerranéennes. Certaines régions reçoivent plus de 800 millimètres apportés par les vents qui balaient la Méditerranée ou l'Atlantique et déversent leur humidité sur les montagnes de l'Ouest et du Nord (Rif, Moyen Atlas, Altas tellien d'Alger à Bizerte…). Le Maroc apparaît à ce titre particulièrement favorisé par sa large ouverture sur l'Océan. La carte de la répartition annuelle des précipitations montre que les pluies inférieures à 200 mm ne s'observent que dans le sud et le nord-est du Maroc (abrité des vents d'ouest par de hauts reliefs et dans la zone présaharienne dont les hautes plaines des confins algéro-marocains).

* Voir bibliographie p. 365 à 372.

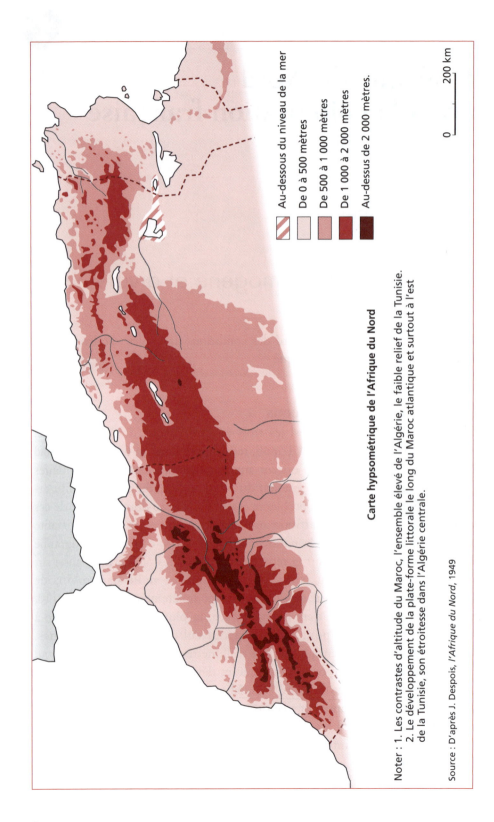

Carte hypsométrique de l'Afrique du Nord

Noter : 1. Les contrastes d'altitude du Maroc, l'ensemble élevé de l'Algérie, le faible relief de la Tunisie.
2. Le développement de la plate-forme littorale le long du Maroc atlantique et surtout à l'est de la Tunisie, son étroitesse dans l'Algérie centrale.

Source : D'après J. Despois, *l'Afrique du Nord*, 1949

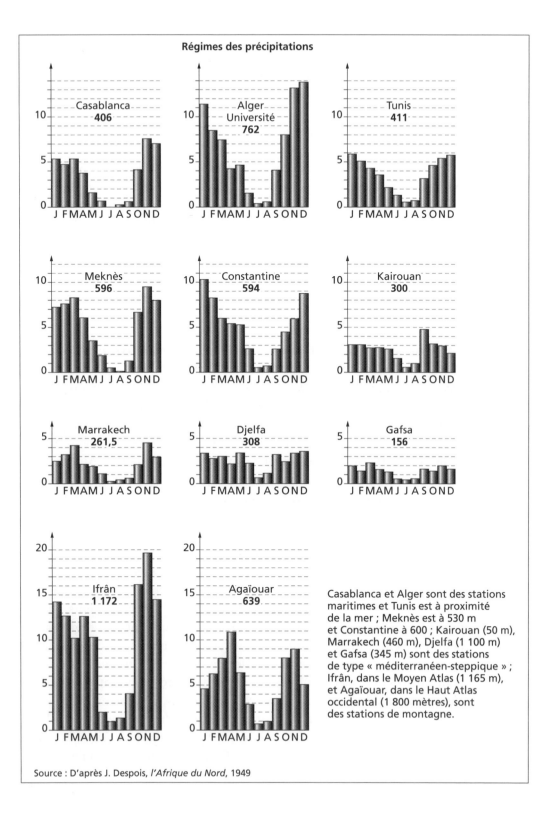

1. L'AFRIQUE DU NORD AVANT LA COLONISATION FRANÇAISE

Cependant, ce qui frappe surtout c'est l'irrégularité de la chute des pluies. Dans l'année, des mois de complète sécheresse, durant trois à cinq mois chauds, compromettent la vie agricole. D'autre part, les pluies tombant le plus souvent sous forme d'orages sur des sols desséchés perdent leur pouvoir bénéfique et souvent même ravagent les sols : « C'est de la régularité des pluies que dépendent les récoltes et les pâturages ; c'est elle qui fait le bonheur ou le malheur des gens » (J. Despois), [10, p. 21].

La régularité de la dégradation climatique est perturbée par la présence de systèmes montagneux importants, se relayant d'Ouest en Est, de l'Atlas marocain et algérien à la dorsale tunisienne. Ces zones élevées, zones-refuges pour l'homme, offrent paradoxalement des aptitudes à l'agriculture et à l'élevage, ce qui explique les fortes densités de population, contrastant avec le reste du Maghreb• peu peuplé.

Des diversités sont introduites également par l'ouverture plus ou moins grande aux influences maritimes de l'Océan atlantique et de la Méditerranée.

2 Trois entités politiques : deux régences turques, Alger et Tunis ; un royaume chérifien : le Maroc

Décrire l'Afrique du Nord vers 1830, c'est faire le tableau d'une région du monde qui présente une grande homogénéité du fait des conditions naturelles, humaines et historiques, mais garde une certaine diversité puisque nous sommes en présence de trois entités politiques, chacune consciente de sa personnalité : le Maroc sous une dynastie chérifienne ; l'Algérie et la Tunisie, deux régences de l'empire ottoman, mais largement autonomes. En Tunisie, la dynastie *husseinite*, théoriquement soumise à Istanbul, a toujours résisté à l'expansionnisme d'Alger tandis qu'à l'Ouest, le Maroc est resté en dehors de l'empire ottoman, ce qui pose le problème des raisons de sa résistance aux entreprises turques même si, chaque année, le sultan du Maroc doit envoyer un manteau, symbole d'allégeance, au califat d'Istanbul. Est-ce dû à une cohésion plus grande autour d'une monarchie chérifienne• qui, de plus, est nationale, celle des Alaouites depuis le XVIIe siècle, alors que les deux régences ottomanes, aux limites floues, connaissent une organisation politique peu centralisée, dont les liens avec Istanbul sont devenus assez lâches pour qu'on ne puisse plus parler de « colonies » turques ? Les dirigeants de ces deux pays sont des étrangers, des Turcs, confrontés à de fortes autonomies locales, alors qu'au Maroc, les sultans, généralement issus des régions sahariennes, étant souvent descendants du Prophète (*chorfa*•), la monarchie y gagne en puissance et en prestige religieux. À Alger, la milice turque élit le *dey*, qui est simplement confirmé par le sultan d'Istanbul. Ainsi, jusqu'en 1816, le *dey* d'Alger semble entièrement soumis à la milice des

Janissaires. Ceux-ci ne sont que des mercenaires, recrutés pour la plupart en Anatolie, formant un appareil militaire et politique qui écrase le pays sans s'y intégrer vraiment, malgré la présence de Kouloughis, issus d'unions entre Turcs et Berbères autochtones.

3 Des pays musulmans : l'islamisation de l'Afrique du Nord

L'homogénéité de l'Afrique du Nord dans le domaine spirituel est le résultat de l'islamisation quasi totale de la région depuis la conquête arabe du VIIe au IXe siècles. Les Arabes ont rencontré une vive résistance des autochtones berbères, mais la religion musulmane qu'ils imposèrent aux vaincus bouleversa la région. (C'est le rite malékite qui devait l'emporter, sauf en Tunisie où le rite hanéfite était pratiqué par les Turcs).

L'Afrique du Nord avait connu, antérieurement à celle des Arabes, des occupations étrangères : celle des Phéniciens qui ne pénétrèrent pas le pays, et n'installèrent que des comptoirs côtiers ; celle des Romains qui, en *Africa* (Tunisie actuelle), en Maurétanie, en Césarée, laissèrent des traces profondes. Rome introduisit ses techniques agricoles, dont la trilogie blé, vigne, olivier, et marqua l'*Africa* et l'Algérie de sa civilisation urbaine. L'influence romaine, prépondérante en Tunisie, allait s'affaiblissant vers l'Ouest ; seule la construction des routes et des fortifications, le long d'une limite sud, le *limes*, marquait la présence de Rome. Cependant, contrairement à ce que prétendaient les Européens au XIXe siècle, la société berbère, dominée par les Romains, ne fut pas profondément modifiée par eux.

Du point de vue spirituel, le paganisme initial fut entamé par le judaïsme, jusque dans les montagnes de l'Atlas, puis par le christianisme répandu dans la zone romanisée, mais c'est l'islam conquérant (à partir du VIIe siècle) qui recouvrit l'ensemble de la région, très affaiblie par les passages des Vandales (Ve siècle) et par les luttes religieuses entre les différentes hérésies chrétiennes et le christianisme officiel à l'époque de la reconquête byzantine. L'échec de la résistance contre les Arabes menée par la Kahina (qui aurait été une juive berbère selon Ibn• Khaldoun), jusqu'en 702, se termina par le ralliement des tribus berbères et leur conversion à l'Islam. Islamisée et arabisée, l'Afrique du Nord subit, avec l'invasion hillalienne (de Hilal, tribu de Bédouins) du XIe siècle, une seconde phase d'arabisation, sauf dans les montagnes où les Berbères résistèrent [185, p. 348].

- **Maghreb** : coucher du soleil, désigne l'ouest.
- **Chérif** : descendant du Prophète.
- **Charif, chorfa (pl.)** : descendant du prophète *ou se prétendant tel.*
- **Ibn** : fils de.

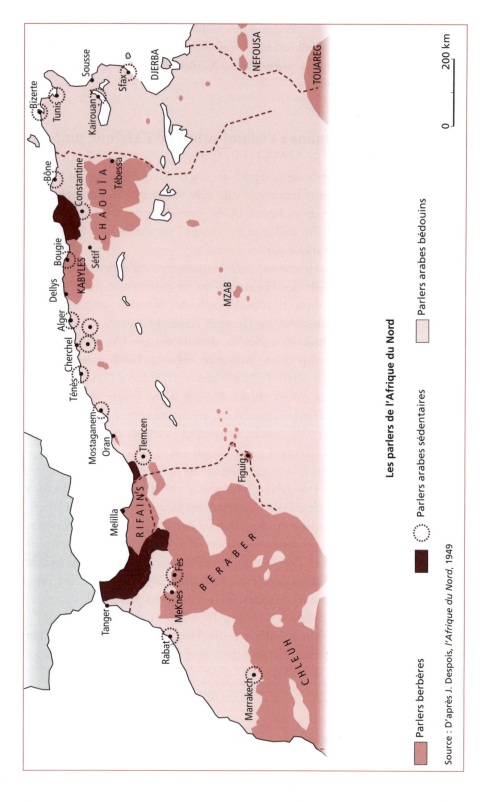

Les parlers de l'Afrique du Nord

Source : D'après J. Despois, l'Afrique du Nord, 1949

L'homogénéité de l'ensemble maghrébin tient à l'imprégnation de tous les actes de la vie par l'Islam. Partout la religion pénètre la vie quotidienne ; la célébration des grandes fêtes canoniques rythme l'année ; la loi coranique s'impose face aux « *Kanoun* » berbères. Néanmoins, la prégnance du sacré se nourrit aussi de pratiques et de croyances préislamiques.

4 Arabophones et berbérophones

Au XIXe siècle, au point de vue ethnique, l'ensemble du Maghreb est peuplé d'autochtones, les Berbères, et d'Arabes qui sont le plus souvent des Berbères arabisés. On dit Arabe *et* Berbère, mais cette distinction ne recouvre pas du tout, comme on l'a souvent écrit, l'opposition entre citadins arabes et nomades berbères ; en fait, ceux que l'on appelle des citadins arabes sont le plus souvent des Berbères arabisés. De même, les nomades sont arabisés puisque l'arabisation, en même temps que l'islamisation, a d'abord concerné les tribus nomades.

Ainsi, au Maghreb, n'existait, à l'arrivée des Français, en dehors de faibles minorités comme les Juifs et les Noirs, qu'une seule population constituée de deux groupes, les berbérophones et les arabophones. La proportion des uns et des autres était variable selon les pays ; de plus, si les berbérophones sont tous des Berbères, les arabophones ne sont pas tous des Arabes.

Les berbérophones se retrouvent dans les zones d'habitat-refuge, les montagnes, les îles (comme l'île de Djerba en Tunisie) ou au Maroc, pays du Maghreb « extrême » (*al aqsa*), atteint le dernier par la conquête arabe. Ils représentent 50 % de la population en Algérie, 60 % au Maroc et seulement 2 % en Tunisie, ce pays étant celui qui présente l'arabisation la plus ancienne et la plus profonde.

Signalons qu'au Maroc le maintien de la langue berbère apparaît comme une marque de résistance au pouvoir central dans ce que l'on appelait le « *bled siba* »•.

5 La langue arabe

Véhiculée par le Coran, écrit dans cette langue, devenue de ce fait langue sacrée, l'arabe devint le support de l'unité culturelle et religieuse du Maghreb, qu'elle fait ainsi participer à l'*Umma*•. Le prestige lié à l'arabe classique, « langue d'accès à la divinité, langue législative de référence, puisque langue de la *Shari'a*•, rejaillit sur celui qui la possède parfaitement et l'enseigne :

• **Bled siba** : la région qui refusait systématiquement de payer l'impôt. Le *bled siba* était donc à géométrie variable, en rapport avec le pouvoir militaire du sultan.

• **Umma** : communauté, nation.
• **Shari'a** : loi coranique.

modeste *fquih*•, *talib*• de douar ou *'âlim*• de l'université Quarawiyyine »,
comme l'écrit Jacques Cagne pour le Maroc [117, p. 598] (mais cela est
valable pour l'ensemble du monde arabe). La connaissance de l'arabe, précise
J. Cagne, « permettait l'accès aux fonctions *Makhzen*• (fonctions d'État) et,
par là, elle était un important moyen de promotion sociale ». Cette connaissance était approfondie dans les mosquées-universités : en Tunisie, la grande
Mosquée de Tunis, la Djemaa-Ez-Zaytûna, jouait le même rôle que la
Qarawiyyine de Fez (ou Fès), fournissant les cadres religieux et administratifs dans chacun de ces deux pays.

6 Les minorités : les Juifs, les Noirs

À côté des Berbères (fond de la population), arabisés ou non, les minorités se
répartissent essentiellement en quatre catégories. En Algérie et en Tunisie,
les Turcs et les Koulouglis, ces derniers, issus de mariages mixtes de Turcs et
d'indigènes, aussi détestés que les Turcs eux-mêmes par les Berbères ; les
Andalous, descendants des Maures chassés d'Espagne, formaient généralement une élite dans les villes partout au Maghreb et c'est pourquoi A. Laroui
les considère, à juste titre, encore aujourd'hui comme des agents d'uniformi-
sation du Maghreb où ils ont répandu leur musique, leur art culinaire, leur
sens raffiné de la politesse [136, p. 481].

a. Les Juifs, des dhimmis•

Les Juifs, infime minorité (3 à 7 % seulement de la population des trois
pays), à qui on laisse la liberté de culte comme aux Chrétiens, autres gens du
Livre (la Bible), contre une taxe, la *djezia*, sont au bas de l'échelle sociale.
Méprisés, ils n'ont pas généralement le droit de posséder la terre, ce qui les
cantonne essentiellement dans les activités artisanales ou d'échange (cette
règle supporte cependant des exceptions. Exemple : en Cyrénaïque où ils
sont des combattants). Ils sont présents partout jusque dans de petits
villages, dans les campagnes et même dans les montagnes, comme l'Atlas au
Maroc, ce qui atteste de l'ancienneté de leur présence : ils parlent le berbère
et même ont pu l'écrire, comme le prouve l'existence d'une *hagada*• en
berbère. Dans les villes, la réclusion dont ils sont l'objet dans des quartiers
fermés (« *mellah* »• au Maroc, « hara » en Tunisie et en Algérie) a pu apparaître à juste titre comme une marque de protection par les pouvoirs publics,
car ils sont les premiers attaqués par les tribus lorsqu'elles se jettent sur les
villes, lors de crises de subsistance ou de troubles politiques. Il faut y voir
aussi la marque d'une relégation infamante. La *djezia*, taxe spéciale qui les
frappe, indique qu'ils jouissent d'une simple tolérance et ne font pas réellement partie de la cité. Ils sont d'ailleurs dispensés des impôts coraniques,

mais la charge fiscale, la *dhimma* particulièrement, qui pèse sur eux, est lourde et varie en fonction du caprice des princes ou de l'arbitraire des *caïd*•, auxquels n'échappent pas non plus, souvent, il faut le dire, les Musulmans. Ils sont des protégés, des *dhimmis*, ce qui implique discrétion et humilité devant les protecteurs. Des mesures discriminatoires les désignent à la vindicte publique. Ils n'ont pas le droit de porter des armes, de monter un cheval, animal noble. Des couleurs spéciales leur sont imposées et parfois d'autres signes distinctifs (manches allant jusqu'au sol, insignes particuliers humiliants ou même des tatouages représentant des singes par exemple). Ils parlent le judéo-arabe, mais ils ne peuvent écrire dans la langue sacrée du Coran ; s'ils écrivent l'arabe, c'est en alphabet hébraïque. Ils doivent se déchausser dès qu'ils sortent de leur quartier et particulièrement devant les mosquées, ils ont l'obligation de céder le haut du pavé en croisant des Musulmans. Leurs maisons ne peuvent dépasser en hauteur celles de ces derniers. Toutes ces mesures sont plus ou moins rigoureusement appliquées selon les époques et la situation politique du pays, mais, certaines entraînant le châtiment suprême, pèsent sur eux comme une épée de Damoclès : toute injure contre le Coran ou ce qui pourrait apparaître comme une moquerie, tout regard insistant d'un juif sur une femme musulmane, sont passibles de la peine de mort. La précarité, voilà le sort commun des Juifs du Maghreb, peut-être moins haïs que ceux des ghettos d'Europe par les chrétiens, mais toujours méprisés par les Musulmans, même lorsque des liens d'amitié se créaient parfois entre des membres des deux communautés, du fait du voisinage et des mœurs communes : amour de la même musique, même art culinaire, mêmes mœurs familiales privilégiant les hommes et imposant des règles strictes de pudeur aux femmes, sans aller jusqu'à la claustration que connaissent les femmes musulmanes. Le culte des mêmes saints, que se disputaient le plus souvent les deux communautés, ne traduisait pas forcément une harmonie de croyances ou une fraternité quelconque, mais la volonté de capter à son seul profit les bienfaits de la *baraka*• (bénédiction) du saint. Ainsi, les Juifs devaient-ils souvent offrir leurs dévotions à leurs saints, clandestinement, la nuit, comme sur le tombeau de Sidi Yahia à Oujda, au Maroc [131]. Les Juifs exerçaient des petits métiers en général (tailleurs, savetiers, colporteurs), le travail des métaux précieux leur était réservé du fait

---

- **fqih** : maître d'école coranique.
- **Tâlib** : étudiant.
- **'âlim, 'ûlama (pl.)** : savant (en sciences religieuses).
- **Makhzen** : pouvoir central, a donné magasin, i.e. la réserve.
- **dhimmi** : le non-musulman soumis à la taxe de la *dhimma*, les gens du Livre (Chrétiens et Juifs).
- **Hagada** : récit commémoratif de la sortie d'Egypte lu lors de pessah, la Pâque juive.
- **Mellah** : quartier juif au Maroc.
- **caïd** : gouverneur d'une ville ou d'une tribu.
- **baraka** : bénédiction, effluve bénéfique.

d'interdits religieux musulmans frappant les gains sur ces métaux, assimilés à des profits usuriers. Cependant, des Juifs furent placés par les souverains à des postes très importants comme trésoriers, médecins, ou chargés d'opérations commerciales ou diplomatiques de grande envergure. Ainsi les *tujjars*, marchands du sultan au Maroc, furent utilisés pour leurs relations avec leurs coreligionnaires du pourtour de la Méditerranée et de l'Atlantique afin de développer les affaires du souverain. Des postes sensibles leur étaient confiés, car leur situation précaire mettait les souverains à l'abri d'une trahison ou de tentatives d'assassinat. On vit des Juifs occuper des postes de vizirs, de chambellans, de médecins du souverain, ce qui suscitait parfois la réprobation du peuple et des soulèvements contre eux. Un certain nombre de vizirs furent assassinés et les princes durent renoncer à choisir des Juifs comme vizirs ou chambellans.

En 1492, Isabelle la Catholique décréta l'expulsion des Juifs de l'Espagne. Cette décision tragique entraîna leur installation autour de la Méditerranée dans toute l'Afrique du Nord. Ces *megorashim* (exilés), parlant la *hakatiya*, dont le niveau culturel est plus élevé que les *toshavim* (juifs autochtones), seront des vecteurs de la civilisation européenne. Par l'intermédiaire de leurs correspondants, de gros brasseurs d'affaires juifs suivaient dans toutes les régions les fluctuations des cours de la laine, du sucre à la Bourse de Londres, de Paris, d'Amsterdam... Ils jouèrent un rôle particulièrement important comme intermédiaires naturels dans les opérations du grand commerce international (exportations de produits marocains : laine, produits agricoles – amandes, huiles – ou de produits d'Afrique noire – plumes d'autruche transitant par le Maroc... ; importations de cotonnades, de bimbeloteries, de quincailleries d'Europe du Nord-Ouest, des soieries lyonnaises, de thé d'Asie, des cafés d'Afrique ou d'Amérique du Sud). En effet, dotés d'une très grande mobilité, les Juifs marocains par exemple, voyageaient facilement en Europe du Nord et aux Amériques et pas seulement les commerçants. C'est ainsi qu'Isaac Uziel de Fez, grammairien et poète, devint rabbin à Amsterdam. Après sa mort en 1620, son disciple Isaac Athias devint rabbin à Hambourg. L'Italie fit aussi appel à des rabbins d'Afrique du Nord : pour Venise, au XVIIIe et XIXe siècles, de même pour Livourne et les villes de la péninsule. Ainsi, dans les pays du Maghreb, toute une élite cultivée et active, ouverte sur l'extérieur allait jouer le rôle de cheval de Troie pour les puissances économiques européennes, nous le verrons par exemple au Maroc ; celles-ci, en prétendant les mettre sous leur protection contre l'arbitraire local, s'en servirent comme informateurs et intermédiaires avec les élites locales. Notons de plus que des gens modestes purent, à leur échelle, jouer ce même rôle ; ce sont en particulier les voyageurs vers la Palestine où existaient des communautés juives du Maghreb (ainsi celle de Safed sur le lac de

Tibériade) et les rabbins-quêteurs pour Jérusalem. À la veille de la pénétration française au Maroc, que l'on décrit replié sur lui-même, les Juifs sont tenus au courant des événements du monde et animés de l'espoir d'une émancipation grâce aux puissances occidentales, particulièrement la France. Nous verrons que cette libération ne sera complète qu'en Algérie ; au Maroc et en Tunisie, leur situation sous les protectorats sera complexe au point que certains y verront une aliénation, un « suicide culturel joyeux » du fait que ces communautés juives d'Afrique du Nord adhérant aux valeurs occidentales, seront coupées de leurs racines maghrébines. D'autre part, au Maroc, on a pu souligner une certaine dégradation de leur situation du fait de la perte de l'autonomie judiciaire qu'ils avaient avant l'installation des Français.

Les Juifs eux-mêmes étaient divisés. Un mépris, voire une hostilité réciproque, opposait les Juifs indigènes, les *toshavim*, à ceux arrivés d'Espagne, soit directement, soit en passant par Livourne, les *megorashim* (exilés). L'hostilité ou le mépris des Juifs andalous vis-à-vis des *toshavim*, traités de « *judios moros* », « Juifs arabes », tient généralement à un décalage socioculturel au profit des Juifs andalous, plus occidentalisés et d'un niveau économique plus élevé. En Algérie, les Juifs andalous accueillirent la France en libératrice même si, au début, par crainte de déjudaïsation, ils montrèrent peu d'enthousiasme vis-à-vis du sénatus-consulte de 1865 qui, permettant la naturalisation française à titre individuel, ne pouvait que détruire la cohésion des familles. Le décret Crémieux de 1870 [140, p. 93], en naturalisant tous les Juifs algériens, à l'exception de ceux des Territoires du Sud, créera chez les Juifs maghrébins une différenciation supplémentaire, voire une rupture dans un groupe, où jusque-là l'emportaient les ressemblances et la solidarité [140, p. 85].

b. Les Noirs, des esclaves
Autre minorité, les esclaves noirs achetés ou enlevés en Afrique étaient vendus sur les marchés et les ports de l'Atlantique. Ils servaient dans des familles, exerçaient des métiers divers ou formaient des corps d'armée comme les *'Abid*• au Maroc créés par le sultan Moulay• Ismail. Notons que les mariages mixtes aboutissaient souvent à les fondre dans la population autochtone.

• **'abid** : esclaves, serviteurs.

• **Moulay** : mon maître, accompagne le nom d'un *charif*.

II. Une société agraire, tribale et inégalitaire

Autre élément d'homogénéité du Maghreb, la société est à dominante rurale et familiale, organisée en tribus. La société tribale existe en effet dans tout le Maghreb. « Qu'est-ce qu'une tribu ? », se sont souvent interrogés ethnologues, historiens, anthropologues. Dans la mesure où elle représente une réalité mouvante, on renonce souvent à en donner une définition précise et définitive. En fait, on peut se mettre d'accord pour dire que c'est un groupement humain de dix à quinze mille âmes, divisé en un certain nombre de *douars*•, c'est-à-dire cercles ou villages, formant une unité économique pastorale. Abdallah Laroui [136, p. 178] y voit une organisation de nature étatique, une collectivité soudée par une cohésion imaginaire et passionnelle, la « *'açabiyya* »•, s'exprimant par une référence au même destin, au même ancêtre éponyme mythique. Cette collectivité relève donc d'une organisation politique, mais la tribu s'inscrit le plus souvent dans un cadre géographique qui peut changer, s'agrandir, disparaître ou renaître, souvent au gré du pouvoir. Les tribus makhzen, (dites guich au Maroc), sont directement soumises au pouvoir central qui, en échange d'exemptions fiscales et de dons de terre, exige le service militaire. La tribu regroupe l'ensemble des groupes familiaux agnatiques. La famille patriarcale est la cellule de base de la tribu, très soudée, regroupée autour d'un patriarche, chef respecté qui la représente à l'assemblée des chefs, la « *jama'a* »•. Les familles patriarcales « absorbent l'individu en le soumettant aux impératifs ethnico-religieux, en le dissolvant dans une structure hiérarchisée informelle », écrit Driss Ben• Ali [112, p. 65]. Les ménages y sont le plus souvent monogames et les mariages se font à l'intérieur de la tribu pour éviter le fractionnement des terres par héritage. La tribu, unité socio-politique et géo-économique, est soumise à l'autorité d'un *caïd* représentant le pouvoir central. Elle est divisée en fractions, dirigées par des « cheikh »• élus par les hommes de la tribu. Les tribus peuvent donc apparaître comme de petites républiques ; en fait, elles sont plus des groupements oligarchiques que des groupements démocratiques puisque, généralement les « *cheikh* » sont élus dans les mêmes familles. On assiste, en particulier au XIXe siècle, au passage d'un système, qui a été plutôt démocratique, où les « *cheikh* » étaient élus, à un système plus aristocratique de chefferies.

En se référant à la solidarité qui marque le plus souvent la vie sociale, on peut se poser le problème de savoir si la société maghrébine était une société égalitaire. En fait, il y a des différences importantes entre les tribus. Certaines sont supérieures à d'autres, soit par leur puissance territoriale, soit par leur caractère religieux, soit par la délégation de pouvoir qu'elles ont reçue du *Makhzen*. Elles comportent en elles-mêmes, malgré une solidarité interne, des éléments d'inégalités liés à la richesse foncière. Il n'y a pas d'égalité entre les hommes et les femmes, seuls les hommes comptent ; il n'y a donc pas de démocratie véritable. Dans le village berbère, par exemple en Kabylie, certaines familles s'imposent et la réunion des chefs de ces familles est souvent dominée par l'un d'entre eux. D'autre part, les rivalités existent entre les tribus qui forment des clans, des « *çoff* » ou « *leff* », animant des luttes régionales fréquentes ce qui donne du Maghreb l'image d'une région troublée et dangereuse qu'il serait bon de pacifier. Certaines tribus sont devenues très puissantes, comme la tribu des Mokrani en Algérie. Leurs chefs possèdent des centaines, voire des milliers d'hectares de terres. De même, la fortune des Glaoui ou des Al Goundafi de l'Atlas est considérable. De plus, ils représentent le pouvoir central pour lequel ils lèvent les impôts. Le prestige moral des chefs de tribus varie en fonction de leurs actions. Certains sont attachés au « *jihad* »•, d'autres ont la vocation religieuse : ce sont des « *m'rabet* ».

Malgré une certaine hiérarchie qui s'établit en fonction de la richesse et de la puissance, malgré les liens qui soumettent les hommes aux chefs, la plupart des historiens refusent de voir dans l'organisation sociale en Afrique du Nord, une société féodale, du fait que tous les membres de la tribu sont libres et égaux devant Dieu. Les « Khames », tenanciers au *quint* (au cinquième), ne sont pas des serfs, ni des esclaves, mais des hommes libres et les impôts levés par le *cheikh* le sont « au nom de Dieu ». La division qui s'établit en Europe, au Moyen Âge, entre ceux qui prient, ceux qui combattent et ceux qui travaillent, ne se vérifie pas au Maghreb où tout homme est sollicité pour le « *jihad* » en cas d'attaque, où la « possession » du Coran donne à l'homme pieux un prestige religieux, où la terre appartient d'abord à Dieu et ensuite à celui qui la travaille...

Les confréries : les *zâwiya*•

L'importance des confréries, Derkaoua, Quadriya, Rahmaniya, Tijanya, etc., que l'on trouve chevauchant les frontières dans les trois pays, varie selon le nombre des adeptes, le charisme des chefs..., mais aussi (et surtout ?) la richesse en terres de la *zâwiya*, son rôle dans le grand commerce ou celui de

---

• **douar** : campement de tentes ou village en dur formant un cercle.
• **'açabiyya** : esprit de corps, solidarité de cohéritiers agnatiques.
• **Jama'a (ou djemaa)** : assemblée, communauté, collectivité.

• **ben** : fils de (dans le dialecte maghrébin, le pluriel est *beni*).
• **cheikh** : chef.
• **Jihad** : effort, guerre sainte pour la foi.
• **zâwiya** : confrérie.

la défense de l'intégrité du pays contre les ambitions étrangères. Ainsi, en Tunisie, l'action de la confrérie religieuse des Chabbia dont le chef Sidi Arfa jouissait d'une grande autorité sur les tribus disséminées entre Kairouan, Constantine et Tripoli, se porta tantôt contre les Turcs, tantôt contre les Espagnols, constituant un véritable État théocratique, assurant un moment de redressement spirituel et politique durant la décadence des Hafcides•. Ce sont les *zâwiyas* qui empêchèrent les Turcs de s'installer au Maroc en appelant les populations à combattre les envahisseurs.

III. Atonie démographique

Du point de vue économique, l'homogénéité du Maghreb s'impose aussi. Au début du XIXe siècle, le Maghreb apparaît comme un monde attardé, archaïque, à l'écart de la révolution agricole, suivie de la révolution industrielle des pays du nord de la Méditerranée, contrastant avec l'image glorieuse laissée par le Moyen Âge. Une réflexion doit être menée sur les causes du recul ou de la stagnation de régions qui vont, de ce fait, devenir une proie disputée entre les puissances industrielles du Nord et tomber finalement dans le giron de la France.

On a pu voir dans la situation démographique de la région une des causes de l'effondrement. En effet, contrairement à l'Europe qui connaît alors le début d'une grande poussée vitale, le Maghreb souffre d'une atonie démographique. Le Maghreb, au début du XIXe siècle, a une population clairsemée que l'on évalue à un tiers de ce qu'elle est aujourd'hui. Lucette Valensi [105] parle avec excès de « pays vides d'hommes ». En fait, les appréciations sur l'importance des populations sont très discutables et discutées. On évalue, à peu près, à un million la population de la Tunisie, à trois millions celle de l'Algérie vers 1830 et à cinq millions celle du Maroc. On connaît les difficultés de recensement dans les pays européens à cette époque ; que dire alors du Maghreb où les populations sont plus souvent mouvantes, semi-nomades ou nomades que sédentaires et peu soucieuses de favoriser les recensements assimilés à des enquêtes fiscales ?

Les causes de cette faiblesse démographique tiennent à la précarité d'une économie à dominante rurale, peu productive et soumise à des aléas climatiques extrêmes : en particulier une pluviométrie capricieuse, insuffisante le plus souvent, pèse sur la vie des hommes. La faiblesse des rendements ne permet qu'une économie de subsistance. Dans les cas de mauvaises récoltes, la disette et les maladies, comme la peste ou le choléra, produient de véritables hécatombes, en particulier en 1784, 1791, 1793, 1849, 1877. Le Maghreb est une zone d'endémie du fait aussi de l'absence d'hygiène et de secours médicaux. Seule arme contre l'extension des épidémies, la quarantaine se heurte à la croyance dans la fatalité du destin (*mektoub*)•. La fréquence des disettes, dues à la sécheresse ou aux ravages des récoltes par les acridiens, rend compte de la situation démographique maghrébine qui rappelle celle de la France sous l'Ancien Régime, telle que l'a décrite P. Goubert : une succession de mauvaises années, entraînant une surmortalité par l'extension des épidémies dans des populations affaiblies. Le simple remplacement des générations ne peut plus être assuré, même par une très forte natalité, telle qu'elle existe partout au Maghreb.

IV. Des modes de vie ruraux

Partout domine l'association culture-élevage, soit chez les mêmes hommes paysans-éleveurs, semi-nomades, soit en complémentarité : paysans des plaines et nomades des plateaux et des montagnes, dans le cadre de la transhumance. Après la moisson, les plaines offrent des pâturages d'hiver aux bêtes qui descendent des zones montagneuses sous la garde d'un berger ; inversement l'été, les pâturages des hauteurs voient arriver les troupeaux de la plaine. Ceci se retrouve tout autour du bassin méditerranéen, mais une originalité du Maghreb réside dans la grande densité de la population rurale dans les montagnes. Les arboriculteurs, les jardiniers, les horticulteurs en Kabylie, ceux des Aurès et du Haut Atlas marocain, de la dorsale tunisienne, développent, dans ces montagnes qui ont servi de refuge au moment de la conquête arabe, une agriculture intensive sur de petits lopins en « terre *melk* »•, irrigués le plus souvent, cultivés en terrasses, ce qui donne des paysages très compartimentés, contrastant avec les paysages ouverts des plaines. Dans les hautes plaines intérieures, les terrains de parcours « *arch* » appartiennent à l'ensemble de la tribu sans que la propriété soit collective puisque chaque famille peut cultiver un lopin de terre, sur lequel elle a un droit d'usufruit inaliénable. En fait, sous les aspects généraux communs, de grandes variétés de modes de vie

---

• **Hafcides** : dynastie régnant en Tunisie de 1229 à 1574.
• **Mektoub** : ce qui est écrit, expression de la fatalité, le destin.

• **Melk** : propriété privée indivise le plus souvent.

existent et une évolution se dessine, qui fait des nomades des semi-nomades. Précisons que la notion de propriété privée ne correspond pas à la conception latine que nous en avons. La terre appartient à Dieu, et secondairement à celui qui la met en valeur, nous l'avons dit. La propriété est familiale et indivise, il n'y a ni cadastre, ni immatriculation des terres ; néanmoins les limites des propriétés sont connues avec précision par les membres des tribus, comme cela existe dans toute société paysanne.

Dans les régions très sédentarisées, le domaine familial indivis, par exemple aux environs d'Alger, dans la Mitidja, en Kabylie, dans le Sahel tunisien et au Maroc dans le Gharb•, présente une certaine stabilité. La propriété, petite ou moyenne d'une quinzaine d'hectares environ – ce qui est peu, étant donné les conditions écologiques de la zone méditerranéenne – n'est pas exclusive, puisqu'il y a de grandes propriétés appartenant à des bourgeois absentéistes, à des chefs politiques, aux *zâwiya*, à des fondations religieuses : les biens *habous*. Ces biens de mainmorte s'accroissent constamment par les dons des fidèles qui mettent ainsi leurs biens à l'abri des convoitises des souverains.

V. Les échanges et les rapports villes-campagnes

La vie rurale est le plus souvent refermée sur elle-même du fait de l'autoconsommation des produits agricoles, entreposés dans des greniers collectifs, et de l'artisanat rural, qui suffit en grande partie à la demande d'objets fabriqués (outils, textiles, poteries). Les *souks*• ruraux sont des lieux d'échanges entre les paysans qui apportent légumes, fruits, huile et les semi-nomades des plaines qui fournissent les céréales (blé, orge), tandis que les nomades apportent les dattes et les produits de l'élevage ovin.

Les techniques primaires (c'est l'araire qui domine et l'assolement biennal laisse nue la jachère) ne permettant que de faibles rendements (le produit est à peine de sept fois la semence), les surplus commercialisables sont faibles et variables en fonction des aléas climatiques. Néanmoins les villes dépendent des campagnes pour leur alimentation et les *souks* des villes sont fréquentés par les ruraux qui viennent y vendre des produits agricoles et acheter des produits comme le thé, le sucre, les tissus, souvent importés de l'étranger et qui entrent de plus en plus dans les habitudes de consommation…

1 Les villes

Dans l'ensemble de l'Afrique du Nord, la population urbaine représente un faible pourcentage de la population totale au début du XIXe siècle. Seule la Tunisie possède une population citadine relativement importante (20 %) et Tunis avec 120 000 habitants laisse loin derrière elle Alger (100 000 habitants). Fès, Marrakech et Meknès n'atteignent pas 50 000 habitants. À la veille du protectorat, le Maroc comptait environ 420 000 citadins sur cinq millions d'habitants, soit un taux de 8 à 9 % [123]. Même en Tunisie, malgré une très forte tradition urbaine qui remonte à Rome, il est difficile de distinguer les villes des gros bourgs, sinon par leur fonction. De petites villes, Sousse, Monastir, Bizerte, Sfax jalonnent les côtes, tandis qu'à l'intérieur Gafsa et Kairouan s'imposent.

Partout, la ville, dominée par la *kasbah**, présente la même physionomie. Un véritable « *zoning* » permet de distinguer des quartiers selon leur fonction : les quartiers résidentiels, sans commerce ni artisanat, regroupent les maisons familiales, par origine ethnique, autour du bain, du four, de la petite mosquée. Les maisons sont à terrasse, aveugles sur l'extérieur ; elles abritent des familles, au sens large, autour d'une cour intérieure permettant aux femmes, auxquelles est imposée la réclusion, d'être à l'air libre sans sortir de chez elles. Les rues tortueuses et étroites, criblées de trous, sans tout-à-l'égout, concentrent les détritus, ne permettent qu'un passage difficile aux ânes et aux mulets et sont fermées au roulage (l'usage de la roue se raréfie jusqu'à se perdre).

La grande ville était, en Afrique du Nord, une exception. Celles qui existaient avaient été créées par des fondateurs de dynastie pour en faire leur capitale. Ainsi Tunis par les Zirides, puis les Hafcides ; Fez, fondée par les Idrissides en 789-808 qui restera capitale malgré la fondation de Marrakech en 1062 par les Almoravides, et ensuite Meknès que Moulay Ismaïl (1672-1727), contemporain et admirateur de Louis XIV, voulut aussi prestigieuse que Versailles.

Ces villes-capitales, après la chute des dynasties fondatrices, ne gardèrent leur importance que dans la mesure où les activités d'échange ou de production artisanale, de même que leur rôle religieux et culturel, prenaient le relais du rôle politique affaibli, sinon disparu. Certaines anciennes capitales jouissaient d'un rayonnement étendu dans le monde musulman tout entier, Fez en était un exemple illustre, de même que Tunis.

- **Gharb** : l'Occident, l'ouest.
- **Souk** : marché.
- **Kasbah (ou casbah)** : citadelle, quartier fortifié.

À Fez, le quartier des Kairouannais s'ordonne autour de la mosquée-université, la Qarawwiyyn. De l'autre mosquée-université du Maghreb, la Zaytûna de Tunis, sortaient aussi les élites du savoir islamique, les *ouléma*• fournissant le personnel de la judicature, de l'enseignement coranique dans les différentes *medersa*• de l'ensemble du monde musulman. Ce rôle intellectuel se double d'un rôle politique : au Maroc, le sultan doit obtenir sa consécration des *ouléma*. Ceux-ci sont sollicités de donner leurs avis avant la promulgation des *dahir*• (décrets). À côté des *ouléma*, un autre groupe possède une « aura » religieuse, les *chorfa* (pluriel de *charif*), qui utilisent leur *baraka* pour jouer un rôle social et ou politique de médiateur dans tous les conflits qui pouvaient surgir. À ces deux groupes appartenant à la *khassa*•, s'ajoute la bourgeoisie urbaine formée de notables du commerce et de la manufacture qui se distinguent du reste du peuple par son comportement distant et distingué : ce sont les *beldi*. Ainsi en Tunisie, les *beldi* rivalisent avec l'aristocratie ottomane issue des janissaires, soutien des *bey*s, de même qu'avec les *mamelouk*•. Leur fortune assise sur la terre, voire l'industrie (des *chéchia*• par exemple) et le commerce, est renforcée par leur rôle dans l'administration ou le fermage des impôts.

Commerce et artisanat animaient d'autres quartiers au centre de la ville : le *bazar*, divisé en quartiers par ethnies et par spécialités. Chaque métier possédait sa rue (rue des teinturiers, rue des bijoutiers, etc.) ; chaque ethnie avait sa spécialité (ainsi les Juifs, la bijouterie). Peu d'industries véritables sont représentées. L'artisan, le *mo'allem*•, travaille à la main avec quelques compagnons et apprentis dans une échoppe ouverte au public, le cuir, le cuivre, l'étain et le fer. Un syndic (l'*amin*) contrôle la qualité des produits et arbitre les conflits entre les artisans organisés en corporations tandis que le *mohtasseb*• surveille les prix et assure la police du marché. L'artisanat de luxe alimente largement le commerce de teintures, d'étoffes de laine fines, exportées jusqu'en Pologne.

2 Le retard économique : une région restée à l'écart de la révolution industrielle

Le Maghreb a ignoré la révolution industrielle du fait de la faible possibilité d'accumulation des capitaux par son activité principale, l'agriculture, peu rentable et aléatoire. Ses richesses minières ont donc été négligées. Cependant, l'existence d'un premier capitalisme industriel, avec division du travail dans la fabrication en grand des *chéchia* par les Andalous de Tunis (étudiée par Lucette Valensi) et leur commercialisation à grande échelle dans tout le bassin méditerranéen, fournit la preuve que la résistance de l'islam au capitalisme est un mythe, comme le montre l'utilisation de la lettre de change. Le capitalisme n'affecte qu'un faible secteur de l'économie : le Maghreb n'a connu ni mécanisation, ni machine-outil et, nous l'avons vu, peu ou pas d'utilisation de la roue du fait de l'absence de véritables routes. Seules des pistes, parcourues par des animaux de bât (ânes, mulets, chevaux), sillonnent les trois pays. Peu de ponts sur des rivières capricieuses pour assurer l'unité des pays, très morcelés par ailleurs par un relief accidenté. On note qu'il n'y a de marché national dans aucun des trois pays : il peut y avoir pénurie à un endroit et abondance dans une autre région et ceci est à mettre en relation avec la lenteur et les difficultés de circulation. Par ailleurs, les échanges internes sont gênés par l'absence d'unification des poids et mesures et des monnaies.

3 Le commerce caravanier

Le grand commerce caravanier portant, à travers le Sahara, sur les esclaves, le sel, l'or, les plumes d'autruches, fortement concurrencé par le trafic maritime, surtout au Maroc atlantique, est en déclin. La circulation des hommes et des marchandises est plus active d'Agadir à Tunis, et au-delà pour le pèlerinage à la Mecque (qui autorise en même temps des opérations commerciales), que du Sahara à la Méditerranée. Mais ce commerce ouest-est portant essentiellement sur des produits de luxe, étoffes brodées, tapis, soieries, café, est lui aussi en régression.

4 La fin de la course

Le commerce maritime qui, longtemps, a soutenu les activités du Maghreb, est compromis par la course des chrétiens qui interdit la Méditerranée au commerce des Musulmans. Ceux-ci sont obligés, dit A. Laroui [136, p. 250], de demander à la course les ressources qu'on les empêchait de gagner par le commerce pacifique. La course, condamnée par le Congrès de Vienne en 1815, n'est plus pratiquée, sauf par le Maroc pendant une courte période, de 1820 à 1830. Dans les régences d'Alger et Tunis aussi, elle apparaît comme une activité résiduelle qui oblige cependant les puissances européennes à se « racheter » pour ne pas subir de prises. À l'ouest, deux grands ports dominent le commerce méditerranéen, Marseille et Livourne qui drainent vers l'Europe les blés du Maroc et de l'Algérie, et l'huile de Tunisie. Ce commerce, longtemps bénéficiaire pour les pays maghrébins, devient déficitaire pour eux, au XIXe siècle, lorsque les produits industriels anglais (textiles, produits

---

- **Ouléma (ou 'ulâma)** : pluriel de 'alîm, savant religieux, docteur de l'Islam.
- **Medersa (ou madrasa)** : établissement d'enseignement secondaire.
- **dahir** : décret du souverain marocain ayant force de loi.
- **Khassa** : l'élite.
- **Mamelouk** : garde du corps du sultan.
- **chéchia** : couvre-chef.
- **Mo'allem** : patron.
- **Mohtasseb** : contrôleur des marchés.

métallurgiques) envahissent le pays, provoquant des sorties d'or et concurrençant l'artisanat traditionnel. La méconnaissance des mécanismes économiques, en Tunisie comme au Maroc, faisant taxer les exportations nationales par les pouvoirs en place qui s'en réservaient le monopole, ne pouvait qu'aggraver les déséquilibres entre le nord et le sud de la Méditerranée. Les privilèges, remontant aux « capitulations » des XVe et XVIe siècles, facilitent la pénétration des Européens sur les marchés locaux (huile de Tunisie). Marseille, Gênes, Livourne profitent des « protections » qu'ils accordent à des autochtones pour développer leurs affaires. L'endettement des pays, affaiblis financièrement par la perte des revenus de la course et par une mauvaise gestion des finances publiques, les mit très vite sous la dépendance politique des pays créanciers.

Notons que la présence commerciale européenne renforce au XIXe siècle l'épanouissement d'une classe marchande (par exemple celle des *tujar*• au Maroc), qui joua le rôle d'intermédiaire entre les pouvoirs et les puissances européennes, facilitant encore la pénétration de ces dernières sous la protection desquelles elle se place. Un véritable déclassement des anciennes élites s'opère alors au profit de cette catégorie sociale, responsable d'une nouvelle animation des villes les mieux situées, aux dépens des centres écartés des grandes voies du commerce.

À la fin du XIXe siècle, la population urbaine progresse aussi bien en Algérie que dans les deux autres pays limitrophes. Au Maroc, dès 1896, la population de Casablanca est estimée par A. Adam à 20 000 personnes [109, p. 150]. « Le Maroc amorce sa transition urbaine », mais avec un dynamisme inégal selon les centres, écrit R. Escalier [123]. Marrakech va stagner à 50 000 personnes, de même que Rabat, Salé et Essaouira, tandis que quatre villes, Safi, El Jadida, Casablanca et Tanger connaissent une forte poussée démographique du fait de l'arrivée de nombreux immigrants de l'intérieur, attirés par les nouvelles perspectives d'emplois ouvertes par la libération du commerce. « L'ascension casablancaise a valeur de symbole dès la fin du siècle ; avant même l'établissement effectif du protectorat, le mécanisme de l'exode rural est amorcé » [123].

Les activités marchandes fraient la voie à l'expansionnisme politique des puissances occidentales, appuyées sur la présence de « protégés », soustraits à la loi et aux impôts locaux. Au XIXe siècle, les ultimes tentatives de modernisation des souverains dans les trois pays, ne font que fragiliser encore plus cette région par les dépenses qu'elles engendrent. L'endettement qui s'ensuit pour les États les fait tomber sous la coupe de leurs créanciers européens.

• **Tujar, ou Toujar, pluriel de tajer :** commerçants.

Chapitre 2

L'Afrique du Nord entre les Espagnols et les Turcs : XVIᵉ-XIXᵉ siècles

I. La régence d'Alger

L'Algérie connaissait l'occupation turque depuis le XVIᵉ siècle. Celle-ci résultait non d'une conquête par les sultans ottomans, mais de l'action de deux corsaires célèbres, les frères Barberousse, aventuriers écumeurs de mer que les habitants d'Alger appelèrent à leur secours en 1516. Les Algérois attendaient des deux frères, Arudj et Khayr Al Din, qu'ils les débarrassent du péril que faisaient peser sur eux les Espagnols, installés dans la forteresse du Peñon qui bloquait le port d'Alger. L'Espagne, prolongeant l'élan de la *Reconquista*, avait en effet occupé différents points de la côte d'Afrique du Nord, Mers El Kebir (1505), Oran (1509), Bougie et Tripoli en 1510, tandis que les autres ports n'avaient échappé à l'occupation des chrétiens qu'en payant tribut : ainsi Mostaganem, Cherchell, Alger. Le sultan hafcide de Tunis avait dû octroyer aux pirates musulmans de Mytilène, dont les frères Barberousse, le droit de faire de l'île de Djerba, moyennant redevances, la base de leurs opérations de piraterie maritime.

Arudj ne put chasser les Espagnols du Peñon, mais il s'empara de la ville d'Alger et se fit proclamer roi par ses compagnons turcs. Il entreprit ensuite la conquête de tout le pays : la Mitidja, le Titteri, le Dahra, l'Ouarsenis et mit le siège devant Tlemcen qui fit appel aux Espagnols. Arudj après six mois de siège périt devant une coalition hispano-arabe à la bataille de Rio Salado en 1518. Khayr Al Din, son frère, voulut poursuivre son œuvre, mais, mesurant sa faiblesse face au soulèvement de la population contre lui, il eut l'habileté de faire allégeance au sultan d'Istanbul, Selim Iᵉʳ, qui lui conféra le titre de *belerbey*, bey des beys, et mit à sa disposition des troupes, des munitions, un corps de janissaires (2000 hommes) et, surtout, l'autorisa à lever des volontaires en Turquie.

Les janissaires, recrutés sur le plateau d'Anatolie, permirent de reprendre la conquête du pays. En 1529, seul Oran restait aux mains des Espagnols. La course reprit de plus belle, à partir d'Alger, contre les navires des puissances européennes, occupées essentiellement dans des guerres entre elles.

En 1534, les Turcs s'emparèrent de Tunis mettant ainsi à la disposition des corsaires La Goulette, avant-port de Tunis qui devint un arsenal pour la flotte de Barberousse. Mais, à l'ouest, le fils de Barberousse, Hassan Pacha, ne put vaincre, en 1536, la résistance des Saadiens au Maroc et se contenta de s'installer solidement à Tlemcen.

À Alger, le *belerbey* devait s'appuyer sur deux forces souvent rivales, la corporation des capitaines corsaires : la *Taifa des raïs*• (composée en grande partie de Chrétiens convertis à l'Islam, d'origine calabraise, sicilienne ou corse) et l'*odjak*• *des janissaires*• méprisés, mais aussi jalousés par les *raïs* car ils jouissaient de privilèges fiscaux exorbitants.

Cependant, en 1568, les janissaires obtinrent le droit de faire partie des équipages des *raïs* et donc de participer directement aux bénéfices de la course, ce qui mit fin à la rivalité entre les deux corps. Lorsque, en 1588, les pachas « triennaux » remplacèrent les *beylerbey*, l'*odjak* affirma sa puissance politique en faisant et défaisant les *pacha* et en gouvernant la ville avec eux. Désormais, la politique de la Régence était décidée à Alger par la milice des janissaires, et non à Constantinople. De nombreuses révoltes suscitées par la milice jalonnent une période très trouble de cette histoire. En 1659, le *pacha* lui-même fut évincé au profit du *Divan*• formé par les officiers et présidé par l'*agha*• dit « des deux lunes » puisqu'il devait être remplacé tous les deux mois. Les *pacha*, toujours nommés par le sultan d'Istanbul, se confinèrent dans leur palais de la Djennina et n'eurent plus qu'un rôle judiciaire et honorifique.

La *Taifa des raïs* renversa le régime des *agha*, en 1671, en donnant le pouvoir à l'un des leurs qui eut le titre de *dey*. On se trouvait ainsi face à une république militaire anarchique où les complots et assassinats rendaient vain le système d'élection du *dey*. L'oligarchie militaire dut néanmoins prendre en charge l'État et il se fit une évolution vers la stabilité, sous l'effet de l'épuisement des forces de la milice par les guerres continuelles et les difficultés du recrutement en Anatolie. Celui-ci doit de plus en plus s'opérer localement, ce qui est perçu comme un danger par les janissaires qui, du coup, s'assagissent. La souveraineté turque s'établit sur tout le territoire tunisien, y compris Kairouan et les villes de la côte. La course devint alors une institution d'État.

Sous la menace des grandes puissances européennes et l'effet du détournement de plus en plus important de l'activité maritime de la Méditerranée vers l'Atlantique, la course, qui alimentait le trésor par ses prises et permettait de payer la milice, déclina de plus en plus au XVIIIe siècle. Notons que du fait des transformations techniques dans la construction des bateaux, les galériens, fournis par la course, devenaient inutiles.

Les Turcs représentaient moins de 10000 hommes en Algérie. On peut s'étonner que d'aussi faibles effectifs aient pu tenir un pays aussi vaste. L'explication ne réside-t-elle pas dans le système qui consista essentiellement à tenir les villes, le reste du pays restant soumis aux autorités locales qui servaient de relais à la puissance centrale turque ? Ce système d'administration indirecte permettait l'économie d'une lourde et coûteuse administration et évitait les affrontements nombreux avec les populations locales, hostiles aux étrangers, même musulmans.

1 L'extension de l'Algérie ottomane

Le territoire de la régence ne put s'étendre à l'Ouest, au Maroc, du fait de la résistance du pouvoir chérifien qui réussit à contenir l'expansion turque sur la Tafna. Oujda ne fut occupée par les Turcs que peu de temps. Tlemcen, définitivement perdue par les Espagnols en 1552, dut accepter un gouverneur et une garnison turcs. Au Sud, la domination turque s'étendait jusqu'à Ouargla, Biskra, Touggourt. À l'Est, la frontière au-delà de Constantine, fluctuante, engloba parfois une partie de la Tunisie, pourtant régence turque elle aussi, directement rattachée à Constantinople. La Tunisie put cependant échapper aux visées expansionnistes d'Alger, sources de nombreux conflits. Les Turcs dominaient essentiellement les points forts de la zone côtière, en Algérie, tandis que, à part quelques villes, l'ensemble du pays était laissé aux tribus dont les rivalités, entretenues par le *dey*, assuraient le maintien dans le giron de la Régence. Seul le paiement des impôts était exigé par Alger, avec l'aide militaire de tribus « soumises ». Du fait de la diminution des revenus de la course, les exigences fiscales du *dey* redoublaient, entraînant des révoltes. Cependant, il n'y eut jamais de soulèvement généralisé à toute une région, comparable à celui de Mokrani contre les Français en 1871 ; peut-être peut-on y voir le résultat d'une occupation politiquement, sinon économiquement, légère, laissant en place les structures socioculturelles, les occupants étant musulmans…

- **Taïfa des raïs :** corporation des chefs corsaires.
- **Odjak :** (mot turc) milice de janissaires à Alger.
- **Janissaire :** soldat d'élite de l'armée turque.
- **diwân :** conseil de gouvernement, service de l'administration dans l'Empire ottoman.
- **agha :** chef militaire arabe.

2 Le système politique

Les *dey* élus par le *Divan* exercent un pouvoir absolu, dictatorial et arbitraire, toujours tempéré par les révoltes et les assassinats. Ils sont assistés, nous l'avons vu, par le *Divan*. Celui-ci se réunit soit sous la forme d'un *grand Divan* regroupant les officiers de la milice, des représentants des intérêts corsaires et de ceux des Maures d'Alger, soit sous celle du *petit Divan*, depuis le XVIIe siècle, sorte de conseil restreint regroupant une trentaine de personnes représentant les mêmes intérêts, se réunissant quotidiennement pour régler les affaires courantes. Le trésorier est élu par les janissaires et parmi eux, souvent malgré lui, car cette élection peut lui coûter la vie si sa générosité envers la milice paraît insuffisante. Émeutes, violences accompagnent cette élection.

Pour gouverner, le *dey* s'appuie sur un léger appareil administratif, formé des « puissances » : le trésorier général, (*Khaznadji*), le général en chef de l'armée de terre, le ministre de la marine (*Oukil al Khardj*), l'intendant des domaines (*Khadjet el Kheil*) qui contrôle les rentrées d'impôts en nature (céréales, laines, huiles, cires, etc.), pourvoit aux besoins des janissaires et revend les surplus à la population. L'*Agha des Arabes*, commandant les troupes auxiliaires recrutées localement, voit son rôle grandir comme contrepoids à la turbulente milice des janissaires. Depuis le début du XVIIIe siècle, semble-t-il, son commandement s'étend à tout le « *dar*• *es sultan* », la zone entourant Alger. Le *beit el maldji*, chargé des successions vacantes du domaine *deylical*, joue un rôle important. Un certain nombre de *khodja* (secrétaires) sont très spécialisés : ainsi, l'un d'eux surveille le monopole des peaux, tel autre celui du sel, etc. Le *dey* possède le monopole du commerce extérieur. Les fonctionnaires ne reçoivent aucun salaire et se paient sur leurs administrés.

En 1817, le *dey* Ali Khodja, voulant se mettre à l'abri des coups des janissaires, fait transporter à l'improviste le trésor dans la forteresse de la *Kasbah** et s'y enferme. S'appuyant sur 2000 recrues Kabyles Zouaoua, il aurait mis à mort 1500 janissaires révoltés contre lui. C'est l'avant-dernier *dey* avant 1830. Par cet enfermement dans la *Kasbah*, le *dey* se coupe des Turcs, sans pouvoir encore s'appuyer sur l'élément algérois ou Koulougli issu de mariages mixtes turco-algériens. Isolé, il doit lui-même nommer son successeur. On assiste alors à une évolution vers un système monarchique héréditaire où l'on a pu voir un embryon d'État national. La conquête d'Alger mettra brutalement fin au processus.

Ce gouvernement central apparaît comme étranger au pays qu'il exploite. Cependant une évolution vers plus d'intégration dans le pays se dessine à la veille de 1830. Dans l'intérieur du pays les Turcs sont en contact direct avec les populations qui les détestent autant que les Koulouglis, auxquels elles vouent un grand mépris.

* P. 23

3 Le quadrillage régional : les *beylik*•

Le territoire de la Régence était traditionnellement découpé en quatre régions : le « dar es sultan » autour d'Alger et trois provinces : le *beylik* de l'Ouest avec Mascara, celui du Titteri autour de Medéa ; enfin le *beylik* de l'Est autour de Constantine, toutes dirigées par un *bey* nommé et révoqué par le *dey*. Lors de l'extension de la régence, un *beylik* pouvait s'ajouter : par exemple celui de Tunis forma, un moment, un quatrième *beylik*.

4 Les *bey*

Essentiellement collecteurs d'impôts, les *bey*s sont mieux intégrés dans le pays ; ils s'appuient sur les populations locales ou les Koulouglis et se rendent de plus en plus autonomes, leur *beylik* devenant des sortes de protectorats. Exemple remarquable, le *bey* Hamed de Constantine, Koulougli allié par sa mère à la grande famille des Ben Gana, va mener la lutte contre les Français en s'appuyant sur les populations locales. De même, le *bey* d'Oran exploite le sentiment anti-turc des populations contre Alger et cherche appui au Maroc.

Les régions sont subdivisées en *outhans* (provinces), dirigées par des *caïd**, *P. 15
désignés par le *bey* ou le *dey*. Au-dessus des *outhans*, on trouve parfois une circonscription plus large, le *khalifalik*, comme celui de la vallée du Chélif. *Caïds* et *pacha*, représentants des pouvoirs centraux (sultan, *dey*, *bey*), ont à la fois des attributions d'ordre administratif, juridique, judiciaire et fiscal. Ils assurent de plus la sécurité militaire avec l'aide des janissaires, des '*abid**, des *P. 17
zouaves (de la tribu Zouaova en Algérie).

La justice est rendue par le *pacha* ou le *caïd*, juges ordinaires en matière pénale et pour les litiges commerciaux. Le *cadi*•, lui, représentant l'autorité religieuse du pouvoir central, est juge de droit commun (en l'occurrence *Shari'a**). La *mahakma* est le tribunal par excellence, mais la justice peut se *P. 13
rendre n'importe où. Les peines vont de la bastonnade ou des amendes, à la prison ou même à la mort. Elles sont applicables immédiatement, l'appel n'existant pas. Il n'y a pas de code écrit regroupant, en plus de la *Shari'a*, l'ensemble des lois et règlements. La perception des impôts coraniques (*zakat*•,'*achûr*•) est faite par le *pacha* ou le *caïd* qui s'en réserve 1 %. Des droits de porte (*maks*) sont perçus par des agents du pouvoir central (*oumana*). Le *mohtasseb** joue le rôle du censeur dans les villes romaines et du *P. 25
prévôt des marchands. Il s'occupe aussi des intérêts de la cité, y compris au point de vue moral et religieux. L'ensemble de cette administration n'a pour

---

- **dar** : maison.
- **beylik** : pouvoir central.
- **cadi (ou qadi)** : juge ;
- **zakkat** : impôt légal, aumône coranique.
- **'achûr ou ashour (ou 'ushr)** : dîme sur les récoltes.

but que le maintien de l'ordre ; elle ignore toute préoccupation d'édilité, d'hygiène, d'éclairage, d'enlèvement des ordures.

Se superposant à ces découpages administratifs, la répartition de la population en tribus constituait la trame sociale et politique du pays. Les tribus dites « makhzen » doivent le service militaire au *bey* contre la reconnaissance de la propriété collective de leurs terres et l'exemption des impôts non coraniques. Certaines tribus dites de « makhzen inférieur » doivent occasionnellement un service militaire et ne bénéficient que de l'exemption fiscale. Ainsi le poids des impôts pèse totalement sur les tribus dites « *raïas* » qui ont été militairement soumises. À côté des tribus *makhzen* et *raïas*, soumises aux Turcs, d'autres tribus restent indépendantes. De grandes familles locales, dont les chefs ont accepté de servir de relais à l'autorité turque, tiennent le pays : ainsi dans les Bibans les El Mokrani et en Kabylie les Ben Zamoun… En réalité, la Kabylie échappe à l'autorité turque, mais elle est entourée d'une ceinture de colonies militaires. Les grandes voies de communication y sont jalonnées de postes garantissant le passage des troupes en cas de besoin.

Anarchie et révoltes

Le pays soumis au pillage et aux exactions des *mehallas*• turques ne cessait d'être agité par les révoltes berbères. Ainsi l'occupation turque n'est-elle ni totale, ni homogène, ni pacifique. Elle se traduit essentiellement par une exploitation fiscale, d'autant plus dure qu'elle se pratique par l'intermédiaire de notables qui achètent leurs charges et prennent à ferme tous les droits, taxes, amendes. La précarité de leur situation rend ces fonctionnaires avides et prévaricateurs ; des révoltes « fiscales » cruellement réprimées empêchent toujours la conquête morale des populations. Certaines échappent totalement à l'autorité du *bey* comme celles de l'Aurès.

L'Abbé Poiret [48], parcourant l'est du pays à la fin du XVIIIe siècle, décrit la région de la Calle, Constantine, Bougie, livrée à la loi du plus fort, échappant aux autorités turques : « À dix lieux à la ronde de (Collo) toutes les nations sont indépendantes […] Les forces du *bey* n'ont pas encore pu les réduire. Plusieurs d'entre elles n'ont même pas de chefs pour les gouverner. On les voit toujours en guerre les unes contre les autres ». L'Abbé Poiret, parlant de la tribu des Beni Abbes qui tient la seule route conduisant de Constantine à Alger, cite « un prince (qui) y commande avec une autorité absolue indépendante de celle des Turcs » [48].

Les Turcs ne peuvent asseoir leur autorité qu'en jouant des rivalités qui opposent les *çofs* (clans) et par une habile politique de division entre chefs arabes, plus au moins privilégiés. Seules restent irréductibles les confréries religieuses, les *zâwiya* les plus importantes, Quadiriyya ou Rahmâniyya, qui s'étendent sur l'ensemble du Maghreb et échappent au contrôle des Turcs.

À la veille de l'intervention française, le pays est agité par de nombreuses révoltes tribales contre les Turcs. Certains ont pu y voir le signe d'une conscience nationale ; ne peut-on simplement considérer qu'il s'agissait d'une réaction contre un groupe oppresseur, violent et exploiteur ? De même, on a pu se demander si l'Algérie était une colonie turque comme semblait le symboliser le tribut annuel adressé par le *dey* au sultan d'Istanbul. En réalité, le sultan ne faisait qu'entériner le choix du *dey* élu à Alger. De fait, comme Claude Vatin le souligne [106, p. 394], les conditions classiques de définition d'un État étaient réunies puisque la Régence avait un territoire délimité assez précisément, obéissait à une autorité centrale qui imposait la levée des impôts – *manu militari*, s'il le fallait – mais surtout c'était un pays reconnu par les autres États : « Une puissance qui ratifie des traités, déclare la guerre et signe la paix existe juridiquement », écrit-il. Pour la signature d'accords commerciaux, les puissances occidentales ne passaient pas par Constantinople !

Un État, mais non pas une nation, du moins accomplie, puisque la puissance publique était perçue comme étrangère. En fait, les *deys* ne surent pas s'appuyer sur les Koulouglis issus de mariages mixtes, qui pouvaient représenter l'espoir d'une intégration des Turcs dans le pays, mais qui restèrent marginalisés et méprisés. Pour Cl. Vatin, on était néanmoins entré dans un processus de « déturquisation » et d'ancrage local qui pouvait annoncer « des prodromes d'unité nationale ». Ce processus de toute façon fut arrêté par l'intervention de la France.

II. La régence de Tunis : l'*Ifriqiya* ottomane

Après la prise de Constantinople par les Turcs en 1453, événement majeur dans l'histoire de l'Occident, la Méditerranée devint une zone d'activité pour les Turcs, en particulier pour les corsaires. À partir de 1574, les Turcs dominèrent définitivement l'*Ifriqiya* (Tunisie actuelle). Le pays était une simple province de l'Empire ottoman, dirigée par un *pacha*, d'où le nom de *pachalik* et plus tard de régence. Un conseil du gouvernement, le *Divan* assistait le *pacha*, dont le pouvoir était assis sur une armée de janissaires recrutés, comme ceux d'Alger, en Anatolie. Devenus puissants, les janissaires portèrent au pouvoir

---

• **Mehalla** : troupe ou expédition fiscale.

leur chef, le *bey*, qui se fit reconnaître comme *pacha* par le sultan. Commença alors une période de dictatures militaires, de révoltes des mercenaires et d'agitation des tribus. Les *pacha* furent remplacés par des *dey*, puis des *bey*, chefs militaires, contre lesquels luttaient les *captan-raïs*, commandants des corsaires. La course alimentait le Trésor en produits précieux et fournissait en hommes le marché aux esclaves de Tunis. Très vite le *captan-raïs* s'arrogea le droit de régler les relations avec les puissances étrangères avec lesquelles il discutait du tribut à payer pour leur épargner les attaques des corsaires. Il était également responsable des *rezzou*, (pluriel de *razzia*) opérées par les « Barbaresques » sur tout le pourtour méditerranéen, ce qui devait donner durablement une image négative des « Sarrasins » et des Turcs au point de faire croire que la piraterie maritime n'était que leur fait, alors que les puissances chrétiennes armaient, elles aussi, pour la course en Manche, en mer du Nord et même en Méditerranée. La réputation de corsaires comme Duguay-Trouin, Jean Bart ou Surcouf en fait preuve. En Méditerranée, des puissances chrétiennes allaient jusqu'à s'allier aux Turcs contre d'autres puissances européennes pour des opérations de course.

À la fin du XVIe siècle, la lutte, en Méditerranée, de l'empire espagnol contre l'empire ottoman devait affaiblir durablement l'État hafcide d'Ifriqiya. Les expéditions espagnoles avaient été parfois couronnées de succès, avec l'occupation de Mers El Kébir en 1505, d'Oran en 1509, de Bougie en 1510, la même année que Tripoli. Cependant l'action des frères Barberousse permit d'écarter le danger espagnol et de placer, nous l'avons vu, la régence d'Alger sous l'autorité turque. Charles Quint voulut empêcher toute la Berbérie de tomber sous le joug des Turcs ottomans. Tunis devenait en effet une base nouvelle pour la piraterie contre les royaumes chrétiens d'Espagne et d'Italie. Charles Quint en 1535 se mit à la tête d'une véritable armada de 400 bateaux, transportant 30 000 soldats de Cagliari vers La Goulette, que défendaient 6 000 Turcs. Les Espagnols ne purent se maintenir qu'à La Goulette tandis que les *raïs*• barbaresques attaquaient Tunis par voie de terre, leur chef Eulj Ali venant de porter le coup fatal au souverain *hafcide*. Celui-ci dut, comme son père, demander secours aux Espagnols. Ahmed sultan poussa ces derniers à attaquer Tunis. Le roi d'Espagne, Philippe II, confia au vainqueur de Lépante, Don Juan d'Autriche, le commandement d'une nouvelle armada de 200 bâtiments avec 20 000 soldats espagnols qui mirent en déroute les Turcs. Cependant, les Espagnols, au lieu de rétablir Ahmed sultan, lui préférèrent son frère installé comme vice-roi avec un gouverneur chrétien. La Sublime Porte n'accepta pas le fait accompli et lança à son tour une flotte de 298 navires commandée par Sliman Pacha (un renégat milanais) sur La Goulette et Tunis dont il s'empara. Un gouvernement turc était installé, mettant fin à la dynastie hafcide. Les Espagnols étaient définitivement rejetés d'*Ifriqiya*.

1 L'occupation turque de Tunis

En 1534, les corsaires « turcs » s'installaient à Tunis, dont ils firent une base de départ pour leurs entreprises. Une sorte de protectorat militaire ottoman fut instauré dans le nouveau *pachalik* de Tunis. Celui-ci fut organisé sur le modèle d'Alger. On y retrouvait la toute-puissance de l'*odjak*, milice ou corps des janissaires d'environ 4000 hommes avec des officiers formant le conseil de gouvernement du *pacha*, dont le chef, le *dey*, pratiquement indépendant du *pacha*, ne pouvait en être qu'un rival. Le *dey* finit par éclipser le *pacha*, qui n'eut plus qu'une autorité nominale. Cependant, la nomination par le *dey* d'un *bey* chargé des finances et des tribus, devait aboutir à nouveau à des rivalités de pouvoir : des luttes furent constantes entre les *dey* et les *bey*.

La régence de Tunis restait théoriquement une province de l'empire ottoman. L'autorité d'Istanbul se manifestait toujours par le fait que la monnaie était frappée à l'image du sultan ottoman, Commandeur des Croyants, au nom duquel la prière du vendredi, la *khotba*, était dite. Le *bey* de Tunis devait être investi par le sultan. De véritables dynasties allaient s'installer à Tunis à la faveur des luttes contre les voisins ou contre les tribus turbulentes pour asseoir leur pouvoir. Un *dey* fut particulièrement efficace : le *dey* Othman (1593-1610). Son fils Youssouf assura la défense du *pachalik* contre les convoitises des Algériens qui multipliaient leurs *rezzou*. Une ligne frontière dut finalement être tracée entre les deux régions. Cependant, le *dey* Youssouf fut éclipsé par le *bey* Mourad. L'affaiblissement du pouvoir du *dey* au profit du *bey*, dont les fonctions de collecteur d'impôts et d'administrateur des tribus étaient fondamentales, permit au *bey* Mourad d'installer une nouvelle dynastie : celle des Mouradites.

2 Nouvelles dynasties : les Mouradites et les Husseinites

Mourad, un renégat d'origine corse, sut se concilier à la fois les populations et les bonnes grâces d'Istanbul ce qui lui permit de prendre le titre de *pacha* et lui donna le droit de le transmettre à ses héritiers. Le règne de son fils, Hamouda, de 1631 à 1659, fut particulièrement fécond malgré les difficultés d'ordre politique (soulèvement des tribus arabo-berbères, disettes, épidémies). Mais c'est sous le règne de Mourad II (1659-1675) que la dynastie atteignit son apogée. À sa mort, les luttes fratricides entre ses fils compromirent les résultats et donnèrent l'occasion à Alger et à Tripoli d'envahir la Tunisie affaiblie par ces troubles, auxquels s'ajouta une terrible peste. L'*agha** des janissaires, un renégat grec, Hussein ben Ali, prit le commandement des

* P. 29

- **Raïs** : chef.

troupes tunisiennes pour résister aux Algériens qui assiégeaient Tunis. Victorieux, il put s'emparer du pouvoir et se faire proclamer *bey*. Il fonda la nouvelle dynastie : celle des Husseinites qui régna jusqu'en 1957.

Au XIXᵉ siècle, un autre péril s'affirma de plus en plus : celui des puissances industrielles du Nord de la Méditerranée. Sous la pression des Européens, la Régence dut s'engager dans une politique de réformes qui, en principe, devaient permettre une modernisation du pays qui le rapprocherait de la situation politique et économique de l'Europe. En fait, l'histoire montre qu'elle a surtout provoqué une rupture des équilibres internes, tant politiques qu'économiques et sociaux, qui devait lui être fatale et entraîner l'occupation du pays par les Français.

III. Le Maghreb El Aqsa au XIXᵉ siècle

1 Le Maroc et le monde extérieur avant le XIXᵉ siècle : le triple assaut portugais, espagnol et turc

a. Un État

Le Maroc, un État, une nation ? Les Occidentaux, définissant la nation comme un peuple homogène, vivant sur un territoire défini et dirigé par un pouvoir central, en doutaient. De la définition que l'on donnait au XIXᵉ siècle du Maroc et de son gouvernement, on pouvait déduire une politique vis-à-vis de lui. Avait-il seulement un nom précis ? Sur quel territoire s'étendait-il ? Ne devait-il pas son nom aux Européens qui l'auraient tiré de Marrakech (MRK) ? C'est l'opinion de Despois, de Moulières et d'autres historiens ou géographes français même de nos jours, que récuse A. Laroui [136, p. 57]. Cet illustre historien marocain trouve déjà ce nom à l'époque saadienne. Le Maroc était désigné par sa position géographique à l'extrême ouest de l'Afrique du Nord : c'était le « *Maghreb El Aqsa* » ou le *Gharb** Il n'avait pas pour autant de frontières précises, linéaires, mais des « zones frontières » où s'exerçait l'autorité religieuse du sultan, sinon son pouvoir politique. Certaines tribus étaient à cheval sur le Maroc et l'Algérie actuelle, de même que des confréries. Cependant, les habitants avaient le net sentiment d'appartenir à l'un ou à l'autre pays. C'est ce que souligne Laroui qui fait remarquer que le sultan lui-même s'intitule : « Émir des Croyants du Maroc » et désigne les habitants d'Algérie « *al Wasita* », c'est-à-dire les habitants du Maghreb moyen.

Bien avant 1830, les sultans Mohammed III et Soliman distinguent les trois pays. Rappelons que les *ouléma** de Fez consultés par le sultan, tenté par l'extension de son empire, lui conseillèrent une réponse négative à la

* P. 23

* P. 25

demande des Tlemcéniens de se mettre sous son autorité pour échapper à la domination chrétienne, après la chute d'Alger en 1830. On voit bien donc que le sultan ne pouvait avoir aucune prétention légitime sur Tlemcen, ville d'Algérie. La colonisation française n'a fait qu'accentuer une division tripartite qui existait depuis le XIIIe siècle, selon A. Laroui [136]. Sous les Romains déjà l'Afrique du Nord n'était-elle pas divisée en Mauritanie Tingitane, Césarienne et *Africa* ?

Le Maroc est le plus favorisé des pays d'Afrique du Nord du fait de son ouverture sur deux mers : la Méditerranée et l'océan Atlantique, sur lequel donne une riche et large plaine bien arrosée. Il est le pays le plus proche de l'Europe par le détroit de Gibraltar ; sa position sur la route de l'Afrique noire et du trafic saharien à la Méditerranée semblait le vouer à jouer un grand rôle dans le commerce mondial dès le Moyen Âge. Rappelons que le Maroc fut une terre d'invasion. Les Phéniciens et les Romains y pénétrèrent à partir de l'Est, d'où vinrent également les Arabes au VIIe siècle qui islamisèrent le pays. Les populations, formées d'abord et principalement de Berbères, qui résistèrent à toutes les péripéties de l'histoire, conservèrent leur identité. Seul l'Islam, importé d'Orient, devait marquer durablement le pays par une arabisation partielle qui ne fit pas disparaître le berbère. À partir du Maroc sont lancées aussi de grandes opérations de conquête, suivies de reculs et, dès le XIIIe siècle, le Maroc présente l'aspect qu'il aura au XIXe siècle : il est à ce moment là le résultat d'une histoire mouvementée, marquée par des phases d'expansion militaire, économique et religieuse qui ont amené la dynastie des Almoravides (1055-1149), Berbères sortis du désert, et ensuite celle des Almohades, à occuper une grande partie de l'Espagne et toute l'Afrique du Nord. Ensuite le recul très net sous les Mérénides (XIIIe-XVe siècles) et les Wattassides (Beni Wattas) (XVIe siècle. Le dernier Wattasside meurt en 1554), dû, entre autres causes, à la trop grande étendue de cet empire qui ne pouvait être gouverné et défendu à partir de Marrakech, lui donna la configuration actuelle.

Au XVe siècle, par l'Ouest, abordèrent les Européens qui installèrent leurs comptoirs tout le long de l'Afrique, à la recherche d'un passage vers l'Est et le « royaume chrétien de Jean » (ce sont les grands voyages de découverte des Portugais). Le désordre le plus complet régnait sur le Maghreb assailli de toutes parts, les Chrétiens ibériques s'installant dans presque tous les ports de l'Atlantique, du détroit et de la Méditerranée. Les Portugais, en s'emparant de *Ceuta* en 1415, installèrent un véritable empire sur le littoral atlantique et obligèrent le Maroc à se replier sur lui-même, tandis que les Espagnols, en occupant Melilla en 1427, lui fermaient la Méditerranée. Un peu plus tard, les Ottomans prirent les ports de l'Algérie actuelle et installèrent leur puissance sur l'ensemble du pays, mais les Saadiens surent leur barrer la route du Maroc, nous l'avons vu. L'accès à la Méditerranée était interdit aux Musulmans par la course des Chrétiens tandis que la course musulmane se développait sur l'Atlantique, à partir de Salé, véritable « république » corsaire. La défense de l'Islam, menacé par les Chrétiens, fut essentiellement le fait des Saadiens. Aidés par les forces populaires que les confréries religieuses (*zâwiyas**) avaient mobilisées dans le *jihad*, ils délogèrent les Portugais des ports qu'ils tenaient sur l'océan Atlantique. Aux XVe et XVIe siècles, la résistance contre le triple assaut portugais, espagnol et turc concrétisa un sentiment national certain au Maroc. Cependant, ce que l'action des envahisseurs ne réussit pas, à savoir briser le môle marocain, l'évolution de l'économie mondiale allait le réaliser. En effet, c'est au XVIe siècle que le recul du pays par rapport à l'Europe connut une phase marquante. On a évoqué généralement, et à juste titre, pour expliquer la décomposition de la société marocaine au cours de ce siècle, les attaques des nomades, les guerres tribales, les luttes entre les prétendants dans les interrègnes, mais les causes économiques évoquées par ailleurs, semblent les plus déterminantes. Le déplacement du centre de gravité du trafic entre l'Europe et l'Afrique, de la Méditerranée vers l'Atlantique, de même que l'attrait des trésors de l'Amérique, explique le déclin du trafic caravanier, rendu difficile par les résistances des peuples noirs aux entreprises esclavagistes des Marocains. L'or américain déclassa rapidement la poudre d'or africaine. L'ampleur que prit la course au XVIIe siècle, à partir de Salé, bénéficia de l'activité redoublée sur l'océan Atlantique sillonné par de gros voiliers trafiquant avec le Nouveau Monde, mais l'essor du commerce atlantique fut aussi lié aux progrès des techniques nautiques. Désormais les caravelles, armées de puissants canons, assuraient aux Portugais et aux Espagnols la maîtrise de l'océan Atlantique et du détroit de Gibraltar. Un véritable empire portugais s'installa sur les côtes. Seule la victoire du sultan saadien Ahmed El Mansour à la « bataille des trois rois » en 1578 sauva le Maroc de la domination portugaise. Cependant, la destruction du royaume de Gao par le même El Mansour ruina définitivement le commerce soudanais, source de gros revenus pour l'Empire chérifien. Aux XVIe et XVIIe siècles, la guerre navale entre les Turcs et les puissances chrétiennes et la course qui, profitant de la guerre de Trente Ans, autorisait toutes les opérations de piraterie, écartèrent les Musulmans de la Méditerranée. Le Maroc ne put voir s'épanouir les bourgeoisies urbaines que connurent de nombreux pays européens, l'Italie en tête. Sa structure politique et sociale conserva ainsi de nombreux traits d'archaïsme.

Certains historiens attribuent à la course des Chrétiens un rôle « d'inhibiteur pour la vie de l'Islam méditerranéen dès le XVIe siècle ». Pour l'historien Jean Mathiex, la course musulmane, prépondérante au XVIe siècle, s'effaça devant les flottes chrétiennes à partir du XVIIe siècle jusqu'à la Révolution française.

* P. 19

À leur propos, Albert Ayache écrit [110, p. 40] : « Elles [les flottes chrétiennes] traquèrent les navires musulmans, empêchant les États d'Afrique du Nord et du Levant de participer à la reprise du commerce méditerranéen et de se mêler ainsi à la vie générale du monde ».

b. Une monarchie chérifienne : bled makhzen et bled siba
• **Les fondements du pouvoir sultanien**
Le Maroc, aux yeux de certains historiens (Germain Ayache, Mohamed Achargui et d'autres) et contrairement aux idées généralement admises pendant la période coloniale, était donc un État souverain, sinon une nation, et ceci depuis les Idrissides (789 – 974). Jacques Cagne y décèle un sentiment national dès cette époque [117, p. 10]. Ce serait l'existence d'une monarchie « nationale » et la formation d'un « État organisé dès le XIe siècle » qui aurait permis d'éviter au *Maghreb El Aqsa* l'occupation turque.

Pour les Européens, au XIXe siècle, l'empire chérifien restait un pays mystérieux, dangereux, en proie à l'anarchie et voué à la guerre civile. On le comparait à la lointaine Chine. Il est vrai que le pays était périodiquement secoué par des guerres civiles, provoquées par des querelles de succession entre les fils du souverain défunt, par des « *Rogui* » (prétendants), mais aussi par des soulèvements de tribus contre l'impôt. L'anarchie fut décrite comme inhérente au pays et à sa politique. Le « *bled siba* », c'est-à-dire les territoires échappant à l'autorité du sultan, connaissait des variations géographiques importantes aux dépens du « *bled makhzen* », directement administré par le sultan. L'absence de stabilité dans ce partage du pays s'accompagnait de troubles constants et suscitait bien des convoitises.

• **Le sultan et la bay'a*** * P. 61
Le Maroc était doté d'une autorité centrale nationale : le sultan et son *Makhzen* (gouvernement et appareil d'État, littéralement Magasin-Trésor), détenteurs de l'autorité politique et administrative. Par sa qualité de *calife*• (lieutenant du Prophète) et de C*harif** (descendant du Prophète), le sultan * P. 11
exerçait une autorité à dimension spirituelle et religieuse en même temps qu'un pouvoir temporel absolu ou qui se voulait tel. En effet, comme « *amir*• *al mu-minin* », prince des croyants, il exerce l'*imamat*, l'autorité suprême dans le domaine religieux et doit faire respecter la loi coranique : le *shar (ou shari'a)*. A. Laroui [22], après l'historien marocain du XVIIe siècle, Abd El Qadir El Fasi, distingue bien le *califat*, qui donne au sultan son autorité politique « visible » et qui peut être précaire (le sultan pouvant être destitué et il

---

• **calife (ou khalife)** : représentant, lieutenant du Prophète.

le fut souvent) de l'*imamat* qui lui assure une autorité « invisible ininterrompue ». La sauvegarde de la religion et l'exercice ininterrompu du culte sont assurés par sa présence à la tête du pays. Il est en effet indispensable que le nom du sultan soit évoqué à la prière du vendredi et lors du prône (*Khotba*) La plus grande cause d'illégitimité est la *fitna*, c'est-à-dire l'interruption du culte qui est la marque du désordre suprême. Comme chef d'État, le sultan, aidé par le *Makhzen*, veille sur les intérêts de la communauté. Cela lui est rappelé précisément dans la *bay'a*, sorte de serment religieux, acte de légitimation et de reconnaissance du nouveau souverain signé par les cités, les tribus, les *ouléma*, les confréries. Par la *bay'a* les sujets acceptent de se soumettre à ce sultan et de lui payer l'impôt, mais ils attendent de lui, en contrepartie, la sécurité et la paix intérieure et extérieure qui, seules, permettent la continuité du culte. La défense de l'intégrité territoriale contre les infidèles a aussi une dimension religieuse : le sultan mène alors le *jihad* (lutte pour défendre l'Islam). Son pouvoir est gravement compromis s'il faillit à sa mission, comme ce fut le cas du dernier *Wattasside* qui ne survécut pas à cette défaillance et dut laisser la place aux Saadiens. Lorsque le sultan est un descendant du Prophète, il possède une « aura », la *baraka**, bénédiction divine dont le pays tout entier bénéficie. Le sultan rend la justice selon le *shar* directement à ses sujets et des jours spécifiques de la semaine sont consacrés à cette fonction, comme saint Louis en France. Son pouvoir est judiciaire et non législatif et ses *dahir* ne sont pas des lois, mais des arrêtés réglementaires. Le sultan doit se soumettre aux *fatwa* (recommandations) des docteurs de la loi, les *ouléma*, et aux *foukaha* des jurisconsultes dont l'avis préalable à toute décision est nécessaire. Ainsi le pouvoir du sultan est limité par la loi coranique intangible, dite par les docteurs de la loi.

    Les populations avaient, elles, des devoirs envers le souverain tant qu'il ne transgressait pas les prescriptions islamiques et les droits coutumiers : elles devaient payer les impôts légaux coraniques, l'*achûr** (*ushur* = dîme) et la *zakkat* sur les produits de l'agriculture et des bénéfices du commerce, aider le sultan dans la défense du pays en se portant volontaire pour le *jihad* et, pour le maintien de la sécurité, fournir des contingents armés en temps de paix. La *bay'a*• fait-elle, pour autant, de la monarchie marocaine une monarchie élective ? Il ne le semble pas car, en fait, les signataires de cet acte de simple légitimation ne font qu'approuver un choix fait par d'autres et on voit, dans l'histoire, que ce choix porte presque toujours sur un membre de la famille régnante (pas forcément en ligne directe), désigné soit avant sa mort par le souverain qui peut choisir un fils ou un neveu (ce que fit, en 1822, Moulay Slimane quand il désigna Abderrahman), soit par des membres de la famille, ce qui ne manqua pas, périodiquement, de soulever des luttes de prétendants lorsque l'accord ne se faisait pas sur un nom. C'est ainsi que, malgré la *bay'a*,

* P. 15

* P. 31

l'absence de règles précises de succession fut responsable de nombreuses périodes de guerre civile entre plusieurs prétendants, les « *Rogui* », qui divisaient et affaiblissaient le pays. Une des constantes du Maroc pré-colonial depuis fort longtemps, écrit Driss Ben Ali [112, p. 160], était l'insécurité et la violence. Le sultan devait, pour maintenir l'ordre et lever l'impôt sur les tribus récalcitrantes, agir en personne et ses déplacements prennent une grande place dans certains règnes : Hassan Ier (1878-1894) y consacra un quart du sien. Cette dimension nomade de la monarchie permettait de connaître physiquement le sultan, ce qui n'était pas inutile pour confondre des usurpateurs comme Bou Hmara qui se faisait passer pour le frère aîné du sultan. Elle ne présentait pas que des avantages si l'on songe que le sultan déplaçait avec lui une grande partie du *Makhzen* avec les archives et vivait sur le pays, ce qui coûtait très cher aux régions traversées et rendait l'administration du pays lente, difficile et coûteuse.

Aux XVIIe et XVIIIe siècles, les sultans Alaouites Moulay Ismaël (1672-1727) et Sidi Mohamed Ben Abdallah reprirent le *jihad* contre les étrangers.

Durant trente ans, de 1727 à 1757, après la mort de Moulay Ismaël, ce fut l'anarchie [20, p. 240] : « tribus avides de liberté, cités qui s'organisent sous leurs propres représentants, élites marchandes rebelles au contrôle, armée noire désorientée, *guich* des Oudaïa prêts à favoriser qui lui garantirait ses privilèges […] » entretenaient le désordre en faveur de tel ou tel prétendant. Finalement épuisées, toutes ces forces se regroupèrent autour du seul Alaouite qui s'était maintenu à Marrakech : Mohammed Ben Abdallah.

2 Particularités et variations de la politique économique et sociale du Maroc avant la colonisation

a. La fin de l'Empire portugais sous Mohammed Ben Abdallah (1757-1790) : les traités avec les puissances européennes

Sous ce long règne qui « permit de jeter les bases du Maroc moderne » [136, p. 68], on assista à la reprise du *jihad* qui réussit à chasser les Portugais d'El Jadida (Mazagan) en 1769 et de tous les ports sur la côte atlantique, mais le sultan ne put récupérer Melilla sur la Méditerranée, âprement défendue par les Espagnols (qui y sont encore de nos jours). Mohammed Ben Abdallah relança, pour enrichir le pays, une politique d'ouverture au commerce étranger, mais concentré en un seul port : c'est dans cette optique qu'en 1765, il fonda Mogador (Essaouira), construit sur les plans de l'ingénieur français Cornut où devait aboutir tout le commerce saharien, ainsi plus facilement contrôlable. Il confia en grande partie à des familles juives, qu'il fit venir de Marrakech, le soin de développer cette cité. La signature des traités en 1765 avec la Grande-Bretagne dont la position était alors prédominante en

Méditerranée, en 1767 avec la France, en 1777 avec la Hollande, et l'autorisation d'exporter des grains répondaient à la même volonté de faire participer le Maroc au commerce mondial. Entouré de renégats chrétiens parmi lesquels il prit des ministres, ou qui formaient la garde des fortifications portuaires comme à Mogador où 250 renégats français étaient stationnés, le sultan licencia une grande partie de la très remuante garde noire. Mohammed Ben Abdallah laissa à sa mort, en 1790, une réputation « de sagesse et de modération ».

b. La fermeture sous Moulay Slimane : 1792-1822

Sensible au danger que pouvait faire courir à l'indépendance du pays une trop grande pénétration économique étrangère, le sultan Moulay Slimane, pour éviter à ses sujets musulmans le contact avec les chrétiens, mit un terme à cette politique d'ouverture. Les importations, soumises en 1815 à un droit de 50 %, s'effondrèrent, mais, ce qui fut plus dommageable encore, les exportations de produits agricoles – parfois dangereuses, il est vrai, pour l'équilibre alimentaire du pays lors des sécheresses ou des épidémies par exemple – connurent des entraves de tous ordres : fermeture d'un grand nombre de ports, interdiction d'exporter de nombreux produits (céréales, laines, bétail, huiles). Moulay Slimane ne faisait pas mystère de sa volonté de fermer totalement le pays. Le Maroc tourna donc le dos à la mer, mais, par-là même, le sultan se privait des revenus douaniers sur lesquels reposait en partie sa force. Il poussa sa volonté d'isolement jusqu'à interdire aux Marocains de se rendre en Europe. Ce repli sur l'intérieur donnait la prédominance au commerce saharien. « C'était la victoire du chameau sur le voilier » [116, p. 274]. Cela arrivait trop tard et était voué à l'échec par l'évolution de l'économie mondiale. En effet, la moitié du commerce caravanier était représenté par la traite des noirs, esclaves vendus à Essaouira ou, pour le marché intérieur, à Marrakech et Fès ; ce commerce, très lucratif, fournissait près du tiers des revenus de l'État au début du XIXe siècle. Cependant, le développement d'une marine mue à la vapeur rendant inutiles les galériens, la course put être condamnée par le Congrès de Vienne en 1815, nous l'avons vu. Moulay Slimane, dans sa volonté de fermeture, suivit le mouvement et interdit l'esclavage en 1816. Les forces traditionnelles, les tribus du Sud, les négociants et artisans qui avaient souffert du renouveau du trafic maritime à la fin du XVIIIe siècle, se réjouissaient de ce que le Maroc « tournait le dos à la mer ». Ces forces allaient être soumises à la pression d'une Europe qui s'industrialisait et exigeait l'ouverture de marchés pour ses produits.

c. *Les relations du Maroc avec les puissances européennes : l'ouverture forcée, les traités inégaux*

Le Maroc sous le règne de Moulay Slimane, protégé des bouleversements politiques de l'Europe, ainsi que des perturbations provoquées par les guerres de la Révolution et de l'Empire, avait pu jusque-là se sentir à l'abri. Après la mort de Moulay Slimane, la pression européenne rendait impossible la poursuite de cette politique de fermeture qui s'apparentait à celle du Japon avant l'ère Meiji : le Maroc ne pouvait plus rester à l'écart des grands courants commerciaux. Dès 1824, le successeur de Moulay Slimane, Moulay Abd Er Rahman (1822-1852), avait repris la politique des traités de commerce avec les puissances européennes et même, en 1836, avec les États-Unis. Des traités furent signés en 1823 avec le Portugal, en 1825 avec la Grande-Bretagne, la France et la Sardaigne. En particulier, les accords portaient sur le paiement par les puissances européennes de tributs pour échapper aux attaques des corsaires marocains. En effet, Moulay Abd Er Rahman qui avait reconstitué une petite flotte pour reprendre la course (cinq navires, dont un suédois par saisie et trois par achat à Gibraltar par l'intermédiaire de son consul Benoliel) fut obligé de renoncer à son ambitieuse politique d'intimidation et cette « course tardive », selon l'expression de J.-L. Miège, prit fin en 1830, « La course tardive marocaine 1820-1830 » (Revue *Maroc-Europe* – N° 11).

La pression étrangère, du fait des besoins accrus en céréales d'une Europe en pleine expansion démographique et privée des blés russes, eut raison des réticences sultaniennes, d'autant que les exportations de céréales étaient un des meilleurs moyens de renflouer le trésor du sultan et, par là, de renforcer sa puissance militaire. Ainsi, le sultan ouvrit aux activités étrangères de nouveaux ports : Larache, El Djadida, Casablanca, et permit la sortie des céréales, des peaux et laines dont le Maroc était un gros producteur, attirant ainsi les négociants de Marseille et de Manchester. L'accroissement des échanges fut aussi dû aux importations de thé, de sucre, de cotonnades. Le trafic fut multiplié par trois en valeur entre 1820 et 1830, mais il restait modeste au regard du commerce mondial. Les « *Tujars* », riches commerçants marocains juifs, associés ou non à des Musulmans, souvent les uns et les autres « protégés » de l'Angleterre, firent de Gibraltar une plaque tournante de ce commerce marocain avec l'Europe. Après 1837, le commerce avec l'Algérie stimula les activités du Maroc oriental et anima la ville de Fez.

À partir de l'invasion française de 1830 en Algérie une nouvelle période s'ouvre dans l'histoire du Maghreb.

PARTIE 2

L'ÉTABLISSEMENT DE LA FRANCE EN AFRIQUE DU NORD

Chapitre 3

La France en Algérie

I. Les relations de la France et de la Régence d'Alger avant 1830

Les rapports de la Régence avec la France avaient fluctué au gré de l'activité de la piraterie. Depuis les accords de François Ier avec le *beylerbey* d'Alger, un consul français était installé à Alger. La *Taïfa des raïs** ne devait plus s'attaquer aux navires français et la France obtenait le monopole de l'extraction du corail. La France ne put obtenir du sultan d'Istanbul la reconnaissance d'un protectorat sur l'Algérie. Seule la possession du Bastion de France lui fut accordée. Cependant, les rapports entre la France et la Régence restaient tendus : la course n'épargnait pas toujours les navires français. Les captifs devaient être rachetés par des religieux missionnaires (les Lazaristes. Ceux-ci auraient fait un portrait exagérément tragique du sort des galériens pour susciter la compassion et la générosité des fidèles chrétiens) ; de même la France refusait de libérer les corsaires d'Alger qu'elle capturait pour en faire des galériens.

* P. 29

À la fin du XVIIe siècle, des expéditions militaires menées par la France tentèrent de mettre fin à la piraterie contre les vaisseaux français. En 1664, le duc de Beaufort tenta même le débarquement d'un corps expéditionnaire. Mais ce fut un échec. Alger « l'imprenable » ne fit qu'essuyer quelques bombardements.

Au XVIIIe siècle, les chefs d'Alger, affaiblis par le déclin de la course, et donc de leurs revenus, accordèrent de nombreuses concessions aux puissances européennes qui rivalisaient entre elles et avec la France pour s'implanter sur la rive méditerranéenne de l'Afrique.

Durant le dernier quart du XVIIIe siècle, les relations de l'Europe et d'Alger furent pacifiques. Les différends étaient réglés par la diplomatie et les négociations commerciales permettaient aux pays européens de s'approvisionner en céréales lors des pénuries qui se multipliaient du fait de l'expansion démographique en Europe.

Les ambitions de Napoléon changèrent cette atmosphère. En effet, Napoléon envisageait, dans sa lutte contre l'Angleterre, de faire de la Méditerranée une « *mare nostrum* » et, pour cela, d'en dominer les îles et la rive sud, du Maroc à l'Égypte ; il eut même le projet d'y créer des colonies de peuplement. Le commandant Boutin fut désigné pour une mission d'information sur les possibilités de débarquement à Alger. Il séjourna clandestinement deux mois à Alger en 1808. Le rapport qu'il remit à Napoléon indiquait Sidi Ferruch comme le meilleur point de débarquement – qui fut effectivement choisi en 1830. Il préconisait une prise à revers d'Alger par la terre et une occupation totale de la Régence. La défaite de Trafalgar devait étouffer ce projet dans l'œuf. Les ambitions anglaises purent alors se donner libre cours ; elles se révélèrent au Congrès de Vienne. L'Angleterre y prêcha une croisade contre Alger pour mettre fin à la piraterie. Quelques interventions armées, américaine (1815), anglo-hollandaise (Lord Exmouth, en 1816, bombarde la ville), n'eurent pas raison de la résistance d'Alger. Ce fut une créance du *dey* d'Alger pour une livraison de blé d'une valeur d'un million, restée impayée, qui fit revenir la France au premier plan.

1 L'affaire Bacri-Busnach

Cette affaire avait été conclue sous la Convention par l'intermédiaire de Bacri, négociant, en charge des finances de la Régence, associé à Busnach, responsable des exportations de céréales. Ces deux négociants d'Alger avaient ajouté une livraison personnelle de blé au prix fort et portant intérêt. Bacri, avec la complicité de Talleyrand, lia les deux dettes et les gonfla démesurément. Aucun remboursement ne se produisit sous l'Empire, mais sous la Restauration, après de longues tractations, un accord se fit sur la base de 7 millions de livres à rembourser que la Chambre vota en 1820. Cependant, le *dey* n'apparaissait plus comme créancier ; il s'étonna et s'inquiéta, soupçonnant le consul Deval d'être impliqué dans ce qui commençait à lui apparaître, à juste titre, comme une escroquerie. De même, en 1827, le *dey* découvrait un fait plus grave qui était une atteinte à l'intégrité de son territoire : les Français, contrairement aux accords, avaient fortifié le port de La Calle, qui devait n'être qu'un entrepôt. Le *dey* demanda par écrit des explications sur ces deux affaires au gouvernement français. Ne recevant aucune réponse, il s'adressa, le 29 avril 1927, au consul Deval qui le prit de haut, mettant hors de lui par son insolence le *dey*, qui le frappa de son chasse-mouches. La France se dit injuriée. Hussein, soutenu par l'Angleterre, refusa de présenter des excuses et ordonna la destruction des comptoirs français de Bône et de La Calle.

2 Le blocus

La France soumit alors Alger à un blocus qui dura trois ans. Pour sortir de l'impasse, en août 1829, on chargea le commandant La Bretonnière de parlementer avec le *dey*, mais son vaisseau, *la Provence*, essuya une canonnade des batteries algéroises. Cette fois, l'honneur français était bafoué. La décision d'une riposte énergique fut prise d'autant plus facilement que Polignac, le nouveau président du Conseil, avait de vastes ambitions en Méditerranée, où il espérait imposer l'influence de la France aux dépens de l'Angleterre. Il pensait conquérir les trois régions d'Alger, Tunis et Tripoli, en accord avec l'Égypte de Méhémet Ali. L'Angleterre, très inquiète désormais, ne put convaincre le *dey* Hussein de céder aux exigences françaises. La décision de s'emparer d'Alger devait aussi répondre à des préoccupations d'ordre intérieur. En France, les attaques du journal *Le National* contre les ambitions du gouvernement, traduisaient bien la crainte, fondée, qu'il ne s'agît, en fait, que de renforcer le pouvoir fragile de Charles X par une politique extérieure que l'on espérait brillante. Le 7 février 1830, le roi décidait une expédition contre Alger.

Le trésor de la *Kasbah**, dont on exagérait l'importance, représenta-t-il un attrait financier déterminant dans la décision de s'emparer d'Alger, comme tente de le prouver Amar Hamdani [60] ? Ajoutons que la Chambre de commerce de Marseille poussait à la conquête.

* P. 23

II. La conquête de l'Algérie et les résistances armées

1 La prise d'Alger en 1830 et l'occupation restreinte (1830-1841)

Embarqué à Toulon sur 675 bâtiments, le corps expéditionnaire fort de 27000 hommes, débarqua, le 14 juin 1830, dans la baie de Sidi Ferruch. Quinze jours plus tard, le 5 juillet, la prise de Fort l'Empereur qui défendait la ville livra Alger aux Français. Le même jour, le *dey* signait une convention de capitulation par laquelle le général en chef, de Bourmont•, promettait que l'exercice de la religion musulmane resterait libre ; la liberté des habitants de toutes classes, leur religion, leurs propriétés, leur commerce et leur industrie

---

• **Louis de Bourmont (1773-1846).** Maréchal de France, il combat avec les Vendéens en 1795. Royaliste, il quitte l'armée impériale pour rejoindre Louis XVIII. Il est nommé commandant de l'expédition d'Alger et ses succès lui permettent d'obtenir le bâton de maréchal. Il quitte la France après son refus de prêter serment à Louis-Philippe et ne revient qu'au moment de l'amnistie en 1840.

ne recevraient aucune atteinte. Nombre de ces engagements ne furent pas tenus. Bourmont, voulant apparaître comme un libérateur, fit expulser le *dey* et les Turcs d'Alger. Ceci en contradiction avec les négociations entamées avec le gouvernement ottoman par Polignac qui tentait de se servir d'Alger comme monnaie d'échange contre un accroissement des concessions françaises et la reconnaissance de l'occupation de Bône que les armées françaises venaient d'investir. La révolution de juillet 1830 à Paris ajouta à la confusion. Mais la nouvelle monarchie n'osa pas ordonner l'abandon d'Alger, « ce legs onéreux » de la Restauration. Le nouveau régime ne changea rien au statut juridique de l'Algérie jusqu'en 1834. En théorie, aucune autorité légale ne remplaçait celle abandonnée par les Turcs que Bourmont avait chassés. Ce fut l'anarchie. De nombreux spéculateurs surent convaincre les Algérois de leur vendre leurs terres. Ceux-ci, persuadés que les Français repartiraient bientôt, se défaisaient de leurs biens. Le gouvernement français laissa faire. Bien plus il s'attaqua, par le truchement de Bourmont, à la propriété des Turcs expulsés d'Algérie, dont il prononça le séquestre, et plus grave encore, aux biens religieux, les *habous*•, dont les revenus étaient normalement destinés aux œuvres charitables, cultuelles ou d'enseignement. En violation de la Convention de capitulation accordée par Bourmont, Savary, duc de Rovigo•, fit de la mosquée Quetchaoua la cathédrale d'Alger. Les menaces d'expropriation, le non-respect des biens religieux devaient être une constante de la colonisation et des soulèvements contre elle. En Oranie, le *bey*, qui avait signé un accord avec les Français, perdait toute autorité sur les populations qui quittèrent la ville d'Oran tandis que les tribus environnantes l'attaquaient. Tlemcen appela le sultan du Maroc à son secours. Le *bey* de Titteri ne capitula qu'après une résistance farouche.

2 Les hésitations françaises : 1830-1834

*P. 31

Clauzel, ancien général d'Empire qui avait remplacé Bourmont le 2 septembre 1830, crut pouvoir établir dans la Régence un système de gouvernement indirect ou de protectorat en confiant le *beylik** d'Oran et celui de Constantine à des princes tunisiens. Ces initiatives furent prises sans concertation avec Paris et mécontentèrent le gouvernement ; Clauzel fut rappelé car, outrepassant son rôle, il avait sommé le sultan du Maroc de se retirer de Tlemcen. Le président du Conseil, Casimir Perier, décida d'établir en Algérie un pouvoir civil distinct des pouvoirs militaires et dépendant de Paris. La période de 1830 à 1834 fut marquée par les hésitations sur le sort de l'Algérie dont on faisait péniblement la conquête : abandon ? Occupation côtière seulement ? Conquête totale ? À l'Est, les excès des Français, dirigés par le général Yusuf, aliénèrent à la France le *bey* de Constantine, Ahmed, un Koulougli qui put s'appuyer sur les populations locales pour résister aux Français jusqu'en 1848. À Oran, le général Boyer soulevait, lui aussi, l'indignation par ses représailles.

Les populations manifestèrent leur refus de la présence française en évacuant les villes occupées par les Français comme à Oran. Cependant les divisions et les rivalités entre les chefs de tribus ne permirent pas une résistance cohérente et organisée. Certaines tribus militaires s'allièrent même aux Français comme les Duwayr et les Smela de l'Oranie.

3 La conquête de l'Algérie : une guerre sans cesse recommencée

Le maréchal de Bourmont avait annoncé triomphalement après la prise d'Alger que la Régence serait soumise avant quinze jours. La conquête devait durer en fait vingt-sept ans ! On a pu expliquer l'erreur d'appréciation du maréchal par la méconnaissance du système politico-social de la Régence, très éloigné de celui de la France ou d'autres pays européens qui, une fois leur armée battue et un traité signé, retrouvaient la paix. En effet, chacun des éléments constitutifs du pays réagit à sa façon devant les Français, certains se ralliant au vainqueur, ainsi le *beylik*, le gouvernement aux mains de la minorité turque et ses agents dans le pays makhzen, les Koulouglis ou les *'abids** (soldats noirs) et des fractions de « tribus non makhzen ». Seules les tribus « non soumises », comme celles qui se réunirent à Temenfous le 23 juillet 1830, décidèrent la lutte à outrance contre l'envahisseur, mais aussi contre les Turcs qui, comme le *bey* d'Oran, s'étaient soumis aux Français.

* P. 17

On est frappé par le contraste entre la rapidité de la chute de la capitale et la longueur des opérations de la conquête. Notons cependant que, bien que brève, l'opération d'Alger coûta aux Français 1 200 morts et 6 000 blessés ou malades sur les 27 000 hommes débarqués.

La supériorité technique (très relative en 1830) des armées françaises, en nombre à peine inférieur à celui des Algériens, ne peut donner une explication satisfaisante de la rapidité de la prise d'Alger. En revanche, la structure même du régime, qui s'effondra comme un château de cartes du fait de la faible centralisation, rend compte de la chute brutale du deylik. Alger capitula

---

- **Habous (habûs)** : institution du droit musulman selon lequel le propriétaire d'un bien immeuble l'aliène au profit d'une institution religieuse à titre éternel, mais en garde la jouissance ou donne cette dernière à tout dévolutaire désigné par lui. Le but de cette opération est le plus souvent de faire échapper le bien à un accaparement par l'État ou le souverain. À l'extinction des dévolutaires, le bien habousé est classé comme bien public et dès lors administré par la *jema'a* (assemblée) islamique.
- **Anne Savary, duc de Rovigo (1774-1833).** Militaire, il est un des fidèles de Bonaparte et est chargé de diriger l'exécution du duc d'Enghien. À la Restauration, il est condamné puis acquitté. Il est nommé à la tête des troupes d'Algérie.

rapidement : le *dey* s'y était enfermé dans la *Kasbah* pour échapper à la pression des janissaires, nous l'avons vu, mais, en même temps, il s'était isolé du pays qui ne se souleva pas pour le sauver.

Par ailleurs, l'hétérogénéité de l'armée du *dey*, composée d'éléments rivaux, étrangers au pays, janissaires, mercenaires turcs recrutés de plus en plus difficilement en Anatolie, et de contingents fournis par les tribus makhzen attachées à lui par des privilèges fiscaux, explique sa rapide désagrégation. Seuls les hommes des autres tribus montrèrent un acharnement certain à défendre le pays contre l'envahisseur, mais « ils se sentent en opposition avec la caste militaire ; ils suivent leurs chefs et non le *dey* et se retirent en partie du combat au soir de la bataille de Staouéli » [16, p. 111].

Les bourgeoisies maure et juive, débarrassées de la tutelle turque, proposèrent leurs services aux Français. Seules les confréries religieuses semblaient capables d'unifier la révolte populaire, mais elles étaient, elles-mêmes, divisées : les Rahmanyia, et les Tadjinia s'opposaient aux Derquaoua, de recrutement plus populaire, et très actifs dans leur action contre les Français. Les Taîbiya, ordre originaire de Ouezzan au Maroc, se faisaient, eux, « les défenseurs des intérêts marocains de la bourgeoisie de Tlemcen » [16, p. 119]. De la confrérie aristocratique des Quadriya, hostile aux Turcs, devait sortir Abd El-Kader.

Les résistances spontanées contre l'envahisseur chrétien soulevèrent les populations, particulièrement les tribus kabyles de l'intérieur. Bône, qui avait été livrée par ses habitants aux Français, dut être évacuée sous la pression des tribus descendues de la montagne. À Bougie, le débarquement ne put s'opérer, une expédition sur Médéa se heurta à une telle résistance qu'on dut envoyer 5 000 hommes pour dégager la ville. Le fractionnement politique du pays permit une résistance des Algériens, très longue, sinon unie.

4 Les exactions dans une guerre sans merci

Les excès mêmes des Français provoquaient ou renforçaient cette résistance ; partout les Français saccageaient, détruisaient les oliveraies, razziaient. Des tribus entières étaient exterminées, comme celle d'El Oufia en 1832 sous le commandement du général Rovigo.

L'hostilité entre le pouvoir civil représenté par le baron Pichon et le pouvoir militaire du général Rovigo affaiblissait les Français. En 1833, le général Avizaud, successeur de Rovigo, crée le premier « bureau arabe » pour normaliser les relations entre Français et Arabes. C'était le début d'une action, protectrice, mais aussi paternaliste, des militaires vis-à-vis des « Arabes ».

La commission d'enquête de 1833, qui examina les problèmes liés à l'occupation, dénonça les nombreuses violations des conditions de la capitulation, les atrocités « dépassant en barbarie les barbares ».

La tribu endormie

Un corps de troupe surprit, au point du jour, la tribu endormie sous ses tentes, et égorgea les malheureux El Oufia, sans qu'un seul cherchât même à se défendre. Tout ce qui vivait fut voué à la mort : on ne fit aucune distinction, ni d'âge, ni de sexe. Au retour de cette honteuse expédition, nos cavaliers portaient des têtes au bout de leurs lances... Tout le bétail fut vendu au consul de Danemark ; le reste du butin, sanglantes dépouilles d'un effroyable carnage, fut exposé au marché de la porte Bab-Azoun [à Alger] ; on y voyait avec horreur des bracelets de femme encore attachés à des poignets coupés, et des boucles d'oreilles pendant à des lambeaux de chair. Le produit de cette vente fut partagé entre les égorgeurs et un ordre du jour du 8 avril, consacrant une telle infamie, proclama la haute satisfaction du général Christian.

[68] LACOSTE, NOUSCHI, PRENANT, *L'Algérie, passé et présent*, Éditions sociales, 1960, p.255-256.

Conclusions de la commission d'enquête

C'est au mépris d'une capitulation solennelle, au mépris des droits les plus simples et les plus naturels des peuples, que nous avons méconnu tous les intérêts, froissé les mœurs et les existences, et nous avons ensuite demandé une soumission franche et entière à des populations qui ne se sont jamais complètement soumises à personne. Nous avons réuni au Domaine les biens des fondations pieuses ; nous avons séquestré ceux d'une classe d'habitants que nous avions promis de respecter, nous avons commencé l'exercice de notre puissance par une exaction ; nous nous sommes emparés des propriétés privées sans indemnité aucune ; et, de plus, nous avons été jusqu'à contraindre des propriétaires, expropriés de cette manière, à payer les frais de démolition de leurs maisons et même d'une mosquée. Nous avons loué des bâtiments du Domaine à des tiers ; nous avons reçu d'avance le prix du loyer, et le lendemain, nous avons fait démolir ces bâtiments, sans restitutions ni dédommagements. Nous avons profané les temples, les tombeaux, l'intérieur des maisons, asile sacré chez les Musulmans.

[68], *op.cit.*, p.143-144.

5 1833-1841 : l'occupation restreinte

À Paris, les débats sur l'armée de la conquête occupèrent la Chambre en 1833 et 1834. La commission d'enquête de 1833 préconisa tout de même la solution d'une « occupation restreinte », sachant le poids de la pression des armateurs marseillais. La charte d'une occupation fut votée par le Parlement, le 22 juillet 1834. On considère que ce fut « l'acte de naissance de l'Algérie », désignée comme formant « les possessions françaises du nord de l'Afrique ». Désormais l'occupation fut perçue comme définitive (bien que restreinte). De nombreux colons affluèrent alors : leur nombre passa de 4 858 en 1832 à 15 445 en 1840, avec ce que cela impliquait de spéculations sur les terrains et les immeubles. Cette Algéric qui était désignée ainsi, et non nommée, restait à conquérir au prix d'une longue série d'opérations militaires.

6 Le traité Desmichels

De 1834 à 1841, une conquête totale fut entreprise. En Oranie, le général Desmichels trouva en face de lui un jeune marabout•, Abd El-Kader•, qui s'était fait nommer « Émir des Croyants » et avait lancé la guerre sainte (*jihad*) contre les Français (1834). Desmichels, pensant assurer la paix par une sorte de protectorat, signa avec Abd El-Kader en 1834 un traité par lequel il accorda à l'émir la liberté de commerce et reconnut son autorité sur le *beylik* d'Oran, sauf Oran même, Arzew et Mostaganem. L'Émir reçut même des armes qui lui permirent d'emporter une victoire au Meharaz, le 12 juillet 1834, contre les anciennes milices turques.

De 1835 à 1845, une guerre de dix ans dut être soutenue contre les Hadjoutes. En juin 1835, le général Trezel qui avait remplacé Desmichels fut battu par Abd El-Kader à la Macta (28 juin 1835). Clauzel, de juillet 1835 à février 1837, mena quelques actions d'éclat dont la prise de Mascara et l'occupation de Tlemcen, mais il fut battu à Rachgoun et l'on envoya le général Bugeaud• pour sauver la situation. En juillet 1836, Bugeaud remporta la victoire de la Sikkak et repartit. En novembre 1836, Clauzel, poussé par le général Yousouf sûr de s'emparer facilement de Constantine, lança avec des forces insuffisantes (puisqu'on lui avait refusé des renforts) une opération qui aboutit à une défaite totale et coûta très cher en hommes (un tiers des effectifs engagés). Clauzel fut rappelé et remplacé par le général Damrémont, mais une seconde expédition eut, très difficilement, raison de la résistance des habitants qui défendirent leur ville rue par rue. Constantine tomba le 13 octobre 1837. Le gouverneur général Valée remplaça Damrémont qui avait trouvé la mort lors du siège de la ville.

7 Le traité de la Tafna (1837)

Bugeaud revint pour traiter avec Abd El-Kader. Convaincu alors de l'impossibilité de garder la conquête, il reconnut à l'émir les deux tiers de l'Algérie, en échange d'une vague reconnaissance de souveraineté française. Les possessions françaises n'étaient plus représentées que par Oran, Constantine, Arzew, Alger et la Mitidja jusqu'à l'oued• Kadara « et au-delà ». Cette formulation ambiguë qui pouvait être traduite par « au-dessus », allait être interprétée restrictivement par Abd El-Kader ; pour lui, l'oued Kadara était la limite extrême des possessions françaises à l'Est ; ainsi, il relança le *jihad* en 1839 quand les Français passèrent les « portes de fer », ce qui lui apparut comme une violation du traité de la Tafna.

III. La fin de la conquête (1841-1847)

Abd El-Kader ben Muhyi-l-Din-al Hasani était né en 1808 près de Mascara dans une famille qui dirigeait la confrérie des Kadiriyya. Son père lui donna une éducation religieuse, voire mystique. Il fit, avec lui, le pèlerinage à la Mecque et ils visitèrent Le Caire. Dès 1832, son père le fit proclamer « sultan des Arabes » après une victoire sur les milices turques. Il prit la tête du mouvement de résistance contre les envahisseurs français ; s'il donna à sa lutte le caractère d'un combat pour la foi autant que pour la liberté du pays, il sut, en s'appuyant sur les avis des *ouléma** de Fès et du Caire, traiter avec les Français.

∗ P. 25

1 Abd El-Kader : un despote éclairé

Grâce au traité Desmichel (1834) et à celui de la Tafna de 1837, Abd El-Kader put imposer son autorité sur les deux tiers de l'Algérie dans les provinces d'Oran, d'Alger et du Titteri ; laissant aux Français le littoral qu'il ne pouvait contrôler : « La mer ne m'appartient pas, disait-il lui-même, je n'ai pas de vaisseaux ». Auréolé du titre d'Émir (Commandeur des croyants), il put jeter les fondements d'un véritable État arabe et islamique. Il divisa son territoire en huit *khalifa*•, à la tête desquels il plaça des membres de l'aristocratie religieuse, suscitant ainsi la méfiance de la noblesse militaire des Jawada et celle des Berbères qu'il ne put se rallier.

Soucieux d'unification et d'égalité, Abd El-Kader supprima toutes les distinctions officielles entre les tribus (tribus makhzen privilégiées et tribus sujettes ou Raias, écrasées de charges et d'impôts.) Il soumit ainsi à l'impôt même les tribus militaires. Pour éviter les mobilisations hâtives au moment du danger, il créa une véritable armée de métier d'environ 10000 hommes, fantassins, canonniers, cavaliers formés par des instructeurs européens, rétribués,

---

- **Marabout :** vient de *ribat*, centre religieux fortifié. Désigne un saint homme honoré dans une confrérie.
- **Abd El Kader (1808-1883).** D'une famille de chefs religieux, il se proclama « émir des croyants » et mena la guerre sainte, *jihad*, contre les Français. Malgré la signature du Traité de la Tafna (1837) qui lui octroie le contrôle d'une partie du territoire algérien, il reprit la guerre contre les Français, mais la prise de la *Smala* en 1843 lui porte un coup fatal et il doit se rendre le 27 décembre 1847. Il meurt en exil à Damas.
- **Thomas-Robert Bugeaud (1784-1849).** Issu d'une famille aristocrate ruinée, c'est un militaire qui fait carrière sous la monarchie de Juillet. Envoyé comme général en Algérie, il mène la guerre contre Abd El-Kader. Partisan à la fois de la conquête militaire pour soumettre la population algérienne et de la mise en valeur agricole par la population européenne, il souhaitait maintenir la colonisation sous le commandement des militaires.
- **Oued :** cours d'eau.
- **Khalife :** lieutenant, représentant du prophète.
- **Khalifa :** territoire dirigé par un Khalife.

formant un noyau permanent auquel venaient s'ajouter des soldats, volontaires ou non. Avec l'aide d'Européens, il créa des arsenaux et des fonderies de canons, multiplia les citadelles et entrepôts le long des hauts plateaux, comme Taza, Saïda, Biskra.

Sa capitale fut fixée à Tagdempt sur les vestiges de l'ancienne Tahert, capitale du royaume berbère des Rostémides au XIe siècle. Frappant monnaie, entretenant des relations diplomatiques avec le Maroc, l'Égypte, la Syrie, l'Angleterre et la Turquie, il agit en véritable homme d'État aidé par un conseil de notables. Ses agents administratifs, les *agha**, les *khalifa**, les *cadis** et les percepteurs d'impôts, reçurent un traitement qui leur permettait de ne plus pressurer le peuple comme ils le faisaient sous les Turcs. Un dixième des impôts leur revenait.

* P. 29, 55, 31

2 Abd El-Kader contre ses rivaux

Il dut imposer son pouvoir par la force à de nombreuses tribus makhzen qui ne voulaient pas reconnaître son autorité, ni lui payer l'impôt. Il réduisit ainsi le sud du Titteri soulevé par Ben Aoud, qui dut demander l'*aman*• et fut reconnu *agha**. À l'est de la Mitidja, son armée écrasa le *caïd** Biram, rallié à la France. Abd El-Kader ne put s'imposer à la Kabylie qui refusait obstinément de lui payer l'impôt. À la bataille de Meharez, le 12 juillet 1834, il brisa la coalition de grands chefs dont les plus importants furent arrêtés et exécutés, entre autres El Ghomari.

* P. 29

La confrérie Tidjaniyya résista aussi à l'emprise politique et surtout fiscale de l'Émir. Sidi El Tadj'ini, le marabout du Sud dans la région de Laghouat, une grande figure morale et religieuse, résista dans l'oasis de Aïn-Madhi et tint en échec l'Émir durant plusieurs mois, de juin à décembre 1838, épuisant une partie des forces d'Abd El-Kader. Ainsi les rivalités personnelles ou de clans l'emportaient sur la nécessité de l'union face à l'envahisseur chrétien.

3 La reprise de la guerre contre les Français

En novembre 1839, estimant que le temps jouait contre lui, Abd El-Kader reprit la lutte contre les Français. Le passage des « portes de Fer » par le maréchal Valée et le duc d'Orléans lui servit de prétexte pour rompre la « drôle de paix » et reprendre le *jihad* contre les Français. Il obtint l'appui du sultan du Maroc Abd El Rahman avec le *kaftan*• de Khalife. Avec les Hadjoutes et les tribus de l'Atlas blidéen, il attaqua les fermes de la Mitidja jusqu'aux portes d'Alger, provoquant la panique chez les colons. Paris envoya des renforts. Thiers•, arrivé au pouvoir en mars 1840, affirma la volonté de la France de se maintenir solidement en Algérie. 10 000 fantassins furent embarqués pour Alger, renforcés par le recrutement local de *spahis*•, gendarmes maures et koulouglis. Le ralliement à la France de tribus rivales d'Abd El-Kader, comme celles des Ben Gana ou de chefs comme le *Cheikh** des Zibans, apporta encore un démenti à l'idée de solidarité islamique à ce moment-là. Après son échec devant Mazagran, l'Émir dut faire évacuer Cherchell et perdit ainsi l'un de ses derniers ports. Médéa et Miliana furent repris par les Français, mais ceux-ci y furent comme prisonniers, surveillés par Abd El-Kader et sans prise sur les populations. Prenant conscience du péril de la situation, Bugeaud dénonça l'occupation restreinte, qu'il avait pourtant prônée lui-même, dans deux interventions à la Chambre, n'hésitant pas à déclarer : « L'occupation restreinte me paraît une chimère. Il faut que le pays soit conquis et la puissance d'Abd El-Kader détruite […] », asséna-t-il. Louis-Philippe nomma Bugeaud Gouverneur général de l'Algérie (décembre 1840). Celui-ci arriva à Alger le 22 février 1841.

* P. 19

4 Le face à face Bugeaud-Abd El-Kader (1842-1847)

L'année 1842 fut terrible pour les populations algériennes. L'Émir perdit toutes ses villes. Bugeaud reprit Tlemcen. Disposant de gros effectifs (100 000 hommes), il modifia la tactique militaire française en s'adaptant à l'adversaire. Ainsi allégea-t-il l'équipement des soldats qui furent groupés en « colonnes mobiles » ; les *razzia*• pratiquées systématiquement avaient pour but d'affaiblir toute résistance de la population. Abd El-Kader dut compenser son affaiblissement par une grande mobilité. Même sa capitale, la *Smala*•, devint ambulante. Cependant, il fut lâché par des tribus qui faisaient soumission à la France, en conformité avec la *fatwa* (consultation des *ouléma*) de Kairouan. Celle-ci avait été obtenue par les intrigues de Léon Roches•, qui justifiait le ralliement des Musulmans à l'occupant chrétien par leur impossibilité d'obtenir la victoire.

• **Amân** : sauvegarde, paix, pardon.
• **Kaftan** : manteau.
• **Adolphe Thiers (1797-1877).** Avocat, journaliste. Il participe à l'établissement de la monarchie de Juillet. Il est élu président de la République en 1871, puis renversé en 1873. Il occupe plusieurs postes de parlementaire.
• **Spahi** : cavalier militaire appartenant à un corps créé en 1834 dont le recrutement était à base d'autochtones.
• **Razzia** : expédition rapide et violente pour s'emparer des ressources de l'ennemi.

• **Smala** : capitale ambulante d'Abd El-Kader.
• **Léon Roches.** Diplomate français, il devient secrétaire général d'Abd El-Kader en feignant de se convertir à l'islam.. Il reste à ses côtés jusqu'à la dénonciation du traité de la Tafna en 1839. Il devient consul général en Tunisie de 1857 à 1863, puis diplomate au Japon sous l'ère Meiji. Il écrit *32 ans à travers l'Islam*, livre dans lequel il raconte ses séjours dans les villes musulmanes.

5   La prise de la Smala : 10 mai 1843

La *Smala*, capitale ambulante d'Abd El-Kader, comportait environ 60000 âmes, hommes des tribus, religieux, otages, femmes, enfants, troupeaux au milieu desquels vivaient Abd El-Kader et sa famille. Elle fut la cible mouvante contre laquelle Bugeaud lança le duc d'Aumale à partir de Baghar et le général Lamoricière* au départ de Tiaret. Le duc d'Aumale, avec le général Yusouf, se heurta le premier à la *Smala*, qui fut emportée le 10 mai 1843. La prise de la *Smala* atteignit les forces et le prestige de l'Émir. Pour Bugeaud, promu alors Maréchal de France, la victoire parut décisive. En réalité l'Émir refit ses forces dans les tribus de l'Ouest. D'autres régions étaient encore insoumises, essentiellement les deux Kabylie, l'Aurès avec Ahmed Bey, et des tribus de l'Ouarsenis ou du Dahra et des oasis de l'extrême Sud. Abd El-Kader se dérobait pour échapper aux Français, après l'échec de Taguin où il perdit 3000 hommes qui furent capturés, et se réfugia au Maroc dans l'espoir d'entraîner le royaume chérifien dans la guerre contre les Français (1843).

6   La soumission d'Abd El-Kader

L'Émir, profitant du *jihad* lancé par les confréries, surtout la Taïbyya en 1845, reprit la guerre en Algérie. Sa victoire à Sidi Brahim, le 23 septembre 1846, inquiéta à nouveau les Français qui concentrèrent contre lui une armée de 10000 hommes, l'obligeant à se rejeter à nouveau au Maroc où le sultan, craignant en lui un rival, le fit pourchasser. Abd El-Kader préféra alors se rendre aux Français le 23 décembre 1847.

En dépit de la promesse de le transporter à Alexandrie, il resta prisonnier cinq ans en France avant d'être libéré par Napoléon III. Bénéficiant d'un traitement digne de son rang, il vécut à Brousse en Turquie où il mena une vie de méditation et d'études. Son action pour protéger les Chrétiens et particulièrement les Maronites à Damas, lors des émeutes de juillet 1860, lui vaudra un grand renom. Il fut décoré de la légion d'honneur et de l'ordre de Pie IX. En 1864, il fut initié à la franc-maçonnerie et il refusa l'offre de Napoléon III de le porter à la tête d'un État arabe en Syrie. En 1871, lors de la révolte de Moqrani, il désavouera le soulèvement d'une grande partie de l'Algérie contre les Français, de même que les intrigues de son fils aîné contre la France. Il mourut à Damas, le 26 mai 1883.

7   La résistance du Bey de Constantine

À l'Est, le *bey* de Constantine, Ahmed, seul parmi les grands vassaux du *dey* d'Alger, résista victorieusement durant plusieurs années à la pression des Français. Koulougli et non turc lui-même, il avait su affaiblir l'*odjaq** et

* P. 29

s'appuyer militairement sur l'aristocratie indigène de grands propriétaires fonciers et des unités militaires locales. Ahmed Bey pouvait donc compter sur un soutien sans faille de la population contre les Français, contrairement au *bey* d'Oran et à celui de Titteri qui « voyaient dans les Français les seuls soutiens possibles en face d'une population hostile » [91, p. 263]. C'est cette force politique qui explique les multiples échecs des Français dans le Constantinois et la résistance que put encore opposer Ahmed Bey, réfugié dans l'Aurès, durant dix ans jusqu'en 1848 ! Remarquons cependant que jamais il ne tenta de se lier avec Abd El-Kader pour lutter contre les Français.

8 Les enfumades

Cette guerre à outrance fut marquée par des actes que l'on qualifierait aujourd'hui de « crimes contre l'humanité ». Les enfumades du Dahra, massif côtier du nord de Miliana, sont restées tristement célèbres. Le général Pélissier, pour éviter un combat au corps à corps avait enfumé les grottes où s'étaient réfugiés les Ouled Rial. « En quelques heures, tous les êtres humains qui s'y trouvent succombent brûlés ou asphyxiés. Au terme d'une nuit d'épouvante quelques rares survivants se risquent à se rendre. Les grottes ne sont plus qu'un charnier. Plus de 500 personnes sont mortes dans des conditions horribles » [41]. Des horreurs semblables furent perpétrées et répétées dans les deux camps.

Pélissier, dont les méthodes furent justifiées par Bugeaud au nom des nécessités de la guerre, ne fut pas sanctionné : élevé à la dignité de maréchal de France, il fut nommé gouverneur général de l'Algérie. Saint-Arnaud, lui aussi, fit murer des cavernes où s'étaient réfugiés des membres de la tribu des Shébas tandis qu'Abd El-Kader était rendu responsable du massacre de 300 prisonniers, bien que lui-même se trouvât à 600 kilomètres. Il s'agissait en fait de l'œuvre de Ben Thami, l'un de ses lieutenants.

Bugeaud reconnaissait le caractère violent de cette conquête qui méprisait « les lois de la guerre » ; Abd El-Kader ne fut pas non plus en reste quand il razzia la tribu des Zaoutna dont le *caïd** s'était rallié aux Français. Les témoignages sur les horreurs commises par les auteurs des massacres eux-mêmes sont terrifiants. Saint-Arnaud écrit : « Le pays des Beni Menasser est superbe. Les villages et les habitations sont très rapprochés. Nous avons tout brûlé, tout détruit. Oh ! la guerre, la guerre, que de femmes et d'enfants réfugiés dans les neiges de l'Atlas y sont morts de froid et de misère… les pauvres gens ! ».

* P. 15

• **Louis Juchault de Lamoricière (1806-1865).** Polytechnicien, il dirige la troupe des zouaves en Algérie et remporte les batailles de Constantine en 1837, d'Isly en 1844. C'est lui qui reçoit l'acte de soumission d'Abd El-Kader. Opposé à l'Empire, il commanda les troupes pontificales.

En 1847, l'Algérie était presque entièrement conquise, sinon soumise. Restait la Kabylie qui sera « pacifiée » sous la Seconde République par le général Randon•, de 1851 à 1857. En 1854, la conquête s'acheva après la chute des oasis du Sud, Ouargla, Touggourt et celles de l'Oued Rif et du Souf.

À la fin de la conquête le pays était exsangue. Les destructions de la guerre, les morts, les *razzia** affaiblirent durablement le pays. Du fait du pillage des silos qui contenaient les réserves en cas de sécheresse, de l'abattage des arbres fruitiers, des captures de troupeaux, la famine s'abattait et avec elle son cortège d'épidémies. Les réquisitions des biens *habous**, dont une des finalités était de pourvoir aux besoins des miséreux et à ceux de l'enseignement, laissèrent, selon l'expression de Tocqueville, la société « plus misérable, plus désordonnée, plus ignorante et plus barbare qu'elle n'était avant de nous connaître [...] ». « Autour de nous les lumières se sont éteintes », concluait-il [39, t. 2, p. 153].

* P. 57

* P. 51

Pouvait-on penser que l'Algérie, enfin conquise, était soumise ? Les soulèvements qui jalonnèrent la période suivante : celui des Ouled Sidi Cheikh en 1864, la révolte de Moqrani en 1871, démontrèrent que l'occupation française n'était pas acceptée, d'autant qu'elle s'accompagnait d'excès, d'arbitraire et souvent d'accaparement des terres qui ne pouvaient qu'entretenir la méfiance, voire la haine vis-à-vis des « chrétiens ».

On peut se demander pourquoi après les hésitations (apparentes seulement ?) du début la France consentit autant de sacrifices en hommes et en argent, et ce durant de si longues opérations de conquête, sans une remise en question ? C'est que l'Algérie était « la porte du Sahara et de l'Afrique noire » [86]. Elle était un coin enfoncé entre le Maroc, convoité lui aussi, et la Tunisie, objet de nombreuses rivalités. L'impérialisme, appuyé sur les conquêtes coloniales, assurait seul la grandeur d'un pays. L'Algérie apparaissait comme la première pierre d'un édifice nord-africain soumis à la France.

IV. Le Maroc et la Tunisie face à l'invasion de l'Algérie

On connaît mal les réactions des populations des deux pays limitrophes de l'Algérie face à la conquête du pays frère par les « chrétiens ».

L'attitude des souverains ne manque pas de surprendre. Le *bey* de Tunis félicite le général de Bourmont après la chute d'Alger et accepte, à la grande indignation des habitants, de placer à Oran et à Constantine des membres de sa famille en remplacement des *beys* destitués dans ces deux villes. Il révèle ainsi sa satisfaction d'échapper enfin à l'impérialisme du *dey* d'Alger. Le 8 août 1830, la Tunisie octroie même à la France le statut de la nation la plus favorisée et accepte de conseiller aux Algériens de se résoudre à la tutelle de la France. Quant au sultan du Maroc, voulut-il simplement se conformer au traité de 1767 qui prévoyait « qu'en cas de rupture entre l'Empereur de France et les Régences d'Alger, de Tunis et de Tripoli, l'Empereur du Maroc ne donnera aucune aide ni assistance aux dites régences, en aucune façon, et ne permettra à aucun de ses sujets de sortir ni d'armer sous aucun pavillon des dites régences, pour courir sur les Français [...] ». En fait, dès que les habitants de Tlemcen, inquiets de l'avancée des Français, appelèrent à leur secours le sultan du Maroc, nonobstant l'avis défavorable des *ouléma* de Fez, il s'empressa de profiter de cette occasion pour reprendre une tradition marocaine d'expansionnisme à l'Est et envoya une petite troupe à Tlemcen. Si elle ne put pénétrer dans la ville gardée par des Kouloughs, elle reçut le soutien des notables de la région. Mostaganem, puis Médéa et Miliana envoyèrent au sultan leur *bay'a*•, imités bientôt par Mascara. Faut-il voir dans l'appel au *jihad* du sultan moins un geste de solidarité que la volonté de s'étendre sur toute l'Algérie au sud de la zone occupée par les Français, en somme un désir de partage de l'Algérie avec les Français ?

Le sultan plaça de nombreux gouverneurs à Mascara et à Miliana, un *khalifa** à Médéa, mais il ne put rallier à lui toutes les tribus de l'Oranie ; les Duwayr et les Jamàla se rallièrent à la France. Celle-ci finit par imposer au sultan une renonciation à toutes ses acquisitions en Algérie. Un véritable sentiment de désarroi s'empara des villes ralliées au sultan, elles se sentirent abandonnées aux « Chrétiens ». Mais Abd El Kader sut impliquer à nouveau le sultan dans la lutte contre les Français. Celui-ci dut intervenir à nouveau sous la pression des *Khouans*, de la confrérie de Moulay Taïeb, en faveur de la guerre sainte et de l'entrée en campagne de plusieurs tribus favorables à l'Émir. Nous avons vu que l'arrivée d'Abd El-Kader, en mars 1843, au Maroc avec les débris de sa *Smala*, entraîna l'entrée des Français qui infligèrent facilement des revers aux Marocains : Lamoricière, le 30 mai 1844, et surtout Bugeaud qui entra, le 18 juin, à Oujda et y resta trois jours seulement, se contentant de cette démonstration de force pour obliger les Marocains à chasser l'Émir. Ce qu'il n'obtient qu'après le bombardement de Tanger, puis de Mogador par le

* P. 55

• **Jacques-Louis Randon (1795-1871).** Après avoir participé à la conquête, il mène les opérations de pacification en Kabylie de 1851 à 1853. Il fut gouverneur de l'Algérie (1851-1858), puis ministre de la Guerre (1859-1867). Il l'était l'un des initiateurs de la colonisation agricole tout en favorisant la colonisation privée. Il renforça le pouvoir des Bureaux arabes.

• **bay'a :** acte d'allégeance envers le souverain, et en même temps acte d'investiture.

* P. 55

prince de Joinville et surtout par l'écrasante victoire sur l'oued* Isly, au nord-ouest d'Oujda, le 14 août 1844. C'était la première grave défaite des Marocains ; elle provoqua des troubles dans tout le pays. En révélant la supériorité militaire des Européens, elle affaiblit la position du sultan face à ces derniers.

La fixation de la frontière entre l'Algérie et le Maroc (18 mars 1845)

Après le traité de Tanger du 10 septembre 1844 qui mit fin à la guerre, la Convention de Lalla Maghnia (18 mars 1845) fixa la frontière entre l'Algérie et le Maroc d'un point, Zouj El Brel, à 15 kilomètres à l'ouest de Lalla Maghnia jusqu'à la Méditerranée. Au Sud, elle n'allait pas au-delà de Teniet el Sassi, sous prétexte que les sables du désert constamment sillonnés par des tribus nomades ne pouvaient être délimités précisément entre les deux pays. On laissa une zone indéterminée où, à chaque moment, un *casus belli* pouvait surgir… et fournir le prétexte d'une intervention contre le Maroc.

V. L'Algérie sous la Monarchie de Juillet

La colonisation agricole de Bugeaud : les villages communautaires

Dès la période de l'occupation restreinte, arrivèrent en Algérie, poussés par la misère, des immigrants du bassin méditerranéen. Pourtant, certains officiers (Berthézène par exemple) ne voyaient dans la Mitidja « qu'un cloaque (qui) ne pouvait être que le tombeau de tous ceux qui tenteraient de l'exploiter ». De même pensait-on qu'« aucun établissement n'était possible au-delà du Sahel d'Alger » (Baudricourt). En fait, cette colonisation libre, anarchique, était le fait, soit de pauvres hères en quête de terres vacantes ou que l'on considérait comme telles, soit le fait d'aristocrates fuyant le régime du « régicide » Louis-Philippe. Ces derniers, « colons en gants jaunes », comme on les surnommait, occupèrent des *haouch*, grandes propriétés autour d'Alger. Ainsi, le baron de Vialar, les Tonnac, de Saint-Guilhem, etc. L'État couvrit les spoliations de terres en appliquant le principe de l'expropriation « pour cause d'utilité publique ».

La spéculation sur les terrains alla bon train. Des capitalistes, mais aussi des fonctionnaires et des officiers comme le général Clauzel lui-même, s'emparèrent, à vil prix, d'immenses étendues. Cependant, l'Européen ne pouvait circuler et s'installer librement qu'en territoire civil (l'ordonnance du

15 avril 1845 avait à nouveau divisé l'Algérie en trois zones du Nord au Sud : civile, mixte, et arabe). En territoire mixte, l'établissement de colons n'était permis que de façon limitée et contrôlée par les autorités militaires, toutes-puissantes en matière administrative, civile et judiciaire. En revanche, il fallait une autorisation spéciale, accordée après une enquête minutieuse, pour s'installer en « territoire arabe », administré militairement par les « Bureaux arabes » ou par les chefs indigènes. Le gouverneur général pouvait prononcer contre tout Européen un refus d'admission en Algérie ou un arrêté d'expulsion. On comprend que, dans cette zone, les candidats colons aient été rares.

Alexis de Tocqueville, dans un rapport de 1847, énumère les différentes expériences de colonisation accomplies dans les trois provinces et les raisons de l'échec ou du semi-échec des unes ou des autres : la colonisation libre dans la zone civile, anarchique, vulnérable aux coups de force des Arabes, insuffisamment aidée financièrement ; la colonisation par de grandes sociétés capitalistes n'aboutissant qu'à geler des terres autour des villes en vue de la spéculation malgré l'engagement qu'elles avaient pris d'y installer des colons agricoles (la plupart des grandes propriétés européennes dans la Mitidja sont encore inhabitées et incultes). La colonisation par les trappistes, à Staouéli, n'avait réussi que grâce à l'appui de Bugeaud ; mais ce système de colonisation par des moines ne pouvait être généralisé puisqu'on voulait installer des familles en vue du peuplement. Par ailleurs, le système « militaro-communiste » de Bugeaud avait échoué, de même que la colonie fouriériste de Saint-Denis du Sig.

À partir de 1840, en effet, l'action de Bugeaud en faveur d'un peuplement français avait été active. Bugeaud était persuadé de la nécessité, pour tenir le pays, d'une prolongation de l'action de l'armée conquérante par la colonisation agricole : « C'est la colonisation, avait-il proclamé dans un discours de 1837, qui gardera cette conquête et libérera peu à peu notre armée. Cherchez des colons partout : il en faut 150 000. Il faut les placer sans s'informer à qui appartiennent les terres, il faut distribuer celles-ci en toute propriété ». Mais les colons devront être des soldats, libérés en Algérie.

En 1847, Lamoricière écrira de même dans *Campagnes d'Afrique* : « Il nous faut des colons, car nous ne pourrons jamais avoir assez de confiance dans les indigènes. Une population chrétienne agricole peut seule nous permettre d'espérer qu'il nous sera possible, un jour, de nous maintenir en Algérie » et il ajoutait : « Nous ne serons vraiment forts en Algérie que lorsque, nous pourrons nourrir notre armée […] avec les produits tirés du sol par des chrétiens ».

Mais Bugeaud méprisait la colonisation civile, anarchique, inefficace ; pour lui la colonisation devait surtout être l'œuvre de soldats qui, ayant combattu pour conquérir la terre, devaient en tirer profit. Leurs habitudes de la discipline et des dures conditions de la vie militaire leur permettraient de surmonter les débuts pénibles de l'installation sur des terres vierges, dans des conditions climatiques difficiles, mais qu'ils avaient déjà affrontées. Ainsi les soldats libérés, après leur temps de service, ou les libérables à qui l'on ferait grâce d'un certain nombre de mois de service à condition qu'ils terminent leur temps dans un village de colonisation, seraient de parfaits colons.

Après le traité de la Tafna en 1837, qu'il croyait définitif, Bugeaud avait conçu un projet de colonisation par des soldats libérés qui constitueraient des villages de 600 à 1 000 hommes, auxquels seraient remises des terres confisquées aux tribus fidèles à l'Émir. Quant aux tribus makhzen, elles pourraient aussi voir construire sur leur territoire des villages « agricoles défensifs » fortifiés, accueillant des enfants trouvés, apprentis colons, et des domestiques arabes. Cependant, la ruine de la Mitidja par Abd El Kader fit échouer ces projets. Bugeaud, sans se décourager, présenta par trois fois aux Chambres des projets de colonisation militaire. En 1842, un projet consistant à faire des soldats des « laboureurs-soldats », pour lesquels il demandait 180 millions de crédit, fut rejeté par la Chambre... Cependant il réussit à mettre en œuvre un ensemble de villages communautaires.

Les soldats issus d'un même régiment, déjà liés par une fraternité d'armes, furent placés dans un même village ; ils devaient travailler en commun. Dans l'idée que les soldats devaient « faire souche », refusant les mariages avec des filles étrangères ou indigènes, Bugeaud s'occupa de procurer des épouses à ces soldats en les faisant venir de France ; des jeunes filles, « modestes et laborieuses » élevées à l'hospice... ou prises ailleurs, furent « mariées au tambour » et firent la jubilation des caricaturistes. Ce système qualifié de « militaro-communiste » ne réussit ni avec les soldats libérés ni avec les libérables. Les uns et les autres refusaient, une fois sortis de l'armée, de se soumettre encore à la discipline militaire... Il y eut peu de volontaires et les villages de Fouka, avec des soldats libérables, comme ceux de Beni Mered et de Mahelma avec des soldats qui avaient encore plusieurs années de service à accomplir échouèrent également.

L'échec de ces villages vint du refus de la discipline militaire et surtout du rejet du travail en commun... qui favorisait, disait-on, les paresseux. C'est ce dont les intéressés eux-mêmes surent convaincre Bugeaud en lui démontrant que le travail accompli dans le seul jour de la semaine où l'on travaillait pour soi, fournissait plus que les cinq autres jours de travail en commun. Bugeaud accepta de « désassocier » les soldats des villages communautaires. Désormais, il laissa faire le comte Guyot, adepte de la colonisation civile contrôlée par l'État.

VI. L'Algérie sous la Deuxième République : « l'Algérie française »

La Révolution de 1848 marqua une étape importante dans l'histoire de l'Algérie coloniale. La chute de la monarchie de Juillet fut accueillie avec enthousiasme par les Français d'Algérie, las de la dictature militaire de Bugeaud. Leur délégation auprès du gouvernement provisoire réclama une assimilation plus poussée de l'Algérie à la France. Il ne s'agissait évidemment que d'une assimilation administrative, dont seuls les Européens pouvaient bénéficier ; leur arabophobie (ou islamophobie) leur interdisait d'envisager une assimilation des Arabes aux Français. S'ils ne devaient avoir que partiellement satisfaction, 1848 marqua, néanmoins, l'entrée des colons d'Algérie dans la vie politique française.

En effet, dès le 2 mars, la constitution de 1848 proclama *l'Algérie territoire français* soumis à des « lois particulières ». Malgré cette contradiction dans les termes, le principe d'assimilation était posé. Désormais, s'inscrit dans les esprits en France et chez les Européens d'Algérie la notion d'une France qui se prolonge au-delà de la Méditerranée dans un territoire qui est l'« *Algérie française* ». Le suffrage universel (des Français de sexe masculin) fut étendu à l'Algérie qui, en 1848, envoya quatre députés à l'Assemblée constituante, tous adversaires du régime militaire et partisans de la colonisation à outrance. À l'Assemblée législative de 1849, l'Algérie n'eut plus droit qu'à trois députés. Elle continuait à dépendre du ministère de la Guerre et les généraux, dont certains étaient républicains, conservaient une puissante influence : auréolés de la gloire de la conquête, certains furent projetés à la tête de l'État ; ainsi Cavaignac•, chef du gouvernement provisoire, Bedeau, ministre de la Guerre, bientôt remplacé par Lamoricière. Les services locaux (justice, douanes, instruction publique) furent directement rattachés aux ministères correspondants à Paris, court-circuitant le Gouverneur général d'Alger. Cette politique dite des « *rattachements* » marquait le triomphe des colons. Mais, du fait des lenteurs administratives qu'elle impliquait, elle fut abandonnée rapidement. Elle fut pourtant reprise plus tard. Un arrêté du 19 décembre 1848 simplifia la carte administrative de l'Algérie, qui fut divisée en deux territoires (au lieu de trois précédemment) : le *territoire civil* et le *territoire militaire*.

• **Louis Eugène Cavaignac (1802-1837).** Il participe à la conquête de l'Algérie. Promu général en 1844. Après la Révolution de février 1848, il devint gouverneur général en Algérie. Élu député, il revint à Paris et fut nommé ministre de la guerre. Il réprime durement l'insurrection ouvrière de 1848. Opposant à Louis-Napoléon Bonaparte.

Au Nord, le territoire civil fut divisé lui-même en trois départements (d'Oran, d'Alger et de Constantine), subdivisés en arrondissements et communes avec à leur tête, respectivement, des préfets, sous-préfets et maires. Les préfets correspondaient directement avec le service de l'Algérie au ministère de la Guerre, sans en référer au Gouverneur général. En revanche, les généraux administraient le territoire militaire, regroupant les anciens territoires mixtes et arabes, aidés par les « Bureaux arabes » qui avaient été rétablis par Bugeaud en 1844. Ce système fut perturbé par les conflits entre préfets et généraux. Ceux-ci l'emportèrent le plus souvent ; il ne pouvait en être autrement dans un pays où la « pacification » n'était ni terminée, ni profonde.

1 Le décret du 19 septembre 1848 : une grande entreprise de colonisation

La crise économique et sociale en France faisait voir dans l'Algérie l'exutoire nécessaire à une population en croissance exponentielle et vouée au chômage. Louis de Baudicourt [64, p. 155], dans son ouvrage sur *La colonisation de l'Algérie*, écrivait : « Les statistiques avaient constaté que la population de la France s'accroissait, chaque cinq ans, de plus d'un million d'habitants, d'où il résultait qu'à la fin du siècle elle serait augmentée de 10 à 12 millions d'âmes ». « Que faire de tous ces hommes qui, depuis la brusque dissolution des Ateliers nationaux, restaient oisifs et menaçants sur le pavé des rues ? », interrogeait un membre de la Société algérienne, créée pour défendre les intérêts des colons. Un colon célèbre, le comte Raousset Boulbon, préconisait la colonisation de l'Algérie par des « équipes de prolétaires sans travail ». La colonisation se présentait comme une entreprise de « régénération » de l'ouvrier libéré par la possession d'une terre, alors qu'avec son salaire journalier il ne pouvait échapper à la « tyrannie capitaliste ».

Après les journées de juin, des groupes de pression se formèrent pour convaincre le gouvernement de lancer une colonisation officielle, qui permettrait de renforcer les positions des colons face aux Arabes, en même temps qu'elle apporterait une solution au problème social en France. Achille Fillias, membre de la Société algérienne, parlait « d'opérer dans les esprits une digression salutaire par la colonisation de l'Algérie qui répondait au vœu de la France et fournissait à l'Assemblée nationale l'occasion de décréter, dans l'intérêt même de la métropole, le peuplement immédiat de nos possessions d'Afrique ». Oran illumina en apprenant la nomination de Lamoricière au ministère de la Guerre, dont dépendait l'Algérie. Ce général avait dessiné avant son départ d'Algérie un « polygone de colonisation » en Oranie, comme Bedeau l'avait fait dans le Constantinois.

Un Comité central pour la colonisation en Algérie présenta, sous l'égide des maires de Paris et de Pierre Leroux•, un projet de loi qui recueillit 20 000 signatures d'ouvriers parisiens et même l'appui de la Société algérienne, le lobby « coloniste ». Ce projet réclamait une colonisation de type sociétaire organisée par l'État. Il devait être déposé à l'Assemblée nationale par Ferdinand Barrot, mais celui-ci fut pris de vitesse par le général Lamoricière qui présenta un projet de colonisation susceptible de plaire davantage aux membres de la Société algérienne, hostile au principe de l'association.

Lamoricière, ancien saint-simonien, partisan naguère de la grande culture capitaliste pour mettre en valeur l'Algérie, se ralliait à la petite colonisation civile, mais encadrée militairement, inspirée, semble-t-il, par le duc d'Aumale. L'Assemblée se rallia à ce projet et vota un décret, le 19 septembre 1848, qui ouvrait « un crédit de 50 millions de francs au ministère de la Guerre sur les exercices 1848-1849-1850 et suivants pour être spécialement appliqué à l'établissement de colonies agricoles dans les provinces d'Algérie ». C'était la première fois qu'une entreprise coloniale officielle, subventionnée, d'une telle ampleur était décidée. Quarante-deux « colonies agricoles » furent créées et 12 000 colons y furent transportés. Installés aux frais de l'État, ils reçurent, en plus d'une concession de terre de 2 à 10 hectares selon l'importance de leur famille, une maison, des instruments, du bétail, des semences et des rations journalières de vivres… pendant trois ans ! Il s'agissait de doubler le peuplement européen en Algérie.

2 La « ruée » vers l'Algérie de volontaires. Le mythe des déportés de 1848

On a souvent confondu les colons de 1848 avec les « transportés », condamnés après l'insurrection de juin qui, de Belle-Isle, ne furent transportés en Algérie qu'en vertu de la loi de 24 janvier 1850, créant le mythe d'ancêtres révolutionnaires. Or, la Commission de colonisation, créée pour organiser les départs de tous les Français et recevoir les candidatures, fut assaillie d'un nombre tel de demandes qu'elle fut contrainte de dépasser le chiffre de 12 000 prévus, car, « à l'approche de l'hiver, la misère sévissant, les mairies demandaient avec insistance que le chiffre d'admissions fût plus élevé ». Plus de 80 000 dossiers de demandes affluèrent, tant des mairies de Paris que des communes de province.

• **Pierre Leroux (1797-1871).** Saint-simonien, il siégea avec l'extrême gauche à l'Assemblée législative en 1870. Il a exposé les principes de son socialisme dans *De l'humanité, de son principe et de son avenir*.

Un nouveau vote de l'Assemblée porta alors le chiffre de 12 000 colons, initialement fixé, à 13 500 et un convoi supplémentaire (le 16e) fut organisé pour le départ. Un autre, le dernier, le suivit en mars 1849. Cet « enthousiasme » peut s'expliquer par les facteurs économiques, mais aussi par la publicité, parfois mensongère, lancée pour recruter des candidats à la colonisation. L'Algérie, décrite comme un pays de cocagne où tout serait facile, représentait pour l'ouvrier parisien la possibilité de devenir propriétaire de dix hectares de terre, de redevenir « son maître » et d'échapper à l'industrie déshumanisante ou au chômage. C'était bien le rêve de tous ces déracinés de la campagne, de ces citadins de fraîche date.

Le jeune Truquin [102] raconte dans ses *Mémoires* que, passant devant la mairie du VIIIe arrondissement, il vit « un beau monsieur qui faisait un tableau enchanteur de ce pays où poussent en abondance les cocos, les dattes, les bananes... le blé surtout y donnait un rendement énorme ». Quelle fut sa déception en apercevant la côte rocheuse et aride d'Arzew, au lieu de la forêt tropicale qu'il imaginait et qu'il chercha en vain pendant des jours dans les vallées intérieures. Les arbres n'existaient que sur le plan de Saint-Cloud, que l'on fit admirer à Paris aux candidats au départ. À l'évidence, les conditions géographiques du milieu méditerranéen étaient tout à fait inconnues de nos aspirants colons et la nature peu généreuse de l'Afrique du Nord devait leur réserver bien des déboires.

Cependant, alors que de toute la France, et particulièrement des régions industrielles en crise du Nord et de l'Ouest, affluaient des milliers de demandes, la Commission décida de ne considérer que les candidatures du département de la Seine (seul le 16e convoi devait prendre des Lyonnais). Des Parisiens pour peupler des colonies agricoles ! Cela pourrait paraître étrange ou significatif d'une volonté de débarrasser Paris d'une plèbe en émoi, dangereuse pour la paix sociale.

L'article 10 du décret manifesta l'impatience de l'Assemblée : « Les colons devront être dirigés sur l'Algérie dans le plus bref délai possible. Les frais de route, de traversée, de transport des effets et du mobilier seront au compte de l'État ». Dès le 8 octobre, soit dix-neuf jours après le décret, 800 personnes partaient de Paris par le premier convoi, du quai de Bercy à Paris. Seize autres départs furent organisés entre octobre et mars 1849.

Cette précipitation et la volonté de n'envoyer que des candidats de Paris renforcent l'idée que l'Assemblée n'était animée que par le souci de débarrasser la capitale des ouvriers jetés sur le pavé par la fermeture des Ateliers nationaux ! Il s'agissait, semble-t-il, d'une mesure sociale et politique, à l'encontre des « classes laborieuses et dangereuses » de Paris, des « insurgés, tous ouvriers en barricades et clubistes distingués », comme on peut le lire dans le rapport d'un membre de la commission d'enquête de 1850. Mais comment l'Assemblée Constituante pouvait-elle prendre le risque d'exporter les germes de la révolution, de la contestation, voire du socialisme, dans une colonie où le transfert de familles entières, à grands frais, révélait le désir d'en faire une colonie de peuplement ? Ne peut-on voir, dans l'importance des crédits accordés et des moyens mis en œuvre par la Seconde République, qui prétendit suivre pas à pas cette énorme entreprise, la volonté de promouvoir une grande politique coloniale ? La création *ex nihilo* de quarante-deux villages agricoles apparaît dans cette optique, comme une avancée du front de colonisation en territoire militaire. Le transfert de familles entières en Algérie ne révèle-t-il pas le dessein de peupler et de mettre en valeur une colonie, dont certains affirmaient qu'elle deviendrait le grenier à blé de la France comme elle l'avait été pour Rome ? N'offrait-elle pas de vastes superficies vides ou presque, en tout cas mal exploitées et dont les Français tireraient un bien meilleur parti que les autochtones ! La Seconde République décidée, elle, à garder, exploiter, peupler l'Algérie, pouvait-elle compromettre elle-même son œuvre en y expédiant des révolutionnaires ? Mais s'agissait-il bien de révolutionnaires ?

La Commission des Tuileries, chargée de faire le tri parmi les nombreux candidats, était composée de notables conscients à la fois des problèmes de la capitale et des exigences de la colonie. Y siégeaient entre autres des représentants du peuple comme Henri Didier, député d'Algérie, un ancien directeur des affaires d'Algérie au ministère de la Guerre, ainsi que les maires des arrondissements populaires de Paris. Monsieur Trélat, maire du XIIe arrondissement de Paris, présidait la Commission qui comprenait Monsieur Dutrone, conseiller à la Cour d'Amiens et secrétaire de la Société pour l'abolition de l'esclavage qui fit décréter la fin de l'esclavage en 1848. Trois médecins vérifiaient la bonne santé des candidats (ils ne semblent pas avoir toujours été vigilants ; on trouve dans les convois ou à l'arrivée des malades et même des aliénés). Les mairies d'arrondissements parisiens recevaient les candidats, procédaient à un premier tri et présentaient à la Commission des Tuileries des listes de candidats au départ, dûment sélectionnés sur le plan médical, professionnel et politique.

Si l'on ne peut plus confondre les volontaires pour l'Algérie avec des déportés, on ne peut exclure, cependant, que certains ouvriers subirent une pression ou un chantage de l'administration pour se porter « volontaires pour l'Algérie » et échapper à une arrestation et à un procès.

Les candidats devaient fournir un certificat de bonne vie et mœurs, une fiche d'état civil (le concubinage n'était pas admis), un certificat médical, un témoignage attestant que, lors des journées d'émeutes de juin 1848 à Paris, ils n'avaient pas participé aux combats ou mieux, qu'ils y avaient pris part, mais du « bon côté » des barricades. Les postulants, eux-mêmes, mettaient

> **Le chant du départ des colons français pour l'Algérie, 1848**
>
> Si nous te quittons belle France
> L'espoir au loin guide nos pas
> Colons, nous avons l'espérance
> Qu'à nous, toujours, tu penseras.
>
> *Refrain*
> Partons pour l'Algérie (*bis*)
> Soulageons le fardeau
> De la mère patrie
>
> Colons pour défricher la terre
> Du vieux sol arabe africain
> Notre tâche sera légère,
> En pensant que c'est pour ton bien.
>
> *Au refrain*
>
> Français, la gloire nous appelle :
> À nous colons seul appartient
> De fonder la France nouvelle
> Sous le drapeau qui nous soutient.
>
> *Au refrain*
>
> Adieu Paris la grande ville
> Adieu nos amis, nos parents,
> C'est dans l'espoir de t'être utile
> Que s'en éloignent tes enfants.
>
> *Au refrain*
>
> Vacherot in *Album pour 1848*

en avant leurs excellents services. Ainsi l'un d'eux écrit : « Combattant de juin […] j'ai reçu […] une mention honorable pour la part que j'ai prise au combat partout où il a été le plus meurtrier […] le 15 mai à la tête de ma compagnie […] j'ai pénétré le premier, à l'étage où se trouvaient Barbès, Albert et autres, que Prévost, un de mes sergents, et quelques gardes faisaient prisonniers » [Archives nationales – Aix-en-Provence – F80, 1343].

Il semble que peu d'émeutiers de juin aient pu échapper à la vigilance des maires et se faufiler parmi les colons. Il s'agissait bien de ne pas laisser des éléments subversifs compromettre la colonisation. Le départ se fit pour les 17 convois des quais de la Seine, du quai de Bercy le plus souvent. Dans la limite de 50 kg par personne (sauf pour les enfants au-dessous de deux ans) les bagages devaient consister « uniquement en effets de lingerie, de literie, d'habillement ». Pas de meubles, mais les colons pouvaient « emporter des outils d'un poids raisonnable et de transport facile ». On aurait bien pu éviter d'interdire tout « objet de literie où entre de la plume, sans emploi en Algérie », ce qui révèle une méconnaissance du climat et une confusion avec l'Afrique tropicale. (Les colons souffriront beaucoup du froid). Le colon connaissait le nom de son village agricole qui était brodé sur le drapeau flottant au mât de son bateau. Cela pouvait lui faire croire que maison et village étaient prêts à le recevoir. Il y aura bien des désillusions. Le même cérémonial accompagna le départ des 17 convois. Les maires de Paris se rendaient à l'embarcadère, quai de Bercy, avec une foule de badauds. Les spectateurs allaient jusqu'à monter sur « une multitude d'embarcations pavoisées » pour accompagner le plus loin possible les émigrants. Certains même s'embarquèrent un moment avec les colons. Ce qui dut faciliter les fraudes. Des discours enflammés et patriotiques d'un représentant de l'État exaltaient la

« mission » des colons « au bénéfice de la France et de la civilisation ». Pour le premier convoi, le ministre de la Guerre lui-même, le général Lamoricière, fit un grand discours. Ensuite une personnalité ecclésiastique procédait à la bénédiction du drapeau portant le nom de la commune qui allait être fondée en Algérie. Le voyage des Parisiens se déroulait successivement, par canaux, sur des péniches à fond plat jusqu'à Chalons-sur-Saône, par la Saône et le Rhône sur des bateaux à vapeur, par chemin de fer d'Arles à Marseille avant d'embarquer sur des bateaux à vapeur pour les différents ports de la côte algérienne. Les bateaux à fond plat étaient surchargés. Les rapports des chirurgiens à bord dénoncent les conditions, tant de sécurité que d'hygiène, qui sont responsables de nombreux accidents et des maladies contractées par les colons. Dans le 17e convoi, « 4 personnes sont mortes des chutes dans l'eau, dues à l'imprudence ». La médiocrité de la nourriture, qui, trop souvent, dépendait des fournisseurs de vivres locaux, entraînait les protestations des colons. À Marseille, les colons durent le plus souvent attendre deux ou trois jours un départ de bateau, dépensant leurs faibles ressources et couchant au lazaret, sur la paille humide.

3 L'arrivée en Algérie

Enfin, après trois ou quatre jours en mer, embarqués sur des bateaux à vapeur et roues à aube, les colons exténués arrivaient « à bon port ». À nouveau, une réception en grande pompe devait leur « relever le moral ». Mais cet accueil, à l'enthousiasme commandé, s'accompagnait d'une certaine méfiance de l'administration vis-à-vis des Parisiens. On parqua les colons dans les casernes, dont on délogea les soldats, pour les isoler des populations locales. On craignait la contagion de « l'esprit de démagogie des Parisiens », comme on disait alors. Le trajet des ports d'arrivée, Arzew, Cherchell, Alger, etc., à l'emplacement des villages se fit aussi à la mauvaise saison. Certains sites de villages se révélèrent même inaccessibles par les grosses pluies. Les hommes firent le chemin à pied vers les villages proches de la côte, les femmes et les bagages dans des voitures tirées par des chevaux et des prolonges d'artillerie. Les villages agricoles, installés en territoire militaire, dépendaient totalement de l'armée qui fut « seule chargée de la création des colonies agricoles […] Le service du génie exécute les travaux, celui de l'intendance distribue les vivres et prestations de toute nature aux colons, celui des hôpitaux accueille les malades… En outre, les divers corps de troupes fournissent les officiers pour exercer les fonctions administratives et judiciaires ». Ces officiers, les directeurs de village, furent parfois de bons administrateurs, n'abusant pas de leur pouvoir, mais il semble que ce fut l'exception ; le plus souvent, ils traitèrent les colons comme des soldats de bataillons disciplinaires.

4 Les conditions d'installation

Près d'un tiers des candidats avait une expérience plus ou moins ancienne du travail de la terre, mais elle l'avait été sous un climat et dans des conditions environnementales très différentes de celles qu'ils allaient affronter. Les terres offertes au défrichement étaient le plus souvent couvertes de palmiers-nains, profondément enracinés, dont ne pouvait avoir facilement raison le faible matériel que l'on mettait à la disposition de ces pionniers. Les étendues offertes (7 à 10 hectares) étaient nettement insuffisantes pour la culture du blé en Afrique du Nord. Ajoutons que, souvent, le lotissement, ne tenant aucun compte des conditions de relief ou de fertilité, pouvait attribuer à des malchanceux un terrain en trois parcelles plus ou moins cultivables.

« On nous envoie des artistes, des artisans impropres aux travaux agricoles », se lamentait-on en Algérie. Or, ces professions ne furent finalement que peu représentées (2,97 % des partants étaient des graveurs, dessinateurs, sculpteurs et 4,44 % travaillaient dans ce qu'il est convenu d'appeler « la fabrique de Paris ») [66]. Néanmoins, on peut imaginer les difficultés d'adaptation à la vie dans le bled algérien et aux travaux agricoles dans un pays aux conditions de sol et de climat bien plus dures qu'en France, des 21 passementiers, des 27 chapeliers, des 83 imprimeurs-typographes... La rubrique « *ne connaît rien aux travaux agricoles* », qui apparaîtra souvent dans le motif de renonciation de nombreux colons sollicitant leur retour après quelques mois en Algérie, a dû le plus souvent concerner ces artisans d'art. Après la réception exaltante au port d'arrivée et les discours galvanisants, c'était la prise de contact brutale avec la réalité. La déception des colons en apprenant que les maisons n'étaient pas construites et qu'ils devaient camper sous la tente dans des villages dont seul le fossé d'enceinte indiquait l'emplacement s'accompagna d'un profond désarroi. Les habitations souffrirent de la presse qui avait présidé à leur construction ; celle-ci révélait l'avidité des entrepreneurs qui économisaient au maximum sur les matériaux. Les baraques, lorsqu'elles furent construites, devaient abriter chacune plusieurs familles, mal isolées les unes des autres. La promiscuité rendait la vie difficile. La terre battue pour plancher laissa resurgir le têtu palmier-nain au milieu des chambres. Les maisons ne furent construites, par le Génie, qu'au bout de plusieurs mois avec l'aide d'entrepreneurs civils. Il n'y avait pas d'abri isolé ni pour les animaux, ni pour l'outillage, ni pour les semences. Tout cela s'entassait dans les deux pièces attribuées pour une famille.

Dans un premier temps, on se contenta de distribuer 25 ares de jardin et ce n'est qu'au bout de plusieurs mois que l'achèvement des lotissements permit de distribuer, au sort, des lots de première et de seconde zone, terres couvertes de broussailles et de ce récalcitrant palmier-nain que même les soldats n'arrivaient pas toujours à déraciner. « La plupart des colons se bornèrent à défricher leur jardin, attendant que l'État leur remît les deux hectares immédiatement cultivables qui leur avaient été promis. D'autres se mirent bravement à arracher les souches. D'autres enfin se croisèrent complètement les bras et vécurent sans souci sachant qu'ils avaient trois ans de nourriture assurés » [P. Garcia. *Une vie de colon*, Alger, 1864, p. 54].

Cependant, la nourriture était maigre et de mauvaise qualité, et la suppression de vivres pendant un certain nombre de jours pour paresse ou non-fréquentation de la messe, pratiquée par quelques directeurs à l'encontre des colons et de leur famille, indique l'atmosphère qui régnait. Le dénuement des colons était tel que l'on dut leur remettre une petite somme quotidienne (10 centimes) pour les achats de savon, de sel, de tabac ; le matériel de culture arrivé tardivement, comme le cheptel était insuffisant. Un bœuf par famille, alors « qu'il en faut quatre pour tirer dans nos terres rouges du Sahel nos charrues les plus légères ». Les semences ne furent souvent pas fournies à temps. Dans le meilleur des cas, la récolte n'était pas vendable et la concurrence des prix des céréales cultivées par les indigènes était peu encourageante pour les colons à qui on aurait dû conseiller d'autres cultures plus spécialisées. Un certain nombre de colons se découragèrent vite et demandèrent à être rapatriés, mais il semble que ce ne fut qu'une minorité.

L'incompatibilité entre le caractère frondeur de certains colons parisiens et l'autoritarisme des capitaines directeurs de village se traduisit par des évictions à la fin de l'année 1849. Mais ce qui allait briser ce premier élan de la colonisation, ce fut l'épidémie de choléra la même année. Elle fit des ravages. L'effectif initial des colons diminua fortement. Certains villages connurent des pertes importantes. Zurich vit sa population passer de 405 habitants à 153 du fait de 178 départs et 114 décès mal compensés par 4 naissances et 36 arrivées.

De plus, de nombreux villages souffrirent des mauvais emplacements décidés par les autorités militaires, le plus souvent éloignés des grands centres, en fonction de considérations surtout stratégiques. À propos du village de Tefeschoun, un colon écrit : « Ce pauvre village a un vice de conformité dont il ne se corrigera jamais. Le Génie militaire l'a placé entre deux ravins dans une situation qui est peut-être inexpugnable, mais qui est à coup sûr fort incommode ».

En 1849, la Commission des Tuileries prévoyait la reprise des convois, l'envoi de 6 000 nouveaux colons et la construction de 12 autres villages. Cependant, le doute commençait à se répandre sur l'avenir de ces colonies. Les plaintes des colons arrivaient sur les bureaux de la Commission. L'armée se répandit en appréciations désobligeantes contre ces « énervés de la capitale », surtout après l'élection, par les colonies agricoles, d'Émile Barrault• à l'Assemblée nationale en mai 1849 : les colons s'affirmaient bien comme des « rouges », ingrats vis-à-vis d'un gouvernement qui avait tant fait pour eux, alors que peu d'entre eux étaient « socialistes ».

5 La commission d'enquête de 1849

L'Assemblée nationale, avant de voter les crédits pour de nouvelles créations, décida d'envoyer une commission d'enquête qui visita toutes les colonies agricoles durant les mois de juillet et août 1849.

L'administration militaire semblait de plus en plus hostile à cette colonisation par des civils. Pour elle, des soldats, mieux adaptés au pays, seraient plus efficaces et surtout plus disciplinés et plus soumis. Ne vit-on pas Lamoricière, lui-même, refuser d'accorder des moniteurs d'agriculture dont l'absence se faisait durement sentir dans les villages ?

> **Lettre d'un colon de Mondovi, 3 décembre 1849 :**
>
> Le gouvernement ne voulait pas le succès des colonies […] Depuis trois semaines, nous avons des bœufs de labour mais nous n'avons ni jougs, ni courroies, la saison des labours s'avance et nous ne pouvons travailler. Dans quelques jours, on répétera sur tous les tons : voyez les colons sont des paresseux, ils ont laissé leurs terres en friche. Faut-il s'étonner si le découragement est parmi nous et si un grand nombre désire retourner en France ?

À la fin de 1849, les colons de tous les villages revendiquaient l'application de l'article 7 du décret du 19 septembre qui garantissait aux colonies agricoles le passage au régime civil au bout d'un an. Les officiers directeurs s'y opposaient le plus souvent au prétexte que les colons devaient encore être encadrés militairement. Les colons ne supportaient plus les abus de pouvoirs des officiers qui régnaient en maîtres dans leur colonie. Presque un tiers des colons disparaît avant fin 1850, par les décès, mais aussi les départs.

La Commission de colonisation décida que les 12 colonies nouvelles seraient peuplées, non plus de citadins, mais d'agriculteurs français, venus des provinces de France ou mieux d'Algérie et de soldats libérés de leur service en Algérie même (loi du 20 juillet 1850). Ces colons, déjà habitués au travail agricole ou pour beaucoup aux conditions climatiques de l'Algérie, ne réussirent ni mieux ni plus mal que les colons parisiens de 1848. Tous furent confrontés aux difficultés inhérentes à tout début de colonisation et en particulier à une nature vierge et difficile.

Peut-on parler d'échec de la Seconde République dans cette grande entreprise de colonisation ? Aucun des 42 villages de 1848 ne disparut, même s'ils connurent tous de grosses difficultés dues à l'impréparation des débuts, à l'incurie de l'Administration, à une grande réticence des militaires devant ces colons, peu disciplinés, trop enclins à affirmer leurs droits, surtout politiques. Il semble que le choix que fit la Seconde République de candidats triés sur le volet ne fut pas si mauvais, soit que les futurs colons aient déjà eu un contact avec le travail agricole, soit qu'ils aient eu une bonne qualification professionnelle, preuve de leur courage et de leur sérieux. C'était, d'autre part, des ouvriers dans la force de l'âge le plus souvent, susceptibles donc de faire souche dans le pays. Le choléra fit des ravages parmi ces gens désarmés devant la maladie ; les fièvres paludéennes contribuèrent aussi à décimer un tiers de ces colons du début. Un autre tiers, découragé par les dures conditions d'existence ou les brimades des officiers directeurs, reprit le chemin de la France. Le tiers restant accueillit de nouveaux colons et maintint en vie les 54 villages créés par la République de 1848. À la fin de 1851, sur 131 000 Européens que comptait l'Algérie 33 000 étaient des colons ruraux.

La Seconde République avait donc semé des germes durables de présence française en Algérie, avec ce que cela impliquait de spoliation des terres pour la colonisation et d'installation d'une population à mentalité « coloniste » et colonialiste (comme on ne le disait pas encore), ne mettant pas en doute la légitimité de sa présence sur une terre conquise « par le fer et par la charrue ». Le fer, les ravages, la mémoire des colons les occultera très vite au point que les dernières générations avant l'indépendance de l'Algérie, sûres de leur bon droit, ignoreront les sanglantes péripéties de la conquête, sinon les difficultés de l'installation. Elles s'accrocheront à un sol qu'elles avaient mis en valeur avec obstination, au prix de nombreuses vies humaines. L'image de la charrue creusant les sillons caillouteux sera toujours présente pour justifier la pérennité de l'occupation.

6 La poursuite de la colonisation agricole

Parallèlement à cette colonisation officielle, le ministère de la Guerre assura la création de villages de façon plus spontanée grâce à la loi de 1851 dite de « cantonnement », qui consistait à restreindre les tribus sur une partie de leurs terres, jugée suffisante, à leur en garantir la propriété et à s'emparer du reste pour y installer des villages. La loi du 16 juin 1851 affirmait pourtant l'inviolabilité de la propriété privée (« melk ») et celle dite « *arch* » des tribus, sauf expropriation pour utilité publique : l'installation de colons dans des villages créés par l'État entrait dans ce cadre. Les colons n'obtinrent pas que

---

• **Émile Barrault (1799-1869).** Il est l'un des chefs de file des Saint-Simoniens. Il applique leur politique de mise en valeur de l'Algérie où il fut notamment représentant d'Oran à l'Assemblée législative en 1849.

l'on considérât l'État, vainqueur des Turcs, comme propriétaire de l'ensemble des terres tribales, mais seulement des forêts, pourtant indispensables aux indigènes, auxquels elles procuraient pacages, bois de chauffage et fruits divers. Le code forestier français fut appliqué rigoureusement à des populations désarmées. En même temps d'immenses concessions étaient accordées à des citadins influents qui se préoccupaient peu de les mettre en valeur en y installant des familles, comme ils s'y étaient engagés, et se contentaient de les louer à des indigènes ; ce que fit Thémistocle Lestiboudois, publiciste et naturaliste évoqué par Charles-André Julien• [64].

Les grands concessionnaires furent même dispensés de déposer, avant la prise de possession, une somme de 10 francs par hectare. Seul le crédit manquait aux concessionnaires et la création du Comptoir d'escompte d'Alger, qui ouvrit le 1er octobre 1849, n'apporta pas de solution à la crise monétaire de 1848 due à la thésaurisation. Le ministre des Finances Fould, plutôt que de venir au secours du Comptoir d'escompte, préféra envisager la création d'une banque d'émission : la Banque d'Algérie, proposition que l'Assemblée nationale vota le 4 août 1851. Il y eut désormais en circulation des billets de 1 000, 600, 100 et 50 francs « algériens » et la Banque d'Algérie était habilitée à opérer toutes les opérations d'escompte, de dépôt, etc., valables en Algérie et en France. Le numéraire, venu de la Métropole, lui était chichement compté et la circulation des billets était freinée par la méfiance des indigènes. On a pu critiquer cette création qui « encouragea les tendances des colons à l'autonomie » [64].

VII. Napoléon III et l'Algérie

Le Second Empire fut une période de bouleversements structuraux qui ne furent pas toujours ceux que souhaitait l'Empereur. De 1852 à 1870, on assista à une succession de phases de prépondérance du pouvoir militaire et de retour en force de la politique « assimilationniste » des colons.

1 Le retour du pouvoir militaire (1852-1858) : l'extension des superficies cultivées

Avec le nouveau régime, l'Algérie perdit ses représentants élus. Elle fut soumise au pouvoir militaire qui, seul, pouvait faire face aux soulèvements. Le général Randon, nommé par Louis Napoléon occupait le poste de

Gouverneur général depuis décembre 1851 ; il fut placé sous le contrôle du ministre de la Guerre, Saint-Arnaud. Très hostile à l'administration civile, Randon se préoccupa néanmoins beaucoup de colonisation agricole. Cinquante-six villages furent créés par l'État de 1853 à 1858, mais la colonisation privée fut également favorisée, surtout celle laissée aux mains des sociétés capitalistes, selon les vœux des saint-simoniens et de l'Empereur qu'ils entouraient. Les terres provenaient de la poursuite des opérations de cantonnement, c'est-à-dire du refoulement des tribus.

C'est ainsi que la Compagnie genevoise se vit attribuer, en 1853, près de 20 000 hectares dans la région de Sétif, ainsi qu'une contribution de 625 000 francs contre la promesse d'installer 10 000 colons dans 10 villages, pour mettre en valeur les terres, en 10 ans. Elle n'installa que 2 956 colons et très vite, ayant des difficultés à attirer des immigrants, elle fit appel à des *khammès*• arabes. D'autres grandes sociétés, 51 au total, reçurent 5 000 ha ; la petite colonisation, qui avait la préférence de Randon, reçut, elle, 250 000 hectares. Ainsi, partout le nombre des Français augmentait, particulièrement dans la Mitidja, la région du haut Chélif, l'Oranie et le Constantinois. L'Algérie devenait une colonie de peuplement que l'on comparait aux États-Unis ou au Canada. Des grands travaux d'assainissement, des barrages pour l'irrigation permirent une mise en valeur économique sans précédent. L'Algérie attirait des immigrants, mais en nombre insuffisant du fait de l'expansion économique en France même. Par ailleurs, les immigrants se fixaient surtout dans les villes. La courbe des naissances des Européens dépassa celle des décès en 1856. Ainsi, le nombre des Européens passa-t-il à 189 000, dont 89 000 ruraux.

Après la grave crise de 1849-1850, l'Algérie connut une période de prospérité économique de 1851 à 1857. Restaient cependant des ombres au tableau : le commerce de l'Algérie était toujours largement déficitaire (exportations 48 millions de francs, importations 109 millions), mais les emblavures s'étendaient, le coton faisait naître de grands espoirs, de même que le tabac et les plantes à parfum. Les mesures prises en 1851 et 1852 – suppression des barrières douanières entre l'Algérie et la France, création de la Banque d'Algérie et d'une Bourse du commerce à Alger (1852) – facilitèrent le développement économique. En 1854, les emblavures couvraient plus de 450 000 hectares. En avril 1857, fut décidée la création d'un réseau routier. Un décret de la même année porta sur l'installation d'un réseau ferroviaire algérien.

• **Charles-André Julien (1891-1991).** Historien, professeur d'histoire de la colonisation à la Sorbonne, il occupa également le poste de secrétaire du Haut Comité Méditerranée sous le Front populaire. Il a courageusement dénoncé très tôt les excès de la colonisation. Il fut à l'origine de la création de l'Université de Rabat.
• **Khammès :** métayer au cinquième du produit agricole.

2 Les « Bureaux arabes »

En territoire militaire, les Bureaux arabes, qui avaient été définitivement mis en place en 1844 par Bugeaud, formés d'officiers entourés de notabilités indigènes, virent leur autorité renforcée sous la houlette de Randon. Ils avaient la charge de surveiller constamment les populations autochtones, de veiller à la bonne rentrée des impôts, d'assurer la liaison avec les chefs indigènes auxquels ils transmettaient les ordres du commandement.

Ayant pour objectif le développement de la petite culture chez les *fellah*•, ils tentaient de sédentariser les pasteurs-agriculteurs et d'en faire des petits propriétaires protégés par la loi française. En cela, ils ne pouvaient que s'opposer à la politique de cantonnement parée de toutes les vertus par les colons, auxquels elle permettait une extension de leurs terres aux dépens des tribus. Les Bureaux arabes ne réussirent pas cependant dans leur politique favorable aux *fellah,* dont ils voulaient améliorer le niveau de vie en les incitant à une modernisation de leurs méthodes agricoles. Néanmoins, les *fellah* bénéficièrent de la prospérité économique jusqu'à la crise de 1858 : l'extension des cultures de céréales et de coton les favorisa aussi. Les colons critiquaient très durement la politique paternaliste et autoritaire des Bureaux arabes, d'autant que ceux-ci commettaient parfois des abus, ce qui leur valut le surnom de « bourreaux d'Arabes ». Ce terme paraît injuste. La plupart du temps, les officiers qui composaient les Bureaux arabes, parlant l'arabe ou le kabyle, très soucieux du respect des mœurs indigènes qu'ils connaissaient bien, étaient les intermédiaires nécessaires entre les indigènes et l'administration. Cependant, ils furent parfois tentés d'abuser des énormes pouvoirs qu'ils détenaient, sans contrôle. Ce fut le cas du capitaine Doineau du bureau arabe de Tlemcen, qui fit mettre à mort, entre autres indigènes, un *agha**, son rival. Il fut condamné à la peine capitale par la cour d'assises en 1856, puis gracié. Son procès avait été l'occasion de dévoiler tous les excès de l'arbitraire militaire. À partir de 1867, une partie des immenses compétences des Bureaux arabes, dans le domaine administratif, financier, judiciaire, fut attribuée aux communes mixtes. Leur dépérissement se poursuivit sous la IIIe République jusqu'à leur disparition en 1914.

*P. 29

3 Jérôme Napoléon et le retour de la prépondérance civile : 1858 à 1860

À la suite de l'affaire Doineau, Napoléon III, devant l'agitation des colons contre « le régime du sabre », mit fin au régime militaire et renvoya Randon. Il créa alors un ministère de l'Algérie qui regroupait tous les services administratifs (sauf l'Instruction et les Cultes), à la tête duquel il plaça son cousin

Jérôme. Celui-ci prétendit administrer l'Algérie à partir de Paris, au grand déplaisir des colons. Ceux-ci cependant apprécièrent les mesures qu'il prit : l'extension du territoire civil, qui doubla, et l'installation de commissaires civils auprès des officiers des Bureaux arabes en territoire militaire. De même, Jérôme Napoléon s'attira leurs bonnes grâces par son hostilité aux *caïd**. Toutefois, sa volonté d'assimilation de l'aristocratie indigène pour aboutir à une fusion des peuples arabe et français, si elle permettait d'entrevoir un affaiblissement notable de la cohésion musulmane, ce qui n'était pas pour déplaire aux colons, créait une telle désorganisation de la société indigène que ses effets dévastateurs furent évidents pour tous. En effet, en faisant progresser l'assimilation des indigènes et en affaiblissant leurs lois et leur justice particulière, il provoqua l'hostilité des *caïd* et de toute l'aristocratie indigène, qui suscitaient partout des soulèvements. Les militaires surent convaincre l'Empereur de mettre un terme à cette dangereuse politique d'extinction de la personnalité algérienne par l'assimilation. En 1860, Napoléon III décida un voyage en Algérie. Il était déjà prévenu contre les colons auxquels il refusait de livrer l'Algérie. Les soulèvements de l'Aurès en 1859, puis du Hodna en 1860, attribués à la crainte du cantonnement et aux atteintes à la justice coranique, l'amenèrent à supprimer le ministère de l'Algérie.

*P. 15

4 Le rêve de l'association des deux populations sous l'égide des militaires

À nouveau, un Gouverneur général, aux pouvoirs renforcés, fut rétabli à Alger, le maréchal Pélissier, responsable devant l'Empereur, assisté d'un sous-gouverneur militaire et de deux conseils.

Pélissier laissa agir le directeur général des affaires civiles, Mercier Lacombe. Celui-ci développa la politique du cantonnement, entraînant les protestations du parti arabophile qui prônait une politique d'association avec les indigènes. L'Empereur affirma sa volonté de protéger les deux fractions de la population, en particulier en matière de propriété foncière. L'idée des arabophiles, comme le Saint-Simonien Ismaël Urbain, d'une sorte de partage des activités entre les Européens et les Arabes semblait séduisante. Aux indigènes les travaux agricoles, aux immigrants européens les villes et les activités commerciales et industrielles, les deux éléments étant associés pour le plus grand bien de tous.

L'Empereur, en proclamant qu'il fallait « par-dessus tout garantir aux indigènes leurs terres et leurs droits », voulait mettre fin au cantonnement et

• **fellah :** paysan.

à l'action tatillonne de l'administration pour le respect des forêts. Une multitude d'amendes pour infraction au droit forestier s'abattant sur les *fellah*, la colère grondait.

L'Empereur fit publier dans *Le Moniteur* du 6 février 1863 une nette condamnation du cantonnement : « Nous ne sommes pas venus en Algérie pour les (Arabes) opprimer et les spolier, mais pour leur apporter les bienfaits de la civilisation ».

5 Le sénatus-consulte de 1863

Le sénatus-consulte du 22 avril 1863 effraya les colons. Il déclarait les tribus algériennes propriétaires incommutables des terres dont « elles avaient la jouissance permanente et traditionnelle », mettant fin ainsi à la pratique du cantonnement qui avait constamment amoindri les terres tribales au profit des colons. Les tribus n'apparaissaient plus uniquement comme usufruitières des terres appartenant en fait à l'État qui pouvait en disposer, mais comme propriétaires de ces terres. Le sénatus-consulte prescrivait de procéder rapidement à la délimitation du domaine de chaque tribu, à la répartition des terres de chaque tribu entre des *douar* (communautés villageoises), créés de toutes pièces, et à la répartition des terres des *douar* entre les chefs de famille qui formaient par ailleurs des *djemaa* (conseils). Le but de ce morcellement des terres était de favoriser la propriété individuelle, aliénable à tout moment.

Les colons ne perçurent, dans le sénatus-consulte, que la création d'une propriété qui n'existait pas à l'origine et dont la consolidation allait bloquer leur expansion. En fait, ils profitèrent de la possibilité d'acheter des terres. Les indigènes, eux, ne s'y trompèrent pas. « La consternation se lisait sur tous les visages », rapporte un administrateur, cité par Augustin Bernard. Il semble qu'ils aient immédiatement perçu que le morcellement du territoire des tribus et donc des tribus elles-mêmes, qui formaient la base de l'encadrement politique et social, pour les remplacer par de simples cadres administratifs, les *douar*, feraient d'eux des individus « désencadrés », livrés à l'arbitraire de chefs nommés par le colonisateur, alors que leurs chefs « naturels » seraient déchus.

Le vieillard voyait juste : comme l'écrivait Augustin Bernard, le sénatus-consulte de 1863 « ouvre une crise profonde de la société indigène ».

La dissolution des tribus et l'affaiblissement de leurs chefs du fait du fractionnement des territoires et de l'installation de chefs de *douar* et de *djemaa*, en multipliant les autorités locales, allaient exacerber les rivalités entre elles, au bénéfice des colonisateurs.

Cependant, les autorités d'Alger qui se servaient des chefs comme relais avec les populations indigènes pouvaient, elles aussi, s'inquiéter de la disparition de

> **La fin des tribus**
>
> Parlant des colonisateurs, un vieillard de la tribu des Ouled Rechaïch se lamente :
> « Ils nous ont tué nos jeunes hommes, ils nous ont imposé des contributions de guerre. Tout cela n'est rien, on guérit de ces blessures. Mais la constitution de la propriété individuelle, l'autorisation donnée à chacun de vendre les terres qui lui sont échues en partage, c'est l'arrêt de mort de la tribu. Vingt ans après l'exécution de ces mesures, les Ouled Rechaïch auront cessé d'exister ».
>
> A. Bernard, *L'Algérie*, Pairs, 1929.

ces chefs. D'où la lenteur des opérations de délimitation pour l'application du sénatus-consulte de 1863. Il fallut sept ans pour « délimiter » les 372 tribus et les partager en 667 *douar* ; la répartition des biens, à titre individuel, aux habitants des *douar* n'était pas terminée en 1870. On avait recensé 8 millions d'hectares, dont un million de biens communaux et un million d'hectares de terres du Domaine qui furent mises en vente puisque désormais (décret du 31 décembre 1864) les concessions gratuites étaient interdites. À la surprise inquiète des autorités, les indigènes se présentèrent en majorité pour l'adjudication des terres du Domaine de l'État. Le mouvement de rachat des terres par les autochtones, qui devait s'accompagner de ventes préférentielles des indigènes à leurs frères, même à des prix « moindres », était révélateur de la solidarité indigène face à l'agression coloniale et de l'attachement viscéral des paysans à leurs terres, indépendamment même de leur valeur marchande. Cette reconquête de leur territoire apparaissait éminemment dangereuse aux Européens. Mais ce fut la lettre du 6 juillet 1863 que l'Empereur envoya au maréchal Pélissier qui provoqua la fureur des colons. Ceux-ci ne virent dans la formule « l'Algérie n'est pas une colonie proprement dite, mais un *royaume* arabe », déjà prononcée auparavant, que l'annonce de la fin de leur règne et l'affirmation d'une nationalité arabe qui, à leurs yeux, n'avait jamais existé.

6 La révolte des Ouled Sidi Cheikh de 1864 et le renforcement des militaires

Le soulèvement des Ouled Sidi Cheikh fut-il déclenché par le sénatus-consulte de 1863 ? Il commença en mars et, dès le 7 avril, les insurgés remportaient sur le colonel Beauprêtre une victoire d'autant plus inquiétante pour les Français, qui y virent un désastre « pire que celui de la Macta », que les *spahis** firent défection.

* P. 57

Martimprey mena durement la répression sans pouvoir éteindre l'insurrection dont certains chefs passaient au Maroc, d'où ils lançaient des opérations sur les confins algériens. Cette insurrection condamnait le régime civil. Elle révélait que, contrairement à ce que l'on avait cru après la soumission de la Kabylie, la domination de l'Algérie n'était pas assurée : elle devait être encore consolidée par les militaires. Napoléon III procéda donc à une nouvelle organisation des pouvoirs aux dépens des civils.

La Direction des affaires civiles fut supprimée et dans chaque province les préfets furent soumis aux généraux de division, à la grande colère des colons qui voyaient toujours dans les militaires des protecteurs des indigènes et donc des ennemis des Européens.

En octobre 1864, les Ouled Sidi Cheikh entraînaient dans la dissidence les Ouled Naïl. En avril 1865, Mac Mahon•, qui avait succédé au maréchal Pélissier, mort en mai 1864, achevait la lutte contre l'insurrection. Cependant, le feu couvait sous la cendre et les Ouled Sidi Cheikh donnèrent encore du fil à retordre aux Français.

7 Le « royaume arabe »

Napoléon III décida un second voyage en Algérie du 3 mai au 7 juin 1865. Accompagné d'Ismaël Urbain• et de Mac Mahon, il sillonna d'Ouest en Est toute l'Algérie, visitant toutes les grandes villes, assistant partout à des fêtes resplendissantes et aux discours trompeurs des autorités locales, sans exprimer sur place clairement ses opinions. Influencé par Ismaël Urbain, il voulait réconcilier les colons et les indigènes, protéger les fellah des appétits des Européens. Le 20 juin 1865, dans une lettre à Mac Mahon, l'Empereur redéfinissait l'Algérie comme « à la fois un royaume arabe, une colonie européenne et un camp français », semblant désigner ainsi, les trois zones de l'Algérie : la zone civile, le territoire mixte et la zone militaire. En effet, il ajoutait : « Il faut considérer l'Algérie sous ces trois aspects : au point de vue indigène, colonial et militaire ».

Sous une apparente clarté, ces mots de l'Empereur laissaient une marge assez grande aux interprétations diverses ; ainsi les Européens ne retinrent de ces affirmations volontairement équilibrées, que la référence « dangereuse » et répétée à un *royaume arabe*. Les mesures prises par la suite devaient encore soulever leur colère contre l'Empereur.

8 Le sénatus-consulte du 14 juillet 1865

Le sénatus-consulte du 14 juillet 1865 pouvait paraître beaucoup plus menaçant encore pour la prépondérance française puisqu'il proclamait que les Musulmans étaient français, et pouvaient demander et obtenir, en abandonnant leur statut personnel coranique (ou hébraïque pour les juifs), la qualité de citoyen, avec accès à tous les emplois civils et militaires, à condition de la demander. Le faible nombre de naturalisations, aussi bien chez les Musulmans que chez les Juifs, s'explique par le peu d'empressement de l'administration devant les rares candidats, mais surtout par le fait que l'obtention de la nationalité par un ou plusieurs membres d'une famille, les autres se refusant à ce qui leur apparaissait comme une apostasie, ne pouvait aboutir qu'à briser l'unité familiale, un des fondements de la société maghrébine [90, p. 423-428]. Le mariage antérieur à la naturalisation, célébré devant le *cadi**, devenant nul, « la nationalité des enfants, le droit de succession [risquaient] de bouleverser non seulement la situation matérielle et morale d'un individu, mais l'avenir du groupe familial et tribal » [90, p. 426]. D'où l'échec de cette mesure. Ainsi, en dix ans, 371 Musulmans seulement furent naturalisés et, même de 1865 à 1870, il n'y eut que 142 israélites algériens à obtenir la qualité de Français. Ces chiffres dérisoires dans l'une et l'autre communautés autochtones traduisent bien le désarroi dans lequel se trouvent les familles atteintes par le sénatus-consulte qui, en imposant avec la loi française « la monogamie et le bouleversement des lois successorales », ne pouvait que menacer la cohésion familiale très forte chez les Juifs comme chez les Musulmans et être « la source d'interminables procès » [90, p. 428].

* P. 31

Les colons s'effrayaient toujours de n'être qu'une infime minorité face à la masse arabe. La perspective de voir les indigènes leur disputer les emplois administratifs, et donc le pouvoir, ainsi que les avantages financiers qui en découlaient, provoquait chez eux une véritable panique, devant cette transformation d'indigènes soumis en citoyens français, participant par leur vote à la vie politique de l'Algérie.

9 L'expansion économique sous l'égide des grandes sociétés capitalistes

Les colons furent plus satisfaits de la politique économique de Napoléon III en Algérie. Les investissements dans des travaux importants prévus par l'Empire apaisèrent un peu leur rancœur. Les cent millions promis, destinés à la construction de routes, ports, chemins de fer, furent réellement investis, mais surtout au bénéfice des grandes sociétés capitalistes, dans la logique saint-simonienne.

• **Edme, comte de Mac-Mahon (1808-1893).** Formé à Saint-Cyr, il prend part à la campagne d'Algérie. Il sert tous les régimes qui se succéderont dans la seconde moitié du XIXᵉ siècle. Nommé gouverneur général en Algérie de 1864 à 1870, il applique la politique de Napoléon III. De retour en France, il prend la tête de l'armée de Versailles contre la Commune. En 1873, il devient président de la République et démissionne en 1879.

• **Ismaël Urbain (1812-1884).** Saint-Simonien, né en Guyane, converti à l'Islam, interprète d'arabe en Algérie, puis fonctionnaire au ministère de la Guerre. Indigénophile, très écouté par Napoléon III. Voir sa biographie par un de ses descendants, Michel Levallois, Maisonneuve et Larose, 2001.

En 1865, 25 000 hectares furent cédés à la Société de l'Habra contre l'engagement exigé d'elle de construire, au confluent de ce fleuve et de la Macta, un barrage qui devait favoriser la culture du coton à un moment où la guerre de Sécession aux États-Unis rendait cette culture très rentable.

C'est surtout la Société algérienne qui bénéficia des largesses de l'État. Selon, l'idée d'Enfantin•, reprise par son disciple Paulin Talabot, directeur de la Compagnie des chemins de fer PLM et Frémy, directeur du Crédit foncier, la société devait investir cent millions de francs en six ans pour ses propres installations agricoles et industrielles et avancer cent autres millions à l'État pour les grands travaux, remboursables en 50 ans avec un intérêt de 2,5 %. Ces énormes investissements firent décoller l'économie de l'Algérie, de même que l'Union douanière (juillet 1867) entre l'Algérie et la France, réclamée depuis si longtemps. Le commerce fut multiplié par deux, l'Algérie devint exportatrice de coton ; le tabac progressa, la récolte de blé atteignit 25 millions d'hectolitres en 1863.

10 Les catastrophes naturelles et la famine de 1868

Mais la balance commerciale restait déficitaire et surtout une série de catastrophes naturelles ne permit pas de profiter immédiatement de lourds investissements consentis par l'État et les grandes sociétés. Ce fut d'abord une invasion de sauterelles en 1866, suivie de plusieurs années de sécheresse. Se déclenchèrent alors de graves épidémies de choléra et de typhus qui accompagnaient toujours les disettes. Six cent mille indigènes périrent de maladie ou de famine, faute d'une réaction rapide des autorités pour organiser les secours. La solidarité musulmane joua encore et l'on vit par exemple le *bachaga*• Mokrani distribuer des vivres, épuisant ses ressources et même empruntant aux banques, avec l'aval d'officiers français, pour aider les *fellah* en détresse. Cependant, du fait de la modification des structures sociales depuis le sénatus-consulte de 1863 qui avait brisé les cadres traditionnels de la société indigène, organisée jusque-là pour faire face à des situations semblables, l'ensemble de la population indigène souffrit de la terrible famine de 1868.

La commission d'enquête agricole, envoyée sur place, entendit les plaintes des indigènes et les récriminations des colons qui accusaient les militaires d'impéritie et la politique de Napoléon III d'irréalisme ; les colons réclamaient le retour au régime civil.

11 La commission Behic et la chute du Second Empire

Une seconde commission fut chargée de proposer une constitution pour l'Algérie. La commission Behic, du nom de son rapporteur, prévoyait une extension considérable du territoire civil, ce qui ne pouvait que plaire aux colons. Ceux-ci cependant protestèrent énergiquement contre le projet de création de départements indigènes et l'élection des députés de l'Algérie au suffrage universel, même des Musulmans. Aussi, lors du plébiscite de mai 1870, le *non* l'emporta chez les Français d'Algérie. La guerre avec la Prusse et la défaite de la France assura la victoire des civils, heureux de la chute de l'Empire et de l'humiliation des militaires.

• **Enfantin Barthélemy Prosper dit le Père Enfantin (1796-1864).** Il fit du saint-simonisme une véritable église. Incarcéré en 1832 pour ses attaques contre la propriété privée et sa défense de l'amour libre. En 1833, il fonde en Égypte, où il reste trois ans, une société pour le percement du canal de Suez. De 1839 à 1841, il participe à la colonisation de l'Algérie.
• **bachaga** : chef de circonscription.

Chapitre 4

L'Algérie de 1871 à 1898

I. La revanche des colons sous la Troisième République

1 Le triomphe des civils : la Commune d'Alger

La chute du Second Empire eut de graves répercussions en Algérie, tant dans le milieu indigène que chez les coloniaux. La défaite de Sedan déchaîna les passions anti-militaristes des colons qui exigèrent la fin du « régime du sabre » et l'assimilation administrative complète à la métropole.

La population d'Alger mit, à la tête de la municipalité, le commissaire civil extraordinaire Vuillermoz (17 septembre). La délégation de Tours, refusant de reconnaître cette usurpation de pouvoir, ne put imposer longtemps un gouverneur civil (Charles du Bouzet), non plus que le préfet d'Oran (Alexandre Lambert).

L'agitation, à son comble à Alger, (on parle de Commune d'Alger), régnait aussi à l'intérieur du pays où se formaient des comités de défense. Cependant, les cris séparationnistes « *Algérie fara da se* », s'éteignirent bientôt sous l'effet conjugué de mesures très favorables aux colons, prises par Adolphe Crémieux•, et de l'annonce de troubles de plus en plus graves dans la population indigène. Ceux-ci amenèrent Thiers, en mars 1871, à envoyer l'énergique amiral de Gueydon comme gouverneur général civil.

• **Adolphe Crémieux (1796-1880).** Avocat à la Cour de cassation en 1830, puis député de 1842 à 1851, il soutint Louis Napoléon à la présidence de la République. Député d'extrême gauche en 1869, il devint ministre de la Justice en septembre 1870 dans le gouvernement de Défense nationale. Il fit adopter le décret qui attribuait la citoyenneté française aux Juifs d'Algérie (1870).

2 Le régime civil établi par Crémieux

Sous la pression des « comités de défense », le ministre de l'Intérieur dans le gouvernement de la Défense nationale, Adolphe Crémieux, prit une série de décrets qui assimilaient l'Algérie à la France.

L'organisation administrative révèle la répartition des pouvoirs entre les deux populations, européenne et musulmane. L'Algérie, divisée en trois départements, chacun d'eux envoyant, à nouveau, un député à l'Assemblée nationale et des délégués au Comité consultatif du Gouvernement général, devait connaître un régime politique aux apparences démocratiques puisque les représentants étaient élus au suffrage universel, mais seuls les citoyens français avaient le droit de vote, y compris pour élire les conseillers généraux auprès des préfets et les conseils municipaux dans les communes de plein exercice, créées dans les régions où les Européens étaient très présents. La commune de plein exercice était « une collectivité locale ayant la personnalité juridique, un budget propre, un patrimoine, administrée par une assemblée et un pouvoir exécutif élus par les habitants » [47, p. 93]. La question de l'élection était fondamentale. En effet, plus tard, la loi municipale d'avril 1884 organisa l'élection des maires par les conseils municipaux. Elle octroyait aux maires et aux conseils municipaux des pouvoirs administratifs et financiers importants. Il était évidemment essentiel pour le colonisateur de contrôler les collèges électoraux afin d'éviter l'élection de maires musulmans. Les conditions posées à l'accès au corps électoral et le nombre de conseillers par habitants furent alors fixés au détriment de la population musulmane en organisant deux collèges pour assurer ainsi la majorité aux Européens. La prépondérance des Européens permettait à ces derniers de disposer du budget municipal. Notons que ce furent les Musulmans qui contribuèrent à la majorité du budget par les taxes et les impôts mais ne profitèrent pas dans les mêmes proportions des dépenses budgétaires•.

En territoire militaire, les communes mixtes• devaient être administrées par des administrateurs, fonctionnaires civils dépendant des préfets. L'organisation et le fonctionnement de la commune mixte furent guidés par le fait que la population musulmane était très nombreuse dans cette collectivité. Un décret établissant le principe d'une progression régulière du territoire civil aux dépens du territoire militaire allait, à juste titre, inquiéter les Musulmans, l'armée, malgré sa défaite à Sedan, apparaissant toujours comme le meilleur rempart contre les appétits des colons.

En effet, en liaison avec les assemblées de notables (*jama'a*) qui percevaient les impôts, contrôlaient l'application des décrets et des mesures prises par les autorités françaises, préoccupées d'éviter les troubles, les Bureaux arabes avaient toujours imposé le respect des us et coutumes des indigènes et garantit l'autorité des *jama'a** au sein des *douar*. Les *jama'a* avaient pu ainsi éviter des excès dans l'application du sénatus-consulte de 1863 et limiter les spoliations qui furent beaucoup plus étendues en territoire civil. Ici désormais « les *caïd** au lieu d'être contrôlés par les *jama'a* étaient sous la coupe des conseillers municipaux représentant majoritairement les intérêts de la colonisation » [87, p. 134].

*P. 19

*P. 15

On comprend alors que toute extension du territoire civil s'accompagnait d'une aggravation du sort des autochtones, soumis à plus d'impôts et menacés davantage dans leur bien : la terre. L'inquiétude des Musulmans était grande devant l'introduction des jurys d'assises qui allaient être composés, non de magistrats, mais de simples citoyens, c'est-à-dire de colons sur l'impartialité desquels ils ne pouvaient guère compter. De plus, le décret Crémieux, faisant des Juifs d'Algérie des citoyens français qui pourraient donc participer à ces jurys, les indignait.

3 Le décret Crémieux en faveur des juifs

Le décret Crémieux (octobre 1870) imposait aux quelque 30 000 Juifs d'Algérie (à l'exclusion de ce qui sera la zone des Territoires du Sud) la citoyenneté pleine et entière. Ce fut une mesure d'ordre politique qui allait provoquer bien des remous. Dans la communauté juive elle-même, soustraite autoritairement à son droit hébraïque et placée sous le droit civil français, les réactions furent partagées. Les Juifs, sachant tout le bénéfice qu'avaient acquis leurs coreligionnaires, en France, depuis la Révolution française, appréciaient d'être admis ainsi au cœur d'un « État de droit ». Certains, cependant, ceux que l'on baptisa les « vieux turbans », craignaient un bouleversement de la famille (où par exemple n'existait pas d'égalité entre les filles

---

• **Dépenses budgétaires.** malgré les réformes successives (loi du 4 février 1919, ordonnance du 7 mars 1944...) portant sur le corps électoral et sur les finances communales, la commune de plein exercice restera durant la colonisation un instrument de la domination européenne.

• **Communes mixtes :** la commune mixte correspond aux anciens territoires militaires et reprend les principes de fonctionnement de ces derniers. La commune mixte est dirigée par un administrateur, nommé par le pouvoir central, qui concentre les fonctions de maire, d'officier de policier judiciaire, de juge pénal et d'administrateur des *Sociétés indigènes de prévoyance*. Au fil du temps, il voit ses compétences s'amoindrir. L'administrateur est assisté par une commission municipale composée de membres français, d'adjoints français et indigènes (les *caïd*) et les présidents de *djemaa*. Cette commission connaît des questions touchant au budget, aux travaux à entreprendre et les impôts mais sans avoir de pouvoir décisionnel, les délibérations étant soumises à l'approbation du préfet. Selon C. Collot, « l'insuffisance du personnel administratif de la commune mixte, le rôle de façade de la commission municipale révèle que la commune mixte n'est qu'une circonscription administrative au deuxième degré [...] », *in* CL. COLLOT, *op.cit.*, p.114.

et les garçons pour l'héritage), une laïcisation, sinon une assimilation et une « déjudaïsation », qui ne manquèrent pas de se produire plus ou moins.

4 Le soulèvement de Moqrani en 1871

*P. 85

Certains ont pu attribuer au décret Crémieux en faveur des Juifs une responsabilité essentielle dans le soulèvement du *bachaga** Moqrani. La réaction de dépit contre ce décret attribuant aux Juifs « tolérés », mais méprisés en terre d'Islam, un statut de citoyen qui allait, en inversant la hiérarchie sociale et politique d'avant la colonisation, placer les Juifs quasiment au rang des vainqueurs, fut assez vive. Toutefois, l'inquiétude des Musulmans eut une autre cause : loin de se sentir frustrés, comme l'affirment certains historiens mal informés, de n'avoir pas droit au même « cadeau », ils craignirent qu'une même « violence » puisse leur être faite, au mépris de leur attachement à leurs institutions religieuses et à leurs traditions coraniques. Nous l'avons vu, la nationalité française leur avait bien été proposée par le sénatus-consulte de 1865, tout comme aux Juifs ; or, peu de candidats se présentèrent dans les deux groupes, car ces réticences venaient d'un attachement profond à leur statut religieux qu'ils devaient abandonner en sollicitant la nationalité française. Subir le même sort que les Juifs, c'est-à-dire se voir imposer collectivement cet abandon, a pu être ressenti comme une menace. Par ailleurs, la perspective de se voir juger, non plus au nom des principes coraniques, mais selon la loi française, la loi des « chrétiens », ne pouvait qu'augmenter leurs craintes.

Cependant, bien d'autres éléments sont à l'origine de l'agitation qui finit par devenir une révolte « politico-agraire », selon l'expression de Mostepha Lacheraf [67, p. 346]. L'insurrection du *bachaga* Moqrani, en mars 1871, fut précédée par les mutineries de *spahis* refusant de s'embarquer pour la France et par divers mouvements d'attaques armées contre les Français à Souk Ahras, au fort d'El Milia en Oranie chez les Ouled Sidi Cheikh et le long de la frontière avec la Tunisie où s'étaient réfugiés des résistants algériens proscrits. Des actes de désobéissance, des rixes dans les marchés traduisaient la nervosité grandissante des indigènes devant les perspectives alarmantes ouvertes par les nouvelles lois foncières. Les opérations d'arpentage des terres tribales s'accompagnaient de troubles. Au sein des tribus émergeaient de véritables « comités insurrectionnels », les *chertyas*, formés de 10 à 12 membres élus par les *douar*.

5 Les *chertya*

Le commandant Louis Rinn, témoin de la création de certaines d'entre elles, dans le cercle de Biskra, en parle ainsi : « À côté de la ligue des seigneurs, se formaient des ligues de paysans et de prolétaires ; ces dernières n'étaient pas les moins inquiétantes », y compris pour les grands propriétaires fonciers indigènes. Mostepha Lacheraf les présente comme des sortes d'assemblées municipales ayant un pouvoir souverain, qui s'étaient « créées illégalement dans les communautés paysannes, par réaction contre l'autorité et les abus des *caïd*, exécutants du colonialisme, qu'elles prétendaient surveiller, s'armant, révisant les jugements des *cadi** [...] Bref de véritables comités révolutionnaires » [67, p. 61].

* P. 31

Les « ligues des seigneurs », aristocratie militaire, étaient peu nombreuses. Moqrani, devant son peu de succès pour entraîner les chefs de tribus souvent investis, comme lui-même d'ailleurs, par les autorités coloniales, et répugnant à faire défection, se tourna vers la confrérie populaire des Rahmania pour entraîner les *fellahs*.

La révolte s'étendit de la Kabylie et du Constantinois (où le mouvement se radicalisait) jusqu'aux portes d'Alger, à Cherchell et au Sud jusqu'à Touggourt... même après la mort de son chef en mai 1871. Au sud de l'Oranie, elle ralluma la flamme des Ouled Sidi Cheikh qui seront en effervescence encore en 1879... Ce fut le dernier soulèvement armé de toute l'Algérie avant celui de 1954 ; celui de Bou Amama en 1881 resta plus localisé dans l'Ouest.

6 Répression et séquestre

La réaction française fut à la mesure du péril ; brutale, elle se voulait définitive. Ceux qui avaient pris les armes furent considérés comme des assassins et des bandits, et jugés comme tels. Les amendes de guerre furent énormes (36 millions de francs-or). Les séquestres touchant les terres des tribus, ou celles des individus, s'élevèrent à 540 000 hectares. Au séquestre collectif, contraire au droit français, s'ajoutèrent les dédommagements exigés par les Européens. Les colons purent profiter de ces terres, surtout dans la vallée de la Soummam, dans la région de Sétif et de Constantine ; 10 000 ha furent distribués aux Alsaciens-Lorrains qui optaient pour la France. « Le séquestre devint l'instrument principal de la colonisation » [86]. « Il creuse un abîme de haine entre la colonisation et les indigènes, pousse au banditisme et engendre de nouvelles causes d'insurrection », témoigne L. Rinn. Les indigènes, malgré leur affaiblissement financier, rachetèrent des terres pour tenter de reconstituer leur patrimoine ancestral. Les colons, inquiets, obtinrent une mobilisation complète des terres par la loi Warnier de 1873. On assista alors à une période de colonisation agricole intense.

7 La reprise de la colonisation agricole : 1871-1898

Le séquestre sous l'amiral Gueydon, gouverneur de l'Algérie, et plus tard la loi de juillet 1873, dite Warnier, donnèrent un nouvel élan à la colonisation.

Cette loi établissait la liberté totale des transactions, celles-ci pouvant même porter sur les biens *habou* ; seule la lenteur des opérations de délimitation, voulue par les Bureaux arabes, freina la pulvérisation de la propriété, le plus souvent indivise, chez les autochtones.

L'application de la loi Warnier, présentée comme un instrument d'assimilation et de progrès pour les indigènes, fut, en fait, un facteur de désagrégation de la propriété et de la société indigène. Si la règle générale était l'indivision familiale ou tribale, la propriété privée, contrairement à ce qu'affirmaient les colons, existait bien chez les autochtones, parfois très morcelée : par exemple elle pouvait porter sur des *microfundia* ou même sur des parties d'arbres fruitiers. Dans le cadre de cette nouvelle loi, un seul des copropriétaires vendant son droit de propriété, tous les autres pouvaient être sommés de faire de même, puisque, selon le droit français, « nul ne peut être contraint de rester dans l'indivision ». Immédiatement s'enclenchaient des procédures de licitations (vente aux enchères d'un bien indivis entre plusieurs propriétaires) très onéreuses, voire ruineuses, pour les pauvres *fellahs*, tandis que les spéculateurs européens, notaires, agents immobiliers, usuriers… s'enrichissaient sur leur dos.

On revint à la colonisation officielle avec concessions gratuites de lots de 40 hectares, par la loi du 30 septembre 1878 sous condition de résidence, pendant cinq ans, avant la réception du titre définitif de propriété. La reprise de la colonisation agricole eut d'abord pour but d'installer les Alsaciens-Lorrains qui refusaient de vivre sous autorité allemande. Mais ceux qu'on appelait les « optants » (pour la France) étaient majoritairement des ouvriers du textile, peu formés aux travaux agricoles et difficiles à adapter aux conditions climatiques méditerranéennes. On comptait, pour occuper les 100 000 ha prévus pour eux, sur l'arrivée de 100 000 personnes au moins. Il n'en vint que 5 000. Sur 1 183 familles que l'on installa, 796 quittèrent la terre. Il fallut faire appel à des Français de la zone méditerranéenne ou d'Algérie même. Pour la première fois les étrangers furent exclus : on voulait une colonisation française et non européenne !

Les conditions d'attribution des lots étaient généreuses envers les possesseurs d'un capital de 5 000 francs qui devenaient immédiatement propriétaires. Ceux qui étaient dépourvus de capitaux – c'était la majorité, surtout chez les Alsaciens-Lorrains – recevaient une concession en location à des conditions très avantageuses (un franc par an et par hectare pendant neuf ans) avant de devenir propriétaires. De 1871 à 1882, 4000 familles reçurent des concessions représentant un total de 347 268 ha [39, p. 78-90].

Entre 1871 et 1877, 198 villages furent créés, abritant 30 000 colons. Une population de paysans européens s'implantait en Algérie sous l'égide de l'État ou librement car, parallèlement à la colonisation officielle, subventionnée, il y eut une colonisation libre que la loi Warnier favorisa. 401 000 ha furent ainsi mis en valeur sur le plateau de Sidi Bel Abbès, la vallée du Chelif, le Dahra... et à l'Est, la vallée de la Soummam, entre autres.

Un grand nombre de concessionnaires ne respectèrent pas la clause de résidence obligatoire et firent cultiver par des métayers. Dès 1882, 2 331 familles avaient vendu leurs terres [39, p. 78-82]. En 1887, une nouvelle législation fit reprendre les opérations de délimitation du Domaine, appliquées à 224 tribus qui n'avaient pas connu le sénatus-consulte de 1863 ; elle permit de livrer aux Européens encore près de 700 000 hectares. En moins de dix ans, de 1871 à 1881, près d'un demi-million d'hectares furent acquis à la colonisation, autant qu'en quarante ans, de 1830 à 1870. De 1881 à 1914, près d'un demi-million d'hectares furent encore concédés.

Le processus d'expropriation sera facilité par de multiples retouches apportées à la loi Warnier après 1887, encore en 1897 et jusqu'en 1926. Mais l'individualisation qu'elle permettait a été jugée responsable d'une dégradation et d'un relâchement des liens sociaux, dont les conséquences allaient se faire durement sentir par la suite. Lahouari Addi [35] parle de « désocialisation entraînant un vide social », de « déshumanisation » : « La société, écrit-il, n'était plus ce tout structuré et hiérarchisé, mais une somme d'individus juxtaposés [...] l'érection de la propriété individuelle [...] a détruit les anciens rapports sociaux sans donner naissance à d'autres qualitativement supérieurs ». Par ailleurs, la tribu, dernier rempart contre la « contagion monétaire », était démantelée. L'introduction du système monétaire, nécessité par la fiscalité nouvelle et par l'intégration dans le système économique international, se traduisit par une précarisation du sort des paysans soumis aux fluctuations brutales des cours des productions agricoles. Le paysan, propriétaire individuel, ne pouvait plus compter sur la solidarité tribale ; il était livré désormais à la loi de l'offre et de la demande pour la vente de ses produits.

8 La politique d'« assimilation » et l'extension du régime civil : le retour aux « rattachements »

Après la démission du général Chanzy (1879) en conflit avec les coloniaux, la presse locale et le conseil municipal d'Alger qui jugeaient sa politique trop timide vis-à-vis des indigènes, Albert Grévy, son successeur, frère du Président de la République, fut le premier gouverneur général civil ; il assura le triomphe des colons sur les militaires. Se proclamant ouvertement « assimilationniste », le nouveau gouverneur reprit la politique dite des « rattachements » qui plaçait chaque service administratif d'Algérie sous l'autorité du ministère compétent à Paris. L'Algérie apparaissait alors théoriquement comme un simple prolongement de la France par cette « assimilation administrative » quasi totale.

En effet, on ne supprima pas le Gouverneur général à Alger, mais on en fit une simple « courroie de transmission ». Désormais la politique en Algérie dépendait des députés qui ne représentaient en fait que les intérêts des colons ; la figure la plus marquante fut celle d'Eugène Étienne, député d'Oran de 1891 à 1914. La victoire des colons se traduisit aussi par l'extension massive du territoire civil quand A. Grévy décréta que le Tell, soit 50 000 km², peuplé d'environ un million d'autochtones, devenait territoire civil et échappait ainsi à l'administration militaire. La multiplication des communes de plein exercice et des communes mixtes remplaça le pouvoir des officiers et des notables indigènes par celui des maires européens, possédant avec le code de l'indigénat un instrument efficace de domination.

9 Le code de l'indigénat (1871-1881)

La répression de l'insurrection de 1871 n'apporta pas le calme total qu'espéraient les colons. Des soulèvements sporadiques, (celui d'El Amri, en 1876, dans l'Aurès donna lieu à de violents combats), continuèrent à entretenir les craintes des colons d'une levée générale des indigènes. Aussi, dès 1874, leurs représentants (députés et conseillers généraux) obtinrent-ils des pouvoirs publics l'application d'un régime judiciaire spécial, d'abord en Kabylie où les *cadi* furent remplacés par des juges de paix français et relégués au rang de simples officiers ministériels. Ceci fut étendu aux territoires du Sud en 1878, puis à l'ensemble de l'Algérie en 1882. Ce que l'on a appelé assez improprement le code de l'indigénat répondait surtout à la revendication des colons de supprimer la justice des *cadi* et l'administration militaire des communes indigènes. Les maires européens et les administrateurs civils des communes mixtes, dotés de pouvoirs exorbitants, reçurent, à partir de 1882, le droit de sanction sur les autochtones pour infractions « spéciales aux indigènes » (quarante et une ramenées à vingt et une en 1890), passibles de pénalités exceptionnelles. Parmi les infractions, on trouve le non-versement de l'impôt, la tenue de réunions non autorisées, le refus de la corvée. De plus, dans leur propre pays, les indigènes étaient soumis à l'obligation d'un permis de circulation. Les sanctions pouvaient être de simples amendes d'un montant maximal de 100 francs, mais aussi des condamnations, sans appel, à des peines spéciales d'internement administratif, de mise en surveillance, des amendes collectives, des séquestres, même collectifs. On voit comment ce régime d'exception était en contradiction avec l'assimilation que l'on évoquait constamment pourtant pour combattre les particularismes indigènes et permettre de détruire les institutions musulmanes.

10 L'organisation de la justice civile en Algérie

Pour comprendre l'organisation de la justice civile en Algérie, il faut prendre en compte la dichotomie instaurée par les Français dans la population du pays : les indigènes et les Français. Les indigènes algériens avaient la qualité de Français, mais n'avaient pas la citoyenneté française ; ils ne pouvaient pas jouir de tous les droits afférant à la notion de citoyen (en particulier le droit de vote). Cette distinction revenait à différencier la citoyenneté de la nationalité. Les Algériens musulmans conservaient leur statut personnel musulman comme le prévoyait l'Acte de reddition de 1830. Après certaines hésitations, cette dichotomie aboutit à un dualisme juridictionnel, instauré par un arrêté du 20 août 1848 : l'organisation de la justice civile en Algérie comprenait des tribunaux français et des tribunaux musulmans. En matière de statut personnel, les Algériens de statut musulman étaient jugés par des juges musulmans appliquant le droit musulman. Les textes qui suivront et tenteront de réformer l'organisation judiciaire ne reviendront pas sur ce principe, tout en tentant de restreindre la place du droit musulman. Ainsi, le décret du 10 septembre 1886 fut l'aboutissement de cette politique affaiblissant et limitant encore les compétences des *cadi* (par exemple en matière immobilière). Ce décret livra les indigènes à la justice des juges de paix français qui désormais devaient appliquer concurremment le droit français et la *sharî'a* tandis que, en matière criminelle, les Musulmans seraient, tout comme les autres habitants, jugés par les cours d'assises où ne siégeaient toujours que des citoyens français.

Au total, la détermination de la compétence des *cadi*, la fixation de la règle applicable ainsi que les procédures de recours contre les décisions de la justice musulmane allaient dans le sens d'une prépondérance du droit français sur le droit musulman. En effet, la compétence matérielle et personnelle des *mahkama* (tribunaux musulmans) englobait les litiges entre musulmans portant sur le statut personnel et les successions ainsi que les contestations mobilières de faible importance. Tous les autres litiges étaient de la compétence du juge de paix français. Ce dernier était donc le juge de droit commun pour tous les Algériens, d'autant plus que, dans les matières réservées au *cadi*, les Musulmans pouvaient user de « l'option de juridiction » et choisir donc le juge français dans les matières réservées au *cadi*. Ils pouvaient même utiliser « l'option de législation » qui leur donnait la faculté de demander au juge français d'appliquer la loi française. Ces options n'étaient possibles que dans les *mahkama* du nord de l'Algérie, car les juridictions musulmanes du Mzab et des Territoires du Sud avaient une compétence en toutes matières civiles et commerciales entre Musulmans.

L'organisation de la justice en Afrique du Nord durant la présence française présentait donc une caractéristique fondamentale : en Algérie, la volonté était affirmée d'imposer le droit français au détriment du droit musulman alors qu'en Tunisie et au Maroc, nous le verrons, il s'agissait de soustraire les Français à la justice musulmane beylicale ou sultanienne qui était maintenue.

Dans le même esprit assimilationniste, on poursuivit une politique de francisation des noms des villes et villages (par exemple près de Tlemcen, Ouled Mimoun devenant Lamoricière). La création de l'état civil des indigènes, dotés désormais d'un nom patronymique, fut perçue comme le signe d'une volonté d'effacer la personnalité algérienne. Elle provoqua un véritable traumatisme, « le trouble le plus profond dans les noms et les filiations ». Monseigneur Lavigerie• tenta aussi de lancer une campagne de christianisation qui n'eut pas la faveur de l'administration. La tolérance méprisante de celle-ci vis-à-vis de l'Islam inspira une politique de laïcisation : la création d'écoles coraniques fut limitée, les écoles de *zâwiya** fermées. Les *imam*• étant nommés par l'administration française, le contrôle sur un Islam officiel fut perçu comme une offense suprême.

* P. 19

11 L'échec de la politique « assimilationniste » des rattachements

Albert Grévy, confronté, comme son prédécesseur, aux difficultés d'application de la loi Warnier, démissionna en novembre 1881 ; son successeur, Louis Tirman (1881-1891), dépossédé de toute autorité par le système des « rattachements », se replia sur la politique économique et s'intéressa particulièrement aux chemins de fer. C'est tout de même sous son autorité que la loi du 26 juin 1889 déclara automatique la naturalisation de tout étranger, d'origine européenne, de moins de vingt ans, né dans le pays, à condition qu'il ne la refuse pas ; cette loi assura la prépondérance de l'élément français. Les excès du régime civil qui, du fait des « rattachements », bloquait la machine administrative provoquèrent les protestations des parlementaires excédés de l'autoritarisme du député d'Oran, Eugène Étienne, et des ambiguïtés de la politique « assimilationniste » qui limitaient l'assimilation à ce qui était avantageux aux colons, en rejetant toutes les mesures qui pouvaient les défavoriser. Les rapports des députés Jonnart et Burdeau (1891-1892), condamnant l'administration de l'Algérie, amenèrent en 1891, la nomination d'une commission sénatoriale dite des XVIII, conduite par Jules Ferry•. Son enquête devait conclure à l'échec de la politique des « rattachements », à sa condamnation et à la nécessité de revenir à une direction centrale forte à Alger. Jules Ferry dénonça « l'exploitation des indigènes à ciel ouvert » particulièrement dans les communes de plein exercice. Il démontrait la nécessité de concilier les intérêts des Européens et ceux des « indigènes » sous la houlette d'un Gouverneur général au pouvoir fort. Jules Cambon• fut nommé, sur les conseils de Jules Ferry, gouverneur général en avril 1891. Il mit fin aux rattachements par le décret du 16 décembre 1896 ; l'Algérie conservait ses députés et sénateurs à Paris, ses préfets à la tête des trois départements d'Alger, Oran et Constantine, mais elle restait une entité à part sous l'autorité du Gouverneur général, tandis que les indigènes étaient soumis à l'arbitraire colonial par le code de l'indigénat. L'assimilation à la France se révélait un leurre.

La colonisation officielle, en laquelle on avait espéré pour peupler l'Algérie par de bons paysans français, avait échoué. Un grand nombre d'immigrants repartaient ou s'installaient en ville. Les colons venus d'Algérie même (enquête de 1895) formaient 62 % des agriculteurs installés ; ils se nommaient eux-mêmes « Algériens », allant jusqu'à usurper le nom des autochtones qu'ils voulaient ignorer. Des enquêtes faites en 1895 et 1902 surprirent désagréablement les Français en révélant le rachat, par des indigènes, d'environ 10 % de terres mises en vente.

Pourtant, ce qui frappe le plus, c'est la très forte diminution des terres appartenant aux Musulmans. D'après l'enquête de 1895, il s'agirait d'une perte de cinq millions d'hectares par rapport à 1830, soit 40 % des superficies possédées initialement. De plus, ce sont les meilleures terres qui ont été appropriées par la colonisation ; celle-ci a ainsi, progressivement, refoulé vers les terres arides du Sud les autochtones dont le nombre connaissait une croissance vertigineuse. La paupérisation a été à la mesure du déséquilibre aggravé, de plus en plus, entre la population et les ressources. La baisse constante de la production céréalière et du cheptel ovin traduit le rétrécissement de la superficie des terres restées aux indigènes, mais aussi leur moindre qualité productive. L'accentuation de la pression fiscale jusqu'en 1919, la prédominance de l'usure, en l'absence de crédit, entraînaient un appauvrissement du paysannat. Cette paupérisation connut des pointes ultimes lorsque les circonstances météorologiques ou autres (révoltes, invasions d'acridiens,

---

• **Charles Lavigerie (1825-1892).** Archevêque d'Alger en 1867, fondateur de la société des Pères blancs et des Sœurs missionnaires d'Afrique. Chef de l'Église d'Afrique, il poursuivit une œuvre missionnaire et la lutte contre l'esclavage.
• **Jules Ferry (1832-1893).** Avocat, député, maire de Paris, président du Conseil, il réforma l'enseignement public, réorganisa l'administration locale et donna un grand essor à la politique coloniale (protectorat sur la Tunisie, conquête du Bas-Congo et du Tonkin).

• **Imam :** dirigeant de la prière.
• **Jules Cambon (1845-1935).** Frère de Paul Cambon. Diplomate français, il est nommé préfet de Constantine en 1878, puis gouverneur général de l'Algérie en 1891 où il œuvra en faveur d'une politique musulmane. Il occupa plusieurs postes d'ambassadeur à travers le monde (États-Unis, Madrid,...). Il fut l'un des signataires du traité de Versailles.

etc.) conjuguaient leurs effets pour provoquer des famines qui soumettaient les populations indigènes à des épidémies meurtrières, comme en 1887-1893-1897 et, plus tard, en 1917 et 1924. La situation des *fellahs* était devenue de plus en plus dramatique après 1870. Les incendies de forêts qui se multipliaient depuis 1863 traduisaient-ils la colère des paysans privés de la possibilité d'utiliser les sous-bois ou simplement la négligence des écobueurs et pasteurs imprudents ? Quoi qu'il en soit, ils servirent de prétexte à la colonisation pour imposer au nom du code forestier de lourdes amendes aux indigènes et pour s'emparer des terres forestières. Les séquestres, consécutifs aux incendies de 1881, conjuguaient leurs effets avec les lois foncières pour ruiner les paysans qui durent se réfugier dans la situation de *khammes* (métayers au cinquième), voire d'ouvriers agricoles, payés une misère, sur leurs anciennes terres.

Ajoutons à cela la concurrence de l'agriculture des pays neufs qui nuisait aussi à la métropole et nous comprenons que, malgré l'action de l'administration qui créa des chantiers de travaux, distribua des secours en nature, octroya des dégrèvements d'impôts, organisa des fêtes de charité, les dernières années du XIXe siècle furent des années terribles : « Les *fellahs* vendent leurs terres après s'être débarrassés de leurs bêtes ; ils vont grossir l'armée roulante des errants » [87, p. 390]. Tout cela provoquait crainte et réflexe « sécuritaire » chez les colons. Les Sociétés indigènes de prévoyance (SIP), créées à partir de 1869 au moment de la grande famine, légalisées en 1893, tentèrent de compenser la disparition de la solidarité tribale et des « silos de réserves ». Chargées de distribuer des grains ou des prêts en numéraire, elles ne s'adressaient qu'aux *fellahs* qui pouvaient financièrement s'y affilier. Leur action fut souvent contestée et se révéla peu efficace. L'agriculture européenne, elle, présentait un visage triomphant ; bénéficiant de larges crédits, elle put s'équiper mécaniquement, moderniser les méthodes agricoles, diversifier ses productions : tabac, primeurs, agrumes, céréales, exploitation des forêts, de l'alfa et surtout de la vigne, sur de vastes superficies.

L'Algérie bénéficia de la crise du vignoble français due au phylloxéra. La Banque de l'Algérie, sous la pression du gouvernement, favorisa les entreprises viticoles des colons et des viticulteurs ruinés en France qui venaient « se refaire » en Algérie, en accordant près de vingt millions de prêts à faible intérêt. D'énormes fortunes s'édifièrent sur la vigne, la plante qui semblait « la mieux adaptée au dynamisme ambitieux des colons ». La production de vin passa de 23 000 hectolitres en 1880 à 103 000 en 1888. Cependant, le fort endettement des colons et l'arrivée du phylloxéra en Algérie, compromirent cette réussite.

Les faillites se multiplièrent, dont celle, retentissante, du gros viticulteur Debono. La Banque d'Algérie, confisquant les vignobles, était rendue responsable des malheurs des petits viticulteurs insolvables qui ne pouvaient remplacer, comme le faisaient les gros colons, leurs vignobles « phylloxérés » par des plants résistants, faute de capitaux. On a attribué à la crise viticole le développement de la crise politique qui se déchaîna à partir de 1898 contre la métropole, jugée incapable, malgré les rattachements, de venir au secours de la colonie, et contre les Juifs pris comme boucs émissaires par les radicaux « anticapitalistes » et par les « Néo Français » (voir plus loin) menés par un étudiant d'origine italienne, Maximiliano Régis.

12 La crise anti-juive 1897-1902

Le décret Crémieux du 24 octobre 1870, qui avait imposé collectivement aux Juifs d'Algérie la nationalité française, avait immédiatement provoqué un grand mécontentement, on l'a vu, chez les Musulmans, mais aussi chez les Français et surtout les Néo-Français qui réclamèrent sans cesse son abolition. À ceux dont l'ascendance espagnole pouvait expliquer l'antisémitisme traditionnel quasi viscéral, se joignaient ceux qui voyaient dans l'accession des Juifs à la citoyenneté française un péril politique. Dans certaines villes, les Juifs qui formaient une minorité importante, voire parfois comme à Tlemcen une majorité de la population, devenaient les arbitres des « élections ». Ils votaient en bloc pour les candidats désignés par le Consistoire ; celui-ci distribuait des subsides à la majeure partie de ce groupe formé de misérables, qui, ne sachant ni lire ni écrire en français, suivaient ses directives. L'aristocratie d'argent, cultivée, qui dominait le Consistoire (c'était le cas de Simon Kanoui à Oran), « faisait les élections ». « Entre les Français divisés en conservateurs, en opportunistes et en radicaux, le bloc israélite décidait de la victoire » [75, p. 276]. Cela paraissait insupportable à la plupart des Français habitués à mépriser les indigènes, Juifs ou Musulmans d'ailleurs. Les Néo-Français affirmaient leur francité en faisant de la surenchère « la France aux Français », clamaient-ils ! Sans cesse, ils réclamaient l'abolition du décret Crémieux. Ils ne devaient l'obtenir qu'en 1940 sous le régime de Vichy.

Une campagne antisémite se déchaîna dans la presse, dans la rue où éclataient des bagarres, lors des réunions électorales. La police, de même que l'armée dont beaucoup d'officiers étaient anti-dreyfusards, laissa se développer le mouvement qui s'enfla au moment de l'affaire Dreyfus. Certains radicaux antisémites brandissaient les arguments fallacieux d'Édouard Drumont dans *La Libre Parole*. Parmi les anti-juifs, l'avocat Morinaud à Constantine et le pharmacien Gobert à Oran, en 1897 s'emparaient des mairies en flattant l'antisémitisme des masses populaires, en prenant comme boucs émissaires les Juifs dénoncés comme responsables de la crise économique qui sévissait du fait de la mévente des vins et des blés. Notons que les

Musulmans sauf quelques individus, ne se laissèrent pas entraîner dans cette affaire. Une partie de bras de fer s'engagea alors entre le gouvernement et les antisémites d'extrême-droite et de gauche qui exigeaient l'abolition du décret Crémieux. Celui-ci entendait ne pas se laisser impressionner par les méthodes brutales ni les menaces de sécession brandies par les anti-juifs. Certains historiens ont pu voir là une « crise révolutionnaire », provoquée par le mécontentement des « Algériens » (Français !) aspirant à plus d'autonomie et de responsabilité dans la gestion des affaires de leur pays. En mai 1898, une majorité des Français d'Algérie envoya quatre députés, « anti-juifs » déclarés, à l'Assemblée. Il ne faut cependant pas sous-estimer l'antisémitisme racial, latent qui se donnait maintenant libre cours, traduisant la rage des Français et Néo-Français devant l'ascension rapide des Juifs qui menaçait la leur. La vue de la masse misérable des Juifs des quartiers pauvres et sales alimentait leur mépris, tandis que la fortune et la réussite sociale de la minorité juive très assimilée excitaient l'hostilité « anti-capitaliste » des radicaux, la rancœur et la jalousie de beaucoup. Le mélange de sentiments si contraires exacerbait les tensions raciales jusqu'au crime. Un Juif fut roué de coups à mort lors d'une bagarre. La phraséologie révolutionnaire de Maximiliano Régis ne peut faire illusion. La phrase qu'il prononça, « Nous arroserons de sang juif l'arbre de notre liberté », donne la mesure de l'utilisation abusive et détournée du vocabulaire de 1789 ! Geneviève Dermenjian [52], dans son ouvrage *La crise anti-juive oranaise*, décrit le milieu antisémite à Alger flirtant « ouvertement avec le séparatisme » et celui d'Oran où, sans remettre en cause les liens qui unissaient la France et l'Algérie, « la grande majorité de la population n'en formulait pas moins un ensemble de revendications autonomistes, réclamant une autonomie financière large, une assemblée algérienne élue, dotée de pouvoirs importants dont le vote du budget et des lois concernant l'Algérie ». Tout le monde jugeait qu'un peu d'indépendance ferait disparaître tout ressentiment envers Paris.

II. Le nouveau régime de l'Algérie : les Délégations financières

On voit comment les décrets du 23 août 1898 et la loi de 1900, attribuant l'autonomie financière et une assemblée élue, les Délégations financières qui devaient surtout voter le budget de l'Algérie, suffirent à éteindre les velléités « séparatistes » des Algériens et calmèrent le jeu. Les limitations du droit de vote (il fallait être de sexe masculin, âgé d'au moins vingt-cinq ans et être Français depuis douze ans, résider en Algérie depuis trois ans) alimentèrent encore les ressentiments des Néo-Français et des antisémites en général. Les délégués financiers étaient élus par trois collèges, celui des colons, celui des non-colons et celui des indigènes. Ces derniers étaient désignés par les conseillers municipaux indigènes des communes de plein exercice ou par les Commissions municipales des communes mixtes. La prépondérance française était écrasante avec 48 délégués européens contre 17 Arabes et 7 Kabyles. Les délégués financiers faisaient partie d'un Conseil supérieur de l'Algérie. Les deux assemblées, en fait, n'avaient pas de grands pouvoirs, leur action budgétaire restant soumise à l'approbation du Conseil d'État.

Les délégués et le décret Crémieux

À la première session des Délégations financières, l'abrogation du décret Crémieux fut encore réclamée par 32 délégués financiers sur 48, mais les rivalités entre Alger et Oran jouèrent en faveur du maintien des liens avec la France : Oran y voyait une garantie contre la prépondérance, la « dictature », disait-on, de la capitale, Alger. Paris n'accorda pas la révision du décret Crémieux et, sur place, les préfets Lutaud à Alger et Malherbe à Oran matèrent avec énergie les manifestations antisémites. Un grave incident provoqué par les indigènes contre le village de Margueritte allait montrer aux colons où était, pour eux, le vrai danger. En effet, le 26 avril 1902, le soulèvement d'une fraction de la tribu des Rirha et l'attaque du village de Margueritte rappelèrent à tous que le « péril arabe » était toujours présent ; certains pensaient même que la crise anti-juive pouvait avoir fait le jeu des indigènes. La majorité des Français restait insatisfaite des concessions en matière d'autonomie financière, mais, la crise économique aidant, elle comprit que la priorité était la mise en valeur du territoire pour sortir du marasme et elle se détourna de l'anti-judaïsme. Aux élections de 1902, les candidats républicains l'emportèrent sur les anti-juifs qui restaient pourtant fort nombreux dans la population non musulmane.

Durant la période 1881-1901, celle-ci était passée de 194 418 habitants à 364 257. C'était surtout le nombre des Néo-Français qui s'était accru grâce à la loi de 1889 de naturalisation automatique, tandis que les populations italienne et espagnole diminuaient. Le décret du 13 septembre 1904 permit d'attirer de nouveaux arrivants : il prévoyait de revenir à la concession gratuite, combinée avec la vente aux enchères ou à prix fixe, sous la condition de résider cinq ans. Une « nouvelle race », fière de son appartenance à « l'Algérie française », dynamique, ambitieuse et remuante, constituait la majeure partie de la population des nouveaux centres de colonisation malgré la volonté de l'administration de réserver aux « Français de France » les deux tiers des concessions. Cependant, devant les difficultés d'adaptation de ces derniers et souvent leurs échecs, la poussée des Néo-Français était irrésistible, ainsi que leur prépondérance politique.

III. L'expansion au Sahara : 1852-1917

Déjà avant la colonisation, l'Atlas saharien ne formait pas une limite entre la Régence d'Alger et les sables du désert. Les déplacements des tribus nomades à la recherche de pâturages se faisaient le long des bandes méridiennes du Sud au Nord et vice et versa, selon les saisons.

Le Sahara suscitait attraction et crainte à la fois ; sa conquête s'avéra difficile, mais nécessaire aux Français qui y poursuivirent les révoltés, comme les Ouled Sidi Cheikh en 1864. Il s'agissait aussi de contrôler le commerce transsaharien sur lequel on fondait beaucoup d'espoir. D'audacieux explorateurs, comme René Caillié*, avaient atteint Tombouctou dès 1828. Établir de grandes liaisons routières avec l'Afrique noire, à travers le Sahara, et, plus tard, de grandes lignes ferroviaires, tel fut le rêve des Saint-Simoniens, rêve qui ne devait être que partiellement réalisé.

De nombreuses missions géologiques, ou autres, qui n'avaient en réalité pour but que le renseignement et l'étude de marchés, furent lancées par la Chambre de commerce d'Alger, sans se heurter tout d'abord à l'hostilité des Sahariens. L'armée « arrivant sur les traces des missions commerciales » rencontra, elle, de fortes résistances [68, p. 408]. Celles-ci avaient d'ailleurs conforté, déjà, la révolte d'Abd El Kader*, puis celle des Ouled Sidi Cheikh. L'occupation, en 1852, des deux centres, Laghouat et Ghardaïa, permit l'établissement d'une sorte de protectorat sur le Mzab, cette confédération de sept oasis où l'on maintint les *caïd**. À partir de là, se dessina une véritable politique saharienne de pénétration soit par la négociation, soit, le plus souvent, par la guerre contre les Touareg. Le général de Galliffet s'empara d'El Goléa en 1873, après quoi, la Chambre de commerce d'Alger confia à Dourneaux Dupéré une mission de reconnaissance vers Tombouctou qui échoua en 1874. L'occupation d'El Goléa amena les collectivités du Sahara Sud algérien à faire appel au sultan du Maroc. L'écrasement du soulèvement de Touggourt en 1871 et celui d'El Goléa en 1873 marquaient « l'achèvement de la mainmise coloniale sur le Sahara proprement algérien »: Ainsi « les troupes françaises (arrivaient) aux limites de territoires autonomes, ou plutôt liés au Maroc ».

* P. 55

* P. 15

De 1876 à 1879, le relais fut pris par les missions religieuses, mais, dans la région de Ghadamès, les Pères Blancs ne réussirent qu'à faire tuer six des leurs. Les efforts des commerçants, chargés par la Chambre de commerce d'Alger de faire connaître les produits français, eurent pour certains (Duperré par exemple) une fin aussi dramatique.

Dès 1878, les projets de chemin de fer saharien furent repris par l'ingénieur Duponchel, qui avait présenté un projet de liaison Alger Touat-Igharghar-Tombouctou dès 1854. En 1878, il réussit seulement à atteindre Laghouat pour en étudier personnellement le tracé. Cependant l'action de Freycinet, ministre des Travaux publics, liés aux intérêts marseillais, allait permettre, l'année suivante, la création d'une « commission du Transsaharien » qui lança trois missions d'étude, dont celle du lieutenant-colonel Flatters qui échoua, de même que la suivante, décimée en 1881, par les Touareg. Cet échec retentissant entraîna la mise en sommeil pendant dix ans de ce projet de chemin de fer transsaharien.

Un certain nombre de révoltes dans le Sud Oranais provoquèrent la prise d'Aïn Sefra et l'occupation du Mzab en 1882. Jules Cambon donna une impulsion décisive à la conquête du Sahara. Il écrivait en 1893 : « Le Sahara est dévolu à notre domination ». S'appuyant sur la confrérie marocaine des Taïbiyya, protégée par la France, il lança une mission de « recherches géologiques », dont l'escorte put repousser les assauts des Touareg et occuper In Salah le 6 janvier 1900. Puis, comme prévu, ce furent les Ksour du Touat qui tombèrent.

La résistance à l'installation des Français fut vigoureuse, en particulier lors de la prise de Timimoun en février 1901 qui donna lieu à de violents accrochages. Un corps de méharistes fut créé sous le commandement du colonel Laperrine, pour le maintien de l'ordre dans les régions des oasis baptisées « Territoires du Sud » (1902), placés sous l'autorité militaire.

Les Touareg se manifestèrent encore par de nombreuses attaques et l'on dut faire appel à Lyautey• qui vint prendre le commandement de la subdivision d'Aïn Sefra en 1903, puis celui de la division d'Oran en 1906-1910 à partir duquel il prépara avec le Comité Afrique française la pénétration au Maroc. Durant la Première Guerre mondiale, le Sahara s'agita encore,

---

• **René Caillié (1795-1836).** Premier Français à visiter Tombouctou (avril 1826), qu'il décrivit dans le *Journal d'un voyageur*.

• **Louis Lyautey (1854-1934).** Fils d'un ingénieur des Ponts-et-Chaussés, officier de l'armée française, il sert dans plusieurs colonies dont le Haut-Tonkin (alors sous les ordres de Galliéni). Affecté en Algérie, puis au Maroc en 1912, il laisse une empreinte profonde dans le Protectorat. Il y mène à la fois la pacification du pays et sa mise en valeur en construisant notamment les infrastructures nécessaires au commerce. Après avoir démissionné de son poste de résident général en 1926, il est nommé à la tête de l'organisation de l'Exposition coloniale de 1931.

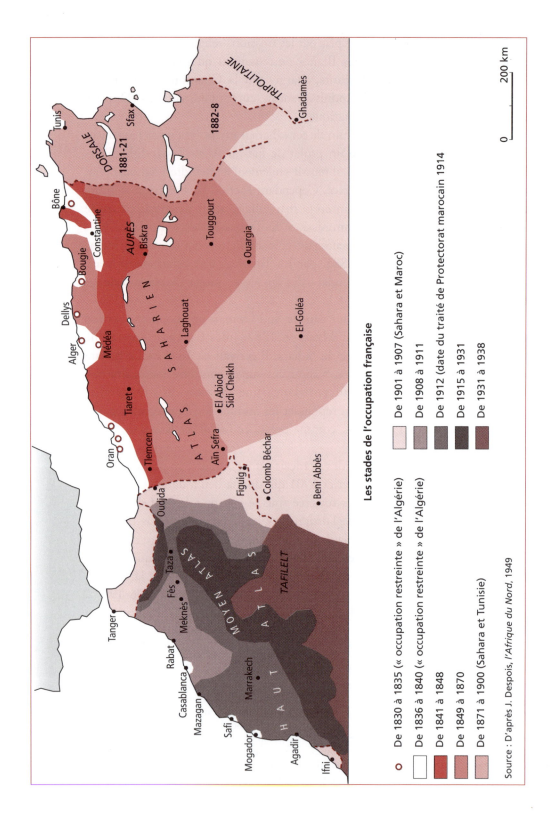

obligeant Lyautey, devenu ministre de la Guerre, à charger Laperrine d'écraser les guerriers du Hoggar, ce qui fut terminé en 1917.

La mise sous contrôle des territoires du Sud tenus d'une main de fer

Formés de quatre territoires, Aïn Sefra, Ghardaïa, In Salah et Touggourt, ils occupaient 2 171 000 km^2. Les territoires du Sud formèrent une entité distincte de l'Algérie par la volonté du Gouverneur général Revoil (loi du 4 décembre 1902). Dotés de la personnalité civile et de l'autonomie financière, ils étaient néanmoins placés sous l'autorité du Gouverneur général. Des officiers des Affaires indigènes (A.I.) devaient, à la tête des quatre territoires et de leurs subdivisions, les cercles, jouer le rôle des officiers des Bureaux arabes. Ils cumulaient les pouvoirs administratif, militaire et judiciaire. Les Musulmans dépendaient des conseils de guerre, même pour les délits et crimes de droit commun, voire les délits forestiers et douaniers.

Les actes d'hostilité étaient déférés aux commissions de discipline ; les commandants militaires pouvaient infliger arbitrairement amendes et prison. Le code de l'indigénat fut maintenu dans ces territoires, même après sa suppression dans le Nord, de même pour les impôts arabes qui continuèrent à y être perçus après 1919. Les impôts, taxes, droits de douane perçus dans les échanges avec l'Algérie, essentiellement levés sur les indigènes, permirent la création de centres de colonisation et le financement de l'équipement de cette région en routes et surtout la mise en chantier de deux transsahariens qui, à la veille de la Première Guerre encore, n'arrivaient pour l'un qu'à Kenadsa – où il devait, à partir de 1917, servir à la desserte de mines de charbon – et, pour l'autre, à l'Est, qu'à Touggourt. Ainsi les transports transsahariens restèrent le fait des engins automobiles sur les pistes sahariennes. Trois *goums** de méharistes, recrutés parmi les Arabes Chaamba, rivaux des Touareg, encadrés par des officiers des Affaires indigènes, assuraient la sécurité. Ces unités, montées sur des dromadaires très mobiles, accompagnées des familles, parcouraient le désert à l'Ouest. Le général Lyautey multiplia les points d'appui de Fort Lhassa, Colomb-Béchar (novembre 1903) où le chemin de fer arriva en 1905, tandis qu'au Sud le capitaine Charlet occupait Djanet en 1907 malgré la forte résistance des Touareg. La guerre de 1914 favorisa la reprise de l'agitation : le refus de la conscription souleva les populations du Sahara, comme dans l'Aurès, en 1916. En 1917, il fallut reprendre Djanet aux Touareg aidés par les Senoussistes auxquels ils avaient fait appel. Laperrine avait enfin pacifié les régions du Gourara et du Tidikelt qui avaient été occupées.

• **Goum** : unité de goumiers, soldats marocains de l'armée française. Créé en 1908, ce corps militaire disparaît en 1956.

Partie 3

L'extension de la puissance coloniale française en Tunisie et au Maroc

Chapitre 5

La Tunisie sous la dynastie husseinite (1830-1883)

I. Ahmed Bey (1837-1855) le temps des réformes

1830 marque une accélération dans l'histoire de la Tunisie. En effet, au moment de l'installation des Français en Algérie, la nécessité d'un certain nombre de réformes à accomplir pour moderniser le pays et lui permettre de résister à la poussée des puissances européennes, en pleine révolution industrielle, s'imposa au nouveau *bey*. Celui-ci cherchait à donner de lui l'image d'un monarque moderne. L'exemple de l'Égypte était un encouragement.

Un certain nombre de réformes administratives rendit plus efficace l'encadrement du pays. La suppression du poste de *dey*, qui n'avait plus depuis longtemps qu'un rôle honorifique, traduisit la volonté de faire du *bey* un souverain quasi absolu. Cependant, le *bey* Ahmed refusa d'appliquer dans ses États la charte libérale octroyée par le sultan en 1839 : il s'agissait de préserver son autonomie vis-à-vis d'Istanbul. Peut-être le *bey* pensait-il aussi que son peuple n'était pas encore mûr pour recevoir une constitution. Dans le désir d'accélérer l'évolution intellectuelle du pays, il imposa une réforme des études traditionnelles de la grande Mosquée par l'introduction d'un enseignement rudimentaire des sciences. La Zaytûna (université de l'olivier) fut dotée d'une riche bibliothèque arabe.

Cependant, Ahmed Bey mettait au premier plan des réformes à accomplir la création d'une armée moderne. Pour cela il créa, en 1838, une école polytechnique, l'école du Bardo, et fit appel à une mission militaire française, mais cette entreprise fut vouée à l'échec par le niveau très bas des élèves qui ne savaient pas tous lire, « même dans leur propre langue ». L'ambition de créer une bonne marine de guerre et un arsenal à Porto Farina buta aussi sur des difficultés de tous ordres et en particulier sur l'incompétence des ingénieurs (on avait tout prévu, sauf l'ensablement du port) ; les bateaux construits ne tenaient pas la mer, les fusils, et canons importés étaient inopérants, car souvent obsolètes ou défectueux. Ceux fabriqués dans la fonderie de Tunis ne valaient pas mieux. La malhonnêteté des entrepreneurs et la corruption des agents du *bey* aggravèrent les difficultés budgétaires, provoquées par les frais de modernisation et les dépenses somptuaires du *bey*. La réalisation des projets grandioses fut souvent compromise. Ainsi la cité royale de Mohamedia ne put-elle jamais être terminée. Les manufactures nouvellement créées, animées par des ingénieurs français, furent abandonnées faute de moyens et de personnel formé et motivé. Cette première expérience de modernisation, coûteuse et mal adaptée à une société figée, allait laisser la place à un deuxième train de réformes dans la seconde moitié du XIXe siècle, plus réussi, mais qui profita tout de même des germes qu'avait semés Ahmed Bey.

II. Le Pacte fondamental de 1857 sous le règne de Mohamed Bey

Cette deuxième phase de modernisation fut dominée par la réforme politique, avec le Pacte fondamental qui instituait une esquisse de droit public moderne. Il fut promulgué sur les instances des puissances étrangères, la France, représentée par le consul Léon Roches, et l'Angleterre par le consul Wood. L'intervention étrangère était motivée par la nécessité de protéger les intérêts des créanciers, mais aussi des commerçants et des résidents étrangers soumis à l'arbitraire *beylical* et à la loi coranique. La situation des Juifs, même tunisiens, illustrait la précarité de la vie des non-musulmans en Tunisie. L'affaire Batoû Sfez en donna une dramatique illustration [175, p. 117]. Ce cocher d'un grand bourgeois juif, Nessim Semama, directeur général des finances et « *caïd* » des Juifs, fut accusé par un Musulman, au cours d'une altercation, d'avoir maudit la religion du Prophète. Arrêté par la police, il fut présenté au *bey*. Celui-ci le déféra au tribunal du *chräa* qui, malgré les protestations d'innocence de l'inculpé, le condamna à la peine capitale. La disproportion entre le délit et la peine aux yeux des Occidentaux, mais qui se justifiait en droit musulman, provoqua une forte émotion et pas seulement dans le milieu juif. En effet, tous les non-musulmans pouvaient craindre, à tout moment, un sort identique d'autant que tous les efforts des représentants des puissances étrangères auprès du *bey* pour qu'il révise la sentence, ou du moins, en diffère l'exécution, furent vains… et, le 24 juin 1857, l'infortuné cocher juif fut exécuté. Cette exécution eut un écho dans toute l'Europe occidentale qui s'en prévalut pour justifier une intervention en faveur des droits de l'homme, contre le fanatisme et l'absolutisme. En fait, il s'agissait de protéger les intérêts économiques des Européens en garantissant leur sécurité et en les soustrayant à la loi islamique. La pression européenne, y compris par l'arrivée d'une escadre dans la rade de Tunis, eut raison de l'opposition du *bey* à toute réforme libérale. Finalement, sous la forme d'un Pacte fondamental, de larges garanties furent accordées par le *bey* Mohamed à tous les habitants de la Régence quelle que soit leur confession, en septembre 1857. Ainsi étaient garanties la liberté de conscience et l'égalité de tous les résidents de la Régence, devant la loi, l'impôt et l'accès à la propriété. Cette égalité fut symbolisée, pour les Juifs, par l'autorisation du port de la *chéchia** rouge à la place de la calotte noire imposée jusque-là. La liberté de commerce pour tous, sans aucun privilège pour personne, devait satisfaire les étrangers, mais, contrairement aux attentes, ce Pacte qui représentait un grand pas vers la démocratie déplut aux Tunisiens qui y virent, non sans raison, un succès et un profit surtout pour les Européens. Pouvaient-ils accepter, par ailleurs, que des infidèles aient les mêmes droits que les croyants dans un pays d'Islam ? De leur côté les puissances étrangères trouvaient dans la protection des Juifs, souvent leurs associés, des prétextes à intervenir dans les affaires du pays. Cela allait être facilité par la nouvelle liberté, accordée aux Juifs, d'accéder à la propriété immobilière à la ville comme à la campagne : le Pacte indiquait « tous nos sujets, quelle que soit leur religion, pourront posséder des biens immobiliers et ils en auront la disposition pleine et entière », y compris en somme la possibilité de les vendre à des étrangers. L'égalité établie entre Juifs et Musulmans mettait fin au statut de *dhimmi** des Juifs qui pouvaient désormais sortir de la *hara* (le ghetto) et s'installer dans le reste de la ville, à Tunis, comme dans les autres villes.

* P. 25

* P. 15

Les réformes étaient coûteuses pour le Trésor public, déjà très affaibli par la fin de la course. L'impôt nouveau, la *Mejba*, impôt de capitation créé en 1856 par Mustapha Kasnadar, l'indélogeable ministre et ancien mignon de Ahmed Bey, souleva le mécontentement du peuple qui rendait les Européens responsables, par leurs exigences, de l'aggravation de la pression fiscale.

Le nouveau *bey* Mohamed Es Sadok (1859-1882) poursuivit les réformes susceptibles de faire de la Tunisie un État moderne. C'est ainsi que l'appui de la France lui parut nécessaire, face aux réticences de son peuple. Sa rencontre, à Alger, le 17 septembre 1860, avec Napoléon III – auquel il montra un certain nombre de textes juridiques élaborés par une commission qu'il avait nommée pour étudier différents projets de réformes compatibles avec les mœurs locales – lui permit de promulguer, le 26 avril 1861, une série de textes dont l'ensemble représentait une véritable constitution, qui mettait fin au pouvoir absolu du *bey* et établissait la séparation des pouvoirs.

III. La Constitution de 1861 sous Mohamed Es Sadok (1859-1882)

Le partage du pouvoir entre le *bey* et une assemblée, le Grand Conseil ou Conseil suprême, formée de soixante membres désignés, il est vrai, par le *bey* et ses ministres pour cinq ans, entamait le pouvoir du *bey* qui n'avait plus l'initiative des lois. Celles-ci cependant devaient être promulguées par lui, de même que le budget. Enfin, la constitution établissait un pouvoir judiciaire indépendant du pouvoir exécutif et législatif. Des tribunaux civils furent créés. Cette séparation des pouvoirs, qui rompait brutalement avec les mœurs politiques ambiantes, ne fut pas vraiment respectée. Elle nécessitait un personnel politique qui n'existait pas en nombre suffisant et que l'on ne pouvait pas de toute façon rémunérer. Dans le contexte économique et politique du moment, la constitution ne bénéficia d'aucun soutien de la population. Celle-ci, touchée par une grave crise économique, était révoltée par les malversations du ministre Mustapha Kasnadar, soucieux de protéger essentiellement ses propres intérêts. Ces prévarications furent dénoncées par le ministre Khereddine. Néanmoins celui-ci dut démissionner en 1863 devant le mécontentement populaire qui se portait surtout contre la constitution libérale rendue responsable, avec la présence des Européens, de tous les maux et en particulier de l'aggravation de la fiscalité.

IV. Révolte et crise économique des années soixante

Pour faire face aux dépenses nécessitées par l'application des réformes, Mustapha Kasnadar eut recours à l'emprunt et au doublement de la *mejba**. La révolte éclata partout dans l'intérieur du pays et dans les villes du littoral. Le chef de l'insurrection dans les tribus, Ali Ben Ghedahem, tint la campagne pendant un an, à la tête des tribus arabo-berbères du centre et de l'ouest. Les généraux Zarrout et Rustem, envoyés par le *bey* contre lui, n'eurent raison de l'insurrection qu'après le retour de la *mejba* à son taux initial. Un moment, la situation du pays sembla dramatique, menacé qu'il était par la Sublime Porte qui voulait profiter des embarras de la Régence pour la soumettre plus étroitement. À cela s'ajouta, de 1865 à 1868, la sécheresse qui entraînait la famine et son cortège d'épidémies. Le choléra décima la population et des émeutes éclatèrent dans les campagnes. Le ministre Mustapha Kasnadar, sans mettre fin pour autant à ses malversations, multipliées à l'occasion des programmes grandioses de travaux publics, ne trouva de solution que dans des emprunts massifs, à des conditions de plus en plus onéreuses, auprès des étrangers. Les créanciers se multiplièrent, la dette gonfla. Devant l'impossibilité de payer même les intérêts des emprunts, le trésor émit des bons du trésor (*teskéré*) qui se dévaluèrent vite. Le discrédit de l'État ne permettait plus de couvrir les emprunts publics que par le recours aux étrangers qui imposaient des conditions draconiennes, tandis que les intermédiaires et Kasnadar en premier, empochaient de grosses commissions. Le pays était mis en coupe réglée par ceux-là mêmes qui devaient le défendre. Sans scrupule, le ministre alla jusqu'à vendre des décorations. La corruption devenait générale, le climat délétère, les mœurs de la cour faisaient scandale. Le recours aux emprunts souleva les populations. Le pays ne touchait qu'une partie des emprunts, les commissions, à des taux très élevés, en entamant une grande partie. Un exemple de ces affairistes intermédiaires qui plaçaient ces emprunts est celui du Français Erlanger, en relation avec le Comptoir d'escompte de Paris. La multiplication des emprunts, vite dilapidés en achats inutiles et somptuaires, doubla le montant de la dette.

La France demanda qu'une commission composée d'experts français et tunisiens intervienne, au nom de la majorité des créanciers de l'État tunisien, pour percevoir les revenus de l'État et assurer leur répartition entre les créanciers et le Trésor public. Un accord en ce sens est signé le 4 avril 1868. C'en était fait de l'indépendance financière de la Régence. Cependant, cet accord fut remis en question par les consuls anglais et italien qui imposèrent une commission internationale du contrôle de la dette pour régler le problème de cette crise financière. Trois emprunts internationaux (en 1863 de 30 millions, en 1865 de 36 millions et le dernier en 1867, qui ne put être couvert, de 100 millions en 30 ans) furent lancés prenant le produit de la *mejba* en garantie.

• **Mejba** : impôt créé par Mustapha Kasnadar en Tunisie.

La Commission financière internationale, constituée le 5 juillet 1869, eut pour but de rétablir la situation en contrôlant les finances. Formée par deux organismes d'experts, elle était chargée de comprimer les dépenses, d'augmenter les ressources fiscales et donc de diminuer la dette publique. Elle comportait en son sein un comité de contrôle de 6 membres (2 Français, 2 Anglais, 2 Italiens) représentant les créanciers. Son fonctionnement fut difficile du fait du manque de liaisons entre les deux organismes et de la complexité de la situation malgré les efforts de l'inspecteur des Finances Villet et de Khereddine président de la Commission financière, qui collaborait amicalement avec lui pour redresser la situation. La Commission financière apparut bientôt dominée par la France. Il est vrai que l'épargne française avait majoritairement contribué aux deux emprunts tunisiens de 1863 et de 1865 sous l'impulsion de l'homme d'affaires Erlanger et du Comptoir d'escompte. C'est l'échec de l'emprunt de 1867 et la banqueroute qui s'en suivit qui entraîna l'intervention de la France, de l'Angleterre et de l'Italie, appelées à leur secours par les créanciers ressortissants de chaque pays. Cependant, dans « le véritable protectorat à trois » [29, p. 32], la prééminence de la France s'imposa sous la férule du vice-président de la Commission, Victor Villet, bientôt surnommé « le *bey* Villet ». Le gouvernement tunisien dut accepter, pour faire face au service de la dette, de concéder une bonne part des revenus du Trésor, représentée par diverses taxes. Sous la pression du nouveau favori du *bey*, Mustapha Ben Ismaïl, le ministre Mustapha Kasnadar, dont les dépenses avaient contribué à ruiner le pays, fut destitué, le 21 octobre 1873, après 35 années de gouvernement et condamné à restituer à l'État tunisien 30 millions qu'il ne versa jamais.

V. Le ministère Khereddine (1873-1877)

C'est Khereddine, président de la Commission financière et ancien président du Conseil, qui prit la succession de Kasnadar. De 1873 à 1877, il tenta un ultime effort de redressement du pays et de réformes impulsées par toute une élite issue en grande partie de l'école militaire du *Bardo*.

Ses efforts réformateurs portèrent sur tous les domaines : la terre, l'artisanat, l'enseignement. Quant à la Commission financière, elle fut à même d'établir le bilan de la banqueroute à 160 millions de francs (après unification des créanciers, elle fut réduite à 125 millions de francs et l'intérêt ramené à 5 % l'an). Le *bey* dut consacrer la moitié de ses revenus à l'extinction de la dette unifiée [166, p. 281].

VI. Vers la perte de l'indépendance (1875-1881)

Khereddine, ministre réformateur compétent et honnête, s'attacha à redresser la situation du pays et à le moderniser pour qu'il puisse résister aux entreprises européennes. Pour ce faire, il crut habile d'accepter le renforcement des liens de vassalité avec la Turquie. De plus, il pratiqua une politique d'équilibre entre les puissances européennes dont il pouvait jouer des rivalités, toujours dans le même objectif. Mais c'est la réforme de l'État qui lui paraissait la plus à même de sauver le pays qui, comme il l'écrivit dans *Mémoire de ma vie privée et politique*, en 1888, était dans un état de décomposition du fait de la corruption, de l'absence de contrôle de la gestion des *caïd*, de l'insuffisance de l'enseignement soumis à la mosquée et donc de la formation d'un personnel compétent pour diriger le pays. Khereddine s'engagea dans une politique de réformes visant à la modernisation et au développement économique en empruntant à l'Occident ce qui faisait sa force, à savoir ses institutions modernes et une gestion plus saine de l'économie et des finances. De même, la réforme de la justice lui parut nécessaire pour rassurer les Européens qui ne voulaient pas se soumettre à l'arbitraire de la justice du *shrâa*. Pour ce faire, il fit étudier les codes et les jurisprudences non seulement européens, mais aussi égyptiens et ottomans. Un nouveau code sortit de ces études. Par ailleurs, la réforme de l'enseignement lui parut essentielle pour rompre avec un enseignement traditionnel, trop soumis aux prescriptions coraniques. En 1875, Khereddine se permit de réorganiser les études de la Grande Mosquée, la Zaytûna, en introduisant à côté des études fondamentales de théologie et de droit musulman de nouvelles disciplines, la géographie, l'histoire, les mathématiques et l'astronomie. La même année, il créa le collège Sadiki. Cette école, sans lien avec une mosquée et dépendant directement de l'État, conservait un enseignement coranique, mais s'ouvrait aux disciplines scientifiques, accueillait des boursiers issus des classes populaires. Elle fut une pépinière de cadres ouverts à la modernité.

VII. La reconnaissance de la prépondérance de la France en Tunisie au Congrès de Berlin (1878)

L'installation de la France à Alger en 1830 en avait fait une rivale de l'Angleterre. En effet, après avoir laissé croire qu'une simple occupation restreinte des côtes de l'Algérie lui suffisait, la France, mettant en avant la nécessité de protéger sa nouvelle colonie à l'Est et à l'Ouest, ne pouvait que s'étendre en Tunisie. Elle n'entendait pas y laisser s'installer une autre puissance, par exemple l'Italie qui considérait que la Tunisie, du fait de la géographie et de l'histoire (domination romaine de l'*Africa*), était logiquement dans le champ de son expansion, au-delà du détroit de Sicile. Mais là, l'Italie après son unité en 1870, rencontrait l'hostilité de la Grande-Bretagne qui se souciait peu de voir une puissance, même moyenne, contrôler les deux rives du détroit de Sicile sur la route de l'Inde. Pour les mêmes raisons, l'Angleterre freinera l'installation de l'Espagne au Maroc afin de laisser ouvert le détroit de Gibraltar et la route vers le détroit de Suez.

La défaite de la France en 1870 porta un rude coup à son prestige. Cependant, elle put retrouver sa place dans le concert international grâce aux divergences d'intérêt entre les autres grandes puissances. Après quelques hésitations, la France accepta de siéger au Congrès de Berlin (juin-juillet 1878), réuni pour régler la question des Balkans. Elle était assurée de l'appui de la Grande-Bretagne et de l'Allemagne. La première, qui venait de s'emparer de Chypre, pensait à la nécessité d'une compensation pour la France meurtrie. Par ailleurs, elle préférait voir la France s'installer en Tunisie plutôt que l'Italie. Bismarck, lui, voyait dans une entreprise française en Tunisie un moyen de détourner les Français de « la ligne bleue des Vosges » et de leur désir de revanche pour reprendre l'Alsace et la Lorraine. Il encouragea vivement la France à s'emparer du « fruit mûr » : la Tunisie endettée. L'Italie restait donc le principal obstacle à l'expansion française. C'est dans ce contexte que la rivalité des deux consuls, Théodore Roustan, consul général de France, et M. Maccio, consul d'Italie, s'exacerba : on a pu parler de « guerre des consuls », pour obtenir des concessions sur le plan économique.

La Tunisie offrait un champ d'action important dans le domaine des équipements publics. L'Angleterre, à l'époque du consul anglais Wood, avait pu attirer des investisseurs, mais elle semblait en recul en Tunisie et des entreprises anglaises en difficulté étaient à vendre : ainsi, la Compagnie du chemin de fer Tunis-La Goulette. L'entreprenant M. Maccio put la faire racheter par la Compagnie italienne Rubatino, rivale de la Compagnie française du chemin de fer Bône-Guelma. Th. Roustan obtint alors pour la France le monopole des lignes télégraphiques, les lignes de chemin de fer Tunis-Bizerte-Sousse et la construction d'un port à Tunis.

Cependant, le poids démographique des Italiens (10000), groupés autour de leurs écoles, semblait favoriser la prépondérance italienne. C'est sous l'aiguillon du « danger italien » que les partisans de l'expansion coloniale française – en particulier le parti expansionniste des colons d'Algérie et Jules Ferry – qui voyaient là l'occasion de redonner force et puissance à la France vaincue et mutilée en 1870, purent l'emporter.

En effet, l'arrivée de Jules Ferry à la présidence du conseil en 1880 permit de rompre avec la politique prudente des Républicains. Mac Mahon avait déclaré ne pas vouloir provoquer l'hostilité de l'Italie et préférer le *statu quo* en ne préservant que les intérêts économiques de la France.

L'affaire de l'Enfida (immense domaine de 120000 hectares dans le Sahel tunisien entre Sousse et Tunis, offert par le bey au général Khereddine, Premier ministre, qui voulut le vendre au moment de sa relégation) vit d'abord la victoire des Italiens auprès du *bey* Mohammed Es Sadok, qui se laissa convaincre de n'autoriser la vente qu'à un protégé britannique. Cependant, les Français triomphèrent lors de l'achat des terres, convoitées par la Société marseillaise de crédit avec l'appui du groupe Pereire, à la fin de l'année 1880. Le Premier ministre tunisien Mustapha Ben Ismaël, qui convoitait ce domaine pour lui-même, furieux de la victoire des Français, se rapprocha des Italiens et entrava par tous les moyens l'entreprise française, multipliant les manœuvres auprès du propriétaire, Kherredine, avec l'aide de Lévy, un tunisien citoyen anglais. L'intervention de ce dernier et de son avocat anglais pouvait faire craindre aux Français l'entrée de l'Angleterre dans une affaire à laquelle on avait donné un retentissement international. Lévy crut l'emporter par une action de préemption. La Société marseillaise de crédit s'éleva contre cette usurpation sans engager une action judiciaire qui pouvait être longue, onéreuse et compliquée du fait de l'existence en Tunisie de tribunaux jugeant selon le rite soit hanéfite, soit malékite. L'affaire traîna jusqu'au printemps 1881 et à l'installation de la France en Tunisie. Cependant cette affaire entacha l'action de la France et fit peser le soupçon d'opération frauduleuse sur L. Gambetta et Th. Roustan. Par ailleurs, la position de l'Angleterre, que l'on avait voulu en vain entraîner contre la France, montra la constance de la politique britannique hostile à toute entrave à la circulation en Méditerranée.

Inquiet de l'influence grandissante de l'Italie, d'où venaient de plus en plus nombreux, paysans du Mezzogiorno, artisans, petits commerçants, tous chassés par la misère, Th. Roustan craignait que les hésitations de son pays, incompréhensibles même à Bismarck, ne permissent à l'Italie de s'emparer de la Régence. Pourtant des prises de position très nettes des Français, comme celle développée par Gabriel Hanotaux• en octobre 1878, indiquaient que la France « depuis longtemps a considéré la Régence comme un pays destiné à graviter dans l'orbite des intérêts français et devant être soumis à notre influence […] ». L'Italie, poursuivait-il, doit se pénétrer de l'idée qu'elle « ne peut caresser des rêves de conquête en Tunisie sans se heurter à la volonté de la France et sans risquer de conflit avec elle […] ».

VIII. L'intervention : avril 1881

L'intervention fut décidée par Jules Ferry sous divers prétextes : un bâtiment français, *L'Auvergne*, avait été pillé par les Kroumirs• en 1878. En octobre 1879, des marins français en station à la Goulette avaient été frappés et insultés par des soldats du *bey*. En janvier, par deux fois, le 15 et le 16, en mars-avril à deux reprises, les Kroumirs avaient passé la frontière avec l'Algérie, sans que le *bey* réagisse aux protestations des Français, qui regroupèrent 30 000 soldats à la frontière tunisienne.

Le 24 avril 1881, les Français, s'octroyant un droit de poursuite, passèrent la frontière et pénétrèrent en Tunisie. Le 1er mai, une escadre française mouilla à Bizerte et le général Bréart débarqua 8 000 hommes qu'il dirigea vers Tunis. Introduit auprès du *bey* Mohamed Sadok, le consul Roustan et le général Bréart imposèrent au *bey* l'acceptation quasi immédiate (le 12 mai 1881) d'un véritable traité de protectorat de la République française sur la Tunisie. Ne pouvant plus compter sur l'intervention de l'Angleterre ni de l'Italie, ou de Constantinople, le *bey*, isolé, signa le traité en désespoir de cause.

Le *bey* reconnaissait ainsi à la France le droit d'occuper militairement un certain nombre de points sur la côte et à l'intérieur (mais non à Tunis) de manière à assurer la paix. Par ailleurs, la défense et la représentation extérieure de la Régence étaient désormais du seul ressort de la France. Celle-ci était représentée à Tunis par un ministre-résident. Les Tunisiens allaient-ils accepter cette amputation de leur indépendance, même si cela n'établissait qu'un protectorat ?

Sitôt le gros des troupes françaises retiré, une violente rébellion souleva le Sud et le Centre du pays contre l'intervention française. Du 5 au 25 juillet 1882, les unités d'une escadre française bombardèrent Sfax, dont elles s'emparèrent le 16. Une seconde campagne dut être menée, qui aboutit à l'occupation de Tunis et de la ville sainte de Kairouan, ce qui eut un grand retentissement dans le monde musulman et en Europe.

Le traité de Ksar es Saïd dit du Bardo (12 mai 1881)

Le Gouvernement de la République Française et celui de S.A. le bey de Tunis, voulant empêcher à jamais le renouvellement des désordres qui se sont produits récemment sur les frontières de deux États et sur le littoral de la Tunisie, et désireux de resserrer leurs anciennes relations d'amitié et de bon voisinage, ont résolu de conclure une convention à cette fin, dans l'intérêt des deux hautes parties contractantes.

Article premier. Les traités de paix, d'amitié et de commerce et toutes autres conventions existant actuellement entre la République Française et S.A. le bey de Tunis sont expressément confirmés et renouvelés.

Art. 2. [...] S.A. le bey de Tunis consent à ce que l'autorité militaire française fasse occuper les points qu'elle jugera nécessaires pour le rétablissement de l'ordre et la sécurité de la frontière et du littoral. Cette occupation cessera lorsque les autorités militaires françaises et tunisiennes auront reconnu, d'un commun accord que l'administration locale est en état de garantir le maintien de l'ordre.

Art. 3. Le Gouvernement de la République Française se porte garant de l'exécution des traités actuellement existant entre le Gouvernement de la Régence et les diverses puissances européennes.
[...]
Art. 5. Les agents diplomatiques et consulaires de la France en pays étrangers seront chargés de la protection des intérêts tunisiens et des nationaux de la Régence [...].

Arthur PELLEGRIN, *Histoire de la Tunisie*, Éditions de la Rapide, Tunis, 1944, 3ᵉ éd, p.150.

La Convention de la Marsa (8 juin 1883) entre le *bey* de Tunis Ali (1882-1902) et le résident Paul Cambon• qui venait de succéder à Th. Roustan précisait le contenu du régime de protectorat. La formule du protectorat que les Anglais appelaient « *indirect rule* » était employée par la France depuis 1864 au Cambodge. On en connaissait les avantages, en particulier le moindre coût d'administration par rapport à une colonie du fait du maintien de l'administration locale. D'autres considérations déterminèrent ce choix institutionnel, peu dans la tradition autoritaire de la France. Celle-ci pensa ainsi rassurer les puissances rivales qui pouvaient aussi trouver avantage à avoir comme interlocuteur en Tunisie un pays comme la France plutôt qu'un *bey*, dont l'arbitraire rendait précaire toute installation dans le pays. Par ailleurs, le maintien du *bey* au pouvoir absolu mais peu puissant, à la tête d'une administration indigène légère, permettait de tenir en main une population attachée à son souverain sans soulever trop de protestations des populations locales.

• **Gabriel Hanotaux (1853-1944).** Député, ministre des Affaires étrangères (1894-1898), il renforça la présence française en Extrême-orient, en Tunisie et au Soudan contre la Grande-Bretagne.
• **Kroumirs :** tribus à la frontière algéro-tunisienne.

• **Paul Cambon (1843-1924).** Chef de cabinet de Jules Ferry en 1870, il est nommé résident à Tunis en 1883. Il poursuit une carrière de diplomate, notamment à Constantinople en 1890. Il est célèbre comme ambassadeur à Londres de 1898 à 1920 pendant l'Entente cordiale.

IX. Le Résident Paul Cambon

Cependant très vite, une administration directe des Tunisiens fut imposée par le résident Paul Cambon, dont la conception autoritaire s'affichait dans cette déclaration : « Mon plan serait de constituer peu à peu un ministère du *bey* avec des Français et de gouverner au nom du *bey* la Tunisie de haut en bas » [171, p. 107]. Le Résident dut naviguer entre d'autres écueils érigés contre lui par les Français eux-mêmes : les annexionnistes, fonctionnaires venus d'Algérie qui n'acceptaient pas la formule du protectorat, ni le maintien des autorités indigènes : *caïd**, *khalifa**, *cheikh** susceptibles d'entraver le pouvoir des Français. Leur idéal était le système qui avait triomphé en Algérie. Le président du tribunal de Tunis, Henri de Pontois, représentait bien cette coterie de fonctionnaires venus d'Algérie, qui porta ses attaques contre Cambon en France, dans la presse et à la Chambre des députés. P. Cambon lutta aussi contre un pouvoir en place : celui des militaires qui quadrillaient le pays de leurs cercles et Bureaux de renseignements, soumettant déjà la Tunisie à une administration directe. Une lutte plus ou moins ouverte fut menée par le Résident contre l'emprise de l'armée, en soutenant contre elle l'opposition des chefs locaux et en réduisant les effectifs du corps d'occupation de 40 000 à 15 000 hommes. Elle se termina par la victoire de Cambon sur le général Boulanger•, nommé commandant des troupes d'occupation en février 1884. Celui-ci avait été maladroitement entraîné dans l'affaire Tési• (2 juin 1885). Celle-ci, qui eut un grand écho en France dans la presse et à la Chambre des députés, se termina par une clarification des pouvoirs : le décret du 23 juin 1885 définissait le rôle du Résident général, seul dépositaire des pouvoirs de la République en Tunisie, en mettant sous ses ordres les services militaires et civils.

* P. 15, 55, 19

• **Georges Boulanger (1837-1891).** Il commande les troupes françaises en Tunisie en 1884 avant de devenir ministre de la Guerre de 1886 à 1887. Très populaire auprès des soldats et d'une partie de la population dont il exploite le mécontentement en raison de la crise économique et politique. Il se présente aux élections de plusieurs circonscriptions et enfin à Paris en 1889. Inculpé de complot contre l'État, il est condamné par contumace. Il se suicide le 30 septembre 1891 pour des raisons sentimentales.
• ***L'affaire Tesi* le 2 juin 1885** : à la suite d'une altercation entre des officiers français et un Italien Tesi qui agressa l'un d'eux, mais ne fut condamné qu'à une peine légère (6 jours de prison) au grand scandale de l'armée qui voulut y voir une preuve de la faiblesse du pouvoir civil. Cette condamnation eut de graves répercussions : considérant que le prestige de l'uniforme avait été bafoué, le commandement militaire ordonna aux soldats de se servir de leurs armes en cas d'agression « par un individu de nationalité quelconque ». Le gouvernement français désavoua l'armée qui était sortie de ses attributions en prévoyant un acte de justice expéditive.

# Chapitre 6

Le Maroc et l'Europe : les rivalités européennes au XIXe siècle

1830 a marqué un tournant dans l'histoire du Maroc, comme dans celle de la Tunisie. Le sultan Abd Er Rahman ne put résister à l'appel de Tlemcen qui voulut se mettre sous son autorité. La position du sultan du Maroc était complexe. S'il se réjouissait de l'échec des Turcs, honnis, il ne pouvait que regretter la victoire sur un pays musulman d'une puissance chrétienne qui, installée à la place des Turcs, pouvait représenter, en plus d'une atteinte à l'Islam, une menace politique et militaire encore plus grande. L'appui donné à Abd El Kader* n'était pas non plus, de la part du sultan, sans réticence. Les armes, les soldats, les munitions fournies au jeune combattant pouvaient en fin de compte, en assurant sa victoire, en faire un héros du *jihad** contre les « chrétiens » et, au Maroc, introduire un rival du sultan dont les populations, très émues par l'installation de « chrétiens » dans le *Dar El Islam*•, attendaient toujours une réaction. Abd Er Rahman, entraîné par l'émir Abd El Kader dans le *jihad* contre les Français eut, après la défaite écrasante de la bataille d'Isly (14 août 1844), la révélation de la faiblesse de l'armée marocaine, liée au décalage du niveau de développement entre le Maroc et les pays européens. Le Maroc tout entier fut secoué par cette première grave défaite, des soulèvements se produisirent dans le Doukkala, dans le Rif, dans le Sud à Essaouira et à Marrakech. Pourtant la victoire des Français, du fait de l'opposition de l'Angleterre, n'entraîna pas de déplacement de la frontière jusqu'à la Moulouya à l'Ouest, ni aucune compensation à la France.

* P. 55

* P. 19

• **dar al Islam** : monde de l'Islam, ensemble des communautés musulmanes.

I. La fixation de la frontière du Maroc avec l'Algérie, la convention de Lalla Maghnia

La Convention de Lalla Maghnia du 18 mars 1845 établit, à vingt-cinq kilomètres à l'est d'Oujda, une frontière linéaire avec l'Algérie, de la Méditerranée à Teniet Es Sassi. L'importance du Maroc dans son rôle d'intermédiaire entre l'Afrique et l'Europe expliquait l'intérêt que lui portait le Royaume-Uni. L'Empire chérifien, comme l'Empire du Soleil levant, au milieu du XIXe siècle déjà, allait être forcé de s'ouvrir au commerce occidental et d'abord au Royaume-Uni. Il s'agissait, pour elle, d'obliger le sultan à plus de modération dans le contrôle du commerce extérieur. En effet, les importations, mais aussi, ce qui paraît aberrant du strict point de vue économique, les exportations étaient toujours rigoureusement taxées par le *Makhzen**. Or, le Royaume-Uni avait besoin, pour son industrie textile de plus en plus performante (invention de la navette volante), de grandes quantités de laine. D'autre part, pour maintenir des salaires bas et des prix compétitifs pour ses produits fabriqués, les produits agricoles à bon marché que produisait le Maroc étaient nécessaires à l'Angleterre. Or, la législation douanière du *Makhzen*, très capricieuse et imprévisible, gênait les transactions commerciales.

* P. 15

II. Le « système impérial » sous Moulay Abd Er Rahman (1822-1859)

La politique commerciale de Moulay Abd Er Rahman, en rupture avec celle de son oncle Moulay Slimane, se traduisit par une ouverture du pays, mal combinée avec un contrôle strict du commerce intérieur par le « système impérial ».

Depuis 1841, le « système impérial » entravait le commerce à long terme. L'intervention constante du monarque sur les prix et tractations faussait toute prévision en matière économique et perturbait le marché. Le sultan, en effet, pouvait mettre l'embargo sur toute marchandise dont il se réservait le monopole d'achat à un prix fixé par lui, pour la revendre ensuite à un prix qui ignorait la loi de l'offre et de la demande et lui réservait d'énormes bénéfices.

En juillet 1850 – exemple cité par Jean-Louis Miège – le sultan Abd Er Rahman interdit tout achat ou vente de café et de sucre, réservant à ses seuls agents le droit de commercialiser les stocks consignés. Les prix établis par le *Makhzen* furent, selon les produits, trois ou quatre fois plus élevés qu'à l'achat. Le sultan associait à ses actions arbitraires les gros négociants, qui s'en accommodaient. Cependant, le Maroc ne disposait ni d'une administration suffisante, ni de l'adhésion des populations pour faire respecter strictement ce système que les puissances européennes, en première ligne le Royaume-Uni, voulaient mettre en échec. Le sultan dut céder devant le mécontentement des négociants de Gibraltar, les agents des compagnies de navigation et surtout des représentants des firmes industrielles anglaises. John Drummond Hay, le représentant du Royaume-Uni de 1836 à 1886, sut convaincre le sultan Abd Er Rahman de la bonne foi du Royaume-Uni lorsqu'elle prétendait défendre la souveraineté du sultan et l'amener à signer, le 9 décembre 1856, un traité qui ouvrait le Maroc au trafic international.

III. Le traité de 1856 : le régime de la « porte ouverte »

Le traité de 1856 avec le Royaume-Uni consacra la puissance du Royaume-Uni et mit fin au « système impérial ». L'article 1er décrétait : « Il y aura liberté réciproque de commerce entre les États britanniques et le Maroc […] sans être forcés ou empêchés, par aucun monopole, contrat ou principe exclusif de vente ». Le sultan du Maroc s'engageait explicitement (article II) « à abolir tous monopoles ou prohibitions sur les marchandises importées, excepté le tabac, l'opium, le salpêtre, le plomb, les armes, les munitions ». Réserve était faite également pour les céréales que le sultan pouvait, s'il le jugeait nécessaire, empêcher de sortir, mais avec préavis de six mois. D'autre part, les droits à l'exportation au Royaume-Uni, comme à l'importation au Maroc, n'excéderont pas 10 % *ad valorem*. L'article IV autorisait les sujets britanniques à faire des opérations commerciales dans tout le Maroc, où ils pouvaient aussi acquérir des propriétés ; les Marocains y virent une menace pour l'intégrité territoriale.

Les conséquences du traité de 1856 bouleversèrent les rapports du Maroc avec le monde extérieur. L'augmentation du trafic, surtout après 1860, du fait de l'abaissement des taxes à l'entrée et à la sortie, fut le premier résultat d'autant que le Maroc devait accorder les mêmes avantages à tout pays demandeur. Le Maroc entrait ainsi dans un véritable régime de la « porte ouverte » (sauf la taxation à 10 %), qui allait faire du pays le champ clos des rivalités commerciales des pays industrialisés, ce qui ne pouvait que déboucher sur des rivalités politiques. Par ailleurs, de ce traité résulta une perte d'indépendance. En effet, le Maroc perdait un de ses moyens de défense contre les puissances européennes, à savoir la législation douanière dont il jouait d'une façon inégalitaire pour neutraliser les puissances rivales.

Le traité de 1856 marqua la rupture de l'équilibre au profit du Royaume-Uni, puis des autres pays étrangers. Les Européens, favorisés par leur avance technique, allaient s'emparer de la majeure partie du commerce maritime et maintenir les Marocains dans la position subalterne d'intermédiaires. En abandonnant ses droits de justice sur les Européens et même sur les « protégés » marocains qui travaillaient pour eux, le sultan laissait entamer sa souveraineté. C'est dire l'importance du traité de 1856 dans la marche vers la décomposition de l'ancien Maroc face aux puissances européennes. L'agitation des tribus s'accentua dans la difficile période suivante, qui vit, avec le retour de la disette, le développement des épidémies, particulièrement du choléra, dont les ravages en 1856 à Fez, Meknès, Rabat et dans le nord du pays, aggravèrent la situation. Le sultan ne put venir à bout des Zaër, des Zaïan et surtout des Zemmour contre lesquels il s'épuisa à guerroyer jusqu'en 1859, date à laquelle il décéda, laissant son successeur Sidi Mohammed face à un danger encore plus grand : celui des ambitions espagnoles.

IV. La guerre avec l'Espagne (1859-1860)

Profitant de l'affaiblissement du Maroc devant la France et l'Angleterre et désireuse de fournir un dérivatif à de graves problèmes intérieurs (scandales financiers en particulier), l'Espagne renouvela sa demande d'extension des territoires trop exigus de ses « *présides* »•* sur la côte méditerranéenne du Maroc : Ceuta et Melilla, régulièrement attaqués par des tribus. Profitant du décès du sultan, elle saisit le prétexte d'une nouvelle attaque par la tribu Andjera contre Ceuta (Sebta). Écartant toutes les propositions makhzéniennes d'indemnisations, l'Espagne déclara la guerre au sultan.

La victoire, durement acquise, permit aux Espagnols d'occuper Tétouan qu'ils ravagèrent. Le profond retentissement qu'eut l'entrée à Tétouan, le 6 juin 1860, des troupes du général espagnol O'Donnell, qui s'empressa de convertir une mosquée en cathédrale, révélant ainsi un réveil de l'esprit de croisade, amena le frère du sultan, Moulay Abbas, après l'échec de pourparlers de paix, à relancer le *jihad** contre les troupes espagnoles. Cependant, le déséquilibre des forces en faveur des Espagnols forts d'une armée de 50000 hommes [110], amena l'Angleterre, qui refusait de voir le détroit de Gibraltar tenu sur ses deux rives par l'Espagne, à stopper l'élan de O'Donnell dont l'artillerie écrasait les forces marocaines sur l'oued Ras et marchait sur Tanger. La reprise des pourparlers se fit dans un contexte plus favorable aux Marocains qui réussirent, grâce à l'intervention anglaise, à sauver Tétouan que l'Espagne voulait annexer, mais durent accepter de payer une très lourde indemnité de guerre (20 millions de douros – 100 millions de francs, soit, selon Laroui [136, p. 248], vingt fois le budget du Maroc, payable en huit mois), l'extension du *préside* de Ceuta (Sebta) et la concession d'une zone de pêcherie sur l'océan au sud du Maroc, à Santa Cruz la Pequeña, enfin l'égalité de traitement commercial avec l'Angleterre. Le traité de paix du 26 avril 1860 et l'accord d'octobre 1861 incluaient, comme condition de l'évacuation de Tétouan, le paiement par les Marocains d'au moins la moitié de l'indemnité en monnaie forte, l'autre moitié étant gagée sur le revenu des douanes. Cette condition draconienne devait peser lourdement sur les finances, l'économie et la stabilité politique du Maroc. L'aggravation de la pression fiscale pesant sur les villes et les campagnes mécontenta fortement les populations qui rendaient, à juste titre, les étrangers responsables de la dégradation de leur situation : des révoltes locales inquiétèrent ainsi les Anglais qui, devant l'insolvabilité du Maroc, lancèrent un emprunt gagé en partie sur les produits douaniers, seuls revenus importants du Maroc. La monnaie marocaine se dépréciant du fait de la spéculation, le Maroc ne pouvait plus résister à la pression et aux exigences des Européens. Les populations qui voyaient se multiplier les fonctionnaires espagnols ou anglais dans les ports (pour le prélèvement et le contrôle des droits de douane), les agents consulaires, les missionnaires, furent profondément ulcérées par « l'invasion » des « Chrétiens ». Le prestige du sultan, impuissant à garantir l'intégrité du *Dar al Islam,* fut d'autant plus atteint que des missions chrétiennes (dont une mission française) s'installèrent dans les villes où furent construites des églises. Ces missions ne se contentaient pas d'étendre leur action évangélique et sociale. Profitant de leur présence au milieu des populations, elles jouaient un rôle d'informateurs précieux pour les puissances occidentales ; souvent elles frayaient la voie à l'installation d'Européens qui, de 250 personnes en 1832, atteignirent 3500 en 1885 et 9000 en 1894, installés dans les ports comme Tanger et Essaouira et surtout Casablanca.

* P. 19

• **Préside :** poste fortifié espagnol.

Le *Makhzen* crut pouvoir riposter en reléguant les représentations diplomatiques à Tanger, d'où elles ne pouvaient plus communiquer que par l'intermédiaire du Naïb El sultan et par correspondance. Tout était fait pour temporiser, louvoyer, exaspérer les consuls à Tanger, mais cette résistance passive du sultan ne vint pas à bout des ambitions des puissances européennes. Le Maroc entra dans la spirale infernale de l'endettement auprès des banques européennes pour se libérer de l'indemnité de guerre. Par ailleurs, le régime de la « protection » y était confirmé ; il le sera encore en 1863, lors du traité avec la France. Il permettait d'être exempté de toute imposition ce qui allait, avec la multiplication du nombre de « protégés », priver le Maroc d'une bonne partie de ses revenus en même temps que de son indépendance et de sa puissance militaire.

V. Le problème de la protection : la convention Béclard

La convention Béclard de 1863, signée avec la France, limitait bien à deux par commerçant et par port le nombre des protégés, mais cette limitation ne fut pas respectée et les « protégés » proliférèrent (interprètes, secrétaires des légations, domestiques), même parmi les Marocains qui ainsi, dans leur propre pays, bénéficiaient d'un régime d'exterritorialité contraire à toute logique, mais qui permit aux Européens de subvertir la partie de la société marocaine la plus active et la plus ouverte sur l'extérieur. La course à la protection, dont on fit un véritable trafic, multiplia le nombre des « censaux », intermédiaires efficaces entre les sociétés étrangères et le marché marocain. J.-L. Miège évalue leur nombre à la fin du XIXe siècle à plusieurs milliers et il grossira encore au début du XXe siècle (Renseignements coloniaux, 1907 – N° 5).

De même, dans le domaine agricole, les Européens contournèrent l'interdiction d'acquérir la terre, en s'associant à des sujets marocains. De gros propriétaires fonciers devinrent des « *mokhalat* »*, pendants des « censaux » dans le commerce ; eux aussi pouvaient échapper aux impôts, du fait de la difficulté de déterminer précisément leur part dans l'exploitation agricole. « Les ressources du *bet el mel* (trésor) sont réduites à néant parce que les négociants chrétiens et les consuls choisissent leurs associés parmi les notables des tribus et les gens riches censés verser au titre de la *zakkat** et des *achur** des sommes d'argent considérables, mais qui en fait refusent de s'acquitter de la moindre contribution », dit une correspondance makhzé-

*P. 31
*P. 31

nienne de 1876, citée par Mohamed Kenbib dans la grande *Encyclopédie du Maroc* (1987 – p. 144). Cet auteur souligne les effets pervers de la protection qui devenait « un puissant instrument de subversion » dans la mesure où ceux qui échappaient ainsi à l'impôt, et même à toute obligation de participer à la défense du pays et à toutes contributions extraordinaires, faisaient retomber sur les plus démunis le poids d'une fiscalité qui, en exacerbant les injustices, ne pouvait que susciter des révoltes. Ainsi, au moment où le pays, confronté aux puissances européennes, ne pouvait plus éluder les réformes nécessaires, par exemple pour renforcer sa puissance militaire, seule capable de le faire échapper à la domination étrangère, une grande partie de ses ressources potentielles était perdue par l'extension des protections. L'autorité sultanienne était mise en échec par les multiples recours des protégés à leur puissance tutélaire et les interventions, y compris par des démonstrations navales, de ces dernières afin d'exiger des réparations pour les dommages, subis, souvent grossis, voire inventés par leurs protégés. La pression des légations tendait ainsi à rendre le pays ingouvernable. Pour essayer de régler le problème, la Conférence de Madrid fut réunie à l'initiative de Hassan 1er.

VI. Hassan 1er et la Conférence de Madrid : avril 1880

Le système de la protection qui enlevait à l'autorité du sultan tout pouvoir sur un certain nombre de ses sujets, surtout sur les plus fortunés qui échappaient à tout impôt et à la justice chérifienne, prenait une ampleur intolérable. Les Européens semblaient les meilleurs tenants de la modernisation du Maroc, dont ils attendaient une plus grande stabilité favorable à leurs affaires. Ils ne songeaient nullement cependant à sacrifier leurs privilèges pour atteindre ce but. Le sultan Moulay Hassan souhaitait vivement la fin de la protection, dont les effets pervers, il en avait bien conscience, atteignaient dangereusement son pouvoir : il réclama une conférence internationale pour limiter ce fléau. Réunie à Madrid en avril 1880, la Conférence, au lieu de supprimer le système de la protection, lui donna une sorte de reconnaissance officielle avec une simple promesse d'en limiter les abus. De plus, les étrangers recevaient le droit d'acquérir des terres, mais avec l'accord du sultan.

• **Mokhalat** : intermédiaires, associés agricoles, pendants des commensaux dans le commerce.

Tous les États signataires de l'Acte de Madrid devaient obtenir les mêmes droits que la France et le Royaume-Uni et aucun d'entre eux ne pouvait obtenir de modifications des décisions prises à Madrid, sans l'accord de tous les autres signataires. Même l'Allemagne acquérait le droit de participer au règlement des problèmes marocains et voyait le Maroc s'ouvrir à ses produits. Ainsi, le Maroc était désormais soumis aux décisions internationales et le sultan perdait toute liberté dans le domaine des réformes. C'était bien la fin de l'indépendance du Maroc. La modernisation du pays apparut alors comme relevant uniquement des grandes puissances.

VII. Les réformes de Hassan Ier

Le sultan Hassan Ier était persuadé de la nécessité de procéder à des réformes pour moderniser le pays. John Drummond Hay souhaitait une action commune des Européens pour imposer des réformes qui leur seraient favorables. Cependant, les initiatives étrangères étaient paralysées par les rivalités entre les puissances : la France, par exemple, freinait toute initiative tendant à internationaliser la question marocaine, dont elle pensait qu'elle la concernait en priorité, du fait de sa présence en Algérie. La modernisation, sur laquelle tout le monde semblait d'accord, était donc rendue impossible. Moulay Abd Er Rahman et surtout Hassan Ier s'efforcèrent d'imposer eux-mêmes des réformes nécessaires à la modernisation du pays, censées le sauver de l'emprise étrangère. Les sultans s'attaquèrent au problème de l'administration ou plutôt de la sous-administration anachronique du pays, en créant une école d'administration, la *medersa makhzania*, chargée de former des fonctionnaires au service de l'État, payés par lui, ce qui devait leur éviter d'avoir recours à la concussion et à la corruption. De plus, il était désormais interdit à ces fonctionnaires de participer à des opérations commerciales. Des contrôleurs avaient même pour tâche de contrôler les *caïd*. Cette modernisation de l'appareil administratif se fit avec le concours des familles de grands négociants parmi lesquelles furent recrutés les nouveaux *oumana*, contrôleurs des recettes, des dépenses, percepteurs des droits de douanes, etc.

VIII. La modernisation de l'armée

Une reprise en main du pays passait également par une modernisation de l'armée. Son inefficacité, due à l'archaïsme de son fonctionnement et de son équipement, rendue patente après la défaite devant l'armée de Bugeaud en 1844 sur l'oued Isly, se révéla dans son ampleur à Hassan Ier lors d'une revue d'artilleurs français sous le commandement du général Osmont dans la région d'Oujda, en 1877. Convaincu de la nécessité d'équiper les soldats de fusils à tir rapide, Hassan Ier créa à Fez une fabrique d'armes, la Machina, avec l'aide des Italiens. Il sollicita le concours d'instructeurs européens dans le cadre de missions militaires. Celles-ci furent très mal vues par les Marocains qui voyaient en elles, non sans perspicacité, des organismes propres à accélérer la pénétration étrangère. Hassan Ier crut pouvoir éviter ce danger en faisant appel à des instructeurs de plusieurs pays européens. Parmi ceux-ci, l'activité des instructeurs anglais comme Mac Lean, chargé de former la garde du sultan, faisait équilibre à l'action des membres de la mission française, comme Jules Erkmann ou le docteur Linares dont les soins prodigués aux membres du *Makhzen*, à Oujda, devaient conquérir les populations [131]. Ainsi, dans les dix années qui suivirent, le *statu quo* marocain fut maintenu par l'action conjuguée de l'Italie, de l'Angleterre, de l'Espagne et de l'Allemagne, contre les ambitions françaises.

L'envoi de stagiaires en Europe, dans des académies militaires, devait permettre de pallier les insuffisances de l'encadrement du nouveau corps d'élite créé par Hassan Ier, les *askar*, des soldats affectés entre autres, à la défense des côtes dans le cadre d'une marine de guerre embryonnaire. De grands travaux furent entrepris pour aménager les ports d'Essaouira et Rabat.

IX. Les communications

Dans le domaine de la circulation dans un pays qui, nous l'avons vu, n'utilisait plus guère la roue du fait des difficultés de roulage sur de mauvaises pistes ou dans les rues étroites et tortueuses des villes, qui avait peu de ponts pour franchir les fleuves, de grandioses projets de construction de chemins de fer et de ponts aiguisèrent les appétits des industriels européens, sans aboutir vraiment. Anglais et Français se partagèrent les services postaux et le télégraphe.

X. L'appropriation foncière

La terre, surtout, était un objet de convoitise. La Conférence de Madrid avait établi le principe de l'accord du *Makhzen* pour l'achat de terres par des non musulmans. Celui-ci n'était généralement pas accordé, mais les Européens surent contourner la difficulté qui était réelle : les Français d'Algérie, particulièrement bien placés, faisaient acheter par des hommes de paille musulmans algériens, donc sujets français, échappant ainsi à l'autorisation du *Makhzen*, des terres qu'ils acquéraient facilement ensuite. Un processus de prise de possession et de pénétration à l'intérieur fut ainsi largement amorcé.

XI. 1894-1907 : la crise marocaine

Malgré tout, le règne de Hassan Ier apparaît comme une période de prise de conscience et de redressement du Maroc. À sa mort en 1894, il laissait un trésor de 60 millions de francs-or. Sa disparition ne fut pas suivie, comme on pouvait le craindre, d'une période de désordres politiques : le Grand Vizir Ahmed Ben Moussa, que l'on appelait Ba Ahmed, avait précipitamment fait proclamer sultan, sans attendre la bay'a*, un des plus jeunes fils de Hassan Ier, Moulay Abd El Aziz, âgé alors de seize ans. En son nom, Ba Ahmed gouverna d'une main ferme : durant sa régence il dut lutter contre les pressions des grandes puissances européennes et leurs exigences financières en compensation des dommages subis, ou prétendument subis, par les « protégés » dont le nombre ne put être réduit, aucune révision de la Convention de Madrid n'étant possible. Les empiétements des Français à partir de l'Algérie en direction des oasis du Gourara, de Tidikelt et du Touat, qui sera pris en 1900, soulevaient l'indignation des populations. Des révoltes se multiplièrent aussi contre les impôts dont la répartition devenait de plus en plus injuste et insupportable à la masse paysanne, croulant sous les dettes, tandis que le régent s'enrichissait, comme le montrait le palais de la Bahia qu'il fit construire à Marrakech. Le soulèvement du Haouz (1894-1896) amena les Rehamna à assiéger Marrakech. Réprimée dans le sang, cette révolte fut suivie par celle de la Chaouia (1897-1898), toujours pour les mêmes raisons : les *fellahs* endettés, ruinés, se soulevaient contre les soldats venus pour leur extorquer le remboursement des dettes contractées à des taux usuraires et les arriérés d'impôts.

* P. 61

XII. Le règne de Moulay Aziz

Après la disparition de Ba Hamed en 1900, le règne du jeune Moulay Abd El Aziz allait se révéler catastrophique pour la monarchie et pour le pays. Le jeune sultan était ouvert et plein de bonne volonté, mais le régent avait commis l'erreur de l'écarter totalement du pouvoir. Son inexpérience politique, son goût pour les machines modernes de tous ordres (automobiles, appareils photos, pianos, phonographes), ses dépenses pour des fêtes fastueuses, allaient le faire tomber sous la coupe de conseillers étrangers qui exploitèrent sa passion pour le modernisme. L'aggravation du déficit du trésor qui en découla l'obligea à faire appel aux banques étrangères, toutes plus empressées les unes que les autres à satisfaire, et au-delà, les besoins de ce prince prodigue et imprévoyant, bien que suffisamment intelligent pour comprendre que les puissances européennes pouvaient, par le biais des finances, (il y avait l'exemple de la Tunisie !) finir par dominer le pays.

1 Le tertib

C'est par des réformes dans tous les domaines qu' Abd El Aziz comptait relever le pays et le soustraire aux convoitises des pays industrialisés. La réforme de l'armée était une nécessité, mais elle devait passer, comme d'ailleurs les autres réformes pour moderniser le pays, par une réforme fiscale et monétaire qui assurerait au Trésor des revenus importants et réguliers, ce que ne faisaient pas les impôts coraniques aléatoires et auxquels échappait la partie la plus aisée de la population. Le *tertib*, un nouvel impôt portant sur tous les revenus agricoles, sans exception, devait frapper même l'aristocratie, les *cheurfa* exemptés jusque-là, les marabouts*, les agents d'autorité. Décidé en décembre 1901 par le sultan, le *tertib* remplaçait les impôts coraniques. Un corps spécial d'*oumana*• rémunérés était créé pour la perception de ce nouvel impôt. Le *tertib* provoqua une levée de bouclier contre le sultan, accusé d'impiété par les traditionalistes attachés aux seuls impôts coraniques et d'incapacité par les jeunes modernistes, qui reprochaient au monarque l'inefficacité des mesures de modernisation, celles-ci ne faisant qu'affaiblir le pays devant les puissances occidentales. Portant aussi sur les revenus agricoles des Européens, le *tertib* devait, selon la Convention de Madrid de 1880, obtenir l'autorisation des puissances européennes qui ne se pressèrent pas de l'accorder, ce qui entraîna une interruption de toute

* P. 55

• **Oumana :** contrôleur de recettes.

perception d'impôts durant deux ans. Le sultan se trouva dans l'obligation de recourir à l'emprunt. Les banques françaises, dirigées par la Banque de Paris et des Pays-Bas, fournirent, en 1902, 7 500 000 francs ; des banques anglaises et espagnoles prêtèrent la même somme en 1903. Cet argent fut rapidement dépensé pour rembourser les dettes personnelles du sultan et pour lutter contre le prétendant Bou Hmara. D'un nouvel emprunt de 62 500 000 francs, gagé sur les revenus des douanes, le sultan ne perçut que 48 millions, le reste ayant été employé au service de la dette. Par ailleurs, le monopole des emprunts futurs donné au consortium français, qui reçut en plus la charge de créer une banque d'État à la Conférence d'Algésiras (voir plus loin) entama la souveraineté nationale et laissa les étrangers piller le pays. Celui-ci était même envahi à l'Est (Oujda) et à l'Ouest (Casablanca).

Une grave période de troubles agita le pays, soulevant villes et tribus contre l'amputation des territoires marocains (perte du Touat) à la suite des accords dits des confins sahariens qui instituèrent un contrôle commun de la France et du Maroc sur les régions frontalières. Devant l'inertie du sultan, des initiatives locales aboutissaient à des attaques contre l'armée française, mettant les relations franco-marocaines en danger.

2 Les soulèvements de Bou Hmara, Raissouni et Mâ El Aïnin

Se faisant passer pour Moulay Mohammed, le frère du sultan emprisonné par Abd El Aziz, un « *rogui* » (prétendant), Jilali Ben Driss dit Bou Hmara (l'homme à l'ânesse), profitant de l'affaiblissement du pouvoir et des troubles dans le pays, multipliait les attaques contre le *tertib* et rassemblait de nombreux fidèles. Il finit par s'installer dans le nord-est du pays, s'emparant d'Oujda en 1903 où il se maintint quelques semaines, et il fit ensuite de Taza sa capitale. Cependant il ne réussit pas à organiser ses troupes indisciplinées et anarchiques. C'est sous Moulay Hafid que son histoire prit fin : le vrai Moulay Mohammed fut libéré et montré au peuple, Bou Hmara fut fait prisonnier, enfermé dans une cage, fers aux pieds, poignets amputés, promené à dos de chameau, puis exécuté à Fez.

Les soulèvements de Raissouni au Nord et de Mâ El Aïnin dans le Sud eurent pour but de bouter les étrangers hors du Maroc. Le premier, une sorte de bandit d'honneur qui enlevait et détroussait de riches étrangers ou des diplomates jusqu'aux portes de Tanger, devait tenir la montagne où il se heurta à un rival, Abd El Krim• El Khettabi, qui devait plus tard soulever tout le Rif contre les Espagnols, puis contre les Français de 1921 à 1926. Fait prisonnier, Raissouni mourut le 10 avril 1925.

Mâ El Aïnin, au Sud, soulevait le Sous avec ses « hommes bleus ». Il fit assassiner l'anthropologue français Xavier Coppolani en 1905 et participa aux menées de Moulay Hafid contre le sultan, son frère. À sa mort en 1911, le flambeau de la révolte fut repris par ses deux fils.

XIII. Les accords de troc colonial entre les puissances rivales

Des accords de véritable troc furent passés avec la principale puissance intéressée par le Maroc : la France et les pays rivaux consacraient ainsi la mise sous tutelle du Maroc.

En 1902, un accord avec l'Italie avait permis d'obtenir son renoncement au Maroc contre la reconnaissance de sa prépondérance en Tripolitaine. En 1904, un accord de même type avait été conclu avec le Royaume-Uni à qui on laissait les mains libres en Égypte. Ce retrait surprenant de l'Angleterre, dont l'influence naguère était prédominante au Maroc, s'explique par des considérations de politique générale, en particulier la crainte de s'aliéner la France alors que l'Allemagne, deuxième puissance industrielle, lui paraissait finalement une rivale beaucoup plus dangereuse, y compris par ses ambitions maritimes. La guerre des Boers en Afrique du Sud avait montré par ailleurs aux Anglais le danger du « splendide isolement » et la nécessité d'un rapprochement avec la France qui laisserait, en échange, au Royaume-Uni toute liberté en Égypte. Quelques précautions furent prises néanmoins : l'accord de 1904 précisait que les intérêts du Royaume-Uni seraient préservés par le régime de « la porte ouverte », garanti pour trente ans au Maroc. L'internationalisation de Tanger et de sa région, le partage du Maroc en deux zones d'influence – au Nord, celle de l'Espagne allant de Larache sur l'Atlantique à Port Say sur la Méditerranée, tandis que sur le reste du pays une influence prépondérante était reconnue à la France – l'interdiction de toute fortification entre Melilla et l'embouchure de l'oued Sebou, avaient donné satisfaction au Royaume-Uni.

• **Abd El Krim (1882-1963).** Né dans une tribu de *Ajdir*, étudiant de la *Qarawwyin*, enseignant, il est l'un des premiers journalistes marocains. Il mène le soulèvement du Rif contre les Français, mais aussi contre les Espagnols. Déporté à la Réunion, *Abd El Krim* s'évade en Égypte lors de son transfert en France, au moment où il pouvait représenter un rival pour le sultan marocain en 1947.

XIV. Le Maroc et l'Allemagne

L'Allemagne, tard venue dans la compétition, s'irritait d'être tenue à l'écart de ces règlements concernant un pays où ses intérêts commerciaux s'affirmaient. L'opinion publique allemande s'intéressait de plus en plus au Maroc, sous la pression de professeurs publicistes qui vantaient les richesses minières de ce pays et en revendiquaient une part pour l'Allemagne. Ainsi le professeur Stumme s'exclamait : « Il n'est pas impossible que nous recevions un morceau du Maroc à l'occasion du partage qui ne manquera pas de se produire […] ». Il suggérait l'installation d'un port dans le Sous et le détournement vers le Maroc d'une partie de l'émigration allemande qui se dirigeait vers l'Amérique. Le professeur Fischer, lui, soulignait en 1903 que « le Maroc est en ce moment aussi mûr que la Tunisie en 1881 » [128].

Le principe d'une conférence internationale à Algésiras fut accepté par le sultan qui en espérait un règlement favorable à l'indépendance du Maroc, grâce à l'appui de l'Allemagne ; celle-ci cultivait en effet l'image d'une puissance désintéressée, amie fidèle du Maroc. Cela lui avait déjà valu des avantages matériels : commandes d'armes, de bateaux, concessions aux firmes industrielles allemandes par Moulay Abd El Aziz, qui jouait ainsi des rivalités européennes. Dès février 1905, le chargé d'affaires allemand à Tanger, Külmann, déclarait que son pays ne reconnaissait pas la politique française de prédominance au Maroc où elle prétendait imposer des réformes.

L'annonce par Bülow, le 20 mars 1905, au Reichstag, que l'Empereur ferait escale à Tanger au cours d'une croisière en Méditerranée découvrit le « jeu de l'Allemagne ». Celle-ci était décidée à défendre au Maroc le principe de la « porte ouverte » et de l'égalité économique. La déclaration de Guillaume II, le 31 mars à Tanger, affirmant : « Le Maroc est un pays libre et le restera », rapprocha davantage le Royaume-Uni de la France.

XV. La Conférence d'Algésiras (1906)

À Algésiras, la conférence internationale qui s'ouvrit le 16 janvier 1906 vit l'isolement de l'Allemagne, aidée de la seule Autriche ; le Royaume-Uni, la Russie et l'Italie appuyèrent les vues de la France. L'Espagne se voyait reconnaître une influence sur la partie nord du Maroc. Celui-ci était proclamé indépendant, mais la France devait partager avec l'Espagne la police de ses huit ports. Une inspection générale de la police établie à Tanger préservait le principe de l'internationalisation défendue par l'Allemagne. Le *tertib* était accepté comme un impôt pesant même sur les Européens. Une banque d'État marocaine était créée, mais avec la participation à égalité des banques centrales de France, d'Espagne, d'Angleterre et d'Allemagne. Cependant, cette dernière espérait toujours faire reconnaître ses intérêts économiques au Maroc et affaiblir du même coup l'entente franco-anglaise. Elle obtint le maintien de la « porte ouverte ». Malgré toutes les déclarations au sujet du respect de l'indépendance du Maroc, celle-ci était en fait totalement niée. Les populations se soulevèrent contre les décisions d'Algésiras et la faiblesse de Moulay Abd El Aziz. L'Allemagne, en n'exploitant pas à fond, comme c'était son intention première, l'incident des légionnaires allemands déserteurs de l'armée française au Maroc, avec la complicité du consul allemand, évita la guerre contre la France. Un accord fut même signé, le 9 février 1909, qui reconnaissait les « intérêts spéciaux » de la France au Maroc en échange de la promesse par cette dernière de ne pas entraver l'expansion des intérêts économiques de l'Allemagne au Maroc. Les deux pays affirmaient « l'intégrité et l'indépendance de l'Empire chérifien ». L'Angleterre, tenue à l'écart de cet accord, affecta d'y voir l'établissement d'un véritable condominium économique franco-allemand auquel elle ne pouvait que s'opposer. La France, non moins hostile à un partage égal de l'influence économique avec l'Allemagne, réussit à maintenir sa prééminence. Dans plusieurs affaires – la fondation d'une Société marocaine de travaux publics, la construction de chemins de fer, l'union des mines avec Krupp et Thyssen – les prétentions de l'Allemagne parurent exorbitantes aux Français, conscients de la supériorité industrielle de l'Allemagne menaçante pour la prépondérance française. L'accord était donc fragile et les avancées militaires de la France sur la frontière orientale et à l'Ouest (occupation d'Oujda en 1907) provoquèrent des soulèvements populaires.

XVI. La pénétration française à l'Est et à l'Ouest (1907)

Divers incidents de frontière avaient déjà donné la possibilité aux troupes françaises d'exercer un droit de suite et de pénétrer à l'intérieur du territoire marocain. Cela donna l'occasion à Lyautey* de jouer un rôle dans la région des confins, puis au Maroc. Appelé en septembre 1903 au commandement

* P. 103

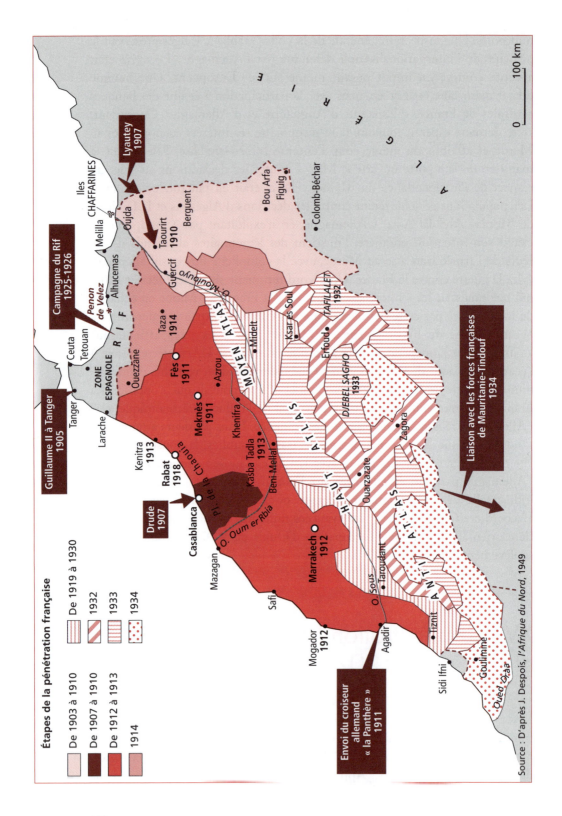

de la subdivision d'Oran et des territoires d'Aïn Sefra, à la suite de l'affaire d'El Moungar où le Résident Jonnart avait été attaqué, et promu général de division à Oran, il devait entrer de plain-pied dans la « question marocaine ».

De 1904 à 1910, appliquant le droit de suite contre les tribus marocaines qui ne respectaient pas la frontière, Lyautey poursuivit son action de « pénétration par tâches d'huile » ou en « vilebrequin », en reprenant une méthode d'adaptation au milieu qui lui avait réussi auparavant au Tonkin et à Madagascar aux côtés de Gallieni. C'est ainsi qu'il substitua aux grosses expéditions, à partir de postes militaires fixes, des « colonnes volantes » à la poursuite d'un ennemi éminemment mobile.

1 L'occupation d'Oujda

L'occupation d'Oujda, le 28 mars 1907, en représailles à l'assassinat du docteur Mauchamp à Marrakech, lui permit, tout en affirmant son caractère provisoire, de s'étendre plus au Nord dans les Beni Snassen en mettant à profit tous les incidents. Lui-même écrivait : « Posons bien la question. Il faut, comme le précisent les instructions que j'ai reçues, ne rien faire qui puissent donner l'idée d'une occupation définitive. C'est entendu. En conséquence, nous ne construisons pas de poste, nous n'établissons qu'un télégraphe de fortune, nous ne poussons aucun détachement en avant d'Oujda, nous ne changeons rien à l'administration locale, nous n'agissons même pas directement sur les caids des tribus et nous ne nous servons que de l'intermédiaire des autorités existantes. Il est impossible de marquer plus nettement le caractère provisoire notre occupation » [131, p. 72].

À l'Ouest également, les incidents de Casablanca, où des ouvriers européens avaient été assassinés, permirent l'occupation du port et le contrôle de la riche plaine de la Chaouïa (1908), tandis que se poursuivaient des avancées au Tafilalet. Moulay Hafid, frère aîné d'Abd El Aziz, *khalifa* de Marrakech, réputé pour sa profonde piété, regroupait autour de lui de fermes opposants à Abd El Aziz, en particulier les deux *caïd* de l'Atlas, Madani El Glaoui•, et Abd El Malek M'Tounggi.

• **Al Thami Al Glaoui (1875-1956).** Grand caïd de l'Atlas, mais aussi pacha de Marrakech, il s'opposa à tous les ennemis du Protectorat français : de El Hiba au Sultan *Mohamed ben Youssef* jusqu'à provoquer la déposition de ce dernier. Proche de l'administration française du Maroc, il fut également un homme d'affaires à la tête d'une fortune considérable.

2 Moulay Hafid, nouveau sultan du Maroc

L'occupation d'Oujda en mars 1907 et le débarquement des troupes françaises à Casablanca, en même temps que le danger de voir Mâ El Aïnin, de plus en plus populaire, s'emparer du pouvoir, décidèrent Moulay Hafid à suivre ses partisans et à se faire proclamer sultan à Marrakech, le 16 août 1907. Les tribus se rallièrent à cet homme qui se présentait comme le défenseur de l'Islam contre les chrétiens. Moulay Abd El Aziz échouant dans sa tentative d'écarter son frère qui apparaissait ainsi comme le sultan du *jihad*, dut abdiquer.

Moulay Hafid, soutenu par un profond mouvement populaire, put faire son entrée officielle à Fez, le 6 juin 1908, après que la bay'a de la ville du 5 mai 1908 eut affirmé la déchéance d'Abd El Aziz et détaillé les conditions imposées à Moulay Hafid pour obtenir la reconnaissance de sa légitimité : c'était une véritable ébauche de constitution. Outre les obligations de tout souverain (assurer la sécurité du pays, faire respecter les lois, œuvrer pour le bien public), le nouveau sultan se voyait imposer l'obligation de lutter contre le système de la protection et de faire abolir l'Acte d'Algésiras, de faire évacuer les territoires occupés par les étrangers, de réorganiser l'armée pour assurer la défense du pays, de chercher l'union avec les autres pays musulmans et de propager la connaissance. Le passif très lourd laissé par Abd El Aziz (206 millions de francs) allait entraîner le sultan Moulay Hafid dans la même spirale infernale de l'endettement, tandis que la situation politique intérieure (action du prétendant Bou Hmara), l'augmentation des impôts, les ventes multiples de charges, aliénaient au sultan l'opinion des Marocains, déçus. Par ailleurs, l'accord des puissances étrangères pour le partage d'influence au Maroc, sans en référer aux principaux intéressés, ne permettait plus au sultan de jouer de leurs rivalités.

3 La fin de l'indépendance (1911-1912)

L'impopularité de Moulay Hafid grandissait. En effet, obligé d'imposer de lourdes taxes, il souleva contre lui un grand nombre de tribus. En 1911, la situation devenait dramatique avec le soulèvement contre le sultan des tribus guich, les Cherarda, les Cheraga, les Oudaïa, les Beni M'tir et les Aït Youssi ainsi que l'ensemble des tribus du Nord. Le 22 février 1911, à Gouraï, les délégués de l'ensemble de ces populations soulevées exigèrent du sultan Moulay Hafid des mesures radicales contre les Français, en particulier le renvoi des instructeurs militaires, mais aussi des réformes internes comme la liberté pour les tribus de choisir leur *caïd**. Les réponses dilatoires du sultan poussèrent les tribus à proclamer la déchéance de Moulay Hafid au profit d'un de ses frères, Moulay Ez Zîn. Moulay Hafid s'enferma dans Fez, bientôt assiégée par les forces rebelles, tandis que les légations étrangères s'abstenaient de reconnaître

* P. 15

Moulay Ez Zîn et que les Français, sous la direction du général Moinier, commandant du corps expéditionnaire en Chaouïa, marchaient sur Rabat et s'installaient à Salé, le 16 mai, puis à Fez le 21. Le 8 juin, Moulay Ez Zîn était capturé à Meknès et ses partisans dispersés. Une répression féroce s'abattit autour de Fez sur les tribus qui avaient soutenu Moulay Ez Zîn.

L'Allemagne se préparait à occuper un port. Que devenait l'intégrité du territoire chérifien garanti en 1909, même si les Français prétendaient que leurs occupations territoriales, provoquées par les troubles, n'étaient que provisoires ? Les Anglais étaient surtout inquiets des ambitions allemandes et l'arrivée, le 1er juillet 1911, du navire de guerre, la canonnière *Panther*, devant Agadir pour protéger les intérêts commerciaux allemands « contre l'agitation des tribus » donnait corps à la menace allemande. Selon les Allemands, cette mesure n'était qu'une réponse à la pénétration des forces françaises dans les régions de Fez et de Meknès en violation de l'Acte d'Algésiras. Finalement, par l'accord du 4 novembre 1911, l'Allemagne acceptait de renoncer à ses ambitions au Maroc et revendiquait tout le Congo en compensation. Elle dut, sous la pression de l'Angleterre, se contenter d'une bande au sud du Congo : la région entre la Sangha, le Congo et l'Oubangui ; en tout 275 000 km^2 lui furent accordés.

Perdant le soutien de l'Allemagne, isolé diplomatiquement et à la merci des Français qui occupaient une grande partie du pays, tandis qu'au Nord les Espagnols dominaient 28 000 km^2 de l'Atlantique à l'embouchure de la Moulouya, lâché également par son peuple, Moulay Hafid fut acculé à signer, le 30 mars 1912, avec les Français un traité de protectorat qui souleva l'indignation de la population. Celle-ci considéra que le pays avait été « vendu » aux « chrétiens ». Fez se souleva en avril.

4 La révolte de Fez (17 au 17 avril 1912)

L'annonce de la signature du traité du protectorat provoqua dans tout le pays la stupeur... puis la révolte. L'atmosphère était déjà troublée par la révolte des tabors• marocains contre leurs officiers français dont la stricte discipline les révoltait. Dix-sept officiers et sous-officiers français furent tués. Les soldats se répandirent en ville en appelant au massacre de tous les Français rencontrés. La foule du petit peuple (souvent des campagnards fraîchement arrivés) se jeta sur le Mellah désarmé. Malgré l'asile donné dans son palais par le sultan aux habitants du Mellah qui subissaient en plus les tirs de l'artillerie française, les Juifs eurent 51 tués et 40 blessés.

• **Tabor** : bataillon de soldats des tribus, encadrés par des officiers français.

Dans Fez en effervescence, les bâtiments rappelant la présence des « chrétiens » étaient attaqués et pris d'assaut (consulats, sièges de la Compagnie marocaine, filiales de la Compagnie Schneider du Creusot, du Crédit foncier d'Algérie…). Le général Moinier, à la tête des légionnaires et des tirailleurs français, eut rapidement raison de l'insurrection. Le 24 avril, il décréta l'« état de siège », institua des conseils de guerre et suspendit toutes les protections étrangères. Cependant, tout le pays se soulevait en apprenant l'énormité du bilan humain : à Fez, plus d'un millier de morts parmi les Marocains. De tout le pays, par vagues successives, des volontaires se portaient vers la capitale, tandis que le sud du pays s'embrasait sous l'action d'un des fils de Ma El Aïnin, El Hiba*. Informé de la gravité de la situation, le gouvernement français nomma Lyautey Résident général. Celui-ci prit son poste le 24 avril 1912. Il eut en premier lieu à régler le problème de la révolte hibiste.

5 La révolte hibiste (mai 1912)

El Hiba lança à partir du Souss le *jihad* contre les Français et se posa en prétendant au trône le 3 mai 1912. Proclamé sultan le 10 à Tiznit, il fit son entrée, le 15 août, à Marrakech. Tout le Sud, « dans un de ces élans de fanatisme qui emportent tout » (s'exclamait Lyautey), se soulevait aux appels du nouveau « maître de l'heure » qui enflammait les populations pour le *jihad* contre les chrétiens. Lyautey envoya Mangin avec 4000 soldats, fortement armés, qui infligèrent une sanglante défaite (plus de 2000 morts), à Sidi Bou Othmane, aux Marocains dont l'ardeur ne compensait pas l'infériorité de l'armement. La colonne Mangin s'empara de Marrakech, d'où El Hiba s'enfuit vers Taroudant. Cependant, le 19 mai 1913, les *caïd* pro-français : Glaoui, Goundafi et Mtongi l'en délogèrent ; il s'enfuit vers la Mauritanie. Ce n'est qu'en 1918 qu'El Hiba reprit le combat contre les Français. Après sa mort en 1919, la résistance fut menée, jusqu'en 1934, par son fils Merrabi-Rebbo dans l'extrême Sud et en Mauritanie.

6 Le traité de Fès (30 mars 1912) : l'installation du protectorat

Le traité proclamait l'accord de la République française et de sa Majesté le sultan « pour instituer au Maroc un nouveau régime, comportant les réformes administratives, judiciaires, scolaires, économiques, financières et militaires que le gouvernement français jugera utile d'introduire sur le territoire marocain […] » (Art I) Celui-ci, dont plusieurs conventions internationales (France-Angleterre, 6 avril 1904 ; France-Espagne, 3 octobre 1904) avaient affirmé la pérennité et l'intégrité sous l'autorité chérifienne, encore garantie par l'*acte d'Algésiras* (1906), fut partagé en trois zones. L'une d'occupation française, la seconde espagnole au nord du pays (le protectorat espagnol fut institué par le traité du 27 novembre 1912 qui établissait à sa tête un *khalifa* du sultan), la troisième enfin représentée par la ville de Tanger de statut international où le sultan serait représenté par un *mendoub*•. En ce qui concerne la souveraineté du sultan, dont on avait promis de respecter l'intégralité, le régime du protectorat aboutissait à l'amputer singulièrement. Lyautey commença par déposer l'imprévisible Moulay Hafid qu'il remplaça par son frère Moulay Youssef (celui-ci devait régner jusqu'en 1927). Le sultan conservait les formes extérieures du pouvoir, ses palais, sa garde noire (commandée d'ailleurs par des officiers français), son prestige était sauvegardé et son rôle spirituel maintenu. Il restait l'*imam** et le *calife** des croyants et la prière était toujours dite en son nom. Cependant, son pouvoir temporel était amputé. Le sultan perdait la direction de la politique extérieure. Il ne pouvait « conclure aucun acte de caractère international sans l'accord de la France ». De même, « S. M. chérifienne s'interdit de contracter à l'avenir aucun emprunt public ou privé ou d'accorder aucune concession sans l'autorisation du gouvernement français ». Les puissances étrangères ne pouvaient d'ailleurs avoir de relations directes avec le sultan. Le Maroc n'avait plus d'autres représentants diplomatiques que les agents français ; les agents étrangers devaient passer par le Résident général.

* P. 97, 39

S'il avait gardé les fonctionnaires de son *makhzen**, ceux-ci n'étaient pas choisis par lui seul. Certains vizirats furent supprimés (le *vizir* El Bahr, ministre de la mer et l'Amin El Oumana, le ministre des affaires étrangères). Le choix de ses ministres lui échappait et, de même, celui des chefs locaux, *pacha* des villes et *caïd* des tribus, que le sultan ne pouvait choisir que parmi trois candidats présentés par le Résident général.

* P. 15

Dans le domaine législatif, le sultan gardait apparemment ses prérogatives puisque « toutes les mesures nécessitées par le nouveau régime, y compris le maintien de l'ordre, seront édictées par S.M.Chérifienne […] et tous les règlements nouveaux ». Mais… elles sont toutes « édictées sur la proposition du gouvernement français ». Ainsi l'initiative des lois échappait au sultan qui ne pouvait plus que refuser d'apposer son sceau. Celui-ci était indispensable pour donner force de loi aux propositions de *dahir** présentées par le Commissaire Résident général. Ce partage du pouvoir législatif fut source de conflit et même de blocage à la fin du protectorat.

* P. 25

• **El Hiba.** Fils du mahdi Ma El Aïnin, il mène une action militaire contre les Français dans le sud du Maroc à partir de 1912, celle qui allait être appelée la révolte hibiste. Proclamé sultan, il doit se réfugier en Mauritanie acculé par les troupes françaises. Il meurt en 1919.
• **Mendoub (ou mandoub) :** mandataire, représentant.

À l'administration directe Lyautey opposait sa conception du protectorat « qui est celui d'un pays gardant ses institutions, son gouvernement et s'administrant lui-même avec ses organes propres sous le contrôle d'une puissance européenne ». Duplicité ou innocence ? L'administration chérifienne ayant largement prouvé son inefficacité et son incapacité à se moderniser elle-même, la formule du simple contrôle était trompeuse : « En somme, par le biais du contrôle, il s'agissait de se substituer à elle et de lui faire endosser, pour la forme, des décisions qu'elle était incapable de prendre » [140, p. 154]. Lyautey parlait lui-même « d'illusion de l'indépendance » que laissait ce régime et qui permettait de s'attacher un peuple et surtout ses dirigeants qui seraient plus ou moins associés au gouvernement. De plus ce régime de protectorat, contrairement à une certaine idée répandue à partir de quelques phrases du Résident, se définissait dans l'esprit de Lyautey comme définitif et ne devait pas évoluer vers un régime d'autonomie totale. Les Marocains l'accepteraient-ils longtemps ? Les Français, habitués à l'administration autoritaire et directe tant en Algérie (d'où beaucoup venaient), qu'en Afrique noire, se plieraient-ils aux injonctions de Lyautey ? Le respect de l'Islam et des institutions locales, la « politique des égards » prônée par Lyautey vis-à-vis des autorités locales, le respect de la société marocaine dans sa structure « si superbement hiérarchisée », étaient-ils possibles et compatibles avec le complexe de supériorité qui animait les coloniaux et même justifiait la colonisation ? Lyautey tempêtait contre les colons venus d'Algérie « qui ont le mépris de l'indigène », mais sa méthode elle-même, reposant sur des faux-semblants, était-elle respectueuse de la dignité des Marocains ?

Il faut reconnaître cependant que sa « politique des égards » vis-à-vis du sultan, comme de la *khassa*, l'élite de la société marocaine, et particulièrement des forces religieuses, surtout des *zâwiya**, évita aux dominés le sentiment d'humiliation qui aurait pu naître d'un écrasement total. De même, le respect et la protection accordée aux édifices religieux musulmans, aux biens *habous* et à l'Islam lui-même montrait qu'il n'était pas question au Maroc, comme ce fut le cas en Algérie, d'assimilation.

Il y a quelques excès dans les accusations portées contre les successeurs de Lyautey qui auraient trahi sa conception du protectorat pour passer à l'administration directe. En fait, si Lyautey a respecté l'appareil extérieur du sultanat, son décorum, son faste, il a vidé le pouvoir du sultan de toute efficacité. Dans les années cinquante, lorsque la tension grandit entre le sultan Mohamed V, désireux de retrouver les prérogatives d'un vrai sultan, en s'appuyant sur les nationalistes, la fiction du respect dû au souverain ne tint pas et le traité de 1912 fut allégrement trahi. La désinvolture avec laquelle le sultan fut destitué et remplacé par un vieil homme, choisi arbitrairement par

*P. 19

la Résidence, dans la famille assez éloignée du sultan, en dit long sur la réalité du pouvoir au Maroc sous le protectorat. En fait, ce pouvoir était totalement dans les mains du Résident général.

7 Le Résident général

Nommé à Paris en Conseil des ministres, le Commissaire Résident général relevant du ministère des Affaires étrangères, était un véritable monarque absolu, imposant sa loi au sultan, pratiquement sans contrôle y compris dans la politique extérieure. Dans le domaine législatif, l'initiative des lois et leur promulgation lui étaient réservées. Il disposait de la force armée. Sous son autorité fonctionnaient trois directions : la Direction des Affaires chérifiennes qui contrôlait le *makhzen* ; la Direction de l'Intérieur qui assurait le contrôle politique général du pays par l'intermédiaire des contrôleurs civils, des chefs de régions, des chefs des services municipaux, et des officiers des Affaires indigènes dirigeant les territoires militaires. On a vu que son contrôle s'étendait aux autorités locales marocaines *caïd*, *cheikh**, *pacha*. La Direction des services de Sécurité publique permettait aussi d'exercer une surveillance policière constante. « L'état de siège », proclamé en 1912 (et presque constamment maintenu ensuite), autorisait « la surveillance des personnes et des esprits, la répression des mouvements ouvriers et nationaux qualifiés de « subversifs », l'obtention « d'aveux » dans les locaux policiers… [qui] comptaient parmi les activités les plus importantes des services de police » [110].

* P. 19

Les *caïd* dans les tribus, comme les *pacha* dans les villes, (nommés par le sultan jusqu'en 1953), exerçaient aussi, sous l'autorité des administrateurs français, dont ils n'étaient que des agents d'exécution, une autorité fiscale (ce sont eux qui établissaient le *tertib* et imposaient les corvées). Non rémunérés, ils faisaient peser sur les populations une pression arbitraire.

À côté des organes administratifs, le protectorat créa des assemblées consultatives élues : Chambre d'agriculture, Chambre du commerce, Chambres mixtes avec des sections marocaines. Les élections à ces chambres se faisaient respectivement dans trois collèges professionnels : collège industriel, collège commercial, et troisième collège réunissant toutes les autres professions (fonctionnaires, professions libérales, employés). Les institutions du protectorat, dites de contrôle, doublaient les services chérifiens… ainsi que la charge pesant sur les contribuables.

8 « La pacification »

Sous cet euphémisme, la France mena, au nom du sultan, avec l'appui des *caïd* gagnés à la cause française, une guerre de conquête, en employant les moyens de destruction les plus modernes et les plus efficaces, chars, artillerie, aviation, gaz asphyxiants, avec des effectifs considérables représentés par des tirailleurs, des régiments de la légion étrangère, des supplétifs…

*P. 57   Les méthodes de guerre rappellent celles de Bugeaud et sa tactique de *razzia** pour avoir raison de l'ennemi que l'on affame. La littérature coloniale se plaît à raconter cette véritable épopée qui dura, malgré la disproportion des forces en présence, vingt-deux ans (jusqu'en 1934, avec la soumission du Djebel Sorgho), faisant surgir de véritables héros, officiers français de grande valeur militaire comme Gouraud, Mangin, Brulard, Guyon de Dives, Bournazel, face à des « rebelles » et non des résistants, à qui l'on reconnaissait le courage et l'endurance, mais pour n'y voir que l'effet de la xénophobie et du fanatisme. Des hommes [133] tels que El Hajjami, Moha Ou Hamou, Ez Zayani et d'autres, aidés par leur connaissance du pays et l'exploitation qu'ils pouvaient faire des conditions naturelles très dures pour les Européens, montrèrent une ardeur à défendre leur pays et leur civilisation qui compensait l'infériorité de leur puissance de destruction. Cependant, les armes n'ont pas manqué à ce camp, armes rafistolées ou bien prises à l'ennemi, mais aussi achetées en contrebande. Ainsi, des pertes importantes ont pu être infligées aux armées françaises : 2 647 tués entre 1907 et 1913, 5 117 de 1914 à 1916, indique M. Kenbib. Particulièrement lors des batailles de Ksiba (juin 1913) et de El Herri (novembre 1914) [133].

La conquête dut se faire par étapes. Tout d'abord, les opérations de 1907 et 1908 aboutirent la soumission de l'est du Maroc entre la Méditerranée et Colomb Bechar. À l'Ouest celle de la Chaouïa et de Casablanca, de 1912 à 1914, acheva la soumission du « Maroc utile », selon l'expression de Lyautey. Successivement tombèrent les régions de Mogador, d'Oued Zem où s'installa le général Gueydon de Dives, tandis que le général Henry's soumettait les Béni M'Guild et « pacifiait » toute la région de Meknès. La prise de Taza (16 mai 1914) permit la liaison, essentielle pour l'unification du Maroc, entre le Maroc oriental et le Maroc atlantique. Après la prise de *kasbah* Tadla par le colonel Mangin, à la veille de la Première Guerre mondiale, seuls les grands massifs restaient intouchés.

PARTIE 4

L'Afrique du Nord colonisée

Chapitre 7

Les bouleversements dus à la colonisation en Algérie jusqu'en 1914

I. Les transformations économiques

Une économie duale s'est installée en Algérie (1870-1914)

De 1900 à 1914, un ralentissement sensible de la colonisation agricole en Algérie se traduisit par une diminution des créations de centres de population : 59 seulement. Même la zone littorale vit sa population européenne stagner et les terres se concentrer dans les mains de sociétés ou de gros colons qui enlevaient le plus souvent les enchères. La terre retourna parfois aux *fellahs*, même si les achats par les Européens restaient prépondérants. La superficie moyenne des propriétés européennes dépassait 50 hectares, alors que celle des *fellahs* était inférieure à 10 hectares. La zone littorale, où s'étendaient sur de grands domaines le vignoble et les cultures maraîchères, contrastait avec la zone intérieure céréalière.

Une économie duale s'affirmait qui juxtaposait deux structures agraires, deux systèmes de culture : une agriculture de subsistance à dominante céréalière, peu productive, sur des surfaces de moins en moins étendues du fait de l'accaparement des terres par la colonisation, et une agriculture européenne de plus en plus performante, moderne (utilisant machines et engrais), céréalière mais aussi viticole, sur de plus grandes étendues et dont la production était destinée au marché. Les exploitations viticoles, familiales au départ, devaient, du fait de la concentration en exploitations plus importantes (passant de 4 à 13 ha en moyenne de 1885 à veille de 1914), occuper parfois des domaines immenses de plus de 500 ha. Avec 200 000 ha, elle faisait de l'Algérie le quatrième producteur de vin au monde en 1914.

Le contraste était frappant entre la prospérité des Européens (même si certains étaient misérables et la majorité de condition moyenne) et des gros propriétaires fonciers musulmans et la misère grandissante des *fellahs*, dont s'effrayaient les colons eux-mêmes. Les *fellahs* avaient perdu le soutien de la solidarité tribale qui s'exerçait auparavant dans les nombreuses périodes de calamités (sécheresse, épizooties, dévastations par les acridiens, etc.). La réduction des terrains de parcours, du fait des lois foncières, la poussée des colons, les avaient refoulés vers le Sud plus aride. L'augmentation de l'exportation des ovins ne traduisait en rien la prospérité de l'élevage ; au contraire, elle manifestait que les éleveurs étaient obligés de se défaire de leur capital. Les paysans, écrasés d'impôts, alimentaient en grande partie le budget algérien. En effet, reposaient sur eux, outre les « impôts arabes », les taxes municipales, patentes, contributions indirectes diverses que payaient aussi les Européens, exemptés, eux, d'impôts sur le revenu. En revanche, les indigènes profitaient beaucoup moins que les colons des investissements imputés sur le budget algérien. Ce déséquilibre traduit tout simplement celui de leur poids politique, nettement inférieur à celui des colons. Les représentants des indigènes, en nombre infime, les « beni oui oui », comme on les appelait, étaient des créatures de l'administration à laquelle ils ne pouvaient que se soumettre.

II. Les bouleversements démographiques et sociaux en Algérie

L'Afrique du Nord, faiblement peuplée, apparut au début de la colonisation comme une région de peuplement et d'accueil pour une population jugée pléthorique en France. Le spectre de la famine hantait les esprits, imbus de l'idée malthusienne selon laquelle, la population croissant d'une manière exponentielle alors que les ressources agricoles ne pouvaient augmenter au même rythme, la famine deviendrait permanente.

1 Le « creuset » français, « *melting-pot* » à l'écart des autochtones

À chaque crise économique en France, essentiellement due à des récoltes insuffisantes, les miséreux ne voyaient d'autre issue que le départ. On l'a vu en 1848 avec l'émigration vers l'Algérie des milliers de chômeurs attirés par la création des « villages agricoles ». Cependant, la politique systématique de peuplement se ralentit et, devant le faible nombre de volontaires français, on dut accueillir des étrangers (Espagnols, Siciliens, Maltais, Italiens…) qui fusionnèrentnt dans un *melting-pot* à l'écart des Musulmans et dont, par naturalisation, on fit des Français. En effet, l'évolution de la démographie française allait en sens contraire du mouvement prévu, c'est-à-dire vers l'atonie démographique. La permanence française en Algérie, comme en Tunisie, ne put être assurée que par les naturalisés, par ceux que l'on appelait les « Néo-Français ».

L'expansion démographique de l'Afrique du Nord fut tout à fait considérable. Cependant, au début, la conquête française sembla responsable du déclin de la population : les guerres de conquêtes, les départs vers l'Orient des Musulmans refusant la domination des chrétiens, furent à l'origine de la perte de substance démographique telle qu'elle apparaît à travers les estimations, non étayées sur des données scientifiques, mais suffisamment parlantes. Le mouvement interne de la population musulmane, c'est-à-dire une baisse de la mortalité du fait des progrès de la médecine (vaccination antivariolique imposée massivement qui fit baisser fortement la mortalité infantile) tandis que la natalité se maintenait à un taux élevé, fut responsable de la croissance démographique sans précédent qui suivit. En même temps on assista à une modification de la répartition géographique de la population avec des déplacements des ruraux des régions surpeuplées par rapport aux possibilités alimentaires (les montagnes ou les zones pré-désertiques) vers les plaines faciles à cultiver, essentiellement les plaines côtières.

2 L'explosion urbaine

Un intense mouvement de populations tant musulmane qu'européenne se porta vers les villes principalement des zones côtières où s'épanouirent de véritables capitales portuaires (Casablanca, Alger, Tunis). En revanche, peu de grandes villes à l'intérieur, Tlemcen, Constantine (mais aussi Fès, Marrakech au Maroc), qui étaient déjà des centres importants dans la période pré-coloniale, pouvaient rivaliser avec les capitales portuaires nouvelles, qui virent leur population s'enfler encore de l'arrivée des Européens, peu désireux de s'installer à l'intérieur des pays. L'activité économique tournée vers l'extérieur, surtout la France, une plus grande sécurité, une offre d'emplois importante, furent les facteurs primordiaux de la croissance urbaine côtière. André Nouschi insiste dans un article, « Réflexion sur l'évolution du maillage urbain au Maghreb (XIXe-XIXe siècles) », sur l'importance du rôle financier de ces capitales portuaires. Alger, centre administratif et religieux, était surtout un grand port de commerce et une capitale financière avec l'installation de la Banque d'Algérie en 1851. Alger devint ainsi la plus grosse place financière du Maghreb dans les dernières décennies de la colonisation. Son activité dépassait les limites de l'Algérie : même Tunis était sous la dépendance d'Alger, la Banque de l'Algérie devenant banque d'émission pour la Tunisie en 1907.

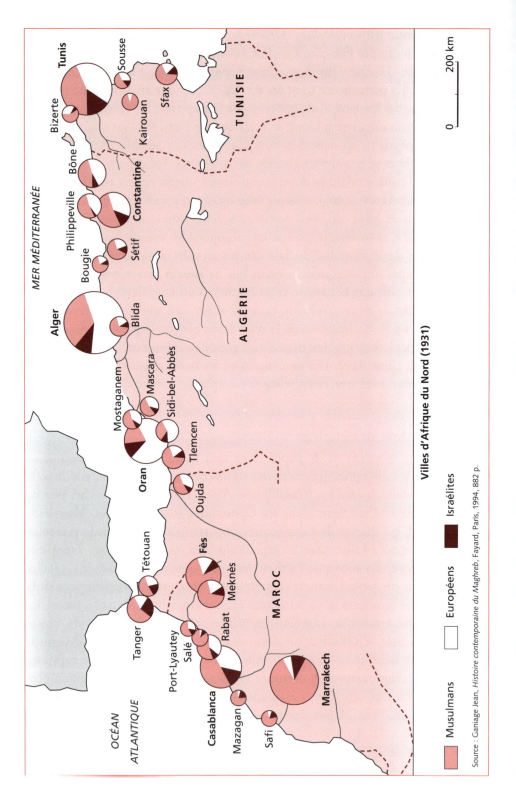

On assista à l'explosion des grandes villes en Algérie, comme en Tunisie et au Maroc plus tard. La population d'Alger passa d'un peu plus de 100 000 habitants en 1891 à 214 920 en 1926. La crise de 1929 accentua ce phénomène dans les trois pays. Tunis passa de 112 000 habitants à 142 000 en 1936 et à 397 000 en 1956. En 1975, elle comptait 878 000 habitants, dont 100 000 personnes installées d'une façon précaire, dans ce que l'on appela, à partir de 1930, des *gourbis-villes* ou « bidonvilles » face à la Médina, elle-même séparée de la ville européenne. C'étaient des villes multiples : une ville nouvelle en effet, habitée par les Européens, doublait et souvent entourait la ville ancienne musulmane, la Médina. Encerclant ces deux villes, de nouveaux quartiers, souvent en *doub*• ou en tôle ondulée, abritaient les nouveaux venus de la campagne ou de la montagne chassés par la misère. Les *haras* (quartiers juifs), en Tunisie et en Algérie, ou les *mellah*, au Maroc, connurent un double mouvement de population : l'un qui vidait les petits centres juifs de la campagne ou de la montagne vers la ville, et un autre qui attirait vers les quartiers européens les Juifs aisés de ces quartiers. Casablanca, capitale économique du Maroc dont l'évolution a été parfaitement étudiée par A. Adam [109] illustre cette évolution d'une ville-champignon typique. À la fin du XIXe siècle, elle n'abritait encore que 20 500 habitants ; elle n'atteignait pas 100 000 habitants en 1921, mais, en 1936, cette population avait été multipliée par 2,5 et, en 1950, elle s'approchait d'un million d'habitants (965 000). En même temps, s'accentuait la tension entre les différents groupes confessionnels, musulmans, juifs et chrétiens. Soulignons que la répartition de la population par groupes confessionnels était essentielle : une véritable ségrégation urbaine séparait géographiquement les quartiers selon la dominante confessionnelle sans qu'il y eût à proprement parler d'*apartheid* imposé. La répartition selon les confessions et la progression de chaque groupe rend compte d'un certain nombre de tensions dans la société du Maghreb pendant la période coloniale. En effet, les minorités non musulmanes regardaient avec effroi l'expansion démographique musulmane, visible surtout autour des villes européennes, menacées par la « submersion » selon les colons. Une exception : Oran qui restait une ville majoritairement européenne. En 1921, 100 000 Français, plus 28 637 étrangers, dominaient numériquement les 68 072 musulmans. Cette « anomalie » trouvait son explication dans l'exode des Musulmans de la ville d'Oran, qui avaient fui les « chrétiens » au début de la conquête française. Pendant la Seconde Guerre mondiale, les villes du Maghreb connurent un énorme afflux de population, essentiellement des ruraux, attirés par l'espoir d'une vie meilleure en ville et

---

• **doub** : brique d'argile et de paille, torchis.

formant un prolétariat urbain misérable qui contribuera à dégrader aux yeux des Européens l'image de l'« indigène ».

L'accélération de l'urbanisation dans les trois pays, entre 1930 et 1955, accentua les problèmes de logement, d'édilité, d'adduction d'eau et d'électricité, et d'offres d'écoles et d'emploi qui paraissaient insurmontables avec la trop forte expansion démographique. La ségrégation urbaine se renforça. Les Européens en faible nombre qui, au début de la colonisation, n'avaient pas craint de s'installer en *médina* (ville arabe initiale) en sortirent. Des « villes européennes » à l'architecture occidentale mêlée, au début, de références maghrébines dans la décoration architecturale, étalaient fièrement leurs imposants centres administratifs. Remarquons que, peu à peu, parallèlement à une séparation géographique grandissante entre les Européens et la population autochtone, les bâtiments abandonnèrent le style néo-mauresque : plus de tours-minarets sur les bâtiments administratifs, plus d'arcades et de décors orientaux. Dès 1930, un style épuré, moderne, s'impose, évoquant une colonisation fière d'elle, se donnant en modèle exclusif. Le racisme se renforçait des différences sociales et de la séparation croissante des groupes ethnoconfessionels. Arrivant de France, des Français s'étonnaient de la séparation des groupes confessionnels telle qu'elle se voyait jusque sur les bancs des squares et jardins qu'affectionnaient les autochtones et qu'évitaient les Européens soucieux de ne pas approcher un « indigène », même s'il était vêtu d'un magnifique burnous d'une blancheur éclatante. Le racisme s'accentua tout au long de la colonisation.

À l'écart de cette ville, s'installèrent sur des terrains non viabilisés, des tentes, des *gourbis*, puis des petites bâtisses en dur, comportant une chambre par famille, dont l'ensemble forma les fameux « *gourbi-villes* », mais que les Européens d'Afrique du Nord voulaient ignorer. De même, les *médinas* furent de moins en moins fréquentées, même pour de simples courses au *souk**, par les dernières générations de la colonisation, désormais moins sensibles au charme de ces lieux qu'à leur hygiène relative, leurs odeurs trop épicées, et surtout à la crainte qu'elles inspiraient dans le climat de plus en plus tendu de la fin de la colonisation.

Les Européens, majoritairement des urbains, quitteront progressivement le Maroc et la Tunisie après 1956, brutalement l'Algérie en 1962. Les vides occasionnés par ces départs, vite comblés par l'arrivée massive de nationaux, gonfleront la population urbaine qui, de 1916 à 1964, passera de 11 à 23 % de la population totale en Tunisie et au Maroc, et de 18 à 23 % en Algérie.

* P. 23

La population des villes d'Algérie et de Tunisie en 1931

	Européens et Israélites	Musulmans		Total
Algérie				
Alger et banlieue	223 658 (1)	112 920	(33, 5 %)	336 578
Oran et banlieue	135 799 (2)	36 667	(21, 2 %)	172 466
Constantine	51 142 (3)	53 760	(51, 2 %)	104 902
Bône	38 064	30 714	(44, 6 %)	68 778
Philippeville	23 773	23 977	(50, 2 %)	47 750
Tlemcen	12 164	33 896	(73, 6 %)	46 060
Sidi-bel-Abbès	30 497	15 405	(33, 5 %)	45 902
Blida	11 465	27 906	(70, 9 %)	39 371
Sétif	12 300	24953	(67, 0 %)	37 253
Mascara	14 401	17 048	(54, 2 %)	31 449
Mostaganem	13 316	15 041	(53, 0 %)	28 357
Bougie	5 836	19 425	(76, 9 %)	25 261
Tunisie				
Tunis et banlieue	131 247 (4)	102 873	(43, 9 %)	234 120
Sfax	11 235	28 734	(71, 9 %)	39 969
Sousse	12 026	13 298	(52, 5 %)	25 324
Bizerte	9 221	13 985	(60, 2 %)	23 206
Kairouan	1030	20 502	(95, 2 %)	21 532

Dont Israélites : (1) environ 7 % ; (2) 11 à 12 % ; (3) 12 à 13 %. À Tunis (4), 36 000 Juifs environ (15 % de la population)

La population des villes marocaines en 1930-1931

	Européens	Israélites	Musulmans	Total
Marrakech	8 481	21 607	165 304 (84, 5 %)	195 122
Casablanca	57 478	19 960	85 670 (52, 5 %)	163 108
Fès	13 797	7 826	90 840 (80, 7 %)	112 463
Meknès	12 460	7 745	36 799 (64, 5 %)	57 004
Rabat	22 832	4 218	28 298 (51, 1 %)	55 348
Oujda	11 788	1 890	16 472 (54, 6 %)	30 150
Safi	1 632	3 285	21 284 (81, 2 %)	26 201
Salé	1 350	2 387	22 203 (85, 5 %)	25 940
Port-Lyautey	7 765	365	13 021 (61, 5 %)	21 151
Mazagan	2 072	3 288	15 474 (74, 2 %)	20 834
Tanger	12 000	13 000	35 000 env.	60 000
Tétouan	9 000	7 000	19 000 env.	35 000

III. À la campagne, une société mise en mouvement : l'exemple de la Kabylie

Avant la colonisation, la répartition de la population rurale était aberrante puisque les zones les plus peuplées étaient les régions montagneuses, zones refuges lors des invasions (en Kabylie, la densité pouvait atteindre 200 habitants par km^2, 30 habitants par km^2 dans le Rif ou le Moyen Atlas). L'attrait intense des zones de colonisation, en plaine littorale surtout, bouleversa cette répartition des peuplements ruraux. Ainsi, les plaines du Sebou et de la Triffa au Maroc, d'Oranie, de la Mitidja, de Bône en Algérie, de la Medjerda en Tunisie, très fertiles, mais nécessitant des travaux d'assainissement, réclamaient une forte main-d'œuvre pour les cultures spécialisées de la vigne, des primeurs, des agrumes et, combinant leur attrait avec celui des villes côtières, amenèrent les Berbères à descendre de leurs montagnes. On peut citer aussi les déplacements de petits groupes de commerçants ou colporteurs : Mozabites en Algérie, Djerbiens en Tunisie, Soussis et Fassi au Maroc dont les migrations entraînèrent, souligne Samir Amin [4, p. 32], « une deuxième vague d'arabisation du Maghreb », les migrants perdant leurs traditions berbères, et acquérant l'usage de l'arabe et d'un savoir français.

1 Les facteurs de l'émigration

a. La ruine des activités locales

L'émigration des Algériens débuta avant la Première Guerre mondiale. La première émigration, essentiellement kabyle, s'étend de 1880 à la Première Guerre mondiale en relation avec la ruine des activités locales et la surcharge démographique des montagnes.

Jean Morizot insiste pourtant sur la stabilité de la société kabyle travailleuse [84, p. 49 et p. 87], attachée à ses hautes terres qu'elle refuse à tout prix de vendre jusqu'au moment où les nombreuses activités artisanales subirent, à partir de 1880, la concurrence des articles produits par l'industrie européenne et importés plus facilement du fait de l'ouverture des routes. Les armuriers, fileurs et tisserands de laine, fabricants d'objets usuels en bois ou métal, orfèvres, potiers, teinturiers, fabricants d'huile d'olive ou de savon montraient une grande habilité. « Ainsi, les burnous de laine fine des Beni Abbès étaient particulièrement côtés à Constantine ; il s'en exportait jusqu'au Maroc et en Tunisie », de même que les armes fabriquées par les Aït Yenni chez qui les armuriers orfèvres travaillaient l'ivoire, le corail, les métaux. Certains écoulaient eux-mêmes leurs produits par le colportage qui représentait « une industrie nationale » chez les Zouaoua : « Leur seule tribu mettait en mouvement chaque année 6 000 colporteurs qui allaient échanger à grande distance les produits de leur industrie contre les matières premières dont ils avaient besoin : fer, cuivre, étain » [84, p. 53]. La Haute Kabylie exportait même de la toile de lin et des vêtements confectionnés, des ustensiles de ménage en bois, des poteries, de la bijouterie (y compris de la fausse monnaie), des armes. Elle importait des céréales, de la viande de boucherie, des tissus, des bêtes de travail – bœufs de labours, mulets. Toutes ces activités furent frappées de plein fouet par la concurrence occidentale, provoquant la ruine des marchands et artisans, ce qui décupla l'hostilité contre les Français. Ce fut l'une des causes de l'exode de Tlemcen de 1911. Le déclassement résultant de la concurrence économique subie par beaucoup de métiers fut rendu responsable de l'attitude de révolte de ceux qui animèrent, peu après la Première Guerre, un mouvement de revendication nationale. « Ce n'est pas un hasard si Messali est issu de la petite bourgeoisie artisanale de Tlemcen, […] comme Ben Badis de la grande bourgeoisie foncière de Constantine. Ces milieux que l'évolution condamnait à plus ou moins longue échéance ont évidemment eu le sentiment d'avoir été les victimes de la présence française » [84, p. 81].

b. L'ouverture des routes
Même les centres éloignés des montagnes et du Sud, restés longtemps à l'écart de la colonisation et de ses effets, furent, dès la Première Guerre mondiale, ouverts à la concurrence des produits occidentaux, qu'apportaient les cars et les camions sillonnant les routes. La France avait elle-même connu ce phénomène, cinquante ans auparavant. Par ailleurs, le développement des moyens de transport ruina les activités des colporteurs qui disparurent peu à peu, remplacés par des boutiques installées dans les petites villes. De véritables chaînes de petits magasins tenus par des Kabyles, des Mozabites, des Chaouias, des Juifs s'implantèrent, constituant des maillons solidaires entre eux et défensifs contre les autres groupes. Le mouvement « kabylisa » bientôt certaines villes et Alger. Ainsi les campagnes environnantes peuplèrent peu à peu les villes nouvelles, les « *gourbis-villes* », mais les liens entre ces néo-citadins et les villages montagnards d'origine restèrent très forts. On s'y retrouvait régulièrement, on s'y mariait, on y laissait femme et enfants, on s'y faisait enterrer.

c. La misère due à la dépossession foncière et à la croissance démographique
La mobilité de cette population facilita les départs quand, à la fin du XIXe siècle, la concurrence se fit trop forte sur l'artisanat et que l'affaiblissement de l'économie agricole et de la société traditionnelle, sous l'effet de la colonisation, poussa à l'émigration. Les départs furent provoqués par une

nécessité impérative, celle de nourrir les familles. Les multiples lois foncières, tendant à libérer les terres des contraintes tribales pour les rendre accessibles aux acquéreurs étrangers, avaient bouleversé l'économie et la société. L'individualisation de la propriété, après le cantonnement et le refoulement auxquels s'étaient ajoutés les différents séquestres après les soulèvements, avait abouti à une dépossession foncière progressive des *fellahs* et à la ruine de l'économie rurale. Ainsi, les séquestres collectifs, après le soulèvement de 1871, privèrent-ils des terres les plus riches, situées en contrebas des villages de la montagne kabyle, les populations montagnardes qui fournirent les premiers contingents d'émigrés. De la même façon, les éleveurs de moutons, privés de leurs terrains de parcours ou les *fellahs* de leurs jachères considérées comme « terres incultes », ne pouvaient plus tirer de nourriture de leur activité agricole. La monoculture céréalière de subsistance, pratiquée sur des terres de moins en moins étendues, de moins en moins fertiles du fait de leur surexploitation, connut une baisse significative des rendements, déjà peu élevés au départ (en 1876 on obtenait en moyenne 6,1 quintaux de céréales à l'hectare, : 4,3 quintaux en 1886 et 3,24 seulement en 1911) [58, p. 28].

La population musulmane augmentant très fortement (+ 43 % de 1881 à 1911), la ration alimentaire annuelle, qui était d'environ 2,15 quintaux de céréales vers 1901, tomba à 1,87 en 1906 et à 1,75 en 1911. De même, en 1887, on comptait 30 ovins par habitant, et seulement : 0,20 en 1910. Le spectre de la famine était toujours présent.

d. La monétarisation
L'introduction de l'économie monétaire, non seulement pour le paiement de l'impôt, mais aussi pour l'achat des produits comme le thé, sur le point de devenir la boisson nationale, le sucre dont on ne pouvait plus se passer, ainsi que le savon qu'on négligeait de produire sur place, rendit nécessaire la vente des produits locaux, de la terre elle-même et du cheptel. Les ventes, à vil prix, souvent par méconnaissance de la valeur réelle de la monnaie, appauvrissaient les *fellahs*. La nécessité, pour rembourser les dettes, de vendre la récolte dès la moisson, c'est-à-dire aux cours les plus bas, et d'acheter des semences au moment crucial de la soudure, quand les prix arrivaient à des sommets, ne permettaient pas aux *fellahs* de sortir de la misère et de l'endettement. De plus, la ruine des secteurs artisanaux faisait perdre les compléments de ressources dans les petits villages, frappés aussi par la baisse des rendements agricoles. L'argent vite dépensé, il ne restait à ces paysans ruinés qu'à aller se louer comme ouvriers agricoles ou à fuir vers la ville. On assista alors à la formation d'un prolétariat agricole, travaillant sur les grandes propriétés issues de la concentration foncière des terres céréalières ou des vignobles. La grande Kabylie, « inépuisable réservoir d'hommes » fournit

cette main-d'œuvre que les Européens, de plus en plus attirés par les villes, ne pouvaient assurer. Les Kabyles s'employèrent, dès 1846, dans les exploitations européennes comme métayers, moissonneurs, faucheurs, pasteurs ; venus en célibataires pour un temps, ils mirent en valeur la Mitidja. Cette main-d'œuvre très recherchée, concurremment aux étrangers venus du Maroc, était payée cher. Sous le Second Empire, le salaire d'un ouvrier agricole, employé temporairement il est vrai, était de 5 francs alors qu'en France il n'atteignait même pas 3,50 F pour un ouvrier d'industrie. De même, à la fin du XIXe siècle, les besoins saisonniers de la grande propriété viticole dans la région littorale maintenaient les salaires élevés. Les Zaouawas cherchèrent aussi, en dehors de leurs montagnes surpeuplées, des compléments de ressources, en s'engageant comme soldats ; ils fournirent à l'armée française les premiers contingents indigènes qui formèrent les célèbres *zouaves*.

2 La noria des immigrants kabyles en France

Déjà avant, mais surtout après la Première Guerre mondiale, sous l'empire du besoin de main-d'œuvre, l'émigration se fit outre-Méditerranée. En 1912, on évalue à environ 4 ou 5 000 les émigrés algériens en France : à Marseille, les Kabyles fournissaient des dockers, des manœuvres dans les huileries et savonneries ; à Paris, un certain nombre se faisait embaucher dans les industries de la ville et de ses environs : industries automobiles, chimiques, ateliers divers… C'étaient des célibataires, un par famille, choisi pour le sacrifice d'un exil de six mois. Une sorte de « noria• » fit ainsi se succéder les garçons du village. La multitude des allées et venues rend vaine toute statistique véritable sur le nombre des individus. Certains d'entre eux choisirent de s'établir en France assez longtemps et se portèrent acquéreurs, à plusieurs, de cafés-hôtels qui servirent de points d'ancrage pour autant d'émigrants kabyles. Les jeunes d'un même village trouvaient là, chez un « *pays* », un logement à six ou huit dans une chambre, des adresses pour trouver du travail. Soumis au contrôle social des leurs, parents et amis, ces premiers émigrés étaient bien considérés par leur patron pour leur sérieux, leur discipline et leur docilité. Ainsi, des milliers de montagnards et paysans algériens furent transformés en ouvriers des villes ou en mineurs confrontés à un rythme de vie nouveau, minuté.

• **Noria :** roue à eau.

IV. Les bouleversements cultuels

1 L'Islam officiel

La relation de l'administration coloniale au culte musulman fut l'illustration de la politique coloniale d'assujettissement. Alors que la Convention de 1830 proclamait la liberté de religion en Algérie, très vite les autorités françaises voulurent contrôler le culte musulman à l'égard duquel elles ressentaient au mieux de l'indifférence, au pire de la méfiance, voire de l'hostilité pour ce qu'elles qualifiaient de « fanatisme ». La confrontation entre les anti-cléricaux et l'Église chrétienne, qui eut lieu à la même période que le début de la colonisation, fut transposée en Algérie face à la question de la liberté du culte musulman.

La confiscation des biens *habous* dès 1830, désormais gérés par le Domaine, entraîna des rapports difficiles entre l'Administration et les Musulmans. Une grande partie de ces biens fut vendue pour soutenir la colonisation [64, t. 2, p. 168-169]. Rappelons que les revenus des biens *habous* devaient être employés à l'entretien des mosquées, au fonctionnement des écoles coraniques et à toute autre dépense nécessaire au bon fonctionnement du culte musulman. Leur confiscation montre la méconnaissance par les autorités françaises de ce qu'était la propriété en terre d'Islam. En 1851, afin de pallier la perte des ressources engendrées par la confiscation des biens *habous*, un arrêté permit de rattacher les dépenses du culte musulman au budget provincial et d'organiser le clergé musulman en deux groupes rémunérés : le personnel supérieur (les *muphti*• et les *imam**) et le personnel inférieur (notamment les *muezzins*•). Ce furent essentiellement les revenus des biens *habous* gérés par l'administration coloniale qui permirent de subvenir à ces dépenses [43, t. 1, p. 499]. Cette disposition donna naissance à un clergé musulman (alors que l'Islam ne connaît pas de clergé), organisé et payé par l'administration coloniale : elle seule avait le pouvoir de nommer les représentants du culte musulman. La confiscation des *habous* provoqua également des difficultés financières dans les écoles coraniques, que l'Administration chercha de toute façon à limiter. De plus, la volonté de contrôle sur les Musulmans dont la religion pouvait représenter un contre-pouvoir, poussa l'Administration à soumettre à des autorisations préalables les manifestations religieuses (fêtes, pèlerinage à la Mecque), souvent même interdites dans le cadre de la législation sur la liberté de circuler... La liberté de pratiquer le culte musulman dépendait en fait de la bonne volonté de chaque gouverneur. Ces décisions vont firent naître un « Islam officiel » en Algérie. La question de l'indépendance du culte musulman rejoint celle de la surveillance étroite des écoles coraniques, et de la restriction de l'enseignement de la langue

* P. 97

arabe, car l'Islam et la langue arabe étaient « considérés comme les supports d'un nationalisme que les autorités [combattaient] vigoureusement » [47, p. 17]. Ainsi, sous le gouverneur Albert Grévy, une véritable persécution s'abattit sur les écoles de *zawiya** à la demande des élus et colons algériens. Les écoles coraniques n'étaient accessibles aux enfants qu'en dehors des heures de classe des écoles françaises.

* P. 19

Mais, alors que la séparation de l'Église et de l'État était proclamée en France en 1905, ce principe resta inappliqué en Algérie du fait de problèmes spécifiques liés à l'Islam. On dut prendre des mesures spéciales. L'article 11 du décret du 27 septembre 1907 énonça ainsi que « dans un intérêt public et national, des indemnités temporaires peuvent être accordées aux ministres du culte musulman désignés par le Gouverneur général et qui exercent le culte public en se conformant aux prescriptions réglementaires ». Le budget de la colonie permit de rémunérer ces représentants et de participer à la construction, à l'entretien d'édifices musulmans et au financement du pèlerinage de la Mecque. La mainmise sur le culte musulman s'accentua dans les années trente par la création d'un Comité consultatif du culte musulman dans chacun des trois départements algériens tandis qu'un arrêté préfectoral restreignait la liberté de parole dans les mosquées aux seuls représentants officiels du culte. Ces décisions devaient empêcher l'influence des *ouléma** réformistes (dont le mouvement fut créé officiellement en 1931) de s'accroître en fermant les tribunes qu'ils trouvaient dans les mosquées. De plus, les autorités coloniales eurent « recours à des associations cultuelles fictives, créées de toutes pièces par l'administration et strictement contrôlées, voire infiltrées par la police, au niveau des trois préfectures algériennes, pour leur permettre de toucher les subventions administratives » [177, p. 80].

* P. 25

L'article 56 du Statut de 1947 affirmera le principe d'indépendance du culte musulman et donnera pouvoir à l'Assemblée algérienne d'appliquer ce principe ; mais ce n'est qu'en 1953 qu'un projet, présenté par le rapporteur Mesbah, sera adopté à l'Assemblée ; il sera tout de suite enterré à la suite d'un avis défavorable du Conseil d'État.

Les différents mouvements nationalistes algériens, essentiellement le mouvement des *ouléma* réformistes, ne cessèrent de combattre cet islam officiel, de réclamer la séparation de l'Islam et de l'État et de défendre l'enseignement de la langue arabe.

• **Muphti** : jurisconsulte en général attaché à une mosquée.

• **Muezzin (ou mu'adhdhin)** : personne qui appelle les fidèles à la prière.

2 Les relations avec les confréries

L'Algérie rurale « regorgeait de *zawiya* dont la vitalité d'antan ne paraissait pas tarie » [64, p. 172]. De nouvelles *zawiya* remplacèrent celles qui avaient été fermées ; certaines furent même créées *ex nihilo*, formant de véritables monastères, centres de piété qui jouaient un rôle social et surtout culturel important. Ainsi, sur les 349 recensées par l'Administration en 1895, une centaine instruisait quelque 2 000 *tolba*• (étudiants). « Le maraboutisme n'avait rien perdu de son emprise sur les masses rurales et les santons locaux pullulaient » [64, p. 172]. Les grandes *zawiya*, comme celles des Rahmaniyya à El Homl ou celles des Tidjaniyya à Aïn Mahdi, connaissaient une grande prospérité.

L'administration française à la fois s'appuyait sur elles et s'en méfiait à juste titre. Elles formaient ainsi tout un réseau de surveillance du pays, mais elles finirent de ce fait par perdre du crédit auprès des populations. La Sanussya en est l'exemple le plus frappant. Elle fut la cible de véritables persécutions, selon l'expression de Ch.-A. Julien. Malgré la faiblesse de ses effectifs en Algérie, mais en raison de ses ramifications et de sa renommée internationale, de nombreuses insurrections lui furent imputées, comme celle de Bou 'Amane en 1881.

À la veille de la guerre de 1914, un malaise régnait en Algérie, dû à la pression fiscale toujours plus grande. De plus, depuis 1908, le projet d'augmenter la conscription des Musulmans provoquait des résistances. Les départs de ceux qui ne voulaient plus vivre avec les chrétiens augmentaient vers le Moyen-Orient et non plus vers le Maroc, comme cela se produisit lors de l'exode de Tlemcen de 1911.

• **Tolba : pluriel de Tâlib :** étudiants.

Chapitre 8

La Tunisie 1883-1918

I. Le Résident et le fonctionnement du protectorat

Le Résident général, haut fonctionnaire français, placé par la France auprès du *bey* dirigeait la politique extérieure de la Tunisie. De plus, il réunissait entre ses mains tous les pouvoirs, et ce sans contrôle. En effet, la Tunisie dépendait du ministère des Affaires étrangères et échappait au contrôle du Parlement français, mais aussi à celui des autorités locales (même françaises) qui n'avaient aucune représentativité élective. Pas plus que les Tunisiens, les Français, censés représenter l'idéal du citoyen, ne jouissaient d'aucun droit politique. Le pouvoir absolu du Résident général représentait aux yeux de l'historien Pierre Hubac un « retour en arrière » [167, p. 99]. « L'absolutisme beylical avait été tempéré, écrit-il, par la désobéissance chronique, les soulèvements de tribus, les séditions de la pègre citadine, les révoltes des mercenaires. Le paternalisme du protectorat […] a perverti même les Français […] qui prennent l'habitude d'abandonner leurs droits civiques en échange de menus avantages. L'acceptation d'un régime despotique par un citoyen né libre et accoutumé à la liberté, moyennant un plat de lentilles en supplément, est une manière de déchéance […]. » Par ailleurs, ayant autorité sur le général commandant les troupes en Tunisie, sur le vice-amiral et préfet maritime, le Résident disposait de la force armée de terre et de mer. Il présidait le conseil des ministres qui réunissait tous les chefs de services techniques et administratifs, tous français, (directeur de l'instruction publique, de l'office des postes, des travaux publics… etc.). Toute la gestion administrative, politique et économique du pays passait donc sous autorité française. Seuls les services indigènes de nature religieuse y échappaient.

II. Le Bey et les structures administratives

*P. 15, 55, 19

Le souverain conservait une autorité fictive. Il gardait auprès de lui un gouvernement formé de trois ministres seulement : le Premier ministre, le ministre de la Justice tunisienne, créée en 1921, Garde des sceaux, et le ministre de la Plume. Son autorité sur l'administration locale formée d'une hiérarchie de *caïd**, *khalifa** et de *cheikh** était préservée dans un premier temps, mais bientôt les *caïda* virent leur nombre se réduire et les *caïd* passer sous le contrôle des contrôleurs civils français. Un Secrétaire général du gouvernement tunisien devait jouer le rôle de courroie de transmission, créée par les Français, entre le Résident et le *bey*. Celui-ci perdait l'initiative des lois qui appartenait désormais au Résident général, mais il conservait un droit de veto. Ainsi les décrets beylicaux devaient-ils, pour être promulgués, recevoir le sceau de son Altesse le *bey*• et le visa du Résident général.

Restaient comme obstacle à la domination française les Capitulations qui protégeaient toujours les intérêts des ressortissants étrangers, et en particulier leurs droits juridiques et économiques, ainsi que la Commission financière internationale chargée de la gestion de la dette et des revenus de la Régence. « Le gouvernement tunisien ne peut pas contracter un emprunt, faire une réforme, modifier un impôt, décider un travail public sans son accord préalable. » L'annexion paraissait le seul moyen de supprimer par simple décret ces deux obstacles à la domination française. Capitulations et Commission financière internationale disparurent après la défaite des Puissances centrales en 1918.

En 1896, une Conférence consultative fut créée, à l'initiative du Résident Pichon, représentant enfin la colonie française (une section tunisienne ne lui sera adjointe que l'année suivante). Cette assemblée, qui ne représentait que des intérêts privés commerciaux et agricoles, fut remplacée en 1922 par le Grand Conseil de Tunisie, présidé par le Résident qui lui soumettait les projets de budget annuel de l'État tunisien. Uniquement consultative, cette assemblée « parodie de parlement », était composée de deux sections qui donnaient leur avis sur les décisions budgétaires. Le résultat de cette évolution fut l'existence, à tous les niveaux, d'une double structure politique et administrative, dont le poids financier pesa sur le budget et la fiscalité supportée par les Tunisiens. Même si les notables tunisiens, civils ou religieux, conservaient leur place dans l'administration locale, à la grande Mosquée, dans les tribunaux du *Chraä*•, les autochtones instruits se sentaient écartés de la gestion de leur pays, ce qu'ils commencèrent à dénoncer dès les années 1890. Ils aspiraient à bénéficier de la politique scolaire du protectorat afin, pensaient-ils, de pouvoir légitimement prétendre à participer à la nouvelle administration de leur pays. Ce fut une revendication essentielle des « Jeunes-Tunisiens », conscients que la maîtrise de la langue française et la connaissance des mécanismes politiques et économiques étaient indispensables pour arriver à sortir de leur situation de dominés.

III. Les problèmes démographiques. Les Italiens

La Tunisie allait-elle devenir une région française comme l'Algérie ? Le problème de la composition de la population et de la prédominance numérique des Italiens pouvait en faire douter, d'autant plus que cette population italienne jouissait d'un statut particulier établi par la Convention de 1896 qui énonçait que les ressortissants de la péninsule restaient soumis au droit italien, qu'ils échappaient à la peine de mort, qu'ils avaient des assesseurs nationaux dans les tribunaux ; cette situation exceptionnelle, qui était une des originalités du protectorat, resta valable jusqu'en 1926. Inversement, les autres puissances européennes avaient totalement cédé devant la France. Il faut souligner, dans ce contexte, le rôle du cardinal Lavigerie, en faveur de la prépondérance française, en particulier par son action scolaire. Ce religieux fonda le seul établissement secondaire de Tunisie, le collège Saint-Charles, plus connu plus tard sous le nom de lycée Carnot.

Au moment de l'instauration du Protectorat, les chiffres concernant la population européenne ne sont pas totalement fiables en raison de l'absence de recensement officiel, dont le premier n'eut lieu qu'en 1906. Cependant, si les chiffres peuvent être contestés, la domination démographique des Italiens est irréfutable [160, p. 99].

Or, on sait combien la question démographique affecte inévitablement l'exercice du pouvoir. On comprend donc que le but de l'administration française était de renverser les données en favorisant, par les naturalisations en particulier, le poids des Français.

L'équilibre entre les deux composantes du peuplement européen ne sera atteint qu'en 1931, même si les naturalisations, en augmentant le nombre de

---

• **bey** : représentant du *dey* d'Alger (terme turc).   • **charâa ou chraä ou shraa** : vient de *shari'a*. même signification que *shari'a*.

	Français	Italiens
1881	700	11 200
1891	10 000	21 000
1896	16 000	55 000
1901	24 000	55 000
1906	34 000	81 000
1911	46 000	88 000
1921	54 476	85 000
1926	71 000	89 000
1931	91 450	91 200
1936	108 000	94 300

Français, faussaient le jeu de l'évolution normale. De plus, en raison des difficultés économiques de la péninsule, l'immigration italienne était constante. Cette main-d'œuvre nombreuse et bon marché occupait surtout les métiers du bâtiment ou de l'artisanat. Dans toutes ces professions, leur position était généralement subalterne par rapport à celle des Français. « 42 % des Italiens travaillaient dans le bâtiment. Venaient ensuite les marins et les pêcheurs (près de 10 %), les négociants, commerçants et leurs employés (moins de 8 %), les meuniers, boulangers et fabricants de pâtes (5 %). Au total, 88 % des Italiens exerçaient des métiers manuels. » (Jean Ganiage).

Les travailleurs italiens lancèrent un mouvement revendicatif ouvrier, ce qui a fait dire à Claude Liauzu que « les Italiens contribuèrent fortement à créer en Tunisie le fait social, luttant dès 1905 pour la formation de syndicats […] sans distinction de race, de couleur, de nationalité […] » [170, p. 952]. Cette proximité de conditions de vie faisait que les Tunisiens avaient plus de contact avec les Italiens qu'avec les Français, comme en Algérie les Espagnols avec les autochtones.

L'arrivée au pouvoir du fascisme, en 1921, eut de graves répercussions sur les relations entre le protectorat et la communauté italienne de Tunisie. Mussolini mit la main sur les organisations, les associations et institutions (clubs de sport, associations culturelles, syndicats…) de la communauté italienne pour en faire le relais de l'idéologie fasciste et répandre l'idée que le protectorat résultait d'une usurpation française. Les relations italo-françaises se détériorèrent à la fin des années Trente, provoquant un boycott de la main-d'œuvre italienne par les patrons français.

Le choix de la naturalisation qui leur était proposé permettait à la fois de rééquilibrer la démographie des Européens et de faire échapper à la misère la main-d'œuvre italienne boycottée. Un certain nombre de textes de naturalisation furent pris dans ce sens. Ce furent d'abord les décrets de 1922 qui modifièrent les conditions d'accession à la nationalité française en l'accordant automatiquement à toute personne née en Tunisie de parents non-tunisiens nés en Tunisie... La défaite de l'Italie accentua leurs difficultés économiques et les autorités françaises organisèrent, dès 1944, le rachat des propriétés italiennes par des Français.

Cependant, en raison de la Convention de 1896, l'acquisition automatique de la nationalité française par naissance sur le sol tunisien n'était pas applicable aux Italiens ; ce furent donc les Maltais et les Espagnols qui profitèrent principalement de ces dispositions. Ce n'est qu'à la fin de la Seconde Guerre mondiale, le « péril italien » ayant disparu, que l'on abandonna le procédé de naturalisation massive et que l'on traita les demandes au cas par cas.

IV. Les naturalisations de Juifs et de Musulmans

La question de la naturalisation de la population autochtone se posait dans le cadre de la politique française d'assimilation. On écarta d'emblée la possibilité d'utiliser le décret Crémieux pour les Juifs de Tunisie, étant donné les difficultés que ce décret avait soulevées en Algérie. Les colons redoutaient l'impact des lois de naturalisation qui permettraient aux Juifs de participer au partage des privilèges coloniaux. Une loi avait permis aux Musulmans de demander la nationalité française dès 1899, à condition d'avoir rendu des services exceptionnels à la France. La naturalisation des Juifs prit plus de temps. En effet, les conditions posées par le décret de 1899 ne pouvaient pas être remplies par les Juifs, car ceux-ci n'étaient pas admis à s'engager dans l'armée et étaient exclus des emplois rétribués par le Trésor français. Un décret présidentiel du 3 octobre 1910 modifia la réglementation de la naturalisation française en précisant les conditions d'accès à la nationalité française des sujets tunisiens et permit ainsi la naturalisation des Tunisiens israélites qui le désiraient. Pouvaient donc être naturalisés français les Tunisiens ayant au moins 21 ans accomplis, sachant parler et écrire la langue française et remplissant l'une des conditions suivantes :
– avoir été admis à contracter ou ayant accompli un engagement volontaire dans les armées de terre et de mer ;
– ou n'ayant pas pu remplir la condition précédente, avoir : soit obtenu un des diplômes énumérés par le décret, soit épousé une Française avec laquelle ils avaient eu des enfants, soit rendu à la France des services exceptionnels.

Le nombre de naturalisations ne pouvait être très élevé. Ainsi, pour la population juive, 93 personnes seulement obtinrent la nationalité française entre 1911 et 1914. Il fallut attendre la fin de la Première Guerre mondiale et une nouvelle modification de la réglementation pour voir un nombre assez conséquent de personnes y accéder. La loi du 20 décembre 1923 énonçait que toutes les personnes nées en Tunisie de parents étrangers, dont l'un était lui-même né en Tunisie, étaient de nationalité française si leurs parents ou eux-mêmes n'avaient pas décliné cette nationalité. Pour les sujets tunisiens, musulmans ou israélites, la loi assouplit les conditions de diplôme. Ainsi, les naturalisations des Tunisiens israélites connurent une très forte augmentation dès 1924 avant de baisser à partir de 1930 [175, p. 182]. On pourrait, en analysant ces chiffres, considérer que, comme le dit Charles Monchicourt [175, p. 182] : « Les naturalisations musulmanes et juives [étaient] jugées moins désirables que jadis, et par les membres des deux communautés et par le gouvernement français », mais en fait on voit que les Juifs appréciaient la possibilité qui leur était donnée de se faire naturaliser, puisqu'en 1926 il y eut 1 222 naturalisations ; la baisse des années suivantes indique bien les réticences de l'administration, désormais libérée de la crainte de la submersion par les Italiens.

Néanmoins, on ne peut sous-estimer la peur de la déjudaïsation ou de la désislamisation par la naturalisation dans les communautés concernées. Les naturalisés étaient considérés comme ayant renoncé à leur religion par leurs coreligionnaires. Plus tard, le mouvement de naturalisation sera combattu très logiquement par les nationalistes tunisiens, attachés à leur nation.

V. L'organisation de la justice civile en Tunisie

Comme en Algérie, l'organisation judiciaire tunisienne fut reprise en main par les Français dès leur arrivée. Un dualisme judiciaire fut institué avec des tribunaux aux compétences matérielles et personnelles. Le protectorat français en Tunisie, comme plus tard au Maroc, instaura une justice spéciale pour les Français afin de les soustraire à la justice musulmane. Les Français relevaient des tribunaux français, créés par la loi du 27 mars 1883, selon l'organisation judiciaire française de l'époque (justice de paix, tribunal de 1re instance, cour d'appel et cour de cassation). Ces juridictions avaient compétence en toute matière lorsqu'une des parties était française.

Les justiciables tunisiens musulmans devaient s'adresser, quant à eux, au tribunal du *charâa* dans les affaires touchant le statut personnel et les questions successorales, mais aussi dans les questions mettant en jeu des immeubles non immatriculés. La justice du *charâa* était composée de deux juridictions suivant des rites musulmans différents, le rite malékite et le rite hanéfite. Le *cadi** siège seul ou assisté d'un *muphti*.

∗ P. 31

Les Juifs, de nationalité tunisienne, devaient porter les litiges en matière de statut personnel et de successions devant une juridiction unique, le tribunal rabbinique siégeant à Tunis.

VI. Le développement économique

1 Le problème des terres

Avec le protectorat, une nouvelle économie s'installa en Tunisie qui entraîna la réorganisation de plusieurs secteurs, entre autres agricole et minier. Pour ce faire, il fallut d'abord trouver des terres de culture à offrir aux colons français. La politique foncière était étroitement liée au problème démographique ; en effet, pour attirer les Français, il était nécessaire de leur faciliter l'accession à la propriété.

Des conventions bilatérales existaient avant le protectorat dans le domaine foncier. En effet, le *bey* avait accordé la possibilité aux Européens d'acquérir des biens immeubles en Tunisie, ce qui permit à la Société marseillaise de crédit d'acheter le domaine de l'Enfida. Le mouvement s'amplifia après le protectorat, non sans poser de problèmes en raison de la confrontation du droit civil français aux particularités des conceptions de la propriété en droit musulman. Comme dans les autres pays musulmans, on distinguait deux types de terre : les terres « mortes » qui ne pouvaient pas être cultivées et les terres « vivifiées » qui se répartissaient en terres *melk**, terres *arch*• et en terres *habous**. La difficulté principale provenait des biens *habous*. Rappelons que le *habous* est un « bien de mainmorte qui, [...], a été déclaré inaliénable par son propriétaire et dont les revenus sont affectés à un usage précis, déterminé par le donateur de manière que sa fondation soit agréable à Dieu » [185]. On estime que l'institution des biens *habous* est en partie responsable du retard de l'agriculture tunisienne.

∗ P. 21
∗ P. 51

Jusqu'à la loi foncière du 1er juillet 1885, l'appropriation des terres n'était pas organisée par le pouvoir colonial. C'était une « colonisation privée » (Sebag). La loi foncière, inspirée de l'expérience australienne (*Torrens Act*), vint organiser un système d'immatriculation des terres, jusqu'alors inexistant. La

---

• 'arch : tribu.

procédure d'immatriculation consistait en l'inscription des propriétés sur un cadastre à la demande du propriétaire présumé. Cette procédure débouchait sur une introduction de la propriété telle qu'on la concevait dans le droit occidental, ce qui facilita l'appropriation par les Français des terres immatriculées. Puis le décret du 23 mai 1886 permit l'accès des colons aux terres *habous* en instaurant une jouissance contre une rente perpétuelle, l'*enzel*. Chaque texte en matière foncière était l'occasion pour le protectorat de mettre des terres à la disposition des colons, au détriment de la population autochtone. La colonisation entrait officiellement dans une nouvelle période, qui connut deux phases. Dans un premier temps, l'État français mettait la main sur des terres à travers un service administratif, puis, dans un second temps, il cherchait à attirer les colons et à allotir ces terres en offrant des facilités de paiement. Le nombre d'hectares acquis grâce à la colonisation officielle s'éleva, en 1914, à 250 000 hectares ce qui, ajouté aux terres possédées auparavant, représentait un total de 700 000 hectares appartenant à des Français. Cependant, la majorité des grandes exploitations françaises était toujours entre les mains de propriétaires absentéistes qui confiaient l'exploitation à des agriculteurs tunisiens. De nouvelles mesures furent alors prises pour faire venir des paysans français. La superficie moyenne des terres possédée par les colons français en Tunisie restait relativement élevée. Sur ces terres, ils avaient fait le choix de cultures spéculatives à haut rendement, comme le blé, la vigne ou l'olivier. Le secteur agricole se modernisa, mais il avait besoin d'infrastructures pour se développer.

2 Les infrastructures

La modernisation s'étendit alors à tous les secteurs. Il s'agissait d'abord d'organiser les moyens de transport. La construction de lignes de chemin de fer permit d'assurer le transport des marchandises et l'acheminement des extractions minières (la ligne Sfax-Gafsa pour le phosphate fut ouverte en 1899). L'infrastructure routière fut améliorée plus lentement ; elle suivait les voies de chemin de fer et ce furent près de 5 000 km de routes qui furent construits entre 1890 et 1920.

Il fallait également aménager les ports. La première étape fut la construction d'un canal qui permettait l'entrée des navires jusqu'aux abords de Tunis, puis l'amélioration du port de La Goulette. La transformation du port de Bizerte commença en 1898 ; les travaux montraient l'importance que la France accordait à ce point jugé stratégique entre le bassin occidental et le bassin oriental de la Méditerranée. Bizerte devint un véritable port de guerre pour la marine française. Tous ces équipements étaient mis en œuvre pour faciliter les échanges commerciaux des produits de l'agriculture et de l'industrie minière, qui représentaient l'essentiel de la production coloniale.

La main-d'œuvre était principalement tunisienne alors que l'administration et la direction de ces entreprises étaient aux mains des Européens, ce qui donnait à la population autochtone le sentiment d'être écartée de l'encadrement du pays.

VII. Le mouvement revendicatif « Jeunes Tunisiens » et les troubles (1911-1912)

Le mouvement revendicatif, né de la frustration des Tunisiens écartés des postes de responsabilité, fut animé par les cadres issus du nouveau système éducatif. Les premières associations de Tunisiens naquirent dans les écoles, comme le Collège Sadiki : des étudiants nationalistes en sortirent, dont Ali Bach Hamba, un avocat d'origine turque, qui fonda la Sadikia en 1905. Quelques années auparavant, en 1896, la Khaldounia avait vu le jour, en hommage à Ibn Khaldoun, fondée par Béchir Sfar, alors à la tête de la Direction des *habous*. Une nouvelle presse émergeait parallèlement au mouvement associatif, mené par un groupe d'intellectuels issus d'une classe aisée. En 1907, ces derniers s'organisèrent en un groupe, les « Jeunes-Tunisiens », et fondèrent un hebdomadaire de langue française, *Le Tunisien*. À l'arrivée du cheikh Taalbi, en 1909, le journal s'enrichit d'une édition en arabe. L'objectif des Jeunes-Tunisiens était d'être le relais des aspirations du peuple tunisien en insistant sur la nécessité de fournir une instruction à tous, de faciliter l'accès des Tunisiens à l'administration et de protéger la propriété foncière. Il n'était pas encore question de mettre fin au protectorat.

Les revendications portées par la presse et les associations éclatèrent après un incident révélateur de la tension et des fragilités qui existaient dans le pays, mais que le colonisateur ne mesurait pas suffisamment. Dans les premiers mois de 1911, les services municipaux de Tunis procédèrent à l'immatriculation du cimetière musulman de Djellaz, qu'ils considéraient comme un bien municipal. Le 7 novembre 1911, la manifestation des opposants à l'immatriculation de ce cimetière provoqua une répression sévère. Il y eut plusieurs morts. La foule se répandit dans la ville, massacrant des Européens. L'administration coloniale proclama l'état de siège, ordonna la suspension du journal *Le Tunisien* et l'expulsion de sept de ses membres. Mais à l'issue de la Première Guerre mondiale allait s'ouvrir une nouvelle ère de revendications.

Une véritable politique d'éducation pour les Tunisiens

En Tunisie, l'Administration se vante à tout prix de travaux publics effectués et d'excédents budgétaires économisés. Personne ne nie l'existence de ces excédents budgétaires ni que des routes ont été ouvertes et que des chemins de fer ont été construits. Mais c'est au point de vue de notre population que nous nous plaçons. Cette politique économique et matérialiste est-elle compatible avec l'état intellectuel et matériel du peuple ? A-t-elle été entreprise dans son intérêt ? En a-t-il profité ? [...]. Les indigènes paient des impôts qui leur sont spéciaux et des impôts communs avec les Européens, et ces impôts sont en disproportion avec leur état de fortune. [...] Dans les assemblées où se discutent les budgets fournis en majeure partie par les indigènes, ces derniers ne sont pas représentés et les colons disposent de ces budgets comme si les indigènes n'existaient pas. [...] Pour nos compatriotes, routes et chemins de fer sont des signes précurseurs de la dépossession du sol et du refoulement. Car cette méthode de refoulement apparaît clairement dans les actes de l'administration : elle consiste à laisser l'indigène dans l'ignorance qui le condamne fatalement à succomber et à être remplacé par le colon mieux armé pour la lutte et, surtout, pourvu de privilèges exorbitants. [...] La création de chemins de fer et de routes sert aussi à placer des fonctionnaires français et encore des fonctionnaires pour, soi-disant, favoriser le peuplement français... Voyez tous les services dont dépendent ces entreprises, vous n'y rencontrerez pas un seul autochtone. [...]. Nous aimons mieux voir ouvrir des écoles pour instruire nos enfants que de voir construire des routes et des chemins de fer. Certes nous ne demandons pas à en faire des intellectuels et des déclassés. Non ! C'est l'instruction primaire, ce sont les écoles d'agriculture pour nos paysans et nos agriculteurs, et les écoles professionnelles pour nos artisans que nous réclamons.

Mohammed BACH HAMBA, in *La Revue du Maghreb*, n°6 ; octobre 1916, p.181-184

VIII. La Tunisie et la France durant la Première Guerre mondiale

Le conflit entre le pays colonisateur et un autre pays « chrétien », l'Allemagne, devait mettre à l'épreuve le protectorat et interroger les Tunisiens. Ceux-ci furent sollicités, comme les Algériens, pour remplacer dans les champs et dans les usines les travailleurs français mobilisés et participer au combat. Environ 110 000 hommes, surtout des *fellahs*, traversèrent la Méditerranée et la plupart d'entre eux participèrent aux batailles les plus meurtrières : 10 000 périrent. En Tunisie même, la propagande pro-allemande, à partir d'Istanbul, la distribution de brochures prêchant le *jihad* contre les Français amenèrent le gouvernement à resserrer l'emprise des autorités sur le pays et à instaurer l'état de siège. Les troubles dans le Sud tunisien s'accentuèrent lorsque les Tripolitains, en particulier les membres de la confrérie des Sanûsîs se soulevèrent, en 1915, contre l'Italie. La France fut entraînée dans la répression quand les tribus s'attaquèrent aussi aux postes français. Il fallut même installer un aéroport militaire à Tataouine et envoyer des colonnes de secours à partir du Sud algérien. En 1917-1918, la région n'enregistra plus que quelques troubles sporadiques. La guerre se traduisit pour les Tunisiens par des sacrifices en hommes et en argent, mais surtout elle ébranla l'image des Chrétiens triomphants et unis ; d'autre part, une propagande réclamant à la France des concessions d'ordre politique en récompense des sacrifices rendus, commença à alimenter le discours des nationalistes.

Le contexte international avec la révolution d'octobre 1917 et la proclamation du principe du droit des peuples à disposer d'eux-mêmes de Wilson (les « quatorze points ») en janvier 1918 accenta le climat de revendications déclarées entretenu par les « Jeunes-Tunisiens ». La guerre a ouvert le protectorat aux influences étrangères et mis fin au face à face avec la France.

À l'ouest, un autre protectorat, établi en 1912, allait focaliser les ambitions de Français aventureux venant essentiellement d'Algérie. Un pays plus moderne que les deux autres allait offrir un véritable *far-west* aux colons d'Algérie et aux Européens en général.

Chapitre 9

Le Maroc : l'ère Lyautey-Moulay Youssef (1912-1918)

Les colons d'Algérie et de Tunisie virent avec beaucoup d'espoir s'ouvrir avec le Maroc un champ nouveau pour leurs activités. Les aptitudes naturelles de cette région, moins soumise aux sécheresses, riche en ressources minières – qui étaient par ailleurs surestimées – faisaient se profiler un avenir radieux pour ce que l'on désignait déjà comme une « Californie française » [M. Kenbib], telle que l'exaltait le Comité du Maroc français (émanation du Comité de l'Afrique française), fondé en 1904, qui avait été avec Eugène Étienne partie prenante du lobby pour l'intervention dans ce pays. En effet, comme l'écrivait Georges Hardy• [129, p. 108], « l'occupation du Maroc a exercé sur l'esprit français une influence aussi forte qu'en son temps la conquête de l'Algérie. La grande presse n'a jamais cessé de suivre avec intérêt les manifestations de son activité et les étapes de son développement : les savants, naturalistes, géographes, ethnographes, etc. y ont fait de riches moissons ; les artistes, écrivains ou peintres, ont repris la tradition des Delacroix et des Fromentin et célébré à l'envi son originale beauté ». Mais d'autres voix s'étaient élevées contre l'installation du protectorat français au Maroc, particulièrement à gauche. Ainsi, le syndicaliste V. Griffuelhes• qui stigmatisait les conséquences du débarquement français à Casablanca en 1907.

• **Georges Hardy (1884-1972).** Inspecteur de l'enseignement en AOF (1912), il élabora un plan d'organisation scolaire et d'expansion de l'école rurale chargée de réaliser la « conquête morale » du pays. Directeur de l'enseignement au Maroc sous Lyautey (1919-1915), il dirigea l'école coloniale de 1926 à 1940. Il est l'auteur de nombreux ouvrages de réflexion sur la colonisation et d'un « portrait de Lyautey » (1940). Il a établi les imbrications entre économie, société, démographie et histoire.

• **Victor Griffuelhes (1874-1923).** Syndicaliste français, ouvrier cordonnier, il est secrétaire général de la CGT de 1902 à 1909. Il en fait le principal mouvement ouvrier français grâce à son travail d'organisation et à sa volonté de réflexion sur le syndicalisme révolutionnaire. Il participe à la revue *Vie ouvrière*, fondée par Pierre Monatte. Il rédige avec Emile Pouget la charte d'Amiens de la CGT en 1906.

> **Le prix de la conquête**
>
> Le Syndicat marocain formé de gros financiers peut être satisfait. Le plan échafaudé par lui va se réaliser, puisque les troupes françaises viennent de débarquer à Casablanca. C'est le premier pas vers la conquête d'un pays plein de richesses naturelles et d'une fertilité incomparable. Le Maroc constitue une belle proie pour les appétits de nos capitalistes. Le pays va dépenser des millions et consacrer des vies humaines pour implanter là-bas « la civilisation et la paix ». La presse de son côté s'évertue à nous faire admirer l'intrépidité de nos pillards ; leur vaillance nous est chantée sur des airs bien connus. On exalte notre entrain pour déchaîner dans le pays une de ces crises de folie qui font d'une nation le jouet des intrigants et des satisfaits [...]. Ne faut-il pas, en même temps que satisfaire les cupidités et les ambitions, créer parfois les diversions qui font perdre de vue à la classe productrice la défense de ses intérêts ? Le passé est là qui démontre que ces crises sont voulues, recherchées. Il faut au peuple, pour calmer ses ardeurs réformatrices, une campagne facile à conduire, mais pleine de profits pour quelques-uns. Nos « vaillants soldats » vont massacrer et tuer, le jeu en est facile. Puis, la conquête réalisée, viendra la note à solder. Et naturellement la classe ouvrière en fera les frais. Il lui faudra trimer un peu plus, on essayera de rogner son salaire. Ne faut-il pas en effet assurer la conquête de profits nouveaux à nos exploiteurs ?
>
> V. GRIFFUELHES, *La voix du peuple*, 1er septembre 1907.
> Cité par CH -R. AGERON, *L'anticolonialisme en France de 1871 à 1914*, PUF, 19732, p. 80.

I. L'action de Lyautey pour transformer le pays

*P. 103

L'action de Lyautey* pour transformer le pays est devenue un symbole de la politique coloniale française telle qu'elle voulait se présenter, c'est-à-dire apportant la civilisation tout en respectant la personnalité des pays colonisés.

En même temps que la pacification, Lyautey avait entrepris la transformation du pays. Il commença par remplacer, comme on l'a vu, le sultan Moulay Hafîd, trop versatile, peu fiable et qui brandissait sans arrêt la menace de sa démission, par un de ses frères, Moulay Youssef, un homme plein de bon sens et de réalisme qui accepta de collaborer honnêtement avec le Résident pendant treize ans. Malgré son attachement aux traditions, Lyautey choisit Rabat en 1914 comme capitale et non la traditionnelle et prestigieuse Fez, trop à l'intérieur des terres, et rapidement, (il l'avait expérimenté en 1912), sous la menace des tribus. Marrakech, la seconde capitale historique, fut écartée également du fait de sa situation trop méridionale.

II. Le développement économique

1 Les investissements

Il s'agissait de faire rattraper au Maroc le retard qu'il avait pris même par rapport aux deux autres pays d'Afrique du Nord, colonisés par la France. L'un des points essentiels était d'assurer rapidement la construction d'infrastructures de transports qui puissent assurer le développement du pays d'une manière plus homogène. Le père de Lyautey étant ingénieur des Ponts et Chaussées, on en a déduit, souvent, qu'il était responsable de l'intérêt de son fils pour le développement des ports, des chemins de fer, de villes ultramodernes. Tout fut mis en œuvre pour attirer les capitaux : la création du Service du Commerce et de l'Industrie et celle de l'Office du Maroc qui fournirent les informations et la documentation relatives au Maroc et soulignèrent ses atouts : une fiscalité attractive pour les entreprises et une main-d'œuvre bon marché, auxquelles s'ajoutait – ce qui était à double effet – la faiblesse des droits de douane en raison des traités signés avant le protectorat avec les différents pays. Comme en Tunisie, ce furent les productions tournées vers le marché extérieur qui furent privilégiées.

2 L'agriculture

Les terres agricoles marocaines attiraient les colons. Grâce à la législation foncière, et particulièrement au système d'immatriculation des terres•, créé en 1913, les surfaces possédées par les Européens augmentèrent rapidement et constituèrent de grandes exploitations. M. Kenbib souligne que, « malgré la phobie de Lyautey pour le précédent algérien » qui avait vu des pratiques d'accaparement des terres contraires à « la conception française de l'honneur et de la justice », la colonisation officielle mit à la disposition des colons 120 000 hectares de terres en plus de la colonisation privée, soit au total 500 000 hectares en 1925 [133, p. 185]. Ici, comme en Algérie, la vie rurale fut perturbée par la confiscation de terres, y compris des terres *habous* (40 000 hectares y furent pris), tandis que les *fellahs* qui les exploitaient étaient priés de partir. Les éleveurs pâtirent également de cet arbitraire : une grande partie des terrains de parcours, considérés comme terres vides d'hommes, furent enlevés à leur propriétaire, ce qui eut pour résultat de fortement diminuer le cheptel : « au cours de la période 1930-1934, le

---

• **Immatriculation des terres :** elle consistait à inscrire, comme en Tunisie, sur des registres spéciaux, les « livres fonciers », chaque immeuble nettement délimité sur le terrain, sous un nom et un numéro d'ordre particulier. Les litiges qui portaient sur ces immeubles devaient alors être soumis à la loi française.

nombre de têtes de bétail hivernant dans la plaine de Meknes passa de 135 000 à 35 000 bêtes »). Les exploitations mécanisées privilégiaient la production de blé tendre et d'orge (premier produit d'exportation en 1928) et bénéficiaient de crédits facilement accordés.

3 Les ressources minières

Les Européens attendaient beaucoup des ressources minières du Maroc. Plusieurs organismes furent mis en place, formellement par l'État marocain, mais les véritables dirigeants en étaient le Bureau des recherches et de participations minières (BRPM), les Charbonnages nord-africains, l'Office chérifien des phosphates, première entreprise du pays. La richesse minière du Maroc reposait surtout sur le phosphate (dont le pays devint le deuxième producteur mondial), le fer, le cobalt, le manganèse… Les organismes cités devaient permettre de préserver les intérêts des sociétés françaises au détriment de sociétés d'autres pays occidentaux.

Les exploitations, très modernes, profitaient des dernières technologies et employaient des effectifs importants. En l'absence d'industries de transformation, les produits de cette industrie extractive étaient essentiellement réservés à l'exportation. La présence de ces exploitations assurait également le développement des villes proches. Ainsi, Oujda, bénéficiant de l'activité des mines de charbon de Djerada et de Kenadsa, mais aussi des gisements de plomb, connut de grands travaux d'aménagements [131, p. 126].

III. Les infrastructures de transports et d'équipement

On a vu que le Maroc n'était sillonné que par des pistes. Il fallait rapidement équiper le pays en chemins de fer capables d'évacuer des produits pondéreux, comme les minerais, tandis que la construction d'un réseau routier pour acheminer des céréales vers la côte, en vue de leur exportation, ou recevoir les produits des pays étrangers, s'imposa dans un second temps. En 1922, on dénombrait 2 500 kilomètres de routes principales et 680 kilomètres de routes secondaires. Eugène Guernier (*Encyclopédie coloniale et maritime*, p. 16) exalte le rôle de l'automobile dans l'unification politique et économique du pays : « Pour assurer la souveraineté du sultan et de l'Empire, il fallait réunir les villes impériales à la base de sécurité [Casablanca] et les réunir entre elles, d'où le réseau de routes en éventail » à partir de Casablanca, sillonné par l'automobile. « Ainsi prit naissance et s'affirma […] le réseau de routes macadamisées le plus moderne faisant l'admiration du monde entier. Plus tard, mais plus tard seulement, ce réseau devait devenir la base d'une politique touristique féconde ; car, contrairement à ce qui a été dit et écrit, on n'a point, au Maroc, créé un réseau de routes pour le tourisme, mais c'est la route qui a créé le tourisme ».

Au Maroc la nécessité d'un réseau ferroviaire s'imposa peu à peu après la Première Guerre mondiale. Au départ Lyautey dota le Maroc d'un réseau à voies étroites à partir de Casablanca, Kénitra, et Oujda, (Oujda-Maghnia*)*, puis on dut passer à un écartement identique à celui du réseau ferroviaire algérien. À son retour d'un voyage en France (septembre-novembre 1919) Lyautey déclara : « J'ai enfin rapporté l'autorisation de mettre en chantier la ligne Petitjean-Kénitra Rabat-Casablanca, c'est-à-dire le rattachement du Tanger-Fez à nos ports, et l'amorce de la grande ligne unissant entre elles toutes nos possessions de l'Afrique du Nord ». C'est ainsi que le Maroc fut doté d'un réseau de plus de 1 400 kilomètres.

À ce réseau ferroviaire s'ajoutait la mise en place d'une infrastructure portuaire, centrée sur Casablanca au détriment d'autres ports, concurrencés parfois par les ports algériens. Même la Première Guerre mondiale ne réussit pas à entraver le développement de ces travaux grâce à l'opiniâtreté de Lyautey. Le coût financier de ces travaux était supporté par l'État marocain grâce aux ressources fiscales et douanières, mais elles n'étaient pas suffisantes et il fallut recourir aux emprunts pour accélérer l'équipement du pays qui s'enrichit de travaux hydrauliques, alors que la construction des chemins de fer était confiée à un consortium réunissant plusieurs sociétés françaises. Là encore les technologies les plus avancées sont utilisées afin d'achever le plus rapidement possible les travaux.

On entreprit des travaux hydrauliques, destinés à produire de l'énergie, mais aussi à faciliter l'irrigation des cultures, et donc à favoriser la production agricole. Cependant, ils étaient limités par l'insuffisance et l'irrégularité de la pluviométrie et on dut avoir recours, pour assurer la consommation d'énergie, à des centrales thermiques comme celle de Casablanca, créée en 1924, et d'Oujda en 1929, dans un pays médiocrement arrosé.

IV. Urbanisation et urbanisme

Lyautey fut un créateur de villes. Sa politique d'urbanisation était guidée par le souci de protéger les cités marocaines, de les restaurer, d'empêcher les constructions nouvelles de les défigurer et même de créer des villes nouvelles d'avant-garde [131, p. 126]. En effet, la ville nouvelle, à l'architecture moderne, autour des remparts de la *médina* où les maisons traditionnelles marocaines se serraient les unes aux autres dans des ruelles étroites, était construite selon des critères touchant tant à la voirie qu'aux règles de construction. Pour permettre cette urbanisation, un *dahir* fut pris le 31 juillet 1914 sur l'expropriation pour cause d'utilité publique (raisons d'hygiène ou d'esthétique). Désormais, toute construction fut soumise à une autorisation préalable de l'administration avec la fixation de règles de construction ville après ville. Lyautey s'entoura d'une équipe d'architectes dirigée par Henri Prost qui souhaitait organiser l'espace urbain selon un « *zoning* » reprenant les principales activités humaines : travail, habitat et loisirs. Lyautey étudiait tous les avant-projets, les modifiant, les critiquant, les complétant. Il présida ainsi à l'éclosion des villes nouvelles de Casablanca, Rabat, Marrakech, Kénitra. La réalisation la plus spectaculaire fut celle de Casablanca. « Le général Lyautey, écrit Eugène Guernier, avait trouvé une ville en pisé et tôle ondulée, il l'a laissée dix ans après en béton et en marbre ». Dans toutes les autres villes nouvelles l'influence de Lyautey se manifesta par la coexistence du souci esthétique et de préoccupations pratiques modernes, en somme l'alliance du beau et de l'utile.

Dans les *médinas*, il s'agissait avant tout de conserver et de protéger le style traditionnel marocain. Grâce à une législation habile, Lyautey arriva à empêcher les Européens de s'installer dans la vieille ville et à sauver les vieux bâtiments placés sous la protection du Service des Beaux-arts et des Monuments historiques, créé en 1912. Ces décisions permirent de maintenir une certaine unité architecturale, alliant le style néo-mauresque et des lignes plus simples, épurées, modernes.

« L'apport intellectuel et artistique de la France »

Les villes indigènes [...], les médina, ont été respectées : dans le voisinage de chacune d'elles, mais à bonne distance, s'élève une ville européenne, largement tracée et conçue selon les meilleures données de l'urbanisme, si bien que les deux groupes de population, indigènes et européens, demeurent en contact sans se gêner mutuellement et que le jeune Maroc grandit à côté du vieux, sans songer le moins du monde à le tuer.

G. HARDY, *La France au Maroc*,
Paris, 1930, p. 108.

Cependant Georges Hardy semble ne pas voir que cet urbanisme colonial créait une ségrégation entre les populations marocaine et européenne, mais également un décalage dans le développement, étant donné que la *médina* est non seulement encerclée par la ville européenne, mais aussi figée dans son évolution par l'interdiction de toute modification sous prétexte de sauvegarde des traditions.

V. Les finances

Pour faciliter les échanges, mais aussi le financement des travaux, le *dahir** du 21 juin 1920 remplaça la monnaie marocaine traditionnelle (la peseta Hassani) par le « franc marocain », dont on décida la parité avec le franc français.

* P. 25

Le protectorat contracta plusieurs emprunts à long terme sur le marché français qui financèrent 75 % des dépenses à partir de 1914 et jusqu'à la fin des années trente. Mais la situation des finances publiques du pays s'aggrava et, en 1920, pour faire face à la dette, une réforme du *tertib* fut mise en place. Les hausses répétées de cet impôt agricole pesèrent sur les *fellahs*, tandis que le nombre de terres accordé aux colons au détriment des paysans marocains augmentait.

VI. Une politique économique volontariste

Le Maroc dans les trois domaines de son économie, culture, élevage, arboriculture, qui formaient l'essentiel de sa richesse, se contentait de méthodes surannées. Lyautey, se mettant à l'écoute des acteurs économiques, créa un Conseil supérieur de l'agriculture et un Conseil supérieur du commerce et de l'industrie. Dans ces deux assemblées il tenta de favoriser la concorde entre les représentants marocains et ceux des colons dont les intérêts, écrivait-il, « qui peuvent être en opposition doivent être ramenés au même dénominateur de l'intérêt commun ». La notion d'intérêt général devait s'y imposer.

L'action de l'administration se concrétisa par la création de fermes expérimentales, de stations fruitières, de jardins d'essais adaptant leurs cultures aux zones climatiques. Ainsi dans le *Gharb* humide les cultures maraîchères furent privilégiées ; sur les plateaux plus secs, c'est l'arboriculture fruitière qui l'emporta. À la mosaïque des zones climatiques, il n'imposa pas une monoculture céréalière à l'américaine, dangereuse et trop sensible aux cours mondiaux. Cinq ou six millions d'hectares immatriculés, restés vacants, furent étudiés pour leurs aptitudes agricoles, une fois irrigués, avant d'être cédés à des fins de culture intensive par des colons.

Ce programme fut complété par la rénovation de l'artisanat marocain, protégé et élevé au statut d'arts appliqués.

Dès son arrivée au Maroc, Lyautey livra « la bataille des produits français ». L'Exposition franco-marocaine de Casablanca, inaugurée le 5 septembre 1915, consacrée aux produits d'importation et d'exportation, « geste de guerre ayant pour objet de montrer au peuple marocain notre confiance dans le succès final », connut un tel succès que Lyautey en lança une autre l'année suivante (1916) à Fez. En 1917, le Résident inaugura la foire de Rabat.

Lyautey donna un prolongement à cette action en France où il fonda dans les villes en relation économique avec le Maroc des Offices économiques du Maroc (ainsi à Marseille, Bordeaux, Lyon, Paris…). Le couronnement de cette politique apparut dans l'organisation de l'Exposition coloniale de 1931 dont Lyautey fut le commissaire général.

Si la modernisation du pays fut certaine, il convient d'en souligner les effets négatifs : un dualisme de l'économie laissant de côté les Marocains eux-mêmes, des coûts d'investissements essentiellement à la charge des impôts marocains, la quasi-inexistence de l'industrie de transformation qui aurait pu concurrencer les produits français.

VII. L'organisation de la justice civile

Ce fut un décret du 31 mai 1912 qui organisa la justice française au Maroc en donnant au Haut-commissaire la compétence juridictionnelle pour régler les litiges entre Français et entre Français et indigènes. Puis, en 1914, les tribunaux français eurent le droit de juridiction sur tous les étrangers (sauf les Anglais et les Américains des États-Unis) [131, p. 89]. Comme en Tunisie donc, les Français échappaient à la justice du sultan.

La justice marocaine fut, quant à elle, réorganisée par un *dahir* du 31 octobre 1912, qui créa d'abord un ministère chérifien de la Justice. Les Marocains portaient leurs affaires en matière de statut personnel devant le *cadi* ou un collège appelé *medjless*. Les décisions pouvaient faire l'objet d'un appel devant un tribunal d'appel *chrâa*. Dans les autres matières civiles, les tribunaux séculiers, les « tribunaux *makhzen* », étaient compétents. Le contrôle des autorités françaises s'exerçait aussi sur le tribunal du *pacha* dans les villes, par l'intermédiaire non d'un magistrat français, mais d'un administrateur : le contrôleur civil. Le Maroc était ainsi soumis à un régime de surveillance et de dictature policière. Les tribunaux fonctionnaient d'une manière expéditive pour les peines allant jusqu'à trois mois. Aucune garantie individuelle n'était assurée ; on ne pouvait se faire assister par un défenseur. Même l'Istiqlal dénoncera l'absence de code de lois.

VIII. La poursuite après la guerre des opérations militaires dites de « pacification »

La guerre de 1914-1918 aurait pu être fatale à la conquête, sans la volonté de Lyautey qui sut répondre à la demande de la Métropole de rapatrier des soldats en les remplaçant par des supplétifs ou des colons armés en soldats et par des territoriaux, venus de France en renfort ; on fit croire à ces derniers qu'au Maroc aussi on se battait contre l'Allemagne, qui voulait y ouvrir un second front. Tout cela permit de faire face aux insurrections qui soulevaient le Sud, le Moyen Atlas, le Rif. Dès 1912, la « politique des grands caïds », auxquels on laissa leur autonomie, permit d'en faire des alliés de la France et ainsi de tenir le Maroc avec peu d'hommes. L'autorité (et l'arbitraire !) des *caïd* Glaoui*, Goundafi, Mtongi s'en trouva consolidée et Lyautey put garder le contrôle de tout le Sud avec seulement trois bataillons. La pacification se poursuivit avec la lutte contre Abd El Krim* de 1921 à 1926, les dernières années de Lyautey. Le Moyen Atlas fut soumis en 1931, le Tafilalet l'année suivante ; enfin, en 1933, le Djebel Sargho et, en 1934, l'Anti Atlas et le grand Sud tombèrent après de rudes combats sous le contrôle français. La conquête territoriale était achevée. Cependant, nous suivons Jacques Berque lorsqu'il dit qu'à la question de savoir si le Maghreb « n'accepte la domination étrangère que sous contrainte directe, l'âpreté de la résistance tribale au Maroc, l'apparition d'une nouvelle forme de violence : l'émeute urbaine, tout cela suggère l'idée d'un pays qui se soumet la rage au cœur ».

* P. 137

* P. 133

Chapitre 10

Les conséquences de la Première Guerre mondiale

I. L'Algérie au secours de la France en guerre

La guerre allait porter un coup sévère à un ensemble fragile.

L'Algérie ne fut pas un théâtre d'opérations durant la Première Guerre mondiale. Néanmoins, la contribution à l'effort de guerre, tant en hommes qu'en produits agricoles, eut des conséquences profondes : 450 000 hommes furent requis pour combattre ou travailler en France dans les usines d'armement et dans l'agriculture, soit près d'un dixième de la population totale. Après avoir usé de persuasion auprès des *cadis* pour qu'ils fournissent des « volontaires », le gouvernement fut contraint d'imposer le service militaire obligatoire et une véritable « chasse à l'homme » s'ensuivit [78, p. 88-104], souvent au risque de soulever les populations, ce que l'on évita par une politique d'application moins rigoureuse du code de l'indigénat et la possibilité de remplacement, offerte essentiellement aux fils de notables. Cependant, l'agitation ne fut pas absente ; dès 1914, des résistances à la réquisition tournèrent parfois à l'émeute.

1 Les résistances à la mobilisation

Ali Mérad rappelle l'action des réfractaires, des « bandits d'honneur » qui défiaient les autorités coloniales en échappant à la réquisition, soutenus par la population qui voyaient en eux des « patriotes » [77]. De même, l'opposition se manifestait par le refus de payer l'impôt. En 1916, de nombreux accrochages eurent lieu dans le Sud et c'est un véritable soulèvement que connut l'arrondissement de Batna qui avait particulièrement souffert des transferts de propriété après 1871. « La guerre fut, dès 1914, considérée (par les paysans) comme l'occasion propice pour récupérer leurs terres » ; aussi les *fellahs* soutenaient-ils les réfractaires au service militaire et les déserteurs. L'incorporation de la classe 1916 fut ainsi particulièrement difficile dans les Aurès et le Sud algérien. Des conscrits, conduits par des détachements de zouaves, furent « délivrés » dans le Belezma. Le sous-préfet et l'administrateur de Batna furent tués. La répression fut terrible. On retira du front des renforts pour remettre de l'ordre dans les Aurès. Des bombardements terrorisèrent les populations contre lesquelles on lança des colonnes françaises qui reprirent les méthodes des *razzia** de l'époque de Bugeaud*. Des troupes sénégalaises furent envoyées qui incendièrent les *mechtas*• et commirent les pires excès « Nous brûlions les *mechtas* alors que nous savions que les habitants avaient leurs fils au front », écrit un officier français. Une commission disciplinaire condamna 805 prisonniers algériens à « 715 ans » de prison et 22 810 francs d'amendes. Malgré cette répression impitoyable 2 289 appelés ne rejoignirent pas leur corps à la fin de 1917, soit 62 % des 3 655 inscrits [39, p. 259]. Les « horreurs de Belezma » semèrent une haine durable qui renforça les rancunes provoquées par la dépossession foncière de 1871. On dut renoncer à l'appel de 10 000 soldats par conscription et recourir au « volontariat », fortement motivé par des primes convaincantes en pays de misère. La pression sur les *cadis*, notés en fonction du nombre d'engagements enregistrés, fit le reste. Les chefs des confréries furent également sollicités d'apporter leur concours. Lorsque ces « volontaires » se trouvèrent sur le front, confrontés aux terribles conditions du combat, mais aussi du climat du nord de la France, de la faim et du déracinement, leur réaction fut souvent la fuite. Des régiments de tirailleurs algériens, refusant le combat, connurent la décimation : « On sait que, le 15 décembre 1914 la quinzième compagnie du 8ᵉ tirailleur qui venait de refuser de monter en ligne fut décimée ». Rappelons, d'autre part, qu'en novembre 1914 un appel à la guerre sainte avait été lancé par le khalife Mehmed V qui n'a pas pu ne pas être entendu par les soldats musulmans. Néanmoins, la majorité des Algériens se conduisit au front avec courage, on y vit la manifestation de leur « amour du baroud » alors qu'était en jeu le sens de l'honneur chez des combattants appréciant un ordre militaire qui les intégrait avec plus de justice dans la « fraternité des armes » avec les combattants français, soumis aux mêmes dures conditions de vie : « L'ordre militaire leur parut plus égalitaire que l'ordre colonial », écrit G. Meynier [78, p. 105]. Ce qui fut célébré comme du « loyalisme » n'était-il pas en fait simplement la soumission au plus fort ? C'est ce que souligne le gouverneur général, cité par Ch.-R. Ageron qui avoua qu'à aucune époque les indigènes n'avaient offert leurs services à la France par esprit de patriotisme ou d'attachement réel [39, p. 254]. Néanmoins, on vit des Algériens souscrire en grand nombre des bons de la Défense nationale grâce, entre autres, aux primes et salaires qui alimentèrent un flux d'argent important venu de France. On évalue à 236 millions de francs les entrées d'argent en Kabylie ; ajoutées aux allocations familiales, elles permirent des rachats de terre et une certaine aisance. Une classe moyenne se renforça ainsi.

En Algérie, les Musulmans ne restèrent pas totalement sourds à la propagande turco-allemande qui appelait à la guerre sainte contre la France. Le 7 janvier 1916, fut créé à Berlin un Comité pour l'indépendance de l'Algérie et de la Tunisie, animé par des Tunisiens et plus tard par Chekib Arslan. Un des fils d'Abd El Kader* y militait, dénonçant le régime oppressif exercé par la France sur tout le Maghreb. Des chants populaires célébraient « Hajj Guillaume ». Un comité de patriotes tunisiens, qui aurait compris deux Algériens, s'adressa, sans succès, au Congrès de Versailles, lors de son ouverture, et réclama pour le peuple algéro-tunisien son indépendance. En fait, les Algériens étaient en position d'attente devant cette tuerie fratricide entre « chrétiens ». Les 3 000 soldats algériens faits prisonniers par les Allemands refusèrent de s'enrôler dans l'armée turque. On se plaisait à louer la « bonne tenue » des ouvriers embauchés dans les usines d'armement, ceci jusqu'en 1917 où des grèves d'allure politique, sous l'influence de la Révolution soviétique, les mobilisèrent. Charles-R. Ageron souligne cependant que « la guerre ne fit pas naître en Algérie… un mouvement d'opposition à la souveraineté française » [39, p. 266]. Ali Merad ne semble pas de cet avis.

*P. 55

La loi du 4 février 1919, prise à l'initiative du gouverneur Jonnart, fut votée pour remercier de leur loyalisme les Musulmans. Cette loi établissait l'égalité fiscale, facilitait l'accès des Musulmans à la citoyenneté française. Elle augmenta le nombre des électeurs et ouvrit plus largement la fonction publique aux Algériens musulmans. Mais cela parut insuffisant à beaucoup au regard des sacrifices consentis.

2 Les conséquences démographiques de la guerre

Un Algérien sur cinq et un Européen sur trois en Algérie durent « partir pour la guerre » [75]. Les 173 000 musulmans mobilisés représentaient 3,5 % de la population indigène. Les pertes furent à peu près équivalentes dans les deux groupes (22 000 Européens, 25 000 Musulmans), mais représentèrent un plus fort pourcentage de la population européenne qui aura du mal à combler ce « trou démographique » pendant des décennies, alors que la

---

• **Mechta :** habitation, hameau.

population algérienne musulmane, proportionnellement moins largement atteinte, pansa ses plaies plus rapidement, du fait de sa plus forte natalité.

 La mobilisation de la population provoquée par les exigences de la guerre et la facilité apportée aux déplacements, désormais possibles sans autorisation, sont-ils à l'origine de ces glissements de population, qui eurent pour résultat une urbanisation de ruraux poussés par la misère ? L'attirance de la ville fut souvent plus forte que l'attachement au terroir tribal. De misérables faubourgs commencèrent à bourgeonner autour des principales cités d'Algérie. Ce furent les premiers « gourbis-villes ».

II. La découverte d'une autre France par les immigrés maghrébins : regards croisés

L'abrogation du décret du 16 mai 1874, qui avait institué un permis de voyage pour les Algériens se rendant en France, ouvrait la possibilité aux Algériens de venir librement en Métropole. On créa alors au ministère de la Guerre, un « service des travailleurs coloniaux », chargé d'organiser le recrutement de main-d'œuvre en Indochine, Chine et Afrique du Nord. La guerre, par l'expérience de l'émigration, par la connaissance même partielle qu'elle donna de la France, modifia les relations entre les Français et les Algériens. La découverte d'une autre « France » plus fraternelle, vécue dans les tranchées durant la guerre de 14-18 par les réquisitionnés, comme le souligne Gilbert Meynier dans son remarquable ouvrage *L'Algérie révélée*, l'expérience de la condition ouvrière en France, le contact avec les ouvriers français, sur un pied d'égalité au niveau des salaires, eurent des conséquences déterminantes sur les mentalités, de même que la fréquentation des femmes françaises, impensable en Algérie. L'apprentissage de la solidarité ouvrière, sous l'égide du Parti communiste français et de la CGT, celui de la revendication pour la dignité, menèrent paradoxalement à l'affirmation d'une identité algérienne au sein de l'internationalisme ouvrier. Leur participation aux défilés ouvriers du 1er mai ou à ceux du 14 juillet en France suscitait déjà des sentiments mitigés dans la population française, malgré leur bonne tenue et la dignité de leur comportement. La migration algérienne s'amplifia de 1920 à 1930, malgré l'hostilité des colons inquiets de la diminution de leur main-d'œuvre et de l'influence que pouvaient avoir, de retour en Algérie, les émigrés « contaminés » par des idées subversives. Les colons obtinrent des mesures restrictives à l'émigration : les circulaires de 1924 exigeant la possession d'un certificat d'embauche, bien qu'annulées par le Conseil d'État, furent reprises par le décret du 4 août 1926 qui exigeait, de plus, un extrait de casier judiciaire vierge, une carte d'identité et un certificat médical. En 1928, un nouveau décret exigea un pécule de 150 francs et le versement d'une caution de 125 francs pour pouvoir couvrir une éventuelle période de maladie ou de chômage ou pour frais de rapatriement. Cela représentait, calcule Daniel Lefeuvre [71, p. 31], environ trois mois de salaire d'un ouvrier travaillant en ville et beaucoup plus pour un ouvrier agricole. Un Office algérien de la main-d'œuvre créé sous la pression des Délégations financières par le Gouverneur général, en 1929, essaya d'endiguer les départs d'ouvriers agricoles qu'une forte augmentation des salaires (7 à 10 fois ceux d'avant-guerre) ne réussit pas à détourner de l'émigration. Il fallut s'adresser à la main-d'œuvre espagnole moins chère : « 6 000 à 7 000 travailleurs espagnols ont pu ainsi gagner les exploitations agricoles oranaises », privées, par ailleurs, par la rétention au Maroc de la main-d'œuvre marocaine. La crise de 1930, nous le verrons, marqua, dans l'émigration, un temps d'arrêt et entraîna même des retours massifs qui indiquaient la fragilité de l'implantation en France de travailleurs que l'on sacrifiait les premiers pour maintenir l'emploi des ouvriers français. La population immigrée en France diminua de moitié entre 1934 et 1935.

Avec le Front populaire, le retour de la liberté de circulation et les besoins de main-d'œuvre accrus du fait de la loi des 40 heures et des congés payés entraînèrent un nouvel appel à la main-d'œuvre algérienne. L'ouverture vers l'extérieur et l'attrait de la France s'accentuèrent avec la scolarisation (2 702 élèves musulmans en 1880, 4 821 en 1884, 16 566 en 1894 et 28 431 en 1904) [49, p. 22]. Cependant, l'émigration changeait de nature, impliquant, petit à petit, plusieurs membres de la famille pour des séjours de plus en plus longs. Le projet de retour au pays, toujours affirmé (comme le montrait la valise présente sur l'armoire), était repoussé dans un lointain brumeux et fantasmatique. Dans les années quarante et suivantes, cette émigration nouvelle qui concerna de plus en plus des familles entières, impliquera une intégration lente dans la société française, mais elle entraîna des contrecoups économiques, politiques et psychologiques sur la société algérienne elle-même, lors des retours provisoires ou définitifs des émigrés et de leurs enfants qui avaient connu l'école française. L'argent envoyé de France par les émigrés contribua à sortir bien des familles de la misère et de l'ignorance, « Au total, on estime que les travailleurs algériens en France envoient chaque année de 30 à 35 milliards de francs » [41, p. 236].

Du point de vue économique et financier, la guerre mit au grand jour les faiblesses inhérentes à la situation coloniale de l'Algérie, devenue dépendante de la métropole pour les importations de produits finis et pour l'exportation de ses produits agricoles.

La très faible industrialisation, qui s'était affirmée pendant la guerre pour compenser la chute des produits importés d'outre-mer, fléchit à nouveau dès le lendemain de 1918. En particulier, l'exploitation du charbon de Kenadsa et des petits gisements de pétrole de Relizane avaient légèrement compensé la baisse des importations due à l'insécurité que faisaient régner en Méditerranée les sous-marins allemands. La guerre en Méditerranée souligna l'importance des relations maritimes dans une économie qui vivait de l'exportation de produits agricoles : alfa, liège, blés durs, ovins, et de l'importation de ces mêmes produits transformés et d'objets finis.

Sitôt la paix revenue, l'afflux de produits finis européens, concurrençant efficacement les produits d'industries locales, peu compétitifs, tant sur le plan des prix que sur celui de la qualité, tua les petites industries naissantes et concurrença l'artisanat local qui avait repris une certaine activité durant la guerre. La reconstruction après guerre se révéla difficile. De 1919 à la crise de 1929, l'Algérie, confrontée à la nécessité d'un effort économique sans précédent, connut des crises multiples et de tous ordres.

III. La famine de 1920

Après l'excellente récolte de 1918 qui permit de compenser les réquisitions pour la France durant la guerre, celle de 1919, très mauvaise, ne permit pas de maintenir des réserves suffisantes pour aborder la sécheresse de 1920. Celle-ci provoqua une véritable catastrophe tant pour les récoltes que pour le cheptel. Ce fut la disette. La misère poussa les malheureux *fellahs* affamés vers les villes, qu'ils n'atteignirent pas toujours ; beaucoup mouraient sur les routes.

Les années suivantes souffrirent des aléas climatiques (sécheresse, inondations) qui compromirent l'équilibre agricole et social de l'Algérie. Cinq années sur huit, de 1916 à 1923, furent marquées par des disettes et des famines, évalue Ch.-R. Ageron qui les rend responsables de l'atonie des revendications (échec des grèves de 1919-1920) et de la recrudescence de la criminalité dans les campagnes, surtout après le rétablissement du code de l'indigénat [39, p. 295]. Les attaques de pillards révèlent pour la *Dépêche de Constantine* : « La haine implacable, atroce, de toute une race que près d'un siècle de civilisation n'a pu arracher à sa sauvagerie. » ; on envoya la troupe pour rassurer les colons. Les autorités locales minimisaient la gravité de la

Déclaration du conseiller général indigène d'Orléansville

La plupart des cultivateurs n'ont pas moissonné ; les emblavures ayant séché sur pied, ils n'ont eu que la ressource de faire pacager leurs champs par le bétail privé de nourriture. Les pâturages faisant défaut à leur tour, les troupeaux ont été décimés et les indigènes ont été contraints de les vendre à vil prix. Un grand nombre de bergers et de khammès*, ne trouvant plus à s'employer auprès des fellah éprouvés, sont livrés à la mendicité avec leur famille. Un exode de mendiants presque nus, ne trouvant plus de secours dans leurs douar*, viennent en ville implorer la charité publique. Le froid est venu et plusieurs indigènes épuisés par les longues privations sont morts sous les yeux de leurs compagnons d'infortune.

A. NOUSCHI, *La naissance du nationalisme algérien*, (1914-1955), Paris, 1962, p. 37.

* P. 77, 19

situation. Ainsi, le Gouverneur général Abel déclara à la Chambre : « Il n'y a pas de famine en Algérie ». Il s'agissait de ne pas décourager les investissements étrangers et de sauver le prestige de la France qui avait en charge le bonheur de tous ses sujets. Or, les autorités indigènes décrivaient une situation déplorable.

La plaine du Chélif fut alors envahie par un afflux de montagnards. Le typhus se propagea dans cette population affamée qui attaqua des propriétés européennes. L'administration envoya des renforts pour rétablir l'ordre et parallèlement ouvrit des chantiers de charité et des infirmeries, distribua des grains pour permettre la soudure. Les Sociétés indigènes de prévoyance (S.I.P.) furent débordées par quatre années successives de crise alimentaire.

L'administration face à cette situation, critique et dangereuse pour la colonisation, prit des mesures pour fixer la population européenne à laquelle des lots de colonisation furent concédés avec interdiction de vente pendant vingt ans, sauf à fournir un remplaçant (notons que le décret de 1924 qui fixait les modalités d'application réservait la moitié des lots aux Algériens au lieu du tiers en 1904). Une nouvelle loi foncière du 4 août 1926 tendit à morceler les propriétés des tribus tandis que « la présomption de propriété est désormais accordée à celui qui a la possession du sol ». Ainsi, grâce à ces mesures diverses, la colonisation surmonta la crise au sortir de laquelle la propriété foncière se révéla plus concentrée. Une politique de grands travaux, surtout hydrauliques, lancée dès 1924, permit une reprise très nette de la céréaliculture et de la viticulture, principalement dans les zones tenues par les colons. Les *fellahs*, eux, continuèrent à souffrir de la crise, d'autant que l'hiver rigoureux de 1926 aggrava les effets de la sécheresse de l'automne précédent et l'on assista à une hécatombe du cheptel ovin (chute de 7 900 000 têtes en 1918-1919 à 3 300 000 en 1926-1927). Les bovins passèrent de 1926 à 1927 de 923 000 à 707 000.

Cette situation dramatique poussait les indigènes à vendre leurs terres. Les Européens en profitèrent plus que les Musulmans puisque le solde en leur faveur pour les années 1926, 1927 et 1928 fut de 21 339 hectares [87, p. 37].

À la veille de 1930, la tension fut à son comble : la situation économique continuant à se dégrader, les protestations contre les expropriations se multiplièrent de la part des délégués financiers et les viticulteurs d'Algérie se sentirent menacés par la politique de restriction des importations de vin imposée par les viticulteurs de France. La crise mondiale de 1929 atteignit une région déjà éprouvée.

PARTIE 5

L'AFRIQUE DU NORD ENTRE LES DEUX GUERRES

L'après-guerre connut l'émergence des mouvements revendicatifs plus radicaux, s'appuyant sur la rancœur de voir l'effort de guerre et le dévouement pour la France mal reconnu. Désormais, on revendique la séparation d'avec la France.

Chapitre 11

L'émergence des mouvements nationalistes après la Première Guerre mondiale

I. Les « Jeunes-Tunisiens »

La fin de la Première Guerre mondiale vit le réveil de l'activité revendicatrice du mouvement « Jeunes-Tunisiens ». Pour la Tunisie qui avait participé au conflit, l'espoir de voir ses sacrifices récompensés par la France se renforçait. Or, au lieu des réformes espérées, le protectorat institua le « tiers colonial » qui majorait les salaires des fonctionnaires français, déjà supérieurs à ceux des Tunisiens. Cette décision discriminatoire choqua les Tunisiens.

S'appuyant sur les quatorze points de Wilson (janvier 1918), les « Jeunes-Tunisiens » reprirent leurs demandes. En avril 1919, ils les présentèrent directement au Président américain lors de son passage à Rome, comme l'avaient fait les « Jeunes-Algériens ». Installé en France, le cheikh* Taalbi rédigea *La Tunisie martyre*, un pamphlet virulent contre la France colonisatrice. Idéalisant la période d'avant le protectorat, il demandait l'application du Pacte fondamental de 1857 et le retour à la constitution de Mohamed Es-Sadok de 1861.

* P. 19

1 La naissance du Destour

Le processus de politisation du mouvement aboutit, en 1920, à la création du Parti libéral constitutionnel, le Destour•, qui fondait ses revendications sur la nécessité de promulguer une constitution. Les dirigeants du Destour, des avocats ou des étudiants de la Grande Mosquée issus de riches familles

---

• **Destour :** ensemble de règles, constitution.

tunisoises, rejetaient l'utilisation de la force pour se faire entendre et préféraient l'envoi de délégations auprès des autorités françaises. Les demandes radicales, émises dans la *Tunisie martyre*, furent édulcorées par l'équipe du Destour qui ne songeait pas à remettre en cause le protectorat lui-même. Une délégation se rendit à Paris en juin 1920 sans rencontrer l'audience qu'elle espérait ; cheikh Taalbi fut même arrêté et écroué à Tunis. Une seconde délégation, envoyée à la fin de l'année, fut reçue par le président du Conseil et le ministre des Affaires étrangères qui se contenta de les informer de la nomination d'un nouveau Résident général. Cependant, l'état de siège en vigueur depuis 1911 fut levé et cheikh Taalbi fut libéré. Les notables du Destour présentèrent au nouveau Résident général, Lucien Saint, leur programme en neuf points avançant des revendications démocratiques (principe d'une assemblée élue, régime parlementaire, séparation des pouvoirs, principe d'égalité d'accès aux fonctions et de salaires, libertés fondamentales d'opinion, de la presse, instruction primaire obligatoire…) qui, logiquement, avaient des chances d'être acceptées par la France. Celles-ci furent maintenues et présentées en vain plusieurs fois par la suite. En effet, si ces revendications étaient en accord avec les idées prônées par la France, elles étaient en contradiction avec le système colonial inégalitaire.

Les neuf points du Destour

1. Constitution d'une assemblée délibérante, composée de membres français et tunisiens, élus au suffrage universel.
2. Gouvernement responsable devant l'Assemblée.
3. Séparation des pouvoirs.
4. Accès des Tunisiens à toutes les fonctions.
5. Salaire égal pour travail égal aux travailleurs tunisiens.
6. Conseils municipaux élus.
7. Liberté de la presse et liberté d'association.
8. Instruction primaire obligatoire.
9. Droit pour les Tunisiens d'acquérir des terres de colonisation.

2 La crise du 5 juillet 1922

Le ralliement du *bey* Mohamed En-Naceur, influencé par son fils, Moncef, aux revendications nationalistes, fit éclater une crise. Lucien Saint décida, le 5 avril 1922, par une visite au souverain qui menaçait d'abdiquer, de l'intimider et de l'obliger à se désolidariser des destouriens. Cependant, après la visite du président de la République Millerand, à Tunis, le Résident proposa des réformes qui renforcèrent la représentation des Tunisiens dans un Grand conseil (remplaçant la Conférence consultative), composé de deux sections, l'une de 43 membres français, l'autre de 18 membres tunisiens. Notons que ce Grand conseil n'avait, lui aussi, qu'un rôle consultatif. Un Tunisien fut placé à la tête du ministère de la Justice. Au niveau local, une série de réformes créa des assemblées comprenant désormais des Tunisiens. Les élus y étaient moins nombreux que les représentants de l'Administration et les représentants tunisiens que les représentants français. Ces réformes attirèrent les critiques à la fois de ceux pour qui elles étaient trop audacieuses et de ceux qui les trouvaient insuffisantes. Le Destour lui-même était divisé sur cette réforme. Déçu, cheikh Taalbi s'exila.

3 La création de la CGTT (1924)

Affaibli par cette crise, le Destour, trop éloigné des masses tunisiennes, comprit qu'il devait s'appuyer sur elles, face au Parti communiste tunisien et à un Parti réformiste nouveau, création du protectorat. Le syndicalisme en Tunisie, illégal, dépendait des mouvements ouvriers français, dont la CGT qui se souciait d'abord des conditions de travail des Européens. La CGT, en réclamant le relèvement des salaires et des traitements des Européens, sans se préoccuper réellement de ceux des affiliés tunisiens, provoqua des mécontentements. La prise de conscience par les salariés tunisiens de la divergence d'intérêts avec leurs camarades européens et de la préoccupation essentielle des syndicats à défendre ces derniers contribua « à amener progressivement les travailleurs tunisiens à se rendre compte que leurs droits, leurs revendications et leurs intérêts ne sont pas défendus énergiquement par la section départementale de la CGT » [179, p. 72]. Les divisions à l'intérieur de cette dernière, à partir du Congrès de Tours (25-31 déc. 1920) et de la naissance de la CGTU, et les discussions qu'elles entraînèrent continuèrent à éclairer les syndicalistes tunisiens, dont une partie se retrouva dans la CGTU, particulièrement active dans la défense des ouvriers tunisiens. On vit alors se multiplier les actions de revendication, indépendamment de la CGT pour qui elles étaient une provocation. Le mouvement syndical parut de plus en plus divisé. Les dockers de Tunisie formèrent une amicale tunisienne, répudièrent l'internationalisme de la CGT, affirmèrent leur personnalité arabe. La scission semblait prochaine, d'autant que l'administration réagit par une répression sanglante. Les militants tunisiens réclamèrent la formation d'une centrale syndicale autonome, à laquelle les socialistes s'opposèrent. De nombreuses tentatives de réunification échouèrent à la fin d'octobre 1924 malgré l'intervention de Léon Jouhaux•, secrétaire général du Comité national de la CGT. Les travailleurs tunisiens, déterminés à défendre une autonomie syndicale, fondent, le 3 décembre 1924, la Confédération

---

• **Léon Jouhaux (1879-1954).** Secrétaire général de la CGT dès 1909, il soutient le Front populaire. À la fondation de la CGT-FO, il en devient président.

générale tunisienne du travail (CGTT), au grand scandale de l'Union des syndicats de Tunisie qui rappela que le mouvement ouvrier ne pouvait que s'affaiblir par les divisions nationales. Le congrès constitutif confirma et proclama officiellement, le 18 janvier 1925, la fondation de la CGTT sous la direction de Mohamed Ali•. Au même moment, la multiplication des grèves, pendant lesquelles des ouvriers européens, notamment italiens, jouaient le rôle de jaunes, provoqua une agitation politique qui permit aux autorités coloniales de réprimer le syndicalisme tunisien en arrêtant les dirigeants inculpés pour complot contre la sécurité intérieure de l'État. Les arrestations se multiplièrent, décapitant la CGTT. Du 12 au 18 novembre 1925, les autorités coloniales, avec le procès contre les « destouro-communistes », finirent d'écraser le mouvement par des peines de bannissement de 5 à 10 ans.

4 Les « décrets scélérats »

L'éloignement de certains dirigeants ne parut pas suffisant pour enrayer le mouvement de contestation. Le 29 janvier 1926, Lucien Saint prit des décrets sur les crimes et délits politiques et la limitation de la liberté de la presse, très vite appelés « décrets scélérats ». Ces textes atteignirent leur but, à savoir écraser le mouvement de revendication, qui dut prendre des chemins détournés pour s'exprimer (de multiples associations culturelles, des sociétés de bienfaisance et des clubs sportifs furent créés). Le Destour sombra dans l'inaction, à l'exclusion de quelques manifestations sporadiques sur la scène politique.

5 La crise de 1930 en Tunisie

Nous verrons que la crise de 1930 ne fera qu'exacerber les tensions et A. Sainte-Marie conclut à juste titre que « la période de la crise mondiale est indéniablement une période de montée et de structuration du nationalisme maghrébin » [31, p. 69]. Cet auteur note également des coïncidences géographiques entre les zones en difficulté sur le plan économique et social et les lieux d'émergence des figures nationalistes, sans pour autant établir une liaison irréfutable entre ces deux éléments.

• **Mohammed Ali.** Comme Tahar el Haddad, cofondateur de la CGTT, il est originaire du Sud tunisien, région pauvre dont les hommes représentent la grande masse des dockers, portefaix ou ouvriers de Tunis. Diplômé d'une université allemande en économie politique, soutenu par le Destour et le parti communiste, alliés pour un temps, il invitait les ouvriers à adhérer au parti destourien, ce qui élargissait sa base militante.

II. En Algérie : « Vieux Turbans » et « Jeunes-Algériens »

Depuis l'échec de l'insurrection de 1871 et la répression qui s'en suivit, l'Algérie paraissait domptée. Les résistances de 1916 ne concernaient pas toute l'Algérie. En fait, l'espoir en une libération par un messie providentiel (« l'homme de l'heure ») était toujours présent dans le cœur de tous les Musulmans. Par ailleurs, les traditionalistes, les « Vieux Turbans », faisaient entendre leurs protestations contre les innovations imposées par l'occupant, au nom de la tradition et du respect dû à l'Islam. Dès avant la guerre de 1914, avait émergé un mouvement politique d'intellectuels formés le plus souvent à l'école française, issus de milieux aisés, mince élite regroupant des professions libérales, très peu nombreuses encore : médecins, avocats, pharmaciens ou instituteurs, issus du peuple et formés à l'école normale de la Bouzaréa, très vite baptisés « Jeunes-Algériens » par référence aux « Jeunes-Turcs » ou aux « Jeunes-Tunisiens ». Formant des associations d'anciens élèves et des mutuelles, ils se regroupèrent en 1903 en une Association de jeunes Français musulmans. Ces jeunes « lettrés » en français se déclaraient partisans de l'assimilation et se réclamaient souvent des principes de 1789 qu'ils reprochaient à la colonisation de ne pas appliquer ; ainsi, la revendication de l'égalité politique, combien subversive dans un système colonial, se combinait avec leur volonté de voir s'atténuer l'immense fossé qui séparait sur le plan économique et social les deux populations de l'Algérie. Dans les cercles qui se multipliaient dans les villes (le cercle « Salah bey de Constantine », le Cercle des « Jeunes tlemcéniens », « El Ankaouiya de Mascara », la « Toufikiya d'Alger », etc.) les discussions de ces « évolués » portaient sur tous les problèmes dont souffraient leurs coreligionnaires : la misère, l'ignorance, l'alcoolisme… Leur mot d'ordre était « Progrès, développement de l'enseignement, droits politiques. ». Leur presse répandait leurs idées sur la nécessité d'arriver à une société laïque, échappant à l'emprise des religieux. « Quinze journaux, créés de 1907 à 1913, sont à l'origine du réveil politique de l'Algérie », affirme Mahfoud Kaddache [65, p. 23]. Cependant, cette élite, même si elle réussit à pénétrer le monde de l'artisanat en difficulté du fait de la concurrence européenne, resta coupée des masses illettrées qu'elle prétendait défendre, mais qu'elle regardait avec condescendance. Par leurs meetings, leurs conférences et leurs journaux, les « Jeunes-Algériens » créèrent une certaine effervescence et profitèrent de l'élargissement progressif du corps électoral pour se faire élire dans les assemblées locales sur un programme assimilationniste : « Pour les Arabes par la France… pour la

France par les Arabes », telle fut la surprenante formule lancée par le journal *Al Misbah* (*Le Flambeau*) à Oran, tandis que le *Rashidi* se voulait un journal « d'union franco-arabe ». Leur francophilie n'empêchait pas les « Jeunes-Algériens » de dénoncer dans des réunions publiques tous les abus et toutes les injustices de la colonisation ; ils en appelaient à la justice de la « bonne France ». Ils allèrent jusqu'à s'adresser, par-dessus la tête des administrateurs, à Paris et même, pendant la guerre, à Wilson lui-même. L'abolition du code de l'indigénat était leur première et principale revendication ; s'y ajoutaient l'exigence de l'instruction égale pour tous et même la représentation des Musulmans au Parlement !

À la veille de la guerre, le problème de la conscription les divisa : certains voyaient dans le décret du 3 janvier 1912 sur la conscription des Musulmans un premier pas vers l'intégration par l'égalité avec les jeunes conscrits français ; d'autres, au contraire, y dénonçaient une absence de scrupule de la part de l'Administration qui envisageait d'éloigner les jeunes gens de leurs familles, ce qui les détacherait des pratiques familiales islamiques. Tous revendiquaient une compensation, non en argent, ce qui ferait d'eux des mercenaires, mais en droits politiques.

Les « Jeunes-Algériens » axèrent alors leurs campagnes sur le thème de l'octroi de la totalité des droits civils aux Musulmans en compensation de la conscription. En 1912, une pétition fut apportée par une délégation menée par le docteur Ben Thami au gouvernement à Paris. Ce manifeste « Jeune-Algérien » revendiquait la suppression du régime de l'indigénat, l'égalité fiscale avec suppression des impôts arabes, une représentation politique portée aux deux cinquièmes dans toutes les assemblées en Algérie et au Parlement. Le droit revendiqué pour les conseillers municipaux indigènes de prendre part à l'élection des maires et des adjoints parut une prétention exorbitante aux Français d'Algérie, de même que l'exigence d'être représentés au Parlement français ou dans une assemblée indigène qui serait créée à Paris !

Des « Jeunes-Algériens » s'étaient fait naturaliser, acceptant de perdre, par là-même, leur statut coranique, ce qui leur valut l'hostilité des traditionalistes, l'incompréhension des masses indigènes devant ce qui leur paraissait une apostasie et la méfiance inquiète des Européens d'Algérie qui voyaient en eux, paradoxalement, des nationalistes alors qu'ils réaffirmaient sans cesse leur désir d'entrer dans la cité française, mais sans condition aucune. Leur volonté d'être assimilés aux Français, leur exigence d'égalité complète avec eux devant les tribunaux et l'impôt paraissaient dangereuses aux Français d'Algérie qui craignaient la « submersion » par ces « nouveaux Français ». Très représentatif de ces « parvenus » de la culture française : le docteur Mosly qui portait redingote ou l'écrivain Cherif Benabyles, issu d'une grande famille, qui dans son roman, *Les âmes frontières*, exprimait l'ambiguïté douloureuse du naturalisé, ce « *m'tourni* », c'est-à-dire ce traître aux yeux de ses congénères.

Les « Jeunes-Algériens » trouvèrent un accueil favorable en France, mais, en 1917, il y eut un revirement de l'opinion alors qu'ils se présentaient toujours comme assimilationnistes ; leur sincérité fut mise en doute tout à coup. Ch.-R. Ageron y voit un effet de la « grande peur de la bourgeoisie » devant la Révolution bolchevique, les prises de positions anti-colonialistes de Wilson et la révolte arabe au Proche-Orient. Ne peut-on penser aussi que ceux qui, en France, avaient accueilli avec plaisir le phénomène « Jeunes-Algériens » assimilationniste, doutant eux-mêmes du bien-fondé de la colonisation, ne pouvaient croire que les colonisés eux-mêmes puissent accepter sincèrement cette colonisation ? La déception des « Jeunes-Algériens » fut à la mesure de leurs espoirs en la France « réelle ». Dès novembre 1919, à l'occasion des élections municipales d'Alger, les Jeunes-Algériens se divisèrent en deux camps : d'une part, les partisans de l'assimilation totale qui voulaient profiter de la loi Jonnart de 1919, qui élargissait le corps électoral musulman, pour lancer une campagne en faveur de la naturalisation en masse ; d'autre part, ceux qui rejetaient toute naturalisation qui ne pourrait être obtenue qu'après renonciation au statut coranique, signifiant perte de l'identité, apostasie, soumission totale au colonisateur. L'Émir Khaled faisait partie de ce deuxième groupe.

1 L'Émir Khaled, un personnage ambigu

L'Émir Khaled, petit-fils d'Abd El Kader, devint le porte-parole des « Jeunes-Algériens ». Certains historiens [65] voient en lui le précurseur du nationalisme algérien, alors que d'autres insistent sur son loyalisme envers la France pendant la guerre où cet ancien élève de Saint-Cyr acquit, à titre exceptionnel, le grade de « capitaine indigène » et fut décoré de la Légion d'honneur. On utilisa ce chef charismatique pour tenir en main les indigènes. « La guerre, écrit Meynier, fut pour le petit-fils d'Abd El Kader un test de son ascendant sur les Algériens des tranchées... Il commença à diriger la prière pendant la guerre, il continua ensuite dans ses campagnes électorales et ses meetings politiques » [78]. Il brandissait haut le drapeau de l'Islam, imposant son « image de chef inspiré »... Entré en politique, il développa les mêmes idées que les « Jeunes-Algériens », mais en cultivant son allure de grand chef arabe, drapé dans son éclatant burnous blanc, pour affirmer son refus de l'assimilation complète et son exigence du respect de sa personnalité arabe. Dans son journal, l'*Iqdam*, fondé en 1919, Khaled multipliait les références à l'Islam et réclamait la suppression de toutes les mesures discriminatoires à l'égard des indigènes. Une pétition dans ce sens qu'il envoya à

Wilson, en passant par-dessus la tête des Français, renforça la méfiance de l'Administration à son égard. Aux élections de 1919 à Alger, Khaled se présenta contre les candidats naturalisés, les « m'tournis ». Son ambition était de rendre compatibles les deux identités musulmane et française qui se combattaient en lui sans en sacrifier aucune. Il fallait toutefois faire admettre cette double identité aux Français. Par ailleurs, l'Islam ne lui paraissait pas un obstacle au développement des valeurs démocratiques et modernes (c'est ce que développeront plus tard les ouléma*). Au printemps de 1920, les Khalédiens l'emportèrent aux élections pour les Conseils généraux et les Délégations financières, provoquant une vive réaction des maires d'Algérie qui s'organisèrent en Congrès et obtinrent même, en août 1920, la remise en vigueur du code de l'indigénat qui avait été suspendu durant la guerre. Les conseillers municipaux khalédiens d'Alger démissionnèrent. En juillet 1921, Khaled, sans être candidat, fut élu aux Délégations financières. Animant l'association la Fraternité algérienne, dont les buts étaient de « réagir sans faiblesse contre l'injustice, l'iniquité, l'arbitraire… », il réclamait l'égalité et demandait une représentation au Parlement, même pour les non naturalisés. S'adressant audacieusement au président de la République, Millerand, en visite à Alger, en 1922, il affirma : « Les habitants d'Algérie, sans distinction de confession et de race sont également les enfants de France », provoquant ainsi l'ire des Européens d'Algérie. Donner le droit de vote aux masses algériennes, « arriérées et fanatiques », au même titre qu'aux Français leur paraissait une aberration. En fait, derrière le prétexte de l'illettrisme se cachait la crainte du nombre… On avait donné en bloc, mais sans risque, la qualité de citoyen à 30 000 Juifs, même illettrés ; il paraissait suicidaire aux Français de l'accorder à des millions de Musulmans. Millerand répondit qu'il ne fallait pas aller trop vite.

Par ailleurs, Khaled pouvait opposer que la politique scolaire musulmane de la France en Algérie ne permettait pas de résoudre ce problème : à peine 30 000 enfants étaient scolarisés sur une population indigène qui approchait les cinq millions d'habitants.

Khaled devait apprendre, à ses dépens, l'efficacité du pouvoir colonial et la faiblesse de ce qu'il appelait la « vraie France » quand, aux élections de 1923, par truquage, l'administration favorisa, contre lui, l'élection de « béni-oui-oui », c'est-à-dire de notables « à la botte » dont la docilité était assurée. Son rêve d'une Algérie franco-musulmane se brisa ainsi sur le roc de la réalité coloniale. La colonisation, qui proposait l'assimilation, tout en craignant sa généralisation qui aboutirait à l'écrasement de la minorité européenne par la masse musulmane, n'échappait pas à la duplicité. Le préfet d'Alger mit brutalement fin à l'expérience Khaled en truquant les élections et en soudoyant Khaled. Celui-ci, très endetté, fut contraint à l'exil en Égypte.

*P. 25

Après la victoire de la gauche en 1924, Khaled, de retour en France, présenta ses revendications dans *l'Humanité*, affirmant par là son attirance pour les propositions du Parti communiste en ce qui concernait la colonisation. Il accepta même de figurer sur ses listes aux élections municipales et au Conseil général d'Alger. L'athéisme des marxistes ne le gênait pas ; les positions anti-colonialistes des Soviétiques et du PCF seules l'intéressaient. Son échec en 1925 marqua la fin du Khalédisme. Cependant, deux groupes très proches des « Jeunes-Algériens » poursuivirent ce rêve de cohabitation dans l'égalité avec le colonisateur : celui des instituteurs et celui des élus.

2 Les instituteurs : la déception de ces hommes de double culture

Les instituteurs d'origine algérienne, étudiés par Fanny Colonna [49], en particulier ceux issus de l'École normale de la Bourzarea, pénétrés de laïcisme, admirateurs du modèle français, animèrent la revue la *Voix des humbles*, qui se voulait le porte-parole des sans paroles. Leur désir le plus ardent était de voir naître et se développer une Algérie franco-musulmane, animée par l'idéal républicain de « Liberté, Égalité, Fraternité ». Très dévoués à leurs compatriotes, ils se heurtèrent à leur incompréhension. Eux-mêmes mettaient uniquement sur le compte du fanatisme et de l'ignorance les résistances populaires à l'assimilation, refusant d'y voir un réflexe de protection et de sauvegarde de la personnalité algérienne, et l'émergence d'une conscience nationale.

3 Les élus

Parmi les « Jeunes-Algériens », les élus musulmans, conseillers municipaux ou généraux comprirent la nécessité de se regrouper face à l'association des maires coloniaux. En 1927, leur premier congrès reprit les points essentiels du programme des « Jeunes-Algériens » et de l'Émir Khaled. Leurs revendications portaient surtout sur la représentation des indigènes au Parlement, l'application du droit commun en Algérie, ce qui impliquait la fin du code de l'indigénat. Ils réclamaient l'égalité civile totale avec les Européens en ce qui concernait tant les salaires, les traitements, que les impôts et les lois sociales. Ce qu'ils demandaient là n'était-il pas la fin du système colonial lui-même ? Les élus s'en défendaient et même comptaient sur l'appui des personnalités de gauche, en France, acquises aux réformes qui permettraient un colonialisme « à visage humain ». L'activité militante des élus se traduisait par de multiples délégations envoyées en France, de nombreux articles dans les journaux, des conférences tenues dans toute l'Algérie, mais leurs revendications ne portèrent pas sur la question nationale puisqu'ils affirmèrent toujours leur loyalisme envers l'« Algérie française ». Ils formèrent, en 1931, une Fédération des élus, présidée par le docteur Bendjelloul, qui reprit tous les points du programme des « Jeunes-Algériens » concernant, par exemple, la fusion de l'enseignement primaire musulman et européen, la part plus grande à y faire à l'arabe. Les élus, qui s'étaient aussi fortement impliqués dans la célébration du Centenaire de l'Algérie française (pourtant humiliante pour la mémoire des Algériens), mais n'avaient obtenu aucune réforme, perdirent toute crédibilité et tout prestige. Eux-mêmes désormais s'interrogeaient sur le bien-fondé de leurs options ; ils mirent leurs espoirs dans le Congrès musulman qui se réunit à Alger en 1936.

La plupart accueillirent favorablement le projet Blum-Violette d'élargissement du corps électoral musulman. Leur porte-parole, Ferhat Abbas, devait faire une déclaration retentissante en faveur d'une Algérie française : « Si j'avais découvert la nation algérienne je serais nationaliste. La patrie algérienne n'existe pas… » qui lui valut une réponse cinglante de Ben Badis, leader des *ouléma*, affirmant l'existence d'une nation algérienne.

4 Les *ouléma*

À côté de cette élite francisée qui aspirait à l'assimilation avec le peuple des Droits de l'homme, une autre frange cultivée de la population, formée dans les universités du Moyen-Orient ou à la *Zaytûna* de Tunis, puisait, elle, dans les préceptes coraniques et dans l'histoire de l'Islam, la force de résister à la pression culturelle occidentale. Ces savants (*ouléma*) travaillaient à un renouveau social et culturel par un retour aux sources pures de l'Islam. Cette jeunesse s'abreuvait tardivement à ce grand mouvement de la *Nahda*• qui, au XIXe siècle, avait parcouru le Moyen-Orient avec les grandes figures de Mohamed Abdou, Jamal El Din El Afghani•, Rachid Rida et d'autres agitèrent le problème des relations de l'Islam et du monde moderne, de l'Orient et de l'Occident. Elle répandit un courant réformiste religieux qui rejetait le maraboutisme* et toutes les superstitions qui défiguraient l'Islam, en créant les *medersa** libres où l'on enseignait l'arabe et le Coran. De retour d'Orient ou de la Zaytûna de Tunis, Ben Badis, Abdelaziz Taalbi et d'autres précisèrent dans de nombreux articles, prédications dans des mosquées, ouvrages d'histoire, le sens de la Renaissance, de la *Nahda* algérienne qu'ils appelaient de leur vœu. « La *Nahda*, écrit Mahfoud Kaddache, signifiait pour eux : réveil culturel et littéraire et amour de la patrie ; Patriotisme et Renaissance étaient liés au lendemain de la Première Guerre Mondiale ». Tayeb el Okbi anima de sa foi réformiste les journaux *El Hack* (1926) et ensuite *Islah* (1926-1929). *El Chihab* regroupa les acteurs les plus dynamiques de l'Islahisme

*P. 55
*P. 25

(réformisme) qui, avec El Ibrahimi de Setif, prônèrent la création de nombreuses mosquées libres (non contrôlées par l'Administration). Tewfik El Madani attribua à l'histoire un rôle primordial dans l'éveil de la conscience nationale du pays pour secouer le joug du colonialisme. Bien que se présentant uniquement comme un mouvement de réforme religieuse, l'Islahisme glissait fatalement dans la revendication politique en exigeant la liberté du culte et dans le nationalisme qui se conjuguait de plus avec le panarabisme inspiré de Chekib Arslan. Jamal El Din El Afghani, héraut de la Renaissance musulmane, n'avait-il pas appelé à la libération des pays dominés par les Européens ? De plus, le retour à un Islam purifié des innovations et des superstitions permettrait de démontrer qu'il n'était pas incompatible avec la modernité. Les *ouléma*, qui se présentaient comme une association religieuse éducative (ils ouvrirent de nombreuses *medersa* rénovées), bien que prêchant (tactiquement ?) l'entente avec les Français et la fraternité entre toutes les religions coexistant en Algérie, ne purent longtemps échapper à la méfiance ni même à l'hostilité de l'Administration.

La lutte pour le développement de l'enseignement de l'arabe se heurtait aux réticences de l'Administration, de même que celle menée contre les *marabouts**, symboles de la corruption de l'Islam et soutiens de la colonisation. Mais ce fut surtout la condamnation de la naturalisation par les *ouléma* qui souleva contre eux l'hostilité des Français, méfiants vis-à-vis d'un mouvement accusé de double langage. En effet, dans ses organes de presse en français, le réformisme en appelait aux principes de 1789 pour obtenir que les Musulmans jouissent de l'égalité des droits avec « les autres enfants du drapeau tricolore », tandis que ses journaux en arabe exaltaient la grandeur arabe passée. Celle-ci serait recouvrée le jour où l'orthodoxie islamique retrouvée se conjuguerait avec la connaissance des techniques de l'Europe pour lutter à armes égales avec l'Occident. L'appel au grand héros de l'histoire, Jugurtha, l'utilisation des légendes populaires rendirent sa fierté au peuple algérien. « Les *ouléma* en vinrent à préconiser l'union du peuple algérien, sous-entendu une union politique, sous le signe de l'Islam, de la nationalité et de l'arabisme » [65, p. 32]. Leur leader, Ben Badis, fut amené à

*P. 55

• **Nahda :** période de la renaissance culturelle arabe (XIXe)

• **Jamal El Din El Afghani (1838-1888).** Philosophe, écrivain, journaliste, il exalta la renaissance musulmane sur le plan de la pensée, du mouvement culturel et de l'action. Jamal El Din Afghani démontrait l'opposition irréductible de l'Orient et de l'Occident, tandis que Mohamed Abdou véritable dispensateur de la doctrine au Maghreb et son successeur Rachid Rida pensait qu'il n'y a pas d'incompatibilité entre l'Islam et le monde moderne. L'arabisme venait se combiner avec le *salafisme*, sous la plume de l'émir druze, Chekib Arslan, qui exaltait dans sa revue « *La Nation arabe* » publiée à Genève, la *Umma* « communauté islamique) mais aussi la « nation » territoriale « *el Watan* » ce qui peut paraître antinomique.

prendre position contre la déclaration assimilationniste de Ferrhat Abbas : « Nous aussi avons cherché dans l'histoire et dans le présent, nous avons constaté que la nation algérienne musulmane existe... ». « L'Islam est ma religion, l'arabe est ma langue, l'Algérie est ma patrie », enseignait-on dans les *medersa* rénovées avec des chants patriotiques qui se répandaient dans toute l'Algérie, inquiétant l'Administration. Ces divers mouvements étaient animés par des éléments bourgeois cultivés, en arabe ou en français.

5 L'émergence du mouvement populaire

L'arrivée dans les villes d'Algérie ou de France d'une masse de *fellahs* transformés en ouvriers permit aux syndicats et au parti communiste d'intégrer dans leur rang des éléments populaires indigènes, fortement encadrés par des communistes français qui, sans se libérer d'une idéologie coloniale prégnante, prirent courageusement, dans le contexte policier de l'époque, la défense des indigènes prolétarisés.

Dans le cadre colonial défendu par le code de l'indigénat, toute expression politique ou syndicale était interdite aux Indigènes. Les Européens, eux-mêmes, durent lutter pour imposer le droit syndical. Les premiers syndicats s'étaient constitués à Constantine en 1880 chez les typographes. Ceux d'Alger s'étaient mis en grève en 1888 ; ils avaient tenu quinze jours et obtenu la journée de neuf heures et un salaire journalier de six francs. Avant la Première guerre, des syndicats se formèrent aussi chez les cheminots et les dockers, intégrant des travailleurs algériens. Le journal *Al Akhbar* du 28 août 1910 rapporta que les dockers de Philippeville avaient organisé « un cortège de manifestants algériens, précédé d'un drapeau vert frappé du Croissant et de l'Étoile » [179, p. 129], drapeau qui sera popularisé par l'*Étoile Nord africaine* en France et en Algérie. En 1908 et 1911, les premiers syndicats agricoles, autour d'El Affroun et de Sainte-Barbe-du-Tlélat, prirent en charge, sous des formes modernes, la lutte paysanne assurée jusque-là par des « bandits d'honneur ». Dans les années vingt, le parti communiste, représenté et encadré par des Européens d'Algérie, attira de plus en plus d'Algériens convaincus que le socialisme résoudrait le problème de l'exploitation coloniale. À propos de l'établissement du protectorat au Maroc, de la guerre du Rif, des opérations en Syrie, les Algériens montraient leur sympathie pour les mouvements de résistance à l'occupation européenne. Le journal socialiste le *Trait d'union*, très lu par les Algériens, de même que la *Lutte sociale*, suscitaient un intérêt passionné pour la révolution soviétique. Le rapport présenté au IIIe congrès mondial de l'I.S.R. (Internationale socialiste révolutionnaire) en 1925 sur la question indigène souligna l'intérêt porté aux événements du Rif et de Syrie, en évoquant les témoignages rapportés par les tirailleurs qui avaient participé aux combats « dans les *douar**

* P. 19

les plus reculés, dans les villes et dans les campagnes, chez les Arabes et chez les Kabyles, chez les ignorants comme chez les intellectuels. Au café maure le tirailleur permissionnaire ou convalescent est écouté religieusement lorsqu'il raconte ce qu'il a vu au Maroc ou en Syrie » [179, p. 132].

6 L'action du PCF en faveur des Algériens et ses limites

De même, les idées répandues par les instructeurs français de l'École d'Orient de Moscou informèrent, à travers des conférences publiques sur les positions du PCF, sur les grands problèmes mondiaux et familiarisèrent certains avec la pensée marxiste. Messali• Hadj rapporta, dans *Le Monde* du 29 janvier 1959, comment des conférenciers éloquents étaient venus à Tlemcen leur parler « de notre pays, de nos libertés, de nos droits. Ils s'appelaient Paul Vaillant-Couturier, Charles-André Julien » [179, p. 132]. Des Algériens étaient aussi envoyés par le P.C. à l'École d'Orient de Moscou, qui assurait leur formation. Dans les années vingt, des grèves éclatèrent auxquelles les indigènes participèrent, soutenus par les populations locales, ainsi, chez les éboueurs d'Alger en 1927 ; en 1929, celle des dockers toucha Arzew, Beni Saf, Mostaganem : au total 6 000 grévistes. Le parti communiste, qui animait ces grèves, vit adhérer même des ouvriers agricoles, par exemple dans la région de Tlemcen.

Des manifestations importantes mobilisaient plusieurs milliers de travailleurs algériens à l'occasion du 1er mai. *La Lutte sociale* évaluait à près de 10 000 ceux qui participèrent au 1er mai 1919, au chant de *L'Internationale* et aux cris de : « Vive Jaurès, vive Lénine, vive Trotsky », à la surprise effrayée des Français. L'année 1925 fut agitée par les actions de solidarité avec les combattants rifains. Le Gouverneur général d'Algérie nota que, dans la nuit du 18 juin 1925 à Oran, « des papillons contre la guerre du Maroc ont été apposés la nuit sur les murs de la ville ». Doriot se félicita de « la sympathie du peuple algérien pour les Rifains », manifestée lors de son passage à Sétif en 1925. Le noyautage systématique de l'ENA (Étoile Nord-Africaine) par les communistes, tant en Algérie qu'en France, fournit au P.C. des « combattants

---

• **Messali Ahmed dit Messali Hadj (1898-1974).** Né à Tlemcen dans une famille très pieuse, il vit plusieurs années en France après la fin de la Première Guerre mondiale. C'est là qu'il noue des liens avec les membres du Parti communiste français. Il épouse une Française, Émilie Busquant. Il fonde en 1925 l'Étoile nord-africaine, un parti qui rassemble des ouvriers maghrébins vivant en France et qui réclame des réformes pour les trois pays du Maghreb. Réfugié à Genève, il y rencontre Chekib Arslan qui lui fait partager ses idées d'unité arabe. Arrêté plusieurs fois, il fonde le MTLD puis le MNA. À l'indépendance, il quitte l'Algérie pour la France.

très sérieux et très disciplinés dans la lutte des classes », indiquait le rapport de 1924 au IIIe Congrès mondial de l'Internationale socialiste révolutionnaire.

Cependant, le P.C., en Algérie, était surtout dirigé par des Européens, encore marqués par le réformisme de la social-démocratie. L'Algérie ne leur paraissait pas mûre pour être concernée par la question nationale. Jaurès lui-même parlait de « nation en formation ». Leur idéologie, illustrée par la motion votée à Sidi Bel Abbès souvent citée, était encore très marquée par la position des coloniaux. Cet aspect devait éloigner de lui nombre d'Algériens qui, par ailleurs, se souciaient peu de soutenir l'Union soviétique et de remplacer un impérialisme par un autre. Ce fut très vite la position de Messali Hadj.

Ce fut en France, dans le milieu immigré nord-africain, que naquit, en 1926, « L'Étoile nord-africaine » (ENA). Sous l'égide du Parti communiste français, elle se présentait comme une section de l'Union inter-coloniale du PCF. Bientôt cependant, sous l'influence d'une forte personnalité, Messali Hadj, ce mouvement prit une orientation islamo-arabe qui l'éloigna du parti communiste jusqu'à la rupture avec lui.

7 Messali Hadj : un nationaliste défenseur de la démocratie... et de l'Islam

D'une famille d'artisans et de cultivateurs de Tlemcen, très pieuse, affiliée à la confrérie populaire des Derkaoua, Messali animait des cercles d'études où l'on commentait l'actualité à travers la presse : la révolution russe, le sort de l'Empire ottoman occupaient beaucoup de place. Mobilisé en 1918 et affecté à Bordeaux dans un poste de garde, il y acquit le grade de caporal, puis de sergent. Son intérêt pour les arts (théâtre, danse, opéra, etc.) et la lecture assidue des articles de presse firent de lui un autodidacte remarquable. À sa démobilisation, il refusa un poste dans l'administration française en Algérie pour ne pas participer au système colonial. Revenu en France, à Paris, en 1922, où il pratiqua divers métiers comme manœuvre ou vendeur de quatre saisons, il suivit des cours à la Sorbonne en auditeur libre, rencontra des leaders politiques de gauche. Il épousa une Française, Émilie Busquant, d'une famille d'ouvriers anarcho-syndicalistes de l'Est qui eut une grande influence sur sa pensée. Sa rencontre avec un Algérien communiste, Hadj Ali Abdel Kader, qui devint son ami, fut aussi déterminante. « Il m'apprenait beaucoup de choses... sur l'importance de la IIIe Internationale. Il me parlait abondamment de Lénine », « Hadj Ali (lui) reproduisait chaque dimanche les cours et les débats de l'école des cadres de Bobigny ».

C'est ainsi qu'il fut amené à juger l'action de Khaled trop modérée et son programme inconsistant. Messali Hadj ne tarda pas à devenir le dirigeant de l'Étoile. Il participa activement à la lutte du PCF contre la guerre du Rif menée par les Français et pour le soutien d'Abd El Krim*, dont la personnalité le fascinait autant que, naguère, celle de Mustapha Kemal. « L'Étoile nord-africaine » rassemblait des ouvriers maghrébins exilés en France, surtout des Kabyles (alors que Messali était un Koulougli• de Tlemcen) : elle comptait 4000 militants en 1928, organisés sur le modèle du PCF. Très vite, l'ENA mit dans ses revendications l'indépendance pour l'Algérie et réclama, dans l'immédiat, des changements révolutionnaires pour sortir l'ensemble de l'Afrique du Nord de la misère et de l'exploitation : c'est ainsi qu'elle réclamait une véritable réforme agraire. Ces revendications effrayaient même les Musulmans et leurs porte-parole modérés qui ne protestèrent pas lors de la dissolution de l'ENA en 1929, non plus que le PCF qui appréciait peu l'indépendance acquise par l'ENA vis-à-vis de lui, le radicalisme de ses revendications nationalistes et son orientation vers l'arabisme. Cette dissolution eut peu d'effet sur l'action de l'ENA qui, sous la direction énergique de Messali Hadj, poursuivit son combat en se rapprochant de la gauche révolutionnaire française (Monatte• et Pivert•).

* P. 133

III. Les résistances armées au Maroc

Au Maroc on assiste, avec un décalage par rapport à l'Algérie, à des mouvements de résistances armées tardives.

1 La guerre du Rif (1921-1926)

La résistance rifaine fut la plus rude et la plus difficile à vaincre, exigeant de véritables opérations de guerre de la part de l'Espagne d'abord, puis de la France. Cette région montagneuse, partagée entre ces deux pays, ne fut occupée immédiatement ni par l'un ni par l'autre pays. En effet, les tribus

---

• **Kulughli (ou Koulougli)** : enfant issu d'un mariage mixte turc-algérien.
• **Pierre Monatte (1881-1960).** Anarcho-syndicaliste, ouvrier du livre. L'un des créateurs du Comité français pour la IIIe Internationale. Fondateur de la revue *La vie ouvrière*. Opposé à l'Union sacrée, il démissionne en 1915 des instances confédérales de la CGT. Emprisonné à la Santé après la grève des cheminots de 1920.
• **Marceau Pivert (1895-1958).** Membre du syndicat national des instituteurs. Après avoir quitté la SFIO, il fonda le Parti socialiste ouvrier et paysan en juin 1938. Après la défaite, il s'exila à Mexico. De retour en France, après la Libération, il retourne dans les rangs de la SFIO.

belliqueuses opposaient une résistance farouche à la pénétration étrangère. Les Espagnols s'étaient installés aux deux extrémités de la chaîne à l'Ouest dans la zone Ceuta-Tétouan-Arsila-Al Ksar e'l Kebîr et à l'Est dans la plaine, de Melilla à la Moulouya, laissant libre de toute occupation étrangère la région montagneuse du Centre, habitée par les Djebala avec la capitale de Chechaouen (Xauen en Espagnol).

Le Rif attirait les convoitises des Européens par ses richesses minières, dont on exagérait l'importance. Depuis 1856 et la perte du monopole d'exploitation du sultan, celles-ci paraissaient plus accessibles pour les puissances étrangères, en particulier les métallurgistes allemands, les Mannesmann, ou les colonistes d'Algérie du Comité du Maroc avec Eugène Étienne. Tous ces étrangers pouvaient exploiter les faiblesses d'une région où les dures conditions naturelles (climat rude, superficie cultivable faible, du fait du relief) maintenaient la plus grande misère, celle-ci alimentant les querelles entre les tribus, les vendettas entre les familles, souvent attisées par les étrangers. La résistance contre les Espagnols restait larvée. La surcharge démographique relative obligeait de nombreux Rifains à émigrer à la recherche de travaux agricoles en Oranie, en France, ou en Afrique Noire, ou bien à s'enrôler dans les tirailleurs algériens. Ces montagnards respiraient ainsi « l'air du large » et étaient sensibles aux changements extérieurs.

Cette zone au relief tourmenté servait de refuge aux prétendants au trône, les « Rogui », comme Bou Hmara qui s'installa même, un temps, à Selouane, créant un prétexte de plus à l'agitation. Celle-ci était entretenue aussi par les intrigues des Espagnols. Devant les difficultés de pénétration, ils croyaient habile de soudoyer les petits chefs en les pensionnant, ce qui soulevait contre ces derniers la colère des « petites gens » qui allaient jusqu'à brûler leurs maisons, parce que trop favorables aux Espagnols.

2 La guerre d'Ameziane ou El Meziane

Un chérif, El Meziane (ou bien Ameziane), chef de *zâwiya** de grand prestige, avait soulevé la région en faveur du sultan Moulay Hafid ; il retourna les « petites gens » contre le sultan Abd El Aziz* et les notables pro-espagnols, « *los amigos de España* » : ce fut, préfigurant la guerre du Rif d'Abd El Krim des années 1920, la guerre hispano-rifaine de 1909.

El Meziane infligea une rude défaite aux Espagnols à la bataille de Gourougou, où deux généraux, trois colonels et des centaines de soldats espagnols trouvèrent la mort. Cette guerre se heurta en Espagne à une opposition qui fut sanglante à Barcelone. Elle fut poursuivie néanmoins durant de nombreuses années malgré d'autres échecs espagnols.

La lutte pour défendre Melilla contre El Meziane coûta cher aux Espagnols (9 000 morts et blessés) et alimenta ou ranima leur haine du « Moro ». De nombreux combats autour de Nador, l'entrée des Espagnols à Selouane représentaient une avancée vers la Moulouya à laquelle un accord franco-espagnol de novembre 1911 mit fin. La frontière entre les deux zones d'occupation fut fixée à l'Ouest sur l'Ouerga. Le partage entre les deux puissances laissait à l'Espagne les deux tiers du territoire, et à la France le versant sud de la chaîne du Rif, éloignant de Fez toute menace des tribus rifaines. Celles-ci étaient souvent coupées en deux par l'occupation militaire et administrative des deux pays européens ; cela parut vite insupportable aux libres montagnards qui empêchèrent une pénétration véritable de leur territoire tant au Sud par les Français, qu'à l'Est ou l'Ouest par les Espagnols : « Les Rifains, en armes, gardaient farouchement leurs montagnes et leurs vallées où ne conduisait aucune route » (G. Attilio, *Maroc du Nord*, Paris, 1980, p. 135).

Ameziane résista huit mois sur la ligne du Kert avec 12 000 soldats rifains avant de mourir au combat le 15 mai 1912. Durant dix ans encore, les tribus assurèrent la défense de cette ligne qui marquait la limite entre la zone occupée et la zone centrale libre. Au Sud, Lyautey, inquiet pour Taza menacé par les Rifains et même pour Fez, tâchait de repousser petit à petit plus au nord la ligne de l'Ouerga, mais ce grignotage soulevait les populations. Abd El Krim allait les entraîner dans la lutte contre les Espagnols et transformer « la dissidence du Rif en une guerre épique » (G. Attilio, *Maroc du Nord*, Paris, 1980, p. 139).

3 Abd El Krim

Né vers 1882, dans la puissante tribu des Beni Ouriaghel, dans la fraction des Aït Khattab, Mohamed ou Mohand ben Alb El Krim El Khattabi connut un parcours original puisque ce futur héros de la lutte anti-espagnole commença sa carrière comme fonctionnaire de l'Espagne. En effet, après des études à la Qarawwiyyn de Fez, puis en Espagne où son père l'envoya avec son frère, M'hamed, il devint maître d'école à Melilla et professeur de berbère à l'académie arabe en 1907. En même temps, il assurait une chronique en arabe dans le journal intitulé *El telegrama del Rif*, organe de la colonisation espagnole. Il était interprète au Bureau des affaires indigènes (*oficina de Asuntos indigenas*), l'équivalent des Renseignements généraux au Maroc français. En 1910, nommé cadi* de Melilla, il demanda même la nationalité espagnole. Celui qui fut l'un des premiers journalistes marocains put, de ce poste de Melilla, suivre les affaires du protectorat français de Syrie, ensanglanté par la révolte druze, observer les faiblesses européennes et se former

*P. 31

politiquement. Influencés par le réformisme musulman venu d'Orient, ses articles exprimaient de l'admiration pour Atatürk et ses mesures radicales, pour Mohamed Abdou et la Nahda*, venue d'Égypte, qui avait pour objectif de permettre au monde musulman tout entier de secouer sa léthargie et rattraper son retard. À travers ses dénonciations de la pauvreté du Rif, de son retard technologique, des tenants du traditionalisme, il faisait l'éloge du salafisme• et de la modernité, à laquelle pourrait accéder un jour le Maroc et le Rif lui-même (quand ils seraient libres, était-il sous-entendu). Sa position officielle l'incitait à la prudence verbale ou l'obligeait à ne porter ses attaques que contre l'autre occupant : la France. Ce pro-espagnol, qui avait fait une rapide carrière dans l'administration coloniale où il avait acquis une expérience de la gestion administrative moderne, rêvait de « réaliser dans un premier temps l'unité rifaine et de faire du Rif un État indépendant discipliné et riche » [116, p. 388], qui servirait d'exemple à l'ensemble du Maroc et aux pays colonisés en général.

*P. 203

4 La rupture avec les Espagnols : la guerre du Rif (1921-1926)

Abd El Krim était conscient d'avoir servi, avec son frère, d'otage aux Espagnols. D'ailleurs, cela avait été signifié clairement à son père lorsque celui-ci voulut se libérer de la tutelle de ceux qui le pensionnaient.

Abd El Krim, désespérant de l'Espagne, qui n'avait pas fait progresser le Rif et ne montrait que mépris pour les indigènes, quitta l'administration espagnole où il n'était d'ailleurs plus *persona grata* en 1919. Après la mort de son père en 1920, devant les excès des Espagnols dans leur politique répressive et autoritaire, il travailla avec succès à unir contre les occupants les membres des tribus soulevées. Les Espagnols envoyèrent, contre lui, le général Sylvestre, celui-là même qui avait fait jeter Abd El Krim en prison quand il avait imprudemment évoqué l'idée que la partie du Rif, non occupée par les Européens, pouvait devenir indépendante. Les Espagnols furent battus par les troupes rifaines à Anoual, le 22 juin 1921. Cette victoire, qui eut un profond retentissement dans le monde colonisé et ailleurs (un peu comme celle des Japonais contre les Russes à Tsushima en 1905 !), galvanisa l'énergie des Rifains, qui crurent désormais possible de se libérer totalement des étrangers. Abd El Krim lui-même qui, au début, ne songeait qu'à rendre indépendante sa tribu des Beni Ouriaguel, se laissa envahir par une ambition plus grande : libérer tout le Rif.

La victoire d'Anoual permit à Abd El Krim, désormais bien pourvu en armes prises à l'ennemi et en argent, tiré des rançons payées par l'Espagne pour le rachat des prisonniers, de mettre en application ses idées et même ses rêves. Les chefs de tribu, qu'il convoqua et auxquels il exposa son programme, reposant sur la création d'une « Assemblée nationale », se mirent d'accord sur l'élaboration d'une charte et acceptèrent la proclamation par Abd El Krim d'une « république confédérée des tribus du Rif », dont il était le président et qui comportait tous les ministères nécessaires au fonctionnement d'un État moderne. On a pu souligner qu'Abd El Krim pouvait s'inspirer à la fois pour ce nouvel État de la tradition érigée par les successeurs du prophète et de la modernité occidentale, comme le suggère le terme de République. Ce terme n'était-il employé que pour plaire aux Occidentaux comme on l'a suggéré ? En même temps que la guerre se poursuivait contre les Espagnols, Abd El Krim réorganisa le pays, trop longtemps soumis à l'anarchie et à l'instabilité, en prenant des mesures radicales comme l'interdiction des vendettas. Il organisa l'armée avec des contingents fournis par les tribus (tous les hommes en état de porter les armes furent mobilisables entre 16 et 50 ans, mais une rotation se fit entre eux pour permettre la poursuite des travaux agricoles). Des *caïd**, dépendants du pouvoir central rifain, le représentèrent et dirigèrent les tribus. Abd El Krim apparut désormais comme un chef de guerre moderne qui, sans être laïc, rejetait toute théocratie et pouvait donc bénéficier du soutien du Kominterm et du PCF. Il annonça, pour le mois de mai 1925, son intention d'aller vers Fez, ce qui inquiéta vivement Lyautey. Après l'échec des pourparlers de paix en mars 1926 à Oujda, le Résident dut renoncer à son idée de rallier le chef rifain et décida de se rapprocher des Espagnols, méprisés jusque-là, pour une action commune. Une deuxième phase de la guerre commença avec les Français. Les Rifains, moins bien équipés, ne purent engager que 30 000 fusils et 75 000 fantassins face aux 100 000 Espagnols et aux 100 000 Français qui furent renforcés par 60 000 soldats sous Pétain. Écrasée sous le nombre, la République rifaine capitula et Abd El Krim se rendit, laissant l'image d'un héros précurseur, image réactivée par les mouvements d'indépendance des autres colonies. Déporté à la Réunion, Abd El Krim s'évada en Égypte lors de son transfert en France, au moment où, en 1947, il aurait pu représenter un rival pour le sultan marocain.

* P. 15

« Ce que Abd El Krim avait prouvé par son exemple, c'est la puissance insoupçonnée que des populations, même primitives et sans armée, ni État pré-existant, étaient capables de développer dès qu'elles étaient unies par la volonté de secouer la tutelle coloniale, même acceptée par les vieux maîtres nationaux » (G. Ayache, *Les origines de la guerre du RIF*, 1981). Défendre et libérer la patrie au nom de l'Islam, voilà la grande idée que cette épopée rifaine

---

• **Salafisme, Salafiyya** : réformistes, partisans d'un retour à la pureté primitive.

> **Appel d'Abd El Krim à la lutte commune (août 1925)**
>
> *Cessons de nous combattre les uns les autres et de nous entre-tuer entre frères, agissant en cela comme celui qui travaille à sa propre perte. Musulmans algériens et tunisiens, dans notre capitale sont venues des députations nombreuses de Fez, Meknès, Marrakech, Tétouan et autres villes du Maroc, ainsi que de Tripolitaine, d'Égypte, de Palestine, de Syrie, de l'Irak, de Turquie et de l'Inde. Ces députations sont venues nous assurer de la confiance des communautés musulmanes en notre République riffaine, et chacun de ces pays nous a secourus matériellement et moralement : nous les en aimerons du fond du cœur, et nous demandons de les imiter et de vous employer à susciter des concours en la faveur du peuple rifain et de les aider dans sa guerre sainte. Musulmans algériens et tunisiens, le moment est venu pour tous les peuples musulmans, Tripolitaine, Égypte, Palestine, Syrie, Irak, de briser les liens de l'esclavage, de chasser les oppresseurs et de libérer leurs territoires. Profitez de cette occasion favorable et révoltez-vous avec nous pour libérer notre territoire en totalité.*
>
> Tiré de J.DALLOZ, *Textes sur la décolonisation*, PUF, coll. Que sais-je ?, n° 2491.

avait semée dans l'esprit des Musulmans. Abd El Krim apparut comme le symbole de la résistance non seulement marocaine, mais de la résistance de l'ensemble des Musulmans au monde occidental.

Cependant, il refusa d'exploiter les sentiments religieux, mettant en garde contre l'instrumentalisation de l'Islam aussi bien par les Musulmans, pour l'exalter, que par les Européens pour combattre les mouvements d'émancipation. Néanmoins, Abd El Krim, même vaincu, devint le symbole de la protestation musulmane, celui qui avait tenu en échec la puissance de deux États chrétiens d'Europe, « le héros national et le glorieux champion de l'indépendance marocaine », tel que l'exaltera l'Istiqlal•.

IV. Naissance du mouvement nationaliste marocain

*P. 203

Malgré un relatif isolement, le Maghreb El Aqsa n'avait pas échappé à la *nahda**. Le pèlerinage à la Mecque favorisait les contacts entre les Musulmans d'Occident et d'Orient. Deux mille Marocains étaient installés au Caire et à Alexandrie pour leur commerce ou comme étudiants à l'université Al Azhar• au temps où le cheikh Abdou en était directeur et animait la revue *El Manar* (*Le Phare*). Grâce aux Capitulations qui ouvraient les frontières et malgré la censure, la presse du Caire était lue à Fez, (à la Qarawwiyyn), à Tanger, Rabat, à Salé.

De même en Orient, on s'intéressait aux affaires du Maroc. L'intervention des Turcs et des Égyptiens pour contrecarrer l'établissement du protectorat au Maroc ou soutenir les révoltes de Raïsuni et de El Hiba*, même si elle connut des échecs, aida à la prise de conscience d'une solidarité du monde arabe.

* P. 141

Le réformisme orthodoxe des Salafistes•, contempteurs des confréries, fut d'abord représenté au Maroc par Abdallah Ben Driss El Sanoussi, ancien étudiant d'El Azhar, et par un fidèle de Moulay Hafid, Bou Chaïb Ed Doukali, professeur à la Qarawwiyyn, où il répandit les idées de Mohamed Abdou. Deux de ses disciples, Ben El Arbi El Alaoui et Allal, Al Fassi• portèrent le débat sur le terrain politique et s'opposèrent au régime du protectorat.

Ce fut après la Première Guerre mondiale que se manifesta au Maroc, comme en Tunisie et en Algérie, le mouvement d'opposition à la colonisation et de revendication dit « nationaliste ». La fin des résistances armées renforça son émergence, qui avait eu lieu pendant la guerre du Rif. L'échec d'Abd El Krim, qui avait un moment porté tous les espoirs d'émancipation, semblait prouver que le rapport des forces matérielles, trop inégal, condamnait l'action armée. Celle-ci n'avait-elle pas, déjà, échoué en Algérie après la révolte quasi générale de 1871. Seule la mobilisation des forces intellectuelles, spirituelles et morales contre l'entreprise de destruction de l'occupant pouvait faire espérer le salut. L'Islam représentait l'arme la plus efficace, mais un Islam débarrassé de toutes les impuretés et superstitions qui l'avaient empêché de s'ouvrir à la modernité, donc au progrès pensaient les salafistes. La pensée marocaine fut ainsi marquée par le réformisme orthodoxe des salafistes et les maîtres de la *nahda*. La nécessité d'un retour à l'Islam originel s'imposait aux Musulmans pour les libérer de la tutelle étrangère, mais en acquérant ce qui faisait la force de l'Occident : sa puissance matérielle tout en conservant la spiritualité islamique.

Notons que même ceux que l'on classait parmi les traditionalistes les plus intransigeants pouvaient se montrer conscients de l'intérêt des progrès modernes pour renforcer le camp islamique. Ainsi en 1844, lors de l'humiliante défaite d'Isly, les *ouléma* salafistes avaient réclamé une modernisation de l'armée pour résister à la conquête coloniale.

- **Istiqlal :** indépendance.
- **Azhar (al) :** université islamique du Caire (La Lumineuse).
- **Salafiste :** tenants du retour à la foi pure des Anciens, *Salaf*.
- **Allal Al Fassi (1910-1974).** Né à Fès dans une famille d'origine andalouse réputée pour son attachement à un islam traditionnel, il est l'un des premiers nationalistes marocains qui s'opposèrent notamment au *dahir berbère* de 1930. Alors qu'il représente le courant islamique, il est élu à la tête du CAM (Comité d'action marocain), élection qui provoque la scission du comité. Arrêté en 1937, il est banni au Gabon où il restera jusqu'en 1946. À son retour au Maroc, il décide de soutenir la cause de la Ligue arabe et deviendra après l'indépendance le chef de l'*Istiqlal*.

Les « Jeunes-Marocains »

C'est dans ce climat d'effervescence intellectuelle que l'on vit arriver sur la scène politique des jeunes gens critiques et revendicatifs que Lyautey appela très vite, les Jeunes-Marocains par référence aux Jeunes-Turcs. Une partie d'entre eux était issue de l'enseignement traditionnel et une autre de cet enseignement français que le Résident avait lui-même si précautionneusement organisé. Par ailleurs, dans les villes, l'ensemble des milieux artisanaux et commerciaux, bouleversés par la concurrence coloniale, dont les fils se trouvaient évincés des fonctions de l'administration ou de la judicature que leurs études avant le protectorat auraient dû les amener à exercer, appuyaient les revendications des Jeunes-Marocains. En effet, la confiscation de l'Administration par les Français, du fait de la dérive du régime du protectorat vers un système d'administration directe, privait de débouchés la jeunesse issue de l'université Qarawwiyyne et des collèges franco-musulmans. La discrimination et le mépris dont ils se sentaient l'objet dans tous les domaines les rejeta dans l'opposition au protectorat. Celui-ci se souciait peu de les préparer aux concours ouvrant l'accès aux postes administratifs les plus élevés. Quant aux postes subalternes, une grille de salaires spéciale pour les Marocains, nettement inférieure à celle qui concernait les Français, traduisait un mépris constamment manifesté à l'encontre de ces jeunes « qui ne faisaient que singer les Français ». Même la petite minorité qui réussissait à poursuivre des études en France, de retour au Maroc, ne trouvait pas plus grâce aux yeux des coloniaux, imbus de leur supériorité, qui continuaient à « tutoyer » ces jeunes issus des universités comme s'ils restaient leurs inférieurs malgré leurs diplômes. Il faut lire les pages d'Albert Memmi [26] sur l'assimilation proposée par le colonisateur et finalement refusée aux colonisés à qui on reprochait leur manque d'originalité.

La perte d'autorité du sultan, qui ne pouvait plus apparaître comme un véritable protecteur, en particulier contre le régime policier et l'arbitraire des Français, enleva aux jeunes tout espoir d'un avenir meilleur. Dans les années trente, la crise économique, en réduisant encore les débouchés, exacerba les tensions. La nervosité gagna les artisans et les commerçants, touchés par la crise de mévente, tout comme les *fellahs*. La glorification de la colonisation par l'étalage de sa réussite économique, lors des foires de 1915 et de 1916 organisées par Lyautey*, accentua l'humiliation provoquée chez les intellectuels par le rappel des victoires des croisés, le souvenir de saint Louis ou le congrès eucharistique de Carthage. Les préparatifs de l'Exposition coloniale de 1931 exacerbèrent les sentiments de frustration des jeunes, écartés de cette exaltation de l'épopée coloniale et du progrès technique.

* P. 103

Chapitre 12

Les années trente : triomphalisme colonial et Empire en crise

I. L'Exposition coloniale

Le 6 mai 1931, le président de la République, Gaston Doumergue, inaugura l'Exposition installée, sur des centaines d'hectares, au bois de Vincennes, en présence du ministre des Colonies, Paul Reynaud, et du commissaire général de l'exposition, le maréchal Lyautey*. Le phénomène quasiment incontesté qu'était alors la colonisation était célébré de façon grandiose avec la reproduction grandeur nature du temple d'Angkor, d'une pagode bouddhiste, de la mosquée de Djenné (Niger), l'aménagement d'un parc zoologique et la construction d'un musée permanent des colonies. Les manifestations et les festivités organisées tout au long des avenues de l'Exposition attirèrent plus de 30 millions de visiteurs venus chercher l'exotisme et une image de la grandeur de l'Empire et de la mission civilisatrice de la France auprès des peuples indigènes. L'Exposition coloniale faisait la presque unanimité de la classe politique française et, dans une période économiquement difficile pour le pays, elle permettait d'affirmer la puissance française face aux autres empires rivaux. Nul ne songeait alors à remettre en cause les aspects positifs et les bienfaits de la colonisation tels qu'ils étaient montrés à la Porte Dorée, et ceci pour une raison simple : l'exposition coloniale donnait [177] « aux Français le sentiment de leur supériorité, d'un droit de propriété sur les mondes conquis et sur leurs populations, un droit alors consubstantiel à l'adhésion de chaque Français aux idéaux « civilisateurs » de la République. C'est aussi, au-delà de l'autocongratulation coloniale, une allégorie efficace et une volonté explicite de définition de l'identité française, capable de civiliser et d'assimiler les peuples placés sous sa

* P. 103

conduite ». Cette « autocongratulation coloniale » fut peu contestée en France. Seul le mouvement surréaliste tenta de dénoncer la vision idéalisée du fait colonial en organisant, avec la CGTU et l'Étoile Nord-Africaine, une contre-exposition, qui n'eut pas beaucoup de succès. Cette dernière comportait notamment trois sections, proposant une rétrospective de la colonisation où étaient dénoncés les crimes des conquêtes coloniales, la décimation des troupes coloniales durant la guerre de 1914. La seconde section était consacrée à l'URSS et à sa politique des nationalités. Enfin, dans la dernière salle, était donnée une analyse des problèmes culturels posés par le colonialisme.

Cette célébration de la chrétienté en pays musulman traduisait une méconnaissance et un mépris des psychologies locales. Les mouvements nationalistes trouvèrent là l'occasion de renouveler leurs protestations.

II. La crise économique et ses conséquences en Afrique du Nord dans les trois pays

La grande dépression qui ébranla le monde capitaliste n'épargna pas l'Afrique du Nord, bien que celle-ci ait été englobée dans un système de défense économique impériale par la France, les prix ayant été artificiellement maintenus par la métropole qui achetait au-dessus des prix du marché et maintenait des droits de douane élevés, comme une ceinture protectrice autour de son Empire. On sait que cette crise fut essentiellement une crise des échanges, une crise de mévente portant sur le marché des matières premières et des produits agricoles, dont les prix baissèrent spectaculairement sur le marché mondial. Qu'il s'agisse de surproduction ou de sous-consommation, il semble que les deux phénomènes se soient conjugués pour faire éclater la crise un peu plus tard qu'aux États-Unis, dans les années 1930-1931, comme en France.

Si les caractéristiques générales furent identiques dans les trois pays du Maghreb, la crise les toucha à des degrés divers en raison des différences de régimes douaniers hérités de la période pré-coloniale. La crise atteignit les productions essentielles de ces régions (produits miniers et agricoles). Celles-ci parurent d'autant plus vulnérables à la crise que la structure coloniale de son économie imposait l'importation de produits manufacturés et l'exportation de produits primaires, mettant en échec les tentatives hyperprotectionnistes autour de l'Empire. Par ailleurs, les économies maghrébines, trop dépendantes du crédit accordé par la métropole, ne pouvaient être que fragiles. La crise ne fit que renforcer les liens économiques avec la France. La crise économique dans laquelle s'enfonçait l'Algérie au début des années trente contraignait la colonie à un repli durable sur la métropole. Les liens très forts, noués presque exclusivement avec la France durant cette période, créèrent une dépendance durable et, selon Daniel Lefeuvre [71, p. 55], une « incapacité à affronter le marché mondial [qui] ne saurait s'expliquer après la Seconde Guerre mondiale par la conjoncture internationale, mais bien par des déséquilibres internes à l'Algérie, dont l'origine se trouve non dans la sphère de l'échange mais dans celle de la production et que l'on peut déceler dès le début des années 1930 ». Ainsi, si l'on comprend bien cette pensée, le système colonial, qui interdisait une autonomie industrielle, plaçait les pays colonisés dans une dépendance perpétuelle.

1 La structure économique à l'arrivée de la crise
a. Les secteurs tournés vers le marché extérieur

Deux secteurs, nous l'avons dit, dominaient l'essentiel de l'économie du Maghreb : le secteur agricole et le secteur minier. L'arrivée de la crise provoqua la chute des exportations vers la métropole, due au fait que le marché de la métropole se ferma dans un premier temps. L'économie de ces pays présentait des variations dans les systèmes d'exploitation, liées à l'étendue des terres, à l'accès aux aides, qui firent que la crise n'eut pas le même effet sur les grandes sociétés agricoles de type capitaliste, sur les exploitations modernes moyennes des colons et sur les petites cultures vivrières des *fellahs* : un grand exploitant français de blé tendre, quel que soit le pays, ne subit pas la crise de la même façon qu'un petit *fellahs*, voire qu'un petit colon. En Tunisie par exemple, la superficie des terres possédée par un agriculteur français était très élevée, couvrant en moyenne 200 à 250 hectares, alors que la surface moyenne possédée par un Tunisien était de 6 hectares, superficie insuffisante pour la mécanisation ou les techniques d'arrosage et d'enrichissement des terres. Sur leurs terres, les colons français avaient fait le choix de cultures spéculatives à haut rendement comme le blé tendre, la vigne ou l'olivier, très sensibles aux variations du marché, alors que les *fellahs* pratiquaient une agriculture d'auto-subsistance, peu productive, qui les rendait moins vulnérables aux fluctuations du marché.

Dans les trois pays, on retrouve les mêmes caractéristiques. La crise atteignait les grandes exploitations, très mécanisées, par le biais de l'endettement. Face à ce secteur moderne, l'économie traditionnelle faisait surtout appel à une forte main-d'œuvre. Les *fellahs* cultivaient le blé dur, l'orge et l'olivier et étaient confrontés à la baisse importante des prix (entre 1927 et 1935, pour l'orge l'indice des prix passa de 119 en 1927 à un indice 34 en 1935 ; quant au blé dur, son prix chuta de près de 60,8 % durant cette période et l'huile de près de 65 %). La nécessité de procéder à un certain nombre d'achats indispensables pour sa nourriture (le thé, le sucre), de disposer de moyens monétaires pour payer ses impôts, etc., faisait que le petit paysan n'échappait pas à la crise. Dans l'ensemble de l'Afrique du Nord, et spécialement en Algérie, un secteur était clairement dépendant du marché français, c'était le secteur viticole qui ne put pas compter sur la faible demande interne et dut également prendre en compte le contingentement fixé pour protéger les viticulteurs de la métropole. Le phylloxera qui sévit en France entre 1929 et 1932 protégea, pour un temps, les exportations viticoles d'Afrique du Nord vers la France et encouragea les colons à augmenter inconsidérément les productions. Ainsi, en Tunisie, la production oscilla entre 800 000 et 1 million d'hectolitres avant la crise puis, les viticulteurs poursuivant la plantation de nouveaux ceps, elle atteignit 1,6 million d'hectolitres annuels en moyenne entre 1932 et 1934 alors que, dans la métropole, les viticulteurs français ne parvenaient déjà plus, en 1932, à écouler leur récolte. La surproduction provoqua l'effondrement des prix, d'autant plus que les récoltes tunisiennes étaient très bonnes. Ainsi, les prix passèrent de 14 francs le degré par hectolitre à 4 francs en 1934. De même, en Algérie, premier producteur de vin du Maghreb, le prix du vin connut une baisse de 50 % entre 1927 et 1935.

Dans tous ces secteurs, la chute des cours incita les producteurs à augmenter leur production, pour compenser leurs pertes, ce qui accéléra l'effondrement des prix. En ce qui concerne les productions de l'industrie extractive, le phosphate et le fer, elles étaient réservées à l'exportation, vue la faible demande intérieure, et vendues à l'état brut, étant donné l'absence d'industries de transformation ; elles subirent de plein fouet la crise mondiale de mévente. En 1930, l'Afrique du Nord était de loin le 1er producteur mondial de phosphate (plus de 6 millions de tonnes, soit plus de la moitié de la production mondiale). Ce secteur fut très durement touché ; les mines fermèrent les unes après les autres. En Algérie, la chute de la production et de l'exportation de fer entre 1929 et 1932 fut de 75 % [110, p. 80]. Au Maroc, la vente de phosphate passa de 1 700 000 tonnes en 1930 à 900 000 tonnes en 1931 et il ne resta en Tunisie que 2 mines de plomb et de zinc en activité sur les 37 qui existaient auparavant [31, p. 58]. Ces fermetures entraînèrent le licenciement de mineurs, dont le nombre fut réduit des deux tiers.

Enfin, l'artisanat s'organisa en corporations et assura la production de biens utilitaires tels que les vêtements pour le marché intérieur sur lequel, bien avant la crise, il était déjà fortement concurrencé par les importations étrangères, particulièrement japonaises, de mauvaise qualité mais à bas prix.

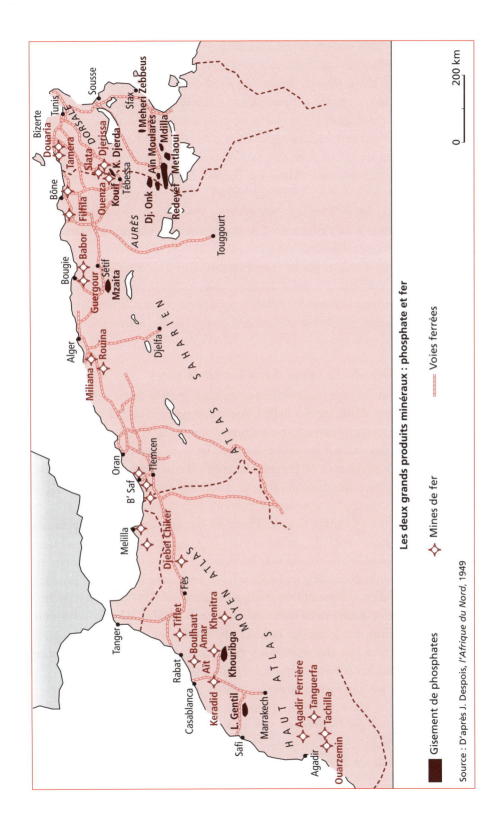

12. LES ANNÉES TRENTE : TRIOMPHALISME COLONIAL ET EMPIRE EN CRISE

b. La question de l'endettement des colons

La crise arriva dans un contexte de grand endettement des colons. La baisse des prix rendit alors plus difficiles les remboursements, provoquant des faillites, des saisies et des expropriations. En effet, afin de garantir une exploitation sur des grandes surfaces de terres, les colons français avaient voulu, très vite, moderniser leur agriculture. De la même façon qu'elle facilitait l'acquisition de terres à crédit, la colonisation favorisait le crédit pour moderniser les exploitations. Ainsi, en Tunisie, la Caisse régionale de crédit mutuel agricole accordait en 1929 plus de 40 millions de francs de prêts aux colons. De plus, les différentes coopératives spécialisées procédaient à des avances sur les aides de l'État sous forme de prêt sans intérêt, remboursable sur plusieurs dizaines d'années.

Les *fellah*, eux, n'avaient pas les mêmes possibilités d'accès au crédit bancaire. En Tunisie par exemple, les prêts de subsistance et les prêts hypothécaires ne concernaient évidemment que les *fellahs* propriétaires et, dans la plupart des cas, les paysans tunisiens devaient se contenter d'emprunter des semences.

2 Spécificités de la crise dans les trois pays

La crise atteignit les trois pays différemment, en grande partie en raison des régimes douaniers. Ainsi, alors que l'Algérie faisait partie d'un bloc économique avec la France qui imposa une protection efficace, la Tunisie et surtout le Maroc, du fait des accords commerciaux avec les pays étrangers (régime de la « porte ouverte » au Maroc), ne purent échapper à la concurrence internationale.

En Tunisie, les milieux économiques coloniaux restaient assujettis à des taxes douanières en application des conventions signées par la Régence avec les nations étrangères, garanties dans le Traité du Bardo, sans pouvoir bénéficier de traitement préférentiel (la situation était telle que les droits d'exportation étaient deux fois plus importants que les droits d'importation). Avant que ne soit réalisée l'Union douanière en 1928, des lois favorisant l'entrée des produits tunisiens en France avaient été promulguées : ainsi, en 1904, le contingentement des céréales tunisiennes avait été supprimé. Enfin, l'Union douanière partielle fut réalisée par la loi du 30 mars 1928, qui conditionnait notamment l'admission en franchise des marchandises tunisiennes à ce que « les produits similaires français bénéficient du même régime à leur entrée en Tunisie ».

Cependant, « nulle part la situation n'était plus grave qu'au Maroc, pays surpris en plein effort d'équipement et mal protégé par la législation douanière imposée par les traités » [14, p. 454]. En effet, les grands chantiers entrepris au Maroc furent achevés en pleine crise : le port de Casablanca (1934), la centrale de Fès aval (1934), les voies ferrées de Ben Guerir à Safi (1936), d'Oujda à Fès (1934) et d'Oujda à Nemours (1936). Ces achèvements

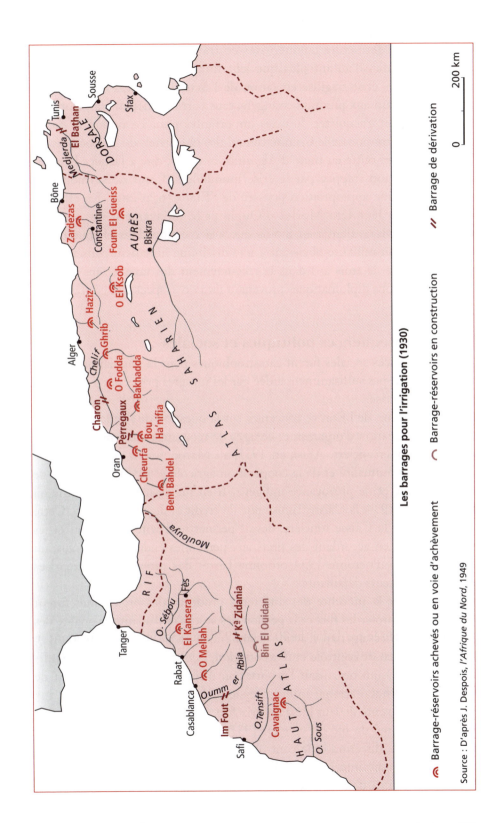

entraînaient la fermeture d'entreprises de travaux publics, ce qui affectait toute l'économie, d'autant plus que leur financement reposait sur crédit public. Le pays était fragilisé en raison de l'Acte d'Algésiras qui ouvrait le marché marocain aux produits étrangers, sans barrières douanières, alors que le Maroc devait s'acquitter de taxes importantes pour l'exportation de ses produits. La crise poussa le Comité central des industriels du Maroc à réagir. Il incita à passer outre au traité d'Algésiras, ce qui fit dire à Jacques Berque : « La colonisation frappée par la crise mondiale s'efforce de surmonter le marasme par une appropriation poussée de l'État » [6, p. 282]. En effet, les colons, avec à leur tête Morlot d'Oujda et le mouvement des « colons tondus », n'envisageaient rien moins que « la création dans chaque centre d'une formation militaire obéissant à une discipline librement consentie qui exige une trêve de trois ans dans le recouvrement des taxes » sans craindre des complications diplomatiques provenant du non-respect d'Algésiras.

3 Les conséquences politiques et sociales

Les conséquences sociales furent catastrophiques pour la population autochtone qui ne fut pas suffisamment aidée par les mesures prises par les autorités pour régler la crise.

L'intervention de l'État se concentra sur la question de l'endettement des colons et la création d'organismes chargés de réorganiser les crédits et de se substituer aux créanciers. Ainsi, en 1931, au Maroc, furent créées la Caisse fédérale de la mutualité et de la coopération agricole et la Caisse centrale de crédit agricole et de prévoyance indigène. Il en fut de même en Tunisie où fut lancée, en 1934, la Caisse Tunisienne de crédit et de consolidation. Cette caisse, comme la Caisse foncière, devait permettre d'éviter les saisies et les expropriations en accordant des prêts aux personnes endettées. De plus, un décret beylical d'octobre 1934 ordonna l'arrêt des procédures entreprises contre les débiteurs défaillants.

Pour pallier la mévente des différents produits, des organismes furent chargés de contrôler les flux et la gestion des stocks et d'assurer la qualité des produits : l'Office algérien d'action économique et touristique (OFALAC), l'Office chérifien de contrôle et d'exportation, l'Office tunisien de standardisation (OTUS) qui organisait l'exportation d'agrumes, l'Office tunisien de l'huile ou l'Office national interprofessionnel du blé qui garantissait aux producteurs la vente de leur blé à un prix fixe… Au Maroc, l'Office chérifien interprofessionnel du blé fut créé en 1937 par le *dahir** du 24 avril, qui eut pour mission la direction et le contrôle du commerce du blé (tendre et dur) tant sur le marché intérieur qu'à l'exportation et l'importation. Les colons bénéficièrent ainsi d'une institution qui les protégeait de la spéculation des

*P. 25

négociants plus que « les agriculteurs indigènes surpris par le mécanisme nouveau » [31].

Les agriculteurs cherchèrent également à privilégier d'autres cultures telles que celles des agrumes. En ce qui concerne le vin, les autorités françaises prirent plusieurs mesures : encourager l'arrachage de ceps en contrepartie d'indemnités, augmenter le contingentement entré en franchise en France... La conséquence indirecte de ces mesures fut de concentrer la production viticole dans les mains de grands propriétaires.

Dans tous les secteurs, si leurs emplois n'étaient pas supprimés, les salariés voyaient leurs salaires baisser. Ainsi, un ouvrier non spécialisé au Maroc, payé 10 francs en 1929, touchait 5 francs en 1934 [124, p. 70]. Le niveau de vie chutait considérablement, les ouvriers agricoles refluaient vers les villes dans des bidonvilles. Ce phénomène était accentué par le retour dans leurs pays des travailleurs immigrés en métropole et qui, licenciés en priorité, furent les premières victimes de la crise.

Malgré quelques aides par des prêts sur gage, les Sociétés indigènes de prévoyance, existant dans les trois pays, mirent en place des solutions insuffisantes pour aider les paysans et leur éviter l'usure ou l'expropriation. De même, la population autochtone souffrit des dévaluations de 1936 et 1937 qui favorisèrent en revanche les industries exportatrices comme la brasserie, la raffinerie de sucre, les conserveries de légumes et de poissons, les huileries, les savonneries et surtout les industries extractives. Ces dévaluations et les dépenses d'armement permirent de résorber totalement la crise vers 1938. Au total, la crise fut plus néfaste, voire meurtrière, comme le suggèrent les statistiques sur les décès, pour les Musulmans et les Israélites que pour le reste de la population. En effet, au Maroc, la mortalité chez les Musulmans, déjà double de celle des Européens augmenta de près de 40 %, celle des Israélites de 34,4, celle des Européens de 25,7 par rapport à 1937 [131, p. 125].

Il apparaît clairement que les couches les plus pauvres étaient délaissées au profit des intérêts des entreprises françaises. La paupérisation de la population entraîna une remise en question du système colonial par les nationaux. « La période de la crise mondiale est indéniablement une période de montée et de structuration du nationalisme maghrébin », selon A. Sainte-Marie, qui souligne également des coïncidences géographiques entre les zones en difficulté et les lieux d'émergence des figures nationalistes. Il relève des coïncidences chronologiques : « Le plan de réformes marocaines est publié en novembre 1934, le Congrès de Ksar Hellal, véritable acte de naissance du Néo-Destour, se tient le 2 mars 1934. C'est le 5 mai 1935 que se constitue officiellement l'Association des *uléma* en France et, chassés par le chômage, que « L'Étoile Nord-Africaine » de Messali Hadj commence à s'implanter en Algérie » [31, p. 69].

III. Le renforcement des mouvements nationalistes dans les années trente

Les années trente connurent dans les trois pays une accélération de leur histoire, intégrée désormais dans celle du monde.

1 En Algérie

Faisant écho à l'indignation des Algériens, Messali protesta auprès de la SDN, à Genève, contre la commémoration indécente de la conquête de l'Algérie, lors du centenaire de 1930 et contre le Congrès eucharistique de Carthage qui exaltait la chrétienté et l'esprit des croisades. De même, il dénonça le *dahir* berbère de 1930, proclamé au Maroc, accusé de vouloir diviser les Nord-Africains, de combattre l'Islam et la langue arabe. En 1931, l'ENA (« L'Étoile Nord-Africaine) participa à la contre-exposition coloniale organisée par la CGTU Mais la rupture fut consommée entre le PCF et l'ENA sur les ordres du Kominter en 1932.

Le programme adopté par l'assemblée générale de l'ENA de 1933 distingua clairement les revendications immédiates, applicables dans le cadre de l'Algérie occupée et les objectifs à plus long terme : une Constituante, élue au suffrage universel de tous les habitants masculins de l'Algérie, quelle que soit leur confession ; un parlement algérien (autrement dit la fin de la parenthèse coloniale). Du fait de la situation internationale et de l'arrivée d'Hitler au pouvoir, la lutte contre le fascisme prit alors une grande place dans l'action de l'ENA, qui s'implanta peu à peu en Algérie, profitant de l'action des syndicats et du parti communiste qui savaient mobiliser les masses.

Les années trente connurent une certaine agitation du fait de la crise économique et de l'impatience des populations qui voyaient leur sort s'aggraver. Les élites s'étoffaient, mais attendaient toujours des réformes qui permettraient aux Algériens de se faire entendre et de sortir de leur situation précaire. Ce fut dans un climat de crise économique et politique qu'eut lieu le pogrom du 3-4 août1934 à Constantine.

L'Algérie connut en 1935-1936 une grande fermentation d'idées. Le climat politique était tendu. L'effervescence créée par de nombreux meetings, attirant des foules dans toutes les grandes villes, commençait à inquiéter même les élus musulmans, comme Bendjelloul qui y voyait la main de Moscou.

2 En Tunisie
La naissance du Néo-Destour

L'effervescence des années 1924-1925 fut stoppée par les mesures répressives de l'autorité coloniale et le contexte de crise économique. Alors que les dirigeants traditionnels du Destour connaissent une « traversée du désert », durant laquelle ils maintinrent leurs positions qui privilégiaient les pétitions et les délégations et refusaient la violence, une nouvelle génération s'inscrit au Destour, impatiente de passer à l'action. La plupart de ces jeunes membres avaient fait leurs études en France et venaient de couches sociales assez modestes du centre du pays. C'était le cas notamment d'Habib Bourguiba•, né dans une famille modeste de Monastir, qui avait fait des études de droit à Paris. Ces nouveaux venus contestaient au sein du Destour la ligne suivie par les anciens et critiquaient leur inaction. La fondation du journal *L'Action tunisienne*, en novembre 1932, leur permit de développer leurs idées. La question des naturalisations donna l'occasion à Bourguiba d'agiter les masses. Ses articles contre les naturalisations incitaient les populations à s'opposer à la naturalisation des Tunisiens. Les heurts se multiplièrent entre manifestants, contestant les inhumations des naturalisés dans les cimetières musulmans, et forces de l'ordre, et ceci dans plusieurs lieux malgré la *fetwa*• obtenue par le gouvernement français précisant qu'un Tunisien naturalisé demeurait musulman. Le problème ne fut réglé qu'en mai 1933 avec la possibilité de prévoir des emplacements réservés aux naturalisés dans les cimetières musulmans. Notons que Bourguiba se rallia immédiatement à ce compromis. Toute cette affaire mit au premier plan la personnalité de Bourguiba, dont les méthodes n'étaient pas acceptées par le Destour. En particulier, celui-ci rejetait l'appel aux foules pour s'opposer aux autorités coloniales. Les divergences allant s'accentuant finirent par provoquer la création d'un nouveau mouvement plus radical, le Néo-Destour, dirigé par Habib Bourguiba, son frère M'hamed, le docteur Matéri, Tahar Sfar, Bahri Guiga…

3 Au Maroc

L'accentuation de la crise finit par atteindre tous les milieux sociaux. Le contexte de tension va être exacerbé par le *dahir* berbère.

• **Habib Bourguiba (1900-1988).** Né dans une famille modeste de Monastir, il étudie le droit à Paris. Rentré en Tunisie, il milite au sein du *destour* avant de fonder un parti plus radical, le néo-*destour* en 1934. Plusieurs fois arrêté et exilé en France, il s'impose comme le chef du mouvement nationaliste tunisien avant de devenir, après l'indépendance, le 25 juillet 1957 le Président de la République tunisienne.

• **Fatwa (ou fetwa) :** consultation d'expression religieuse, décision rendue par les *'uléma*.

a. Le dahir berbère : une maladresse

Le dahir berbère de 1930 mit le feu aux poudres. Il avait pour objectif de soustraire les Berbères, bien tenus en main, à la compétence judiciaire des tribunaux du *shraa* et de les soumettre soit aux tribunaux français au pénal, soit aux tribunaux se référant aux *kanoun*• berbères au civil. Cette intervention, dans un domaine touchant à la vie religieuse des individus, souleva l'indignation des Marocains et même des Musulmans de tout le monde arabe, conscients que le *dahir* représentait une machine de guerre contre eux. Dans toutes les mosquées résonna le « latif », ce « tocsin vocal » qui remuait les foules en alimentant leur angoisse d'un « Islam en danger ».

Un texte tout à fait semblable de 1914 qui lui, déjà, tendait à soustraire les Berbères à la justice musulmane n'avait pas produit cet effet. À l'étonnement des Français, les jeunes intellectuels réussirent à embraser le pays sur ce problème. Chez les jeunes nationalistes, deux tendances se dessinaient, l'une salafiste* groupée autour de Fqih Bel Ghazi et d'Allal El Fassi*, l'autre de culture française autour de Balafrej•, de Hassan El Ouazani et de la Société des amis de la vérité. Ces jeunes bourgeois subissaient l'influence de Chekib Arslan• qui séjournait à Tétouan et conseillait les nationalistes, réussissant à détourner leur hostilité contre les confréries, qu'il jugeait inopérantes. Pour lui, tous les efforts devaient être concentrés contre le *dahir* berbère. L'appui des *ouléma* et de la gauche française fut également acquis aux « Jeunes-Marocains ». Ceux-ci, après avoir fait scandale par leur rupture avec la tradition, entraînèrent tout le pays, y compris la zone Nord, dans des manifestations de protestation contre l'atteinte qui était faite à l'unité et à la foi des Marocains. La politique « berbériste » de la Résidence, inaugurée dès 1914 et illustrée par la création d'un enseignement franco-berbère au collège d'Azrou, apparaissait bien comme allant de pair avec les plans d'évangélisation des Berbères. En 1929, le haut clergé catholique triomphait sans pudeur du succès remporté par la conversion au catholicisme de l'étudiant Mohamed Ben A. Jlil, à Paris, confortant par là même les accusations outrancières portées contre ses prétentions à la conversion totale du Maghreb au christianisme.

Le *dahir* berbère renforça les inquiétudes des Musulmans et la protestation contre le protectorat. Celle-ci trouva l'appui de la revue *Maghreb* de Robert-Jean Longuet, de même que celui du journal l'*Action du peuple*, qui tentait d'assimiler le protectorat à un simple mandat de la Société des Nations, destiné à disparaître. En 1933, un appel au sultan, désigné par eux du titre plus moderne de « roi », et la célébration de la fête du trône, créée pour l'occasion, les firent connaître par le peuple ; ils en orchestrent les manifestations, comme à Fez devenu un grand centre du nationalisme. L'attitude du sultan, qui ne désapprouva pas les nationalistes, révélait qu'il était gagné à

* P. 213

leur cause. Le mouvement s'amplifia grâce à la propagande, la multiplication des associations sportives, des formations scoutes et l'ouverture d'écoles : les *msids*• rénovés, où les matières modernes étaient enseignées, en plus du Coran. Des pièces de théâtre, jouées dans les riches résidences bourgeoises, prirent une tonalité politique.

b. Le Comité d'action marocaine et le plan de réformes

En 1934, un Comité d'action marocaine (CAM) fut finalement créé, donnant crédibilité aux jeunes nationalistes. Ceux-ci élaborèrent un plan de réformes présenté au sultan, au Résident et au Chef du gouvernement à Paris. Ils réclamaient la stricte application du Traité de Fez et la fin de l'administration directe. Le plan exigeait la création d'une administration marocaine et d'un Conseil national avec élection des 2/3 des conseillers pour voter les lois, le reste étant formé des représentants des Assemblées économiques. La revendication de la modernisation du système judiciaire avec un code unique de lois, l'unification des enseignements traduisaient une volonté de voir disparaître toutes les discriminations. Dans le domaine économique, les jeunes nationalistes revendiquaient la nationalisation des principales ressources minières, du chemin de fer, la création d'une banque d'État. La langue arabe serait la langue officielle.

IV. Le Front populaire : espoirs et déception au Maghreb

L'avènement du Front populaire suscita de vifs espoirs chez les nationalistes dans les trois pays du fait de ses prises de position anticapitalistes et donc, concluaient ces derniers, anticolonialistes. Mais ces suppositions et ces illusions allaient être démenties.

- **Kanoun ou qanoun** : règles, lois.
- **Ahmed Balafrej (1905-1990).** Né à Rabat, il est élevé par son oncle, riche propriétaire terrien. Il fait des études de lettres à Paris et au Caire. Il est l'un des fondateurs de l'Association des étudiants musulmans nord-africains. Il subit l'influence de Chekib Arslan. Il est membre du CAM (Comité d'action marocain), dont il devient le secrétaire au départ de Wazzani. Il est l'un des fondateurs de l'Istiqlal, signataire du manifeste de l'indépendance.

- **Chekil Arslan (1869-1945).** Publiciste et homme de lettres, d'origine druze libanaise, chef de la délégation permanente à Genève du comité syro-palestinien, dont il dirige l'organe, « La Nation arabe », près de la SDN ; « Théoricien et champion arabe, il contribua à l'expansion des idéaux panarabes au Maghreb et fut l'intarissable source à laquelle s'abreuva le nationalisme maghrébin », in Kaddache, *op. cit* ., p. 219.
- **Msid** : école coranique.

1 En Algérie : la revendication de réformes agitait le pays

a. Le Congrès musulman
• *La préparation du Congrès*

Le problème de la représentation parlementaire des Algériens musulmans était au centre des préoccupations politiques dans les années trente. Les Algériens, sujets français et non citoyens, n'avaient obtenu le droit de vote en 1919 que pour élire les assemblées locales (conseillers communaux et conseils généraux [Il était impensable pour les colons d'avoir un maire musulman]). Le statut personnel coranique semblait incompatible avec une totale assimilation politique. Dans la République une et indivisible pouvait-il exister des citoyens de statuts juridiques différents, ayant par exemple la possibilité d'être polygames, soumis à un droit successoral régi par le Coran et non par le Code civil (notons cependant que, au Sénégal, dans les quatre communes de plein exercice, la citoyenneté française n'obligeait pas à renoncer au statut personnel musulman).

Dans les années 1934-1935, la plupart des notables et des élus focalisèrent leurs revendications sur des réformes tendant à l'assimilation politique, seule voie vers l'émancipation (et non l'indépendance jugée prématurée, voire impossible), mais avec maintien du statut musulman.

*P. 205

Messali Hadj*, lui, s'orientait sous l'influence de Chekib Arslan, rencontré à Genève, vers un nationalisme arabo-musulman qui l'éloignait encore plus des assimilationnistes, comme du parti communiste français. Cependant, l'idée commençait à s'imposer que, pour faire aboutir les réformes essentielles, il fallait surmonter les divisions des Musulmans. En 1935, le projet de parti unique musulman, qui avait échoué avec Khaled, fut repris par Ferhat Abbas qui ne réussit pas mieux. On se rabattit sur l'idée d'un Front, à l'exemple du Front populaire, qui imposerait un programme de réformes. Ben Badis• lança l'idée d'un Congrès musulman. Le 17 mai 1936, Bendjelloul de la Fédération des Élus, Ben Badis représentant l'Association des *ouléma* réformistes et le Parti communiste algérien, nouvellement fondé, décidèrent la création d'un comité chargé de préparer le Congrès, qui aurait pour mission d'élaborer un programme complet de réformes à présenter au Front populaire ; on plaçait désormais beaucoup d'espoirs en lui puisque, déjà, il permettait une expression libre des revendications de justice et d'égalité de la part des Musulmans. Des comités se formèrent dans plusieurs villes d'Algérie. On ne doutait pas que le gouvernement de gauche imposerait les réformes tant attendues à l'administration locale et aux colons récalcitrants, qui tenaient le pays économiquement, culturellement et politiquement, et refusaient d'envisager quelque concession que ce soit aux Musulmans.

• *La charte revendicative assimilationniste*

Le Congrès, qui s'ouvrit le 7 juin 1936, réunit les ténors de la politique algérienne représentant les *ouléma* (Ben Badis, Brahimi, El Okbi), les élus (le docteur Bendjelloul, Ferhat Abbas), les représentants des partis socialiste et communiste (Benhadj, Bouchama). La faible représentation du parti communiste traduisait la méfiance des Algériens vis-à-vis d'un parti dirigé surtout par des Français et recevant ses ordres de l'étranger.

Messali Hadj et l'ENA, jugés trop extrémistes, n'étaient pas invités. On craignait que l'intervention de Messali Hadj ne compromît le dialogue avec le Front populaire que l'on pensait acquis aux réformes. Le temps était à la modération.

Une « charte revendicative du peuple algérien musulman », qui résumait les revendications de chacune des composantes du Congrès, fut adoptée. Elle demandait la suppression de toutes les lois d'exception, le rattachement à la France avec suppression de tous les rouages administratifs et politiques intermédiaires (communes mixtes, Gouvernement général, Délégations financières), un collège électoral unique (les Musulmans pouvant voter, mais en gardant leur statut personnel), l'établissement officiel du bilinguisme, la séparation de l'Église et de l'État, qui devait mettre fin au scandale de la nomination des *imam** par l'administration coloniale, la restitution des biens *habous* pour le retour au financement des œuvres religieuses et sociales, de l'entretien des édifices religieux, par les Musulmans eux-mêmes. La citoyenneté française, le rattachement à la France, mais avec maintien du statut coranique, furent demandés même par les *ouléma*, peut-être par tactique, pour s'en servir comme moyen d'action politique. Un vaste programme de scolarisation des garçons et des filles musulmans dans un système unifié et unique pour les Européens et les indigènes devait mettre fin aux discriminations scolaires. Les revendications d'ordre social de la Charte tendaient à instaurer une égalité totale entre salariés indigènes et français, selon le principe : à travail égal, salaire égal. Une véritable réforme agraire devait résulter de la répartition des grands domaines inexploités entre les petits *fellahs* et les ouvriers agricoles, tandis que des coopératives agricoles et des centres d'éducation des *fellahs* permettraient aux paysans de surmonter les aléas climatiques ou économiques, le budget algérien soutenant par ailleurs les différents secteurs économiques en fonction des besoins et indépendamment de tout critère ethnique.

* P. 97

Un véritable indépendantiste radicalisa l'action revendicative. Messali Hadj* intervint comme un trouble-fête dans ce consensus pour le rattachement

* P. 205

• **Ben Badis (1889-1940).** Fondateur en 1931 de « l'Association des ouléma musulmans algériens ». Il publia dans le mensuel *Al Chihab*, puis *El Bassaïr* de 1925 à sa mort ses idées réformistes tant dans le domaine religieux que politique.

à la France que demandait le Congrès ; en clamant la revendication de l'indépendance. Messali Hadj avait adhéré au Front populaire et envoyé au sous-secrétaire d'État à l'intérieur, chargé des affaires algériennes, deux cahiers de revendication demandant les libertés fondamentales, des mesures de développement économique et d'égalité sociale, le développement de l'enseignement, le suffrage universel pour élire les assemblées représentatives et les municipalités. Cependant, le leader nationaliste ne faisait pas de ces revendications une plate-forme pour une politique d'assimilation, mais un tremplin pour la conquête de l'indépendance.

Le 2 août 1936, Messali arriva à Alger et se rendit au stade municipal. Le Congrès y recevait ses délégués de retour de Paris où ils avaient présenté la Charte à Blum. Dans un discours inattendu, il condamna le rattachement à la France et ajouta : « Nous sommes pour la suppression des Délégations financières, du Gouvernement Général et pour la création d'un Parlement algérien, élu au suffrage universel, sans distinction de race ni de religion [...] » [65, p. 72]. Ramassant une poignée de terre, il s'écria : « On ne vend pas son pays, on n'assimile pas son pays. ». Applaudi frénétiquement, Messali fut porté en triomphe.

b. Le projet Blum-Violette

La « Charte des États généraux de l'Algérie », présentée, à Paris, à Blum et Violette par El Okbi et l'instituteur Benhadj, n'arriva pas jusqu'au Parlement. Blum mit en avant le projet de loi Violette qui offrait à une mince élite musulmane, formée d'élus, de diplômés et de notables (vingt mille personnes en tout dans un premier temps), les droits politiques. Messali Hadj parla d'un « os à ronger » donné aux Algériens et refusa d'adhérer à un projet assimilationniste. Le projet fit néanmoins scandale auprès des coloniaux effrayés par le danger de cette « brèche » ouverte dans le mur qui contenait les ambitions politiques des Musulmans. L'extension de la citoyenneté aux indigènes, même progressive, laissait prévoir, à terme, redoutait-on, une « submersion » de l'électorat européen par les Musulmans. Présenté au Parlement le 30 décembre 1936, le projet Blum-Violette ne fut jamais discuté.

Devant les protestations à droite du PPF de Doriot, à gauche de ceux qui jugeaient le projet trop élitiste, le gouvernement décida, en avril 1937, d'envoyer une commission d'enquête parlementaire dirigée par Raoul Aubaud, sous-secrétaire d'État à l'Intérieur, dont les propos autoritaires préconisant « des mesures d'exception sévères [...] indispensables pour enrayer l'action des agitateurs de tous ordres [...] et maintenir intacte la souveraineté française, maintenir sans faiblesse l'autorité de l'administration », ravirent les colons et heurtèrent les Musulmans.

> **Déclaration à l'Assemblée du sénateur d'Oran, Roux-Freissineng**
>
> *Les Français d'Algérie, Messieurs, n'accepteront pas de semblables dispositions. Ils ne les accepteront jamais, parce qu'en réalité elles les placeraient, à une époque plus ou moins rapprochée, sous la domination des indigènes. C'est, dans un bloc de 150 000 électeurs, 22 000 électeurs nouveaux que l'on va jeter, 22 000 ? […] Est-il croyable, je vous le demande, que les Français d'Algérie consentent à subir la domination indigène dans les conditions où elle est proposée, dans les conditions où elle va être instituée ? Non, et c'est pourquoi la loi ne sera jamais appliquée. Et si jamais on voulait l'appliquer, elle déterminerait des heurts, des chocs extrêmement violents entre les parties différentes de la population ; ce serait, il faut le dire en toute franchise, l'amorce de la guerre civile et d'une guerre civile atroce entre musulmans et Français ! Non ! Il n'est pas possible qu'on ne comprenne pas le danger de mesures pareilles.*
>
> Cité par Michel MOPIN, *Les grands débats parlementaires de 1875 à nos jours*, La Documentation française, Paris, 1988, p.299-300.

Ensuite, la mission du député Lagrosillière, qui conclut à la nécessité d'accorder le statut de citoyen pour désarmer les nationalistes, ne fut pas entendue. Les élus européens d'Algérie firent capituler Blum. Par la menace de la grève administrative, ils eurent aussi raison des gouvernements suivants, Chautemps et Daladier. Le deuxième Congrès de juillet 1937 prit acte de l'échec de la politique musulmane du Front populaire devant le pouvoir colonial.

c. En désespoir de cause : le rejet de l'assimilation

Les « Jeunesses du Congrès musulman algérien », créées sous le patronage de Ben Badis, reprirent toutes les revendications de la Charte, sans aucun succès. Ben Badis, devant le retrait du projet Blum-Violette, durcit sa position et le thème de la patrie algérienne devint alors prépondérant dans ses discours : « La nation algérienne n'est pas la France […] Elle possède sa patrie, l'Algérie ». Rejetant l'assimilation, car « elle est impossible […] elle nous fait perdre notre personnalité ». Ben Badis voulait que, dans un premier temps, « l'Algérie devienne une nation démocratique sous le protectorat de la France ». Ensuite, avec la Tunisie et le Maroc, libérés comme elle, elle constituerait une des provinces du *khalifat* qui se reconstituerait en Orient.

Le leader des *ouléma* se rapprochait de Messali Hadj dans le refus de l'assimilation. Le consensus du Congrès se brisa : le docteur Bendjelloul lança un Rassemblement franco-algérien, unissant différents groupements musulmans, tandis que Ferhat Abbas créait l'Union populaire algérienne avec un programme d'assimilation politique et d'égalité entre les différentes composantes de la population d'Algérie. Il ne sut convaincre que des notables, tandis que les masses, conscientes de l'échec des modérés, allaient être séduites par le programme radical de Messali Hadj. L'ENA s'implanta plus solidement et plus largement dans toute l'Algérie. Sur le modèle du parti communiste, un Comité central avec des permanents prit le parti en mains, implantant des sections (trente en tout) dans les principales villes animées par des cellules de quartier et d'entreprise. Cependant, les dirigeants de l'*Étoile* furent amenés à attaquer les *ouléma* et les élus qui s'étaient ralliés au principe du rattachement. Aussi, lorsqu'une nouvelle dissolution de l'ENA fut prononcée par le Front populaire, le 26 janvier 1937, ni la direction du Congrès musulman, ni le PCA ne réagirent pour soutenir Messali Hadj. Celui-ci poursuivit néanmoins clandestinement ses activités et attaqua, ouvertement cette fois, la pusillanimité du Front populaire. Les multiples comités des *Amis d'El Ouma*, le nouveau journal de l'ENA, poursuivirent l'action de l'Étoile ; les militants, des jeunes surtout, animaient des sociétés sportives, des groupements scouts, des écoles privées, des cercles culturels.

d. Le PPA : un parti de masse

Messali Hadj décida alors de fonder un nouveau parti, le Parti du peuple algérien, le PPA, le 11 mars 1937, avec à la tête les mêmes hommes et les mêmes objectifs, à savoir l'indépendance de l'Algérie, mais sous une forme qui pouvait paraître acceptable à la France : l'Algérie régie par un régime démocratique, avec un parlement élu au suffrage universel, deviendrait une sorte de dominion. On parlait d'émancipation et non plus d'indépendance, essentiellement pour ne pas tomber sous le coup de la loi.

Le climat politique et social, agité par de nombreuses grèves et des violences antisémites, parut propice aux colons pour monter les Arabes contre les Juifs présentés comme des communistes qui brûlaient les mosquées dans les pays musulmans. Mais Messali Hadj, déjouant le piège des antisémites, s'éleva pour appeler à la solidarité Juifs et Musulmans : « Vive la fraternité des Juifs et des Arabes et vive la fraternité des peuples » [95].

Arrêté le 27 août 1937, Messali Hadj et ses compagnons furent condamnés à deux ans de prison pour reconstitution de ligue dissoute. Le Comité central put même se réunir dans la prison Barberousse d'Alger et fonder un nouveau journal au nom évocateur, le *Parlement algérien*, en 1939. La répression contre le PPA en fit, aux yeux de beaucoup d'Algériens, un parti martyr tandis que l'image de Messali comme chef, comme *zaïm*•, s'imposait. Les militants multiplièrent les tracts, couvrirent les murs d'Alger d'appels à la libération de Messali : « Vive le PPA », « Libérez Messali », criait-on lors des nombreuses manifestations sous les murs de la prison. Ce soutien massif permit à Messali Hadj d'affirmer le caractère populaire de son parti. Présent dans de nombreuses villes d'Algérie, il put mobiliser les masses, la jeunesse des écoles, la petite bourgeoisie. De même en France, le PPA regroupa les ouvriers immigrés. Chassant sur les terres du PCF, il provoqua l'hostilité• de ce dernier qui alla jusqu'à l'accuser de collusion avec le PPF en jouant sur une presque homonymie, en dépit des nombreuses prises de position contre le fascisme et l'antisémitisme de son leader Messali Hadj qui liait des relations avec la LICRA (Ligue contre le racisme et l'antisémitisme) et le POI (Parti ouvrier international). Le PPA participa aux manifestations ouvrières au mur des Fédérés à Paris et aux défilés du 1er mai. Le 14 juillet 1937, ce furent 20 000 Algériens qui défilèrent derrière le drapeau algérien au chant du *Fidaou El Djezaïr* dans un cortège distinct de celui du PCF. Les slogans brandis par les membres du PPA étaient de plus en plus audacieux, réclamant la suppression du code de l'indigénat, appelant à l'émancipation du peuple algérien dans le cadre d'une démocratie ; la revendication de « La terre aux fellahs » était même brandie à la grande frayeur des coloniaux.

La répression qui s'accentuait, les procès qui se multipliaient, comme ceux des enseignants libres, ne firent qu'exacerber les tensions au bénéfice du PPA et au détriment des réformistes. Ceux-ci avaient popularisé leurs revendications lors de leurs congrès sans obtenir de satisfaction par aucun gouvernement du fait de l'hostilité des colons crispés sur leurs privilèges. Désormais l'affirmation de la patrie algérienne et la revendication d'un parlement algérien dépassaient les rangs du PPA. Celui-ci misait sur l'union des Algériens, dans un « front musulman algérien » derrière ces principales revendications.

À la veille de la guerre, l'atmosphère politique était lourde. La France était rendue responsable de tous les incidents. Quelle devait être l'attitude des Algériens dans la guerre ?

2 En Tunisie

a. La lutte des deux Destour(s), la radicalisation des revendications

Ce fut au congrès de Ksar Hellal, le 2 mars 1934, qu'eurent lieu la scission et la naissance du Néo-Destour. Le nouveau parti n'hésita plus à parler de l'indépendance de la Tunisie. Il s'organisa en sections et en comités locaux à l'exemple du fonctionnement des partis en Europe.

Des contacts furent pris avec des associations, des fédérations sportives, mais aussi des organisations syndicales. Les actions sur le terrain furent privilégiées, contrairement au vieux Destour, tout en faisant connaître les revendications à l'étranger. Les réunions publiques furent l'occasion de

---

- **za'im :** guide, leader politique.
- **Hostilité :** Ainsi Maurice Thorez déclara en décembre 1937 : « La revendication fondamentale de notre Parti communiste concernant les peuples coloniaux reste *la libre disposition, le droit à l'indépendance*. Rappelant une formule de Lénine, nous avons déjà dit aux camarades tunisiens, qui nous ont approuvés, que le *droit au divorce* ne signifiait pas *l'obligation* de divorcer. Si la question décisive du moment, c'est la lutte victorieuse contre le fascisme, l'intérêt des peuples coloniaux est *dans leur union* avec le peuple de France, […] » *in* J. DALLOZ, *op.cit.*, p. 13.

discours qui « exaltaient l'amour de la patrie, éclairaient l'action politique menée par les dirigeants, galvanisaient les volontés et suscitaient l'enthousiasme » [169, p. 415]. Un nouveau journal, *El 'Amal* (*L'action*), connut tout de suite un grand succès. Les moyens d'action du Néo-Destour furent divers : grèves, manifestations, publications en langue française et en langue arabe, distribution de tracts…

b. Mesures répressives de Peyrouton contre les nationalistes
Rapidement, le Néo-Destour coordonna ses actions avec la CGTT, organisant des manifestations, proposant notamment le boycott des produits français, ce qui, dans le contexte de crise économique, satisfaisait les artisans. Le 3 septembre 1934, le Résident général, en place depuis plus d'un an, Marcel Peyrouton, décida de réagir : sept dirigeants du Néo-Destour, dont Bourguiba, furent envoyés en résidence surveillée dans le Sud tunisien, le journal *El 'Amal* fut suspendu. Parallèlement, deux décrets furent promulgués qui avaient pour objet l'aggravation des peines pour délits de presse et l'interdiction de toute manifestation sur la voie publique. La réaction de la population et la formation de délégations demandant la libération des détenus furent immédiates et durèrent tout le long de leur emprisonnement. Les autorités y répondirent par une répression sanglante. Les manifestations se multiplièrent, démontrant la force et la capacité du mouvement à réunir les foules. Le changement de Résident général calma la situation : en effet, dès son arrivée, en mars 1936, Armand Guillon amnistia les détenus et suspendit les décrets scélérats.

c. Les relations avec le Front populaire : les divergences de vues
La prise du pouvoir en France par le Front populaire renforça, ici aussi, les espoirs suscités par les mesures prises en Tunisie par A. Guillon. Un nouveau bureau politique du Néo-Destour présenta ses demandes au Résident général. Bourguiba obtint une entrevue en 1937 avec Pierre Viénot, le secrétaire d'État aux Affaires étrangères, pour lui présenter à Paris le programme des Néo-Destouriens. Ce dernier se rendit à son tour en Tunisie pour évaluer la situation, mais le fossé était grand entre ce que le pouvoir français était prêt à accorder et ce que le mouvement national tunisien réclamait. Alors que le ministre voyait une présence française définitive en Tunisie, Bourguiba parlait du protectorat comme d'un régime de transition avant l'émancipation du peuple tunisien. Là où le Néo-Destour présentait un programme politique, le Front populaire répondait par des promesses sociales.

Malgré le consensus de la politique par étapes (la politique des « petits pas » de Bourguiba), les divergences restaient grandes. De nouveaux incidents éclatèrent à la suite de grèves, dont la principale se tint, en mars 1937, dans les mines de phosphate à Metlaoui et s'acheva sur un lourd bilan

(16 morts et 32 blessés). Les espoirs fondés sur le Front Populaire reculèrent et furent définitivement perdus à la chute du cabinet Blum en août 1937. Les gouvernements de droite qui lui succédèrent reprirent une politique violente de répression contre le mouvement nationaliste.

d. La radicalisation du Néo-Destour (1937-1938)

Ce fut dans cette Tunisie en effervescence que revint *cheikh* Taalbi, rallié au Vieux Destour. Malgré treize ans d'absence, il gardait une aura et un prestige très forts qui semblaient pouvoir menacer l'influence du Néo-Destour. Taalbi pensait pouvoir jouer sa carte, mais il dut se rendre compte que son long exil et l'action de Bourguiba écartaient le vieil homme qu'il était devenu. En fait, il avait surestimé sa popularité et sous-estimé la force des partisans de Bourguiba. Il s'en rendit compte après une tournée décevante dans le pays, durant laquelle il fut confronté à des huées et à une hostilité auxquelles Bourguiba n'était pas étranger. Après la victoire de Bourguiba face à Taalbi et à la suite du congrès du Néo-Destour d'octobre 1937, la ligne du parti se radicalisa et dénonça le « préjugé favorable » jusqu'alors donné à l'administration française. Le parti se lança dans une lutte intense. Une nouvelle grève fut décidée, le 9 avril 1938, dont l'issue sanglante provoqua la proclamation de l'état de siège et l'arrestation des membres du Néo-Destour qui fut dissous. Bourguiba et ses compagnons furent d'abord emprisonnés à Tunis avant d'être envoyés au Fort Saint-Nicolas dans les Bouches-du-Rhône. La répression se termina par la promulgation de nouveaux décrets sur la liberté de la presse, les associations, les réunions publiques et politiques... ce qui achevait de bâillonner les Néo-Destouriens. Mais les événements internationaux prirent le pas sur les problèmes internes avec le début de la Seconde Guerre mondiale.

3 Au Maroc : de la revendication à la mobilisation des masses

Dès le mois de mai 1936, le Comité d'action marocaine envoya une délégation à Paris. Mais l'arrivée du général Noguès• comme Résident en remplacement de Peyrouton, le refus de Pierre Vienot, sous-secrétaire d'État aux Affaires étrangères, de recevoir à Paris les nationalistes, le rejet du plan de 1934, poussèrent le Comité d'action à s'adresser au peuple pour lui faire réclamer l'application du plan. La mobilisation des masses se fit sur le thème

---

• **Charles Noguès (1876-1971).** Général, il passe la plus grande partie de sa carrière en Afrique du Nord, dès 1912, auprès de Lyautey. Il fait la campagne du Rif avant d'être nommé résident général au Maroc en 1936. En 1940, il suit les ordres de Pétain et résiste au débarquement anglo-américain. Rallié à Giraud, il quitte son poste à l'arrivée du général de Gaulle à Alger. Le gouvernement français fait appel à lui lors de la crise marocaine dans les années cinquante.

de l'octroi des « libertés démocratiques ». Noguès crut avoir raison des « trublions » en faisant arrêter les chefs nationalistes Allal Al Fassi, Al Wazani• et Al Yazidi. Mais cette manière forte souleva l'indignation populaire et le mois de novembre 1936 fut marqué par des manifestations de plus en plus violentes. Ainsi à Casablanca, le vendredi 16 novembre, jour de ramadan, la foule se déchaîna, de même les jours suivants à Fès, Rabat, Salé, Oujda, Taza. On multiplia les arrestations. La venue au Maroc de Ramadier• et l'amnistie générale qu'il décréta permit la libération des leaders le 17 décembre. Cette date, jour de l'Aïd Al Seghir resta marquée comme la première victoire des nationalistes. Le lendemain, à Tetouan, le Parti de la réforme (*Hisb al Islah*) regroupa, sous la présidence de Abd El Khalik al Turrès•, les nationalistes de la zone espagnole. L'affectation de ce leader au poste de vizir de la justice, en même temps que sa nomination au poste de président de la Compagnie industrielle hispano-marocaine, semblait indiquer des relations moins oppressives des autorités espagnoles avec les nationalistes, comme le soulignaient à la radio Turrès, qui pactisait avec Franco, et Al Wazani. Un nouveau parti fut créé par Mohammed Mekki Naciri : le Parti de l'unité nationale.

*P. 213

Cependant les leaders, divisés sur les méthodes d'action et opposés par des rivalités personnelles, provoquèrent une scission du mouvement en janvier 1937. Wazani, plutôt favorable à des négociations avec les Français, apprenant à son retour de Paris l'élection d'Allal Al Fassi* à la présidence du Comité d'action marocaine, démissionna. Assez paradoxalement, il fut suivi, lui le moderniste, par les militants traditionalistes, peu enclins à l'action brutale prônée par le leader Allal Al Fassi. Celui-ci pouvait, par son charisme, entraîner les masses populaires, comme à Fez, où trois mille fidèles prêtèrent serment sur le Coran de se dévouer « à ma religion, à mon pays et au parti de l'action nationale [...] ».

Près de Meknès, à l'occasion d'un détournement de la rivière Bou Foukrane, pour les besoins des colons, les Musulmans protestèrent violemment. L'arrestation d'Al Fassi, d'Oumar ben Abdel Jallil et d'orateurs de la mosquée Qarawwiyyn qui excitaient les foules provoquèrent l'épreuve de force. Fez fut investi par les troupes françaises le 26 octobre 1937. L'agitation redoubla, excitée à partir des mosquées. Noguès essaya de calmer le jeu en vain. Allal Al Fassi fut banni au Gabon où il resta jusqu'en 1946. L'absence de réaction du sultan pouvait s'expliquer par sa méfiance vis-à-vis du leader Al Fassi. L'année 1937 vit donc le mouvement soulever les masses, inondées de tracts, particulièrement dans les villes et surtout à Fez. Les nationalistes étaient soutenus par la gauche française. La masse du peuple restait pour l'instant à l'écart des luttes politiques ; elle accordait sa sympathie aux nationalistes tout en se méfiant de leurs procédés contraires aux traditions. À la veille de la guerre, les autorités françaises prirent un certain nombre de mesures de libéralisation et de progrès, en accueillant au Conseil de gouvernement les responsables d'associations d'anciens élèves de collèges musulmans et en rétablissant un certain climat de confiance.

• **Muhammed Al Wazani (1910-1978).** Né à Fès dans une famille maraboutique, il fait ses études secondaires dans des établissements français. Il est l'un des principaux opposants au *dahir berbère*. Il s'opposait à Al Fassi en défendant une modernisation de l'Islam et, en politique, le modèle démocratique. Paradoxalement, à son départ du CAM (Comité d'action marocain), il est suivi par les éléments les plus religieux du Comité.

• **Paul Ramadier (1888-1961).** Homme politique français, président du Conseil de janvier à novembre 1947, il pousse les ministres communistes à la démission, ce qui provoque la fin du tripartisme. Hostile au Sultan du Maroc, il approuve la politique de déposition mise en place par Bidault dès 1947.

• **Abd Khaliq Al Turrès (1910-1970).** Né à Tétouan dans une famille andalouse, il étudie la littérature arabe à la *Qarawwyin* puis au Caire. À son retour dans sa ville natale, il fonde l'Association de l'étudiant marocain, antichambre du Parti de la Réforme. Il exercera plusieurs fonctions officielles au Maroc espagnol.

PARTIE 6

L'ÉCOLE FRANÇAISE ET L'ACTION SANITAIRE EN AFRIQUE DU NORD

Un des facteurs les plus importants du bouleversement des sociétés maghrébines fut l'école française. En fait celle-ci, dont on prétendait faire un instrument d'assimilation et de progrès, accentua les contrastes entre les populations et même à l'intérieur des groupes ethniques. Le déracinement et l'acculturation d'un certain nombre d'autochtones passés par l'école française a souvent été évoqué. Celui des Juifs fut particulièrement visible. Parmi les Musulmans, une petite élite, plus ou moins francisée, témoigna de l'action scolaire de la France.

Persuadés de la supériorité de leur civilisation, ignorant la culture des autochtones qui était réelle, comme le soulignera plus tard Tocqueville lorsqu'il accusera les conquérants de l'Algérie d'avoir « éteint les lumières » du pays conquis, les Français prétendirent faire partager les bienfaits de l'école française à tous les Algériens. Notons que la confiscation ou la destruction de biens *habous*, dont les revenus servaient principalement à l'œuvre d'enseignement (coranique il est vrai !), est révélatrice d'un désintérêt profond pour tout ce qui n'était pas européen, désintérêt camouflé derrière une volonté assimilatrice qui pouvait passer pour généreuse au départ, mais qui, très vite, se révéla au service d'une politique restrictive et discriminatoire, visant à maintenir les indigènes (à l'exception des Juifs en Algérie) en position subordonnée, sans accès massif à l'instruction et par là au pouvoir économique et politique.

L'enseignement traditionnel au Maghreb

La situation à l'arrivée des Français était la même dans les trois pays du Maghreb. Traditionnellement, l'enseignement, qui ne portait que sur l'étude du Coran, était partout assuré dans les mosquées ou les *zâwiya*, sortes de monastères, centres culturels parfois de haut niveau. L'étude du Coran « était un devoir religieux impératifs : il s'agissait d'apprendre à recopier tout ou partie du texte sacré et à l'apprendre « par cœur » sans forcément le comprendre. De ce fait, en Algérie, en 1830, l'alphabétisation était plus généralisée qu'en France, chez les jeunes Musulmans comme chez les jeunes Juifs (de sexe masculin dans chacun des deux groupes) et pour les mêmes raisons religieuses. Rozet écrivait en 1830 à propos des Algériens : ce peuple « a peut-être plus d'éducation que le peuple français, presque tous les hommes savent lire, écrire et compter » ; le même auteur recense à Alger à la même date « cent écoles publiques et particulières » avec 10 à 15 enfants chacune. Ismaël Urbain estimait à 6 000 ou 8 000 les jeunes gens fréquentant les *medersa*, écoles de second degré, et à environ 1 800 à 2 400 les étudiants en sciences juridiques. Les savants étaient considérés comme des élus de Dieu. La *Rihla*, l'étude, était au nombre des quatre obligations que devait observer celui qui cherchait la vérité. La science par excellence restait celle de la religion « conformément aux ordres de Dieu ».

Si l'on peut s'étonner de cette généralisation de l'enseignement, il faut néanmoins voir que, au-delà de l'aspect quantitatif, le contenu et les méthodes pédagogiques laissaient grandement à désirer. Le but, essentiellement religieux, excluait tout élargissement de l'enseignement aux matières non coraniques.

L'entretien de ces écoles et la rémunération des maîtres étaient, pour une part, le fait des parents eux-mêmes, l'autre était assurée par les revenus des biens de mainmorte, pieusement légués dans ce but, les biens *habous*.

* P. 160

La formation des maîtres, les *tolba**, se faisait dans des *medersa*, qui comptaient généralement 200 à 300 étudiants. Dans les campagnes, la formation des *tolba* était le fait des confréries dans des *zâwiya**. Outre les œuvres charitables auprès des miséreux, des invalides, des malades, les *zâwiya*, par leurs *tolba*, répandaient un enseignement et des courants de pensée divers. Elles représentaient des centres de rayonnement de la culture islamique. L'enseignement supérieur, peu représenté, fondé sur l'étude de la théologie, du droit coranique et de la jurisprudence était accessible aux *tolba* issus des *medersa* urbaines. Ceux-ci parachevaient dans certains cas leur formation dans des universités célèbres, à la Qarawwiyyn de Fez, à la Zaytûna de Tunis ou à l'université El Azhar du Caire. Là, l'enseignement religieux, intégrant le droit coranique, était complété par l'étude de l'arithmétique, de la géographie et de l'histoire, de la médecine et de l'histoire naturelle. C'est ainsi que se formaient les agents de l'État de haut niveau.

Les *zâwiya* peuvent être des centres culturels de haut niveau formant de nombreux étudiants (5 à 800). *Cf.* l'étude inédite de Fatima IBERRAKEN sur la *zâwiya Chellata* où les *ouléma* réformistes ont fait leurs études.

Chapitre 13

L'action scolaire de la France en Algérie

L'Afrique du Nord à la veille de la colonisation n'était donc pas illettrée comme certains le pensaient et le savoir était magnifié. En Algérie, on voyait même les Musulmans demander aux autorités françaises la restauration des mosquées, non par « fanatisme » comme on le prétendait, mais pour sauver un enseignement asphyxié par la perte des revenus des *habous*. C'est bien ce qui ressort du témoignage émouvant du préfet Carette, en 1850, cité par Y. Turin [103, p. 32] : « Les indigènes de Bougie ont demandé à me voir… Ils ne m'ont parlé ni du séquestre qui frappe leurs propriétés, ni de leur profonde misère : faites-nous restaurer nos mosquées, m'ont-ils dit, donnez-nous une école décente, attribuez un salaire quelconque au maître qu'il nous est impossible de payer ; c'est tout ce que nous vous demandons ».

En Algérie, la destruction, la confiscation des biens *habous* qui permettaient le financement d'écoles coraniques, la destruction de nombreuses mosquées et *zâwiya*, firent que, selon Ch.-R. Ageron [39, p. 318], vers le milieu du XIXe siècle, toute une génération fut privée de l'enseignement coranique. En fait, seules les campagnes et les montagnes échappèrent à cette action de « déculturation », dont le but plus ou moins conscient, sous-tendu par le mépris de l'islam, était l'assimilation. L'acculturation allait être l'autre face de l'action de la France. Allait-elle compenser la destruction dont nous venons de parler ? Il est nécessaire de faire un historique.

I. Les hésitations

1 L'enseignement mutuel

Dès le début de l'installation des Français en Algérie, les autorités confrontées au problème de la scolarisation des enfants des colons, agirent sans plan préconçu. En 1839, devant le spectacle d'enfants de colons livrés à eux-mêmes, traînant dans les rues des villes et villages de colonisation, et qui « ignoraient tout de l'existence de Dieu », l'évêque d'Alger, Mgr Dupuch, fit appel aux Congrégations enseignantes de la Métropole. Même la Seconde République (pour les villages agricoles) fit confiance aux religieuses, qui « pour l'éducation et la direction des filles sont, sans contredit, bien préférables à de prétendues institutrices qui ne pourraient être que des femmes ou des filles de colons » (Archives de Nantes, F80, 1329). Les salles d'asile se multiplièrent pour accueillir les très jeunes enfants.

Une formule astucieuse, l'enseignement mutuel, fut expérimentée, pour les plus grands, dès 1831. De jeunes Français enseignaient leur langue aux petits Musulmans qui les initiaient à l'arabe parlé. Ce système avait pour objectif un contact des « races », favorable à la compréhension réciproque, dont on attendait une conquête morale des indigènes. Il s'agissait de conquérir ces derniers à la cause de la France et à la civilisation, le but final étant la *fusion des races*, comme l'écrit le vice-recteur Horlu :

« Je ne désespère pas avec un peu de temps, de voir réunis, sous les mêmes professeurs et aux mêmes heures, Juifs, Arabes, Français, Italiens et Espagnols. C'est au sein de l'école que doit se préparer la fusion désirable » [103, p. 41], écrit au maréchal Soult, ministre de la Guerre, le duc de Rovigo, commandant en chef du corps d'occupation d'Afrique, en 1832, au temps de toutes les incertitudes concernant la conquête. Notons que la première école maternelle s'ouvrit, à Alger, dans une mosquée qui, du fait de la confiscation des biens *habou*, ne pouvait plus jouer son rôle de centre scolaire coranique. Malgré le peu de succès de cette école auprès des Musulmans, on créa des écoles semblables à Oran, Bône, Dély et Kouba. Cependant, ce « mutualisme » ne joua le plus souvent que dans un sens et, six ans plus tard, il n'y avait que 1 324 élèves dans cet enseignement mutuel où dominaient les Européens qui étaient 1 069, en face de 95 Arabes et de 200 Juifs. Ces derniers se réjouissaient de l'ouverture d'écoles israélites, y compris une école de filles.

2 Les écoles « maures-françaises » : un enseignement double

Devant son échec auprès des Musulmans, la formule « mutuelle » fut abandonnée et remplacée progressivement par celle d'écoles dites « maures françaises » ; la première créée à Alger pour des garçons en 1836, comptait 60 élèves encadrés par deux maîtres, l'un français, l'autre autochtone qui dispensait un enseignement de la langue arabe et du Coran. En 1839, on ouvrit à Bône et à Oran une école de même type. Cependant, ces écoles aussi n'eurent qu'un faible succès et l'on dut modifier à nouveau ce système en renforçant le rôle de l'arabe, langue dans laquelle on devait traduire les matières de base de l'école primaire. En 1850, on créa (décret du 14 juillet) des écoles « arabes-françaises » ; le maître indigène vit son rôle grandir auprès de son collègue français auquel il servait de traducteur.

Le niveau d'enseignement restait très bas et la formation insuffisante pour permettre l'accès à la nouvelle école normale Mustapha d'Alger. Ainsi, en 1866 seulement, trois Musulmans y furent admis sur trente élèves, alors que dix places étaient réservées aux Algériens.

Malgré la double opposition des Musulmans pour qui enseignement et endoctrinement religieux étaient indissolublement liés, et celle des Français d'Algérie peu désireux de voir la masse arabe méprisée accéder à la dignité des gens instruits et au pouvoir, les autorités militaires créèrent, elles aussi, des écoles arabes-françaises, 36 au total, où enseignaient le matin un maître arabe et l'après-midi un maître français. Deux collèges arabes-français furent créés, l'un à Alger, l'autre à Constantine avec au total 200 élèves musulmans.

3 Des écoles spéciales pour les Musulmans

Une École des Arts et Métiers ouverte à Fort National, trois *medersa* à Constantine, Tlemcen et Blida (transférée à Alger en 1859) pour former des agents du culte et de la justice musulmane, ne connurent qu'un demi-succès. On prétendait rénover l'enseignement traditionnel, mais surtout on reprochait aux *tolba* (les maîtres de Coran) de prédire la fin prochaine de l'occupation française. En 1857, on institua l'obligation d'obtenir un brevet de capacité pour accéder aux postes de *tolba*. Les officiers des Bureaux arabes furent chargés d'inspections périodiques de cet « enseignement coranique rénové », que refusèrent d'ailleurs la plupart des *tolba*, soit par impossibilité d'obtenir le brevet de capacité, soit par hostilité à la mainmise française sur un enseignement religieux réputé intouchable.

Le général Randon créa une école de fils de chefs : le Collège impérial arabe-français ouvert particulièrement aux enfants de chefs investis par la colonisation. Ce devait être une pépinière de hauts fonctionnaires pour les deux communautés. Ce collège, fréquenté par 123 élèves dont 58 Européens, préfigurait la fusion souhaitée entre les deux populations. Cependant l'intérieur du pays ne pouvait être pénétré par l'école française « faute d'enseignants », se plaignait le colonel Lapasset à l'Empereur.

Aussi, en 1865, ouvrit-on une école normale pour former des maîtres français et indigènes pour les écoles arabes-françaises, mais le problème n'était pas résolu pour autant, le refus des Musulmans d'inscrire leurs enfants dans l'école des « chrétiens » entraîna l'exil de nombre de *tolba*, privés d'élèves.

4 L'échec d'une tentative de laïcisation

En 1870, à peine 27 000 élèves recevaient l'enseignement religieux donné par un maître adjoint musulman. La politique anticléricale et laïque de la « Commune d'Alger » hérissa les parents imbus de principes religieux dans les trois communautés. En effet, la « Commune d'Alger » signifia aux différentes congrégations enseignantes chrétiennes qu'elle « n'aurait plus besoin de leur concours dès le 1er janvier 1871 ». Les Musulmans réclamèrent le maintien des subventions accordées aux écoles coraniques, justifié par l'appropriation par les Français des biens *habous*. On ne put, d'autre part, envisager de fermer à Alger, l'école israélite-française subventionnée, non plus qu'un certain nombre d'écoles rabbiniques et coraniques qui recevaient des aides irrégulières. Devant la complexité de la situation à Alger, la « Commune » dut renoncer à une laïcisation totale, et on en revint à la formule d'écoles arabes-françaises.

Les effectifs scolaires restaient toujours dérisoires dans ces écoles tandis que l'enseignement traditionnel était ruiné par la colonisation. En 1870, il n'y avait que 2 000 élèves.

Les colons reprochaient aux écoles franco-arabes et surtout aux collèges arabes de déraciner les enfants musulmans et de former comme l'écrivait l'*Akhbar*, le journal des colons, cité par Ch.-R. Ageron, des « demi-savants, des petits orgueilleux et des traîtres futurs » [39, p. 154].

Les communes de plein exercice, prétextant que les enfants indigènes pouvaient eux aussi fréquenter les écoles communales, refusèrent de financer les écoles arabes-françaises, sans considérer la répugnance des parents musulmans à confier leurs enfants aux congrégations religieuses chrétiennes qui animaient la plupart des écoles françaises en 1870… L'extension du territoire civil aux dépens du territoire militaire sous la IIIe République, se traduisit par une diminution du nombre des écoles arabes-françaises (de 24 en 1877 à 16 en 1882 selon Ch.-R. Ageron). De même, l'opposition des colons à ces « écoles de fanatisme » qu'étaient, selon eux, les *medersa* de Constantine, Tlemcen et Blida aboutit à leur dépérissement, malgré l'introduction du français, en raison du contrôle strict et de l'hostilité dont elles étaient l'objet. Ces écoles étaient pourtant nécessaires pour former des légistes musulmans, indispensables à la colonisation. On maintint donc l'enseignement traditionnel, mais en le soumettant à un contrôle serré. Les écoles coraniques existaient toujours auprès des mosquées, mais elles ne pouvaient accueillir les enfants durant les horaires des classes de l'école française. Elles étaient soumises à autorisation préfectorale (décret de 1892) ; l'enseignement de l'arabe dans l'école publique française, réduit à deux heures et demie par semaine, ne fut pas souvent offert. Cependant, devant la nécessité de former des cadres judiciaires et religieux, l'État maintint les trois *medersa* créées en 1850 ; elles accueillaient 57 étudiants en 1885, 81 en 1889 et 216 en 1907. Par ailleurs l'enseignement islamique était toujours recherché et les enfants des familles aisées le recevaient dans les universités prestigieuses à l'étranger, à Fez (Qarawwiyyn), à Tunis (Zaytûna) et au Caire (El Azhar).

5 L'école de Jules Ferry à partir de 1883

Le décret sur l'obligation scolaire de 1881 fut étendu à l'Algérie le 23 juin 1883. Il suscita l'indignation des colons et la crainte des Musulmans de voir leurs enfants coupés de leur culture traditionnelle.

Des écoles normales françaises furent créées dans chaque département pour la formation de maîtres indigènes ; celle de la Bouzaréa près d'Alger devint célèbre. La Kabylie berbère fut l'objet de toutes les sollicitudes : on y voyait une région dont la francisation serait facile. On y créa des écoles directement rattachées au ministère dans un premier temps. Ainsi, jusqu'en 1887, elles échappèrent à l'hostilité des maires qui par la suite se dispensèrent d'appliquer l'obligation. Dans l'ensemble de l'Algérie, le taux de scolarisation était faible pour des raisons d'insuffisance budgétaire, mais aussi à cause de l'énorme masse d'enfants musulmans à scolariser. En 1882, 11 409 élèves (chiffre peut-être gonflé pour obtenir plus de crédits) représentaient à peine 2 % de la population scolarisable. En 1907, avec 32 517 élèves le taux de scolarisation montait à 4,5 % seulement. Le recteur Jeanmaire avertissait : « Il faudra peut-être deux cents ans pour scolariser l'ensemble de la population musulmane ». Était-ce réellement le but recherché ? On avait bien conscience du danger que représentait l'école française, dispensatrice des idées de liberté, pour le système colonial reposant sur l'oppression. Dès 1887, le principe de l'obligation, peu respecté par ailleurs, fut abandonné. Les débouchés offerts aux élèves étaient limités à l'Administration, dans des postes subalternes, et à l'armée. Même l'enseignement professionnel agricole ou artisanal qui fut organisé ne permit pas de trouver des débouchés dans un pays où la main-d'œuvre agricole était bon marché et les produits artisanaux très concurrencés par les produits de l'industrie européenne.

Du fait de la séparation géographique des populations, on put traiter différemment les régions profondes qui ne connurent que des « écoles auxiliaires », baptisées « écoles gourbis », lesquelles ne donnèrent pas une idée reluisante de la politique d'assimilation avancée par les Français. Ces écoles furent d'ailleurs abandonnées à la veille de 1914. De 1908 à 1913, on avait scolarisé 2 100 élèves de plus, chaque année. Ce chiffre fut loin d'être atteint durant la guerre. Au lendemain de 1918 un élément nouveau : la pression de la demande scolaire des Musulmans obligea à passer à

3 240 élèves supplémentaires chaque année jusqu'en 1922 et ensuite 2 000 jusqu'en 1930, date à laquelle le budget de l'enseignement des indigènes n'atteignait que 19,2 % du budget scolaire total (on retrouve ce même pourcentage dans le budget de l'enseignement au Maroc).

Devant les difficultés de scolarisation, on en vint à rogner sur la durée de la scolarité (3 ans seulement), la teneur des programmes et la qualification des maîtres, simples moniteurs pourvus d'un certificat d'études primaires élémentaires. L'installation sommaire de salles de classes, improvisées dans des locaux de fortune, faisait des « centres ruraux éducatifs » des alibis peu convaincants d'une véritable politique scolaire en faveur des indigènes. Cependant, même ces « écoles-gourbis » paraissaient aux colons un luxe inutile pour former de simples sujets qui ne pourraient être ensuite, pensaient-ils, que des déclassés et des révoltés.

Le Congrès des colons de 1908 avait même préconisé de supprimer l'instruction primaire générale pour la remplacer par un enseignement agricole pratique dans les douar. Certaines mairies refusèrent de financer cet enseignement et on dut, par la loi du 1er mai 1915, le mettre à la charge du budget général. Pour les raisons précédemment évoquées, l'enseignement professionnel, peu attractif, donna de maigres résultats. L'enseignement secondaire, ouvert à toutes les confessions, accueillait un chiffre dérisoire de garçons musulmans : 81 en 1889, 125 en 1905, 180 en 1910 ; il atteignit le chiffre de 700 en 1930. Quant à l'enseignement supérieur, il accueillait 6 étudiants musulmans en 1884, 49 en 1907, 62 en 1922 et environ 100 en 1930, soit 3,9 % des effectifs de l'Université d'Alger.

Cependant, malgré un bilan très insuffisant de la scolarisation des indigènes, l'école commençait à la veille de 1914 à porter ses fruits. Près d'une centaine d'instituteurs musulmans avaient été formés en 1914, qui ne pouvaient que faire ombrage aux *tolba* et aux *marabouts**. Des valeurs nouvelles, individualistes, pénétraient jusque dans les familles dont les structures traditionnelles allaient en être ébranlées. Renversant les hiérarchies anciennes, quelques individus sortaient de la Faculté d'Alger, en droit, en médecine, en sciences, en arabe et en berbère. Ch.-R. Ageron évalue cette nouvelle élite à un millier d'éléments en 1914, ce qui lui semble la marque d'un « échec relatif de la scolarisation française », mais on peut, étant donné la mauvaise volonté de part et d'autre, considérer aussi ces faibles résultats comme un surprenant succès. Même les défenseurs les plus ardents de la tradition et de l'enseignement de l'arabe réclamaient désormais un plus large accès à l'école française. En effet, après avoir refusé l'école des « Chrétiens », les Algériens prirent conscience des enjeux de l'école française qui, seule, ouvrait l'accès à l'Administration, au pouvoir et aux commandes de l'économie. Ils s'inquiétaient donc de voir leurs enfants laissés sur le bas-côté.

* P. 55

Ce fut après l'échec d'Abd El Krim* au Rif (1926) que la demande de l'école française se fit pressante dans les trois pays du Maghreb. On peut y voir le signe que l'espoir de chasser l'occupant par la force était perdu ; seul l'accès à la technologie et à la science occidentale par l'école française permettait encore de croire à la fin de l'occupation coloniale. Les nationalistes furent d'abord recrutés dans la bourgeoisie citadine lettrée, y compris parmi celle ayant eu accès à la culture française.

* P. 133

L'observation de la promotion sociale et politique des autochtones juifs par l'école ne pouvait qu'encourager cette nouvelle option. Les Européens, et les Juifs en tant que Français, bénéficiaient d'écoles en tous points semblables aux écoles métropolitaines, avec les mêmes programmes, les mêmes manuels, les mêmes méthodes et les mêmes horaires. Les quatre écoles supérieures créées par Jules Ferry formaient le noyau de la future université d'Alger qui sera fondée en 1909.

Les enfants des écoles « européennes » apprenaient, en même temps dans toute l'Afrique du Nord, les mêmes poésies, les mêmes chants. On peut voir l'effet intégrateur et assimilationniste de ce système sur les Juifs transformés en « vrais » petits Français, idolâtrant la France comme si elle était leur terre natale. « *J'irai revoir ma Normandie* », résonnait jusqu'au fond des petits bleds. « *Douce France* », remis dans les années 1990 avec une certaine amertume à la mode, était chantée avec une ardeur et une foi sincères par tous les petits écoliers de l'école française. Cela se poursuivit d'ailleurs pendant la Seconde Guerre mondiale lorsque les enfants furent endoctrinés dans le culte du Maréchal et que le chant « *Maréchal, nous voilà* » résonna dans toutes les classes d'écoles.

II. Évolution de la scolarisation après la Première Guerre mondiale en Algérie

Malgré l'hostilité des colons, les réticences de l'Administration et les craintes des Musulmans, on assista à une expansion, contrôlée, de l'enseignement des indigènes après 1919. Mais, du fait de la très forte progression démographique, le taux de scolarisation resta très bas. En 1914, on comptait 53 000 élèves musulmans, ce chiffre fut porté à 87 000 en 1937-1938, représentant un pourcentage de 44 % des effectifs totaux. Ils ne dépassèrent la moitié des effectifs qu'après la Seconde Guerre mondiale : 54 % en 1945-1946, 57 % en 1946-1947. Les années cinquante virent leur nombre doubler, passant de 150 148 (soit 57 % des effectifs) à 306 737 en 1954-1955 et 513 911 en 1959-1960. Ce chiffre important semble avoir été obtenu par la pression politique due à la guerre d'Algérie et au plan de Constantine. Il n'indique pas les fortes disparités régionales entre le Nord et le Sud, entre les villes et les campagnes, entre les différents quartiers urbains et entre les filles et les garçons. Ces statistiques ne rendent pas compte de la fréquentation très irrégulière des écoles, une fois les inscriptions prises, les arrêts en cours d'année et en cours de scolarité dus à la misère, à l'éloignement des écoles, surtout pour la population musulmane. Les établissements scolaires se situaient principalement en ville européenne et, ceux qui existaient dans les quartiers musulmans, en périphérie des villes, dans les bidonvilles, les « écoles gourbis » méritaient à peine le nom d'écoles. La scolarisation des filles musulmanes était encore plus faible : à la veille de la Seconde Guerre mondiale, on ne relève encore que 20 000 inscriptions. De plus, leur scolarité était très courte et très irrégulière. Pour les filles, les réticences du milieu musulman et l'attachement aux traditions de claustration et de mariage précoce rendaient compte, en grande partie, de la faiblesse des effectifs. L'œuvre scolaire de la France, parfois très décriée pour son insuffisance quantitative, sema des germes durables et jeta un pont entre l'Afrique du Nord et la France. De nouvelles élites émergèrent, de double culture, « passeurs entre les deux rives », personnages de « contact » selon l'expression d'Annie Rey [91, p. 78], qui pérennisèrent l'influence française jusqu'à nos jours.

III. L'action scolaire des *ouléma* en Algérie

* P. 25

On comprend le sens de l'action scolaire des *ouléma** tant dans les villes que dans les campagnes, pour compenser les insuffisances du système scolaire français pour les Musulmans.

Elle consista à créer des écoles autochtones, privées, dès 1920, dans de nombreuses villes et dans des villages, dans des conditions financièrement

* P. 229

difficiles malgré le soutien des populations locales. Le leader Ben Badis* donna un fort rayonnement à l'école de la petite mosquée verte à Constantine, de même que Bachir Ibrahimi à Tlemcen. Les populations accueillirent avec enthousiasme ces initiatives qui répondaient au désir de savoir non seulement de la jeunesse, mais aussi des adultes. C'est ainsi que dans les années 1934-1935, 30 000 élèves purent être scolarisés, dont des fillettes, grâce à la contribution financière des populations. À Tlemcen, le premier établissement, inauguré en 1937, recevait 1 600 élèves en 1940. On peut voir dans le succès de ces écoles nouvelles une manifestation de résistance culturelle contre l'emprise française, mais aussi une réponse au rejet d'une grande partie de la jeunesse musulmane hors du système scolaire colonial. Par ailleurs, la rupture avec les méthodes traditionnelles coraniques, sclérosées, faisant appel surtout à la mémoire, assura le succès d'une nouvelle pédagogie reposant sur la réflexion. Le Coran, étudié en partie seulement, laissait la place à une étude des auteurs musulmans et même à l'histoire, pourtant interdite des programmes.

Toute cette action fut menée avec prudence pour éviter les fermetures d'écoles ; elle prétendait n'agir que sur le terrain culturel et religieux. Cependant, malgré les déclarations tactiques de neutralité politique, et même de fidélité à la France, certains historiens voyaient que « le but lointain des *ouléma* ne pouvait être qu'une restauration d'un pouvoir musulman » [137, p. 318], non par les armes, mais par la défense d'un islam rénové et l'exaltation de l'histoire des Arabes.

On comprend que devant le succès de cette action des *ouléma*, par l'école, mais aussi par le scoutisme, la colonisation, inquiète, fut poussée à scolariser le plus d'enfants possible. Néanmoins, en 1954, les 140 000 élèves musulmans de l'école française, s'ils représentaient un effort budgétaire important, restaient un chiffre dérisoire pour une population de 8 000 000 de musulmans et face aux 320 000 élèves français pour 1 000 000 d'Européens.

Les élèves musulmans étaient peu représentés dans l'enseignement secondaire français, mais, sous la pression de la concurrence des *medersa* créées par les *ouléma*, la scolarisation des Musulmans dans le secondaire fut plus importante après la Seconde Guerre mondiale, on comptait 1 580 élèves, en Algérie, en 1945-1946. Cet effectif sera porté à 4 192 en 1951-1952 et à 7 000 en 1954-1955.

Les débouchés théoriques de cet enseignement : la fonction publique et le secteur nationalisé – restèrent peu accessibles aux Algériens « en raison de l'assimilation des services algériens aux services métropolitains et du fait des règles de la fonction publique » [41, p. 241], autrement dit de l'obligation des diplômes et des limites d'âge pour entrer dans la fonction publique. Ainsi, en 1949, les Musulmans ne représentaient que 23 % des effectifs admis et en 1954 19 % seulement. Ce rejet, raciste et intéressé, des Musulmans, mal formés, fit des aigris et des révoltés contre la France, jugée responsable des insuffisances qu'elle reprochait aux Musulmans.

La perception d'une menace représentée par la petite élite indigène, tant sur le plan économique que politique, explique l'insuffisance des efforts accomplis par la colonisation en faveur des enseignements secondaire et supérieur pour les Musulmans. L'enseignement supérieur accueillait 6 étudiants en 1907, 100 en 1930, soit 3,9 % des effectifs de l'Université d'Alger.

L'école française dans les protectorats : la Tunisie et le Maroc

Chapitre 14

I. L'école française en Tunisie

Avant 1881, existait déjà dans la Régence de Tunis, à côté d'un enseignement officiel destiné exclusivement aux Musulmans, un enseignement privé organisé par les Européens (écoles italiennes ou anglaises) ou par l'Alliance israélite universelle. Le protectorat maintint cette dualité dans l'espoir de recueillir un consensus des diverses composantes de la population.

1 L'enseignement traditionnel

Comme dans tous les pays musulmans, les écoles coraniques (*koutab*) dispensaient aux jeunes enfants un apprentissage du Coran. Rappelons que les élèves devaient savoir tracer les lettres arabes, lire le livre sacré, en apprendre des paragraphes « par cœur ». Les familles aisées, désireuses pour leurs fils (et jamais pour les filles qui devaient demeurer recluses) d'un savoir plus poussé, s'adressaient aux *medersa* jouxtant les mosquées ou aux écoles de *zâwiya**.

*P. 19

La *medersa* la plus prestigieuse de Tunisie, connue dans tout le monde musulman, la Zaytûna (la Mosquée des Oliviers), comme celles, moins importantes, de Kairouan, Sfax, Gabes, Nefta et Mahdia, dispensaient en plus des sciences religieuses, la grammaire et un enseignement du droit musulman, des éléments d'histoire, de calcul et de calligraphie. La Zaytûna connut un essai de réforme sous Ahmed Bey, mais elle resta un établissement d'enseignement uniquement religieux ne débouchant sur aucune formation pratique.

C'est aussi sous Ahmed Bey et sous l'influence de la Turquie et de l'Europe que cet enseignement connut deux innovations : la création de deux écoles à l'enseignement diversifié, l'école militaire du Bardo (en 1840), dite « école polytechnique, destinée à former les cadres de l'armée tunisienne », et le collège Sadiki, pépinière d'administrateurs.

L'école du Bardo dispensait un enseignement diversifié comprenant des langues étrangères (italien et français) à côté de la langue et de la littérature arabes. Les mathématiques y occupaient sept heures par semaine, l'histoire et la géographie quatre heures, sans compter la topographie et l'équitation. La pléthore des matières et l'insuffisante formation des professeurs auxquels on ne laissait guère de liberté pédagogique, ne pouvaient que mener à l'échec ; le manque de crédits fit le reste. En 1877, l'école ferma ses portes. Il n'en était sorti que très peu d'officiers compétents.

Le collège Sadiki, fondé par le ministre Kherredine en 1875, ouvert seulement aux Musulmans, boursiers internes ou demi-pensionnaires, dispensait également un enseignement très varié puisque, à côté des sciences religieuses coraniques, une large place était faite aux sciences physiques, à la chimie, à la médecine, à la botanique, aux mathématiques, à la géographie et à la cosmographie… Des notions de droit européen, de sciences politiques complétaient cet enseignement qui se voulait moderne et destiné à former les futurs fonctionnaires, médecins, vétérinaires, architectes… Après huit années, sanctionnées chacune par un examen, les meilleurs élèves pouvaient accéder aux études supérieures, soit en France, soit en Italie. Les débuts de l'école furent positifs. Cependant, à partir de 1878, les difficultés financières en entravèrent le succès très relatif puisqu'en cinq ans 120 élèves seulement y avaient été admis, parmi lesquels 20 avaient intégré l'administration sans avoir le niveau pour se présenter aux concours d'accès aux grandes écoles françaises. 10 élèves furent envoyés à Paris au lycée Saint-Louis. Rentrés à Tunis, ils ne remplirent que des fonctions d'interprètes [161].

Des écoles privées d'origine européenne furent ouvertes avant 1881 à Tunis :
– 3 écoles italiennes, dont 2 ouvertes en 1855, ; 3 de l'AIU (Alliance israélite universelle) de Paris, dont la première fut ouverte en 1878 pour les jeunes Juifs tunisiens. Le français y était enseigné à côté de l'hébreu ;
– l'institut Enriquez pour les enfants de riches bourgeois et l'école privée d'obédience anglicane pour les élèves d'origine maltaise, ouverte aux Musulmans ;
– des écoles religieuses catholiques s'ouvraient largement aux Musulmans et aux Juifs : ainsi, le collège Saint-Louis, fondé en 1880 avec un cycle secondaire, 3 écoles des Frères des écoles chrétiennes, 12 écoles des Sœurs de Saint Joseph de l'Apparition (dont Monastir, Mahdia, Sfax, Djerba, La Goulette, Bizerte). Leurs effectifs comptaient 3 141 élèves soit : 514 élèves français, 333 élèves italiens, 2 110 élèves israélites dont 904 filles, 174 élèves maltais, 10 élèves tunisiens dont 3 filles.

On voit que l'attrait des Juifs pour l'enseignement européen leur faisait surmonter leurs réticences face à une éducation chrétienne.

2 L'école sous le protectorat en Tunisie : l'action de Louis Machuel

Après une période d'attentisme et de réflexion, Paul Cambon, le Résident général, dut s'attaquer au problème de l'école. Allait-on, comme en Algérie, détruire le système traditionnel et installer une école française imposée à tous les enfants quel que soit leur groupe ethnique ou leur nationalité d'origine ? Pour P. Cambon cela aurait été contraire à l'esprit même du protectorat qui devait respecter les institutions préexistantes. Les Tunisiens, gardant leur identité nationale, devaient conserver leur système éducatif traditionnel auquel les Français apporteraient les seules modifications dont la nécessité s'imposait à tous. Un *consensus* sur ce point serait recherché pour assurer l'efficacité du nouveau système. Ce n'était plus l'assimilation qui était recherchée à la manière du recteur Horlu en Algérie, mais une coexistence harmonieuse d'enseignements spécifiques, adaptés à chaque groupe. Le décret du 8 mai 1883 créa la Direction générale de l'enseignement avec à sa tête un arabisant, Louis Machuel, venu d'Algérie.

Louis Machuel

Né en Algérie, Machuel avait été dès son enfance en contact étroit avec le milieu musulman. Il avait, chose exceptionnelle, fréquenté en même temps l'école française et l'école coranique, selon la volonté de son père directeur d'école franco-arabe. « Je fus élevé, écrit-il, dès ma plus tendre enfance au milieu des Musulmans, ayant appris le Coran dans leurs écoles [...] ayant appris plus tard la grammaire dans leurs ouvrages ». Machuel représente cette figure « de l'intermédiaire culturel, du passeur, pour ne pas dire du métis ». Il avait occupé successivement un poste de professeur d'arabe aux collèges franco-arabe de Constantine, d'Alger et d'Oran, et d'inspecteur à la *medersa* de Tlemcen. Ses publications avaient porté essentiellement sur l'apprentissage du français par les Arabes et de l'arabe par les Français.

3 La sauvegarde du collège Sadiki

La première tâche du protectorat fut la sauvegarde du collège Sadiki qui, faute de ressources suffisantes, risquait de périr et, avec lui, le premier essai de modernisation de l'enseignement traditionnel, essai qui avait eu le soutien de l'élite tunisienne. Par le décret du 3 décembre 1882, une meilleure gestion financière et un caractère de double culture furent imposés. En effet à côté d'un enseignement religieux et d'une culture classique maintenus, le collège

Sadiki obligeait les élèves à suivre un cursus moderne en langue française. Le succès de cette réforme fut tel que des annexes furent créées en 1889 : trois à Tunis, une à Kairouan et une à Sfax.

4 L'organisation de l'enseignement dans le pays

Pour L. Machuel, l'école était un des moyens de faire entrer la Tunisie dans la modernité. Son action sur l'enseignement primaire rencontra l'hostilité des Musulmans lorsqu'elle parut trop laïque et menaçante pour l'enseignement traditionnel. En effet, L. Machuel entreprit de rénover prudemment les écoles primaires traditionnelles (les *Koutab*), en particulier en créant un enseignement gratuit dans les campagnes où le français et l'arabe seraient enseignés dans le cadre des programmes des écoles primaires françaises avec des instituteurs européens et musulmans. Il buta cependant sur un problème fondamental dans tout le Maghreb, l'insuffisante connaissance de l'arabe chez les Français et l'impossibilité de recruter parmi eux des instituteurs sachant la langue de leurs élèves tunisiens.

De multiples écoles privées dispensaient un enseignement primaire à une population très hétéroclite. À côté des 1 300 000 autochtones (dont 30000 israélites), répartis en 600 000 ruraux et citadins et 700 000 nomades, les Européens progressaient sans cesse, et l'afflux de Français qui passaient de 708 en 1881 à 2 500 en juillet 1882 ne pouvait contrebalancer les 11 206 Italiens et 7 000 Maltais. Pour Jules Ferry, les progrès de la langue française dans tous les groupes seraient un élément d'harmonisation dans la « francisation ». Celle-ci permettait par ailleurs la formation d'auxiliaires de la colonisation française dévoués à sa cause, aussi bien chez les indigènes que dans les diverses nationalités européennes.

5 Le collège Alaoui : le bilinguisme

La création, en 1884, d'une école normale d'instituteurs, le collège Alaoui, avait pour objectif de combler cette carence, en formant des instituteurs bilingues (90 élèves chaque année), unis par des liens d'amitié, qui œuvreraient à la coexistence harmonieuse des groupes confessionnels. En fait, ce rôle échut finalement au collège Sadiki et le collège Alaoui ne fournit que trois instituteurs européens. C'est en Algérie et en France qu'on put trouver des instituteurs possédant une certaine connaissance de l'arabe. En revanche, les maîtres tunisiens formés au collège Alaoui jouèrent mieux leur rôle d'initiateurs au français que leurs collègues venus de France. On voit que les préoccupations ici étaient d'éviter la ségrégation et de créer les conditions de compréhension entre les groupes par l'utilisation de langues communes, l'arabe et le français. Dès 1885, dix écoles primaires laïques s'ouvrirent aux garçons (il fallut attendre 1908 pour y admettre les filles) ; les instituteurs, munis soit du brevet, soit le plus souvent d'un simple certificat d'études primaires pour l'enseignement aux Musulmans, introduisaient progressivement dans l'enseignement, qui se faisait en arabe, le français et les matières modernes du programme des écoles de France, l'arithmétique, la géographie, les sciences, tandis que tous les élèves européens devaient obligatoirement apprendre l'arabe parlé.

Dans les écoles coraniques, les *Koutab*, L. Machuel introduisit, à côté de l'étude du texte sacré du Coran, des exercices de grammaire et d'écriture arabes. Profitant du bon accueil fait à ces innovations, il proposa un certain nombre de mesures : suppression des châtiments corporels, exigence de l'assiduité, instauration de jours de congé hebdomadaires du mercredi soir au samedi matin, traitement pour les maîtres (*mouedeb*), en plus de la modeste rétribution des parents.

Dans Tunis, 6 écoles franco-arabes furent ouvertes aux élèves des *Koutab* désireux d'apprendre le français mais connaissant déjà bien l'arabe. Le nombre des écoles coraniques, malgré cette précaution, diminua fortement. L'enseignement traditionnel semblait menacé. La *medersa* Asfouria à Tunis devint en 1894 un centre de formation (en 5 ans) de maîtres des écoles coraniques et des *medersa*. La scolarité encadrée par le personnel de la Grande mosquée était gratuite. Il s'agissait d'éviter le départ des élèves vers l'étranger comme cela se voyait au Maroc et en Tripolitaine. Le succès des écoles franco-arabes varia selon les régions et leur degré d'ouverture au progrès. Ainsi le Sud du pays marqua une forte résistance à la création d'écoles tenues par les « chrétiens ».

Le Résident Justin Massicault, qui succéda à Paul Cambon, poursuivit l'effort d'alphabétisation en arabe pour adultes et de réorganisation des *medersa*. Lui aussi rencontra la double hostilité des Musulmans, malgré la très grande place faite dans l'enseignement à l'arabe parlé et écrit, et des Européens qui trouvaient cet enseignement inutilement coûteux. Ces derniers voulaient une francophonie exclusive, tandis que les Musulmans jugeaient dangereuse pour l'identité de leurs enfants toute intervention dans l'enseignement dispensé par les *medersa*, que l'administration religieuse était seule en droit de contrôler, voire de réformer. Du côté des Français, les critiques les plus virulentes vinrent des militaires autour du général Boulanger, des colons et des fonctionnaires français. La politique de L. Machuel, maintenu à son poste par le nouveau Résident, qui visait à la coexistence des « races », même dans le secondaire, rencontra de la part de tous les groupes une résistance qui aboutit à un échec partiel de toutes les initiatives. On se souvint de ces difficultés au Maroc où le protectorat pratiqua systématiquement la séparation des populations scolaires (*cf. infra*).

6 Le bilan

Au point de vue statistique : les écoles primaires françaises connurent un certain succès à partir de 1889. Elles accueillirent 150 élèves en 1883, 474 en 1885 et 4 839 dont 1 765 Musulmans et 3 074 Israélites en 1889. Le corps enseignant était en grande partie représenté par des religieux (36) dans 17 écoles tenues par les congrégations. 25 écoles laïques semblent avoir laissé enseigner des religieux puisqu'on ne compte que 19 instituteurs laïcs.

L'enseignement secondaire, en langue française exclusivement, était donné dans deux établissements à Tunis : le collège de garçons Saint-Charles, issu du collège Saint-Louis dirigé par les Missionnaires d'Afrique, les professeurs étant des laïcs, et le lycée Carnot qui assurait un enseignement primaire et un enseignement secondaire. En 1885, on ouvrit aux filles (95 en tout) le lycée Armand Fallières. Les filles pouvaient préparer le brevet simple ou le brevet supérieur en formation accélérée.

Des cours pour adultes soit en arabe, soit en français, entièrement gratuits, formaient un embryon d'enseignement supérieur. Des cours du soir préparaient aux carrières d'interprètes ou d'employés administratifs.

L'enseignement privé en langue française se développa avec l'Alliance israélite universelle et les écoles chrétiennes.

Parallèlement, le développement de l'enseignement traditionnel était rassurant : la Zaytûna recevait environ 600 auditeurs chaque année. Véritable pépinière de fonctionnaires, de magistrats, de marchands, elle attirait des jeunes venus de tout l'intérieur du pays et même du reste du Maghreb. Vingt-quatre *medersa* accueillaient les étudiants de l'intérieur. Cet enseignement connut des réformes, mais l'élargissement des programmes d'enseignement de la grande mosquée (29 matières y étaient enseignées) restait insuffisant : les matières scientifiques n'étaient pas toutes étudiées. Une école privée, la Khaldounia, fondée en 1896, tenta de combler cette lacune. En 1898, elle fut habilitée à délivrer un diplôme apprécié qui ouvrait l'accès à de nombreux emplois. Le collège Sadiki, encadré par une direction binationale, devint de plus en plus un établissement de niveau primaire supérieur, ouvrant vers l'enseignement ou les écoles professionnelles supérieures. Ses résultats assez décevants orientèrent vers des réformes tendant à en faire un véritable établissement secondaire, dispensant un enseignement général jusqu'en troisième (ce n'est qu'en 1938, sous la pression des nationalistes, qu'on y préparera au baccalauréat, qui seul ouvrait l'accès à l'enseignement supérieur).

En 1900, les statistiques révélaient cependant une faiblesse de la scolarisation des Musulmans qui tenait à deux raisons : la réclusion des filles, la faible scolarisation dans le milieu rural attaché à l'école coranique.

L'enseignement était toujours la cible de critiques, en raison de la cohabitation jugée dangereuse par la promiscuité qu'elle induisait, avançait-on, pour l'hygiène et les mœurs des élèves. Mais les critiques traduisaient surtout la crainte que « l'instruction égalitaire ne produise des déclassés indigènes qui ne voudront plus accomplir le dur métier de leurs pères et qui se voudront tous chaouchs et fonctionnaires » [161].

On était en plein débat sur l'école française en milieu musulman lorsque se posa, dès 1907, la question de l'enseignement français au Maroc. Des solutions diamétralement opposées y furent appliquées comme pour souligner l'échec de la tentative de cohabitation des populations scolaires en Tunisie.

II. L'école française du protectorat au Maroc

1 L'école, un instrument de la colonisation

Malgré les difficultés qu'elle connaissait en Tunisie, au début du XXe siècle, la France ne pouvait faire l'impasse sur l'action scolaire au Maroc. L'œuvre « civilisatrice », que l'on présentait comme un alibi de la conquête, passait évidemment par l'école. Celle-ci, à qui on attribuait des objectifs précis, fut organisée de manière particulière dans ce pays qui n'ignorait pas l'enseignement, du moins coranique, nous l'avons vu, à tous les échelons. Pour Paul Marty, directeur du collège musulman de Fez, l'obligation de créer un enseignement pour les Musulmans au Maroc relevait d'un devoir de conscience ; « le Maroc a une créance sur le protectorat français », écrivait-il en 1925. En fait, l'école était « un moyen de pénétration et d'assistance, d'apprivoisement et de rapprochement » (avec les relations commerciales et l'œuvre médicale) qu'on ne pouvait négliger. Bien avant le protectorat, dès 1907, à Oujda et ensuite en Chaouia, Lyautey* fit créer des écoles franco-arabes, à côté des écoles coraniques, auxquelles, contrairement à ce qui s'était passé en Algérie, on ne toucha pas.

*P. 103

L'école « conquiert le cœur des indigènes et fait d'eux des serviteurs loyaux de notre pays », écrivait Louis Brunot, chef du Bureau de l'enseignement des indigènes en 1920 ; dans le partage des rôles, l'école tenait une place essentielle. En effet, ajoutait-il, « tandis que l'armée dompte les dissidents et protège les gens soumis et paisibles, tandis que l'Administration assure le bien-être matériel des adultes, l'école forme les jeunes esprits, prépare une génération plus avancée et plus apte à collaborer avec nous à l'œuvre de progrès que la France accomplit ici ».

D'autre part, il fallait retenir au Maroc cette jeunesse dont les yeux étaient tournés vers l'Orient et le panarabisme. Paul Marty, pour convaincre les coloniaux réticents et persuadés surtout des « méfaits » de l'œuvre émancipatrice de l'école, les metttait en garde : « La société marocaine est éprise de savoir et d'instruction ». « N'a-t-on pas vu, écrivait-il, dans les années 1912-1913, des jeunes désireux de s'initier aux secrets de la science moderne et des langues étrangères partir pour l'Orient vers les lycées du Caire, d'Alexandrie ou de Beyrouth ? Mais aussi se rendre à Genève, ce foyer de panislamisme ou dans les collèges et facultés de France si peu adaptés à ce rôle d'éducateurs des indigènes » !

Par ailleurs, ne fallait-il pas répondre aux exigences de l'économie nouvellement installée au Maroc ? Former des agents subalternes de l'entreprise comme de l'administration ? Leur apprendre les rudiments de la langue française pour en faire des intermédiaires avec les masses ?

Pourtant, des limites précises furent mises à cette œuvre scolaire qui pouvait se révéler à double tranchant, comme l'avait montré l'expérience en Algérie et en Tunisie où un enseignement de type républicain, véhiculant des valeurs de liberté et d'égalité, était entré en contradiction avec le système colonial et l'avait mis en péril. On verra que nombre de nationalistes, « Jeunes-Tunisiens », « Jeunes-Marocains » ou « Jeunes-Algériens » sortaient de l'école française.

2 L'abandon du rêve de l'assimilation caressé en Algérie

Pour Georges Hardy, nouveau directeur de l'Instruction publique en 1920, le rôle de l'école n'était pas de « faire subir à tous les enfants la même règle d'éducation, de démocratiser une société dont le tréfonds ne nous est pas connu, d'éduquer nos élèves en vue d'une société future idéale […] » [110, p. 315].

L'école ne devait pas être un instrument de bouleversement social. La plupart des administrateurs au Maroc avaient déjà une expérience de la colonisation en Algérie ou en Tunisie, où ils avaient vu éclore, à la faveur de l'école, écrivaient-ils, ces « prétendues élites coloniales, nées d'une instruction hâtivement et aveuglément dispensée… véritable ferment de crise, poudre sèche à faire éclater toutes les révoltes » [180, p. 187]. L'enseignement français au Maroc fut alors pensé, organisé et dirigé en fonction des expériences passées en Algérie et en Tunisie. Le souci d'éviter l'effet « boomerang » de l'école française, facteur de perturbation de la société marocaine (et même pour la colonisation, dans la mesure où les valeurs qu'elle véhiculait étaient, comme l'égalité, antinomiques du système discriminatoire imposé par la France) amena à placer la jeunesse musulmane à part, pour en contrôler l'évolution ; dans un premier temps la séparation des clientèles scolaires fut parée des vertus du respect de la spécificité de la jeunesse musulmane.

C'est un des tenants les plus engagés de la séparation des élèves musulmans et chrétiens, le directeur du collège Allaoui de Tunis, Gustave Loth, que Lyautey appela pour diriger l'enseignement au Maroc, en 1915. Celui-ci rencontra, dans son opposition à la cohabitation, l'approbation des Musulmans qui voyaient dans l'école française une institution chrétienne dangereuse pour la foi et l'éducation de leurs enfants. Les Français, eux, trouvaient tout naturel de voir leurs enfants enseignés à part, évitant la promiscuité des « Arabes ».

L'enseignement français fut conçu en fonction de préoccupations réalistes et conservatrices. Favoriser l'émergence d'une petite élite facilement contrôlable, dispenser un enseignement élémentaire dans quelques écoles pour le peuple qui fourniraient les agents subalternes de l'administration, mais aussi de l'économie nouvelle, tels étaient les objectifs limités fixés par Lyautey et les directeurs de l'Instruction publique recrutés par lui, comme Gustave Loth ou Georges Hardy, parmi ceux qui avaient déjà une grande expérience coloniale, acquise en Algérie et en Tunisie. La séparation des clientèles scolaires européenne et musulmane, présentée comme une nécessité, était plutôt un moyen de traitement discriminatoire.

3 La ségrégation scolaire

L'essai de cohabitation des élèves de confessions différentes, qui avait rapidement avorté en Tunisie et en Algérie, ne fut même pas tenté au Maroc. Le *dahir* du 18 février 1916 établit le principe de la ségrégation ethnique. Le critère ethnique de séparation se doubla d'une discrimination sociale qui se présentait comme respectueuse des mœurs. Ainsi, sous couvert du respect des races, des classes sociales, des sexes, on aboutit à la création d'écoles pour les Européens quasiment fermées aux Marocains et d'écoles diversifiées pour les Musulmans : écoles de fils de notables dans les grandes cités où existait une grande bourgeoisie ou une aristocratie que l'on espérait séduire ; écoles de seconde zone pour le peuple : écoles urbaines et écoles rurales, parmi lesquelles les écoles berbères conçues, elles, comme de petits bastions contre l'expansion de la langue arabe et de l'islam, contrairement aux autres écoles où une place assez importante était réservée (un dixième de l'horaire généralement) à l'arabe. La scolarisation des Juifs marocains fut presque totalement laissée aux soins de l'Alliance israélite universelle (AIU), qui l'avait entreprise dès 1864. Quelques écoles primaires franco-israélites furent créées pour combler les lacunes de l'AIU.

Ce fractionnement de l'enseignement permit, en fait, de traiter de manière inégalitaire les différents groupes confessionnels, du point de vue tant des objectifs et des moyens, que du contenu de l'enseignement.

La discrimination se faisant toujours aux dépens des Marocains, la justification de la ségrégation par le respect des différences paraît douteuse, d'autant qu'un véritable ostracisme scolaire fut établi malgré la demande accrue des Musulmans de faire entrer leurs enfants dans les écoles européennes après 1926. Ainsi les élites musulmanes furent-elles écartées des établissements secondaires français jusqu'à la Seconde Guerre mondiale (y compris les enfants des fonctionnaires marocains, mais aussi ceux des fonctionnaires algériens, pourtant sujets français). L'école européenne était réservée aux citoyens français. Ceux-ci y recevaient un enseignement identique à celui dispensé en France. On voulait en « préserver l'unité et la qualité ». Par contre, l'enseignement des Marocains, traité en parent pauvre, reçut la part congrue du budget, des enseignants moins qualifiés, un *cursus* raccourci (pas de préparation au baccalauréat).

Jusqu'en 1926, l'administration s'efforça de vaincre les réticences des Musulmans par des primes d'assiduité, la gratuité de la cantine, des pressions sur les parents d'élèves, un enseignement coranique pendant les vacances scolaires pour retenir les élèves... La situation changea après l'échec de la révolte rifaine. Les Marocains furent alors convaincus de la nécessité de s'approprier la science et la technique qui faisait la force de l'Occident. À partir de 1927, on assista à un « engouement » subit pour l'école qui « provoqua un véritable effroi », selon le directeur de l'enseignement musulman, Lucien Paye [149]. Incapable de répondre à une demande scolaire qui s'emballait et dans laquelle elle voyait une volonté de la mettre en difficulté, l'Administration multiplia les exigences sur l'assiduité, le travail, l'âge d'admission des élèves, qui ne visaient qu'à endiguer le flot des candidats. Il fallut attendre le Front populaire et l'action de Noguès pour assister à un effort important de création d'écoles.

La répartition en 1936 des effectifs est éloquente puisque les élèves musulmans étaient en nombre inférieur aux élèves européens (19 125 contre 45 293, en déduisant les 683 élèves musulmans marocains dans l'enseignement européen). Or, la population européenne formait alors à peine 3 % de la population totale du Maroc. Les efforts du Front populaire et même ceux d'après-guerre restèrent vains devant le gonflement démographique. Les écarts dans les taux de scolarisation étaient élevés et le taux de scolarisation des enfants marocains s'établissait à 6,2 % alors que les jeunes Européens étaient scolarisés à 100 % et les Juifs marocains à 76 % (en grande partie par l'AIU). Le traitement discriminatoire, qui pouvait trouver des explications dans la forte progression d'une population misérable et en grande partie rurale, prend une autre signification si l'on observe le budget dont la répartition ne tenait aucun compte du rapport numérique des populations, non plus que du nombre des enfants scolarisés dans chaque groupe confessionnel.

L'insuffisance et l'inégale répartition du budget entre les Musulmans et les Européens est révélatrice de la politique discriminatoire du protectorat. Dans le budget insuffisant de l'Instruction publique la part attribuée à l'enseignement musulman n'arrive jamais à plus de 23 % entre 1921 et 1937.

Même l'ancien directeur de l'Instruction publique, Lucien Paye, put émettre le regret que l'on n'ait pas mené, parallèlement, l'œuvre de développement économique et de scolarisation : « Il eût été pourtant sage, remarquait-il, tout en donnant au Maroc l'armature moderne qui lui manquait, de consacrer plus d'efforts et des crédits imposants et judicieusement répartis à l'éducation de la population musulmane en vue d'amélioration ultérieure d'ordre économique et social. L'on ne saurait transformer un pays sans former l'homme. »

Cependant, associer éducation et développement paraît peu conforme aux intérêts de la colonisation qui veut réserver le pouvoir que donne l'instruction aux ressortissants de la puissance colonisatrice. La logique qui s'imposa fut celle, plus conforme aux intérêts coloniaux, d'un malthusianisme scolaire. Nous allons le voir..

4 Un enseignement au rabais

Si le dévouement du personnel enseignant ne peut être mis en doute, l'infériorité de sa formation et de sa qualification, par rapport au personnel des écoles européennes, a pu être établi. Les difficultés de l'enseignement des petits Marocains (ils ignoraient le français, l'instituteur ignorait l'arabe et ne connaissait le plus souvent rien à leur mentalité, à leurs mœurs) rebutaient les jeunes candidats instituteurs.

Le nombre des instituteurs suppléants était toujours très grand. Le nombre des moniteurs musulmans, pourvus du seul certificat d'études primaires musulmanes, ne tendit à diminuer qu'à partir de 1945-1946.

L'accroissement des effectifs rendait le problème du recrutement du personnel plus ardu : « Le rythme accéléré de la scolarisation nous oblige à un recrutement hâtif, irrationnel, d'un nombreux personnel ne possédant ni les connaissances générales suffisantes, ni la formation pédagogique nécessaire pour obtenir des résultats satisfaisants et remplir sa délicate mission [...] », dit le rapport annuel de 1950.

5 Un enseignement professionnel inadapté à l'économie

Au début du protectorat, Gustave Loth déclarait [149] : « La grande masse des écoliers indigènes doit recevoir une instruction française rudimentaire, ayant un but éminemment pratique et, dès que cela est possible, un caractère professionnel », ce qui indiquait les limites étroites fixées à l'enseignement destiné aux Marocains... Dans un rapport de 1928 sur le Maroc, à la Chambre des Députés, M. Bouilloux-Lafond rassurait : « On se borne en quelque sorte à placer l'enfant dans l'atmosphère des métiers qu'il aura à exercer, à faire de l'orientation professionnelle le centre de sa vie scolaire [.] On le maintient le plus possible dans le milieu où on l'a pris » [118]. On donna donc le pas au préapprentissage.

Ce programme précis et limité n'eut pas beaucoup de succès auprès des populations locales qui ne comprenaient pas que l'on aille à l'école pour devenir ouvrier ou paysan. Par ailleurs, le maintien de la formation dans les métiers les plus traditionnels, fortement concurrencés désormais par les produits de l'industrie occidentale, déconsidérait ces enseignements de brodeurs sur cuir ou de jardiniers auprès des Marocains persuadés de la volonté des Français de les contenir dans une position marginale. Les Français, eux, reprochaient aux Marocains « leur course aux diplômes », (en l'occurrence le certificat d'études !), qui les détournait d'une formation pratique [118].

L'Administration faisait valoir que l'enseignement technique était une nécessité primordiale dans un pays en plein développement économique ; les Marocains nationalistes mettaient l'accent sur l'infériorité de l'enseignement professionnel musulman par rapport à l'enseignement technique européen. « Aucun collège musulman ne comporte, soulignaient-ils, une section technique analogue à celles rattachées aux établissements secondaires européens. Pourquoi ne pas subordonner tout enseignement agricole ou technique à l'accomplissement du cycle primaire ? Pourquoi continuer à délivrer aux élèves des écoles professionnelles musulmanes des certificats d'apprentissage qui n'ont que peu de valeur sur le marché du travail ? ». En effet, l'inadaptation de l'enseignement professionnel aux exigences de l'économie moderne se révélait dans la difficulté de placement des élèves, pourtant peu nombreux, issus des écoles professionnelles. L'Istiqlal dénonçait ces formations qui, en excluant une culture générale de base, compromettaient toute possibilité de reconversion. Cet enseignement attirait également les critiques des Français : « Les Européens nous reprochent tantôt de faire de trop bons ouvriers (qu'il fallait payer plus cher), tantôt d'encombrer la place d'une main-d'œuvre qui concurrence la main-d'œuvre européenne », se plaignait Louis Brunot. Les statistiques de la Direction de l'Instruction publique montrent que les hautes qualifications professionnelles n'étaient pas accessibles aux Marocains musulmans qui n'étaient représentés que dans les petits diplômes (certificats d'aptitude professionnelle).

6 Un enseignement général limité

Les Marocains orientaient de plus en plus leurs enfants vers l'enseignement général qui pouvait les conduire vers les emplois et les fonctions publiques.

Or, jusqu'en 1930, l'enseignement général des Marocains musulmans était réduit au primaire. Seuls de rares élus arrivaient jusqu'au baccalauréat.

En effet, les cours complémentaires, qui pour la plupart furent créés tardivement (en 1943 seulement à Oujda), débouchaient sur un diplôme d'études musulmanes dont l'équivalence avec le baccalauréat ne fut jamais obtenue. En 1930, les lycées français furent officiellement accessibles aux Marocains, mais on essaya en même temps de les en détourner, en créant dans les collèges musulmans, à côté de la section traditionnelle, une section moderne préparant au baccalauréat. En 1939, une circulaire émanant de la Direction des affaires politiques rappelait que les établissements d'enseignement européen étaient « essentiellement réservés aux élèves européens et que l'admission de jeunes musulmans ne peut se justifier qu'en raison d'un intérêt politique supérieur et d'une scolarité suffisante ». Enfin en 1941, une lettre du directeur de l'Enseignement, M. Ricard, au directeur des Affaires politiques l'informait que les chefs d'établissements secondaires français devaient désormais « solliciter, avant d'autoriser la candidature d'un élève musulman au certificat du premier degré, l'avis des autorités régionales ». Ces autorisations ne devaient être accordées qu'à titre exceptionnel, les chefs de région étaient invités à refuser cette autorisation quand il existait un collège musulman dont l'enseignement musulman « est mieux adapté à nos protégés ».

Jusqu'en 1945, du fait de ce filtrage dont on voit bien qu'il était politique, les jeunes musulmans marocains furent quasiment exclus des lycées français.

7 Une rénovation de l'enseignement traditionnel : les *msids* rénovés

Conscients de l'archaïsme et des lacunes de leur enseignement traditionnel, ainsi que des réticences de la politique scolaire française, les Marocains réagirent en développant et en modernisant l'enseignement coranique. Celui-ci, du fait de son caractère religieux, échappait à tout contrôle de la Direction de l'instruction publique. Il permit aux Musulmans la création de *msids** rénovés dès les années vingt, selon Godefroy Demombynes [125, p. 22]. On voit alors une concurrence s'établir entre l'école franco-musulmane et les *msids* rénovés. Ceux-ci modernisèrent leurs méthodes pédagogiques, qui désormais firent plus appel à la réflexion, comme leur contenu qui dut comporter des rudiments de grammaire, d'arithmétique et même, quelquefois, ultime concession, du français usuel. Cette rénovation de l'enseignement traditionnel, se faisant sous l'inspiration de l'Égypte ou de la Tunisie, ne pouvait qu'inquiéter l'Administration française.

* P. 227

À partir des années trente, le caractère nationaliste du mouvement de rénovation des *msids*, visible lors de manifestations de rues des élèves, amena l'Administration à prendre des mesures sévères. Un *dahir* du 1er décembre 1935 décida que l'appellation « msid » serait réservée à l'école coranique. Les écoles qui introduisaient des matières autres que le Coran s'intituleraient « écoles primaires privées musulmanes », réservées à l'usage exclusif d'enfants musulmans du sexe masculin ; elles devaient « demander une autorisation d'ouverture et tomber sous le contrôle de la Direction de l'instruction publique » [149, p. 561].

On crut freiner le mouvement des *msids* rénovés en limitant leur enseignement, mais le *dahir* du 11 décembre 1937, publié dans ce sens, fut dénoncé par les nationalistes et resta lettre morte. Les mesures d'internement prises contre les directeurs ou les promoteurs de ces écoles ne réussirent pas mieux à entraver leur succès. L'Administration dut lutter avec d'autres armes. C'est ainsi que le succès des *msids* rénovés et le danger politique qu'ils représentaient relança la réflexion sur le contenu de l'enseignement franco-musulman. Ne fallait-il pas y faire une place plus importante à l'arabe ? Pour répondre à cette concurrence dangereuse on ouvrit un peu plus les vannes budgétaires. En 1945, dans le cadre d'un plan de réformes générales, l'Administration prévut une augmentation annuelle de 10 000 enfants scolarisés dans l'enseignement primaire franco-marocain.

« Jusqu'alors, souligne Lucien Paye, la part qui lui était réservée dans les investissements du pays demeurait infime par rapport à l'ampleur des sommes affectées à l'équipement économique et parfois à des dépenses qui intéressaient moins directement l'ensemble de la population » [149, p. 561].

On créa de multiples écoles même dans les campagnes, écoles de fortune à la manière des « *écoles gourbis* » d'Algérie dans les villes. On établit un système de roulement par mi-temps pour scolariser le plus d'enfants possible. Enfin, on ouvrit les lycées français aux Marocains « dans les mêmes conditions d'âge et de niveau », ce qui limitait beaucoup cette « ouverture », mais l'accent, ainsi mis uniquement sur les aspects quantitatifs, souvent au détriment de la qualité de l'enseignement, déçut les Marocains.

8 La scolarisation des filles

Ce fut le domaine le plus délicat de l'œuvre scolaire, celle qui mettait en cause le plus fortement la structure sociale. Elle fut à la fois l'œuvre d'enseignement la plus modeste du fait des réticences du milieu, attaché à la réclusion des filles, et celle qui, à notre avis, fut le plus porteuse d'avenir.

Longtemps la scolarisation des filles consista en une sorte de garderie avec un simple apprentissage des techniques traditionnelles, broderie, dentelle, tissage et surtout en une éducation à l'hygiène. L'enseignement ménager y tenait aussi une grande place. L'impulsion novatrice vint des

« Jeunes-Marocains » eux-mêmes. En effet, la prudence de l'Administration fut bousculée par le plan de réformes du Comité d'action marocaine, élaboré par de jeunes nationalistes en 1934 qui exigeaient l'extension de la scolarisation des filles dans toutes les villes du Maroc. Y serait désormais dispensé un enseignement « basé sur la culture arabe et islamique », auquel on ajouterait « des notions d'arithmétique, d'hygiène, de puériculture, d'art ménager et de couture ». Il prévoyait des écoles d'institutrices, d'infirmières et de sages-femmes marocaines.

Le déséquilibre familial résultant d'une scolarisation plus poussée des garçons incita ces derniers, qui ne trouvaient pas d'épouses à leur niveau, à réclamer un enseignement féminin digne de ce nom.

Tout un mouvement en faveur de l'enseignement féminin fut animé par les anciens élèves des collèges musulmans pour les fils de notables des villes de l'Ouest, Rabat et Meknès en particulier. Même les anciens élèves du collège musulman de la très traditionnelle ville de Fès demandèrent la création d'une nouvelle école de fillettes dans la *médina**, qui serait autre chose qu'un ouvroir et « où l'instruction générale serait très poussée et pourrait être mise en parallèle avec celles des garçons » (A.M.A.E. Nantes. D.I.P. Lettre de l'Association des anciens élèves du collège musulman de Fès au directeur général de l'Instruction publique du 20 mai 1939 où il est dit : « [...] nous considérons que l'instruction de la fillette musulmane ne doit pas être envisagée, tout au moins dans le cycle primaire, comme un problème différent de celui que pose l'enseignement donné aux garçons musulmans »).

Ce mouvement cependant ne fut pas un raz-de-marée, d'autant qu'il était affaibli par sa division entre les tenants d'une instruction purement arabe et islamique et ceux qui acceptaient une instruction franco-musulmane. Les aspirations différaient aussi selon les groupes sociaux : les bourgeois n'aspiraient pour leurs filles qu'à une formation de femmes d'intérieur, à l'exception des jeunes intellectuels, nous l'avons vu ; les gens du peuple attendaient de l'école une formation débouchant sur un gagne-pain.

L'année 1941 vit, comme chez les garçons, les effectifs doubler. Cet afflux dans les écoles de filles pendant la guerre posa de gros problèmes à l'Administration : « Les institutrices qui y enseignaient furent appelées à remplacer, dans les écoles de garçons, les instituteurs mobilisés et l'on dut faire appel à un personnel dont la bonne volonté dépassait les connaissances techniques ». « La Seconde Guerre mondiale bouleversa l'organisation pédagogique des écoles de fillettes ». Il y eut désormais deux sections, une section générale pour les filles désireuses de poursuivre leurs études dans l'enseignement

---

• **Médina (ou madina)** : ville.

secondaire et une section « pour celles qui retourneront à leur foyer ». Cette dernière section visant à « former de bonnes ménagères et de bonnes mères de famille ».

Malgré les recommandations du *Makhzen* et finalement le *dahir* du 10 octobre 1943 pour limiter à 13 ans l'âge maximal des fillettes scolarisées dans les écoles européennes, les fillettes, accueillies fort tard, dépassèrent souvent l'âge limite. Ce *dahir* fut très mal accueilli*. L'attraction des allocations familiales versées pour les enfants scolarisés, l'âge plus tardif du mariage des filles concouraient au maintien des filles à l'école où elles acquéraient une sorte de prestige et si l'on peut dire une « valeur marchande » plus forte sur le marché du mariage. La dot versée aux parents était plus forte pour une fille instruite que pour une illettrée. L'entrée dans l'enseignement secondaire constituait, pour les filles, une révolution, compte tenu des traditions de claustration des filles dès leur puberté. La faiblesse des effectifs et la durée très brève pour certaines de la scolarité limitèrent cette « révolution », encore en 1954. Néanmoins, tout un courant d'opinion poussait à cette révolution, animée par le sultan et par la princesse Aïcha qui, inaugurant une école privée de fillettes musulmanes à Salé le 3 janvier 1947, s'était prononcé nettement pour l'instruction des filles.

9 Un maigre bilan

La politique scolaire de malthusianisme vis-à-vis des Musulmans (comme des Juifs marocains d'ailleurs) apparaît clairement dans le traitement budgétaire discriminatoire, comme dans l'organisation d'un enseignement tronqué et de seconde zone, offerte aux Marocains. La barrière élevée autour des établissements réservés aux Européens, particulièrement favorisés, était aussi significative de cette volonté de s'opposer à l'accélération de l'évolution des « indigènes ». Jusqu'en 1945, l'accès au baccalauréat est ainsi resté réservé à une petite élite sociale.

L'école aura été essentiellement un instrument de contrôle social et politique. Cependant, après la Seconde Guerre mondiale, l'école, réservée jusque-là à une minorité, dut s'ouvrir davantage aux enfants du peuple. C'est peut-être par là qu'elle influença, par un phénomène de stimulation, toute une population. Néanmoins l'école ne concerna qu'une infime minorité de la population : en 1950 encore, il n'y avait que 1 184 reçus sur 2 218 présentés au certificat d'études primaires (le nombre des reçus européens, 1 169, est presque égal à celui des Musulmans pour une population bien moindre et plus orientée vers les diplômes secondaires).

À cette date, il n'y avait au Maroc que 5 établissements secondaires musulmans pour les garçons et 2 pour les filles alors que les Européens disposaient de 15 établissements. Comment s'étonner alors de la faible représentation des Marocains musulmans, à la veille de l'indépendance, dans les cadres supérieurs ou moyens de l'administration (moins de 200 Marocains), de l'économie (une trentaine d'ingénieurs) ou dans les professions libérales (20 médecins, 6 pharmaciens, 2 dentistes), la plupart formés dans l'enseignement supérieur en France, ce niveau d'enseignement n'existant qu'à l'état embryonnaire au Maroc en 1950 ? L'Institut des Hautes Études marocaines ne pouvait, en effet, jouer le rôle d'une université pour les Marocains, à qui il n'offrait qu'une formation juridique et linguistique limitée.

Si elle n'a pas joué dans l'évolution économique et sociale du Maroc le rôle que l'on aurait pu attendre d'elle, l'école française a néanmoins semé les germes de l'évolution future, en particulier en ce qui concerne la place des femmes dans la société. Elle a contribué à la formation d'une élite peu nombreuse, mais hardie, qui a donné une partie des cadres des mouvements nationalistes. À partir des écoles pour le peuple, s'est diffusée une nouvelle attitude vis-à-vis du savoir dans l'ensemble de la population, désormais plus ouverte au changement et au progrès. L'école, à la fois instrument nécessaire de la colonisation et de la modernisation, perçue comme facteur d'implosion du système colonial, avait été l'objet de toutes les réticences.

Le *dahir* du 10 octobre 1943 coupait la route de bien des professions féminines pour lesquelles il fallait un certain nombre d'années après le certificat d'études primaires. Il pouvait empêcher la formation d'infirmières, d'institutrices, d'assistantes sociales dont le pays avait tant besoin. L'évolution des idées allait cependant rendre vaine cette mesure. Un arrêté viziriel pris le mois suivant créait un certificat d'études primaires féminines musulmanes : c'était le premier pas. Cependant, on pouvait regretter encore les faibles perspectives de l'enseignement féminin marocain et l'approfondissement du déséquilibre social que ne manquait pas de produire la faible scolarisation des filles comparée à celle des garçons.

Chapitre 15

L'action sanitaire

Ce volet important de l'action coloniale, peu étudié encore, ne fera l'objet que d'une brève synthèse dans le cadre de cet ouvrage.

L'action sanitaire, qui s'apparente à l'action humanitaire d'aujourd'hui, avait une dimension politique coloniale avouée. Il s'agissait d'apparaître comme des bienfaiteurs envers les indigènes qui en seraient reconnaissants. Au Maroc un corps de santé des colonies fut créé en 1890, mais bien longtemps avant cette date, des médecins européens étaient intervenus dans le pays : ainsi le chirurgien Lamperiere qui, répondant à l'appel de Sidi Mohamed, sultan du Maroc, vint soigner les yeux de son fils ; ou le docteur Linares qui, venant d'Algérie, de Maghnia (ou Marnia), traversait très fréquemment la frontière pour apporter des soins à l'Amel• d'Oujda et à son entourage. Les succès remportés par ces médecins leur valaient un grand prestige mais aussi la conscience de la supériorité de la science occidentale. Yvonne Knibilhler, dans son ouvrage, *Des Français au Maroc*, remarque : « Le temps est bien lointain où les médecins arabes étaient recherchés dans le monde. Où sont les médecins qui nous firent connaître, en la développant, la médecine d'Hippocrate ? Alors, dans toutes les cours d'Europe, les princes étaient soignés par des docteurs arabes ou juifs, les papes avaient appelé dans leur célèbre faculté de Montpellier des médecins maures dont les étudiants recherchaient l'enseignement. Les grands médecins andalous sont remplacés par des apothicaires, des écrivains publics qui vendent aux naïfs Bédouins des amulettes et des recettes magiques » [144, p. 188].

Au début de la colonisation, les Marocains n'avaient encore aucune confiance en la médecine européenne et ce n'est que peu à peu qu'elle se diffusa grâce à la création de dispensaires jusque dans les villages reculés, aux « gouttes de lait » qui accueillaient les jeunes mamans désarmées devant la maladie de leurs bébés, ou qui venaient chercher des conseils pour leur alimentation dans les hôpitaux construits dans toutes les villes. L'hygiène et

---

• **Amel** : gouverneur.

la prophylaxie furent le souci majeur du personnel de santé, dont le dévouement et la conscience professionnelle ne furent parfois mis en échec que par l'ignorance de la langue, voire des mœurs des autochtones. Le nom de la maréchale Lyautey resta ainsi attaché à l'action sanitaire et humaine au Maroc. Dans les trois pays, pour s'attaquer aux maladies endémiques comme le paludisme qui ne put être éradiqué par la quinine et aux épidémies, comme celle du choléra qui fit des ravages en Afrique du Nord à partir de 1831, on mit en place des Instituts Pasteur (décret beylical du 7 septembre 1893) qui menaient de front recherche, enseignement et prophylaxie, en particulier par la création de vaccins. Les médecins et chercheurs d'Afrique du Nord, souvent issus des écoles de santé navales, firent progresser la médecine. Citons le docteur Charles Nicolle, nommé à la tête de l'Institut Pasteur à Tunis en 1903, qui obtint le prix Nobel de médecine en 1928 pour la découverte du poux comme intermédiaire de la transmission du typhus, et le docteur Alphonse Lavéran, prix Nobel de médecine en 1907 pour la découverte de l'hématozoaire, responsable du paludisme.

L'assistance médicale eut des effets certains ; elle permit de lutter efficacement contre les épidémies et la mortalité infantile. On ne saurait trop insister sur ces résultats, malgré leur insuffisance relative, le développement pris par le service de la Santé publique n'ayant pas suivi l'accroissement de la population. Cependant, pour que cette œuvre ait toute sa portée il aurait fallu qu'elle soit comprise par toute la population. Or, trop souvent le médecin restait aux yeux des Musulmans un thaumaturge, assimilé au *faqih*• ou à la matrone dont la médecine empirique faite de magie, d'amulettes et d'incantations gardait tout son prestige. En 1955 encore, la doctoresse du Centre de prévention maternelle et infantile d'Oujda nous raconta une anecdote intéressante. Elle avait ordonné des soins pour un enfant syphilitique. Une infirmière, rencontrant l'enfant malade et sa mère qui ne revenaient plus se faire soigner, lui demanda la raison de cette interruption des visites : « C'est que, lui répondit la femme, ce que lui a donné la "toubiba" lui a fait beaucoup de bien » et elle montra l'ordonnance pliée et attachée au cou de l'enfant comme une amulette. Avait-on bien expliqué ce qu'il fallait faire de l'ordonnance ? S'était-on préoccupé des possibilités financières pour la faire exécuter ? Outre les soins, il y avait en effet toute une œuvre d'éducation à faire. Celle-ci était le but de l'Assistance sociale, dont le service fut rattaché à la Direction de la Santé publique, en 1937. Quelles que soient les qualités d'esprit et de cœur des assistantes sociales et la maîtrise de leur métier, l'efficacité de leur action était limitée par leur méconnaissance des mœurs et de la langue des gens dont elles devaient faire l'éducation. Trop souvent l'incompréhension réciproque de l'assistante et du milieu qu'elle visitait ne permettait pas à ses efforts de porter leurs fruits. Dans les années cinquante, des jeunes assistantes débarquaient au Maroc sans rien savoir de la langue et du monde musulman. On peut imaginer les tâtonnements des débuts, les heurts, les malentendus. Seule une longue fréquentation du milieu musulman pouvait leur en donner une certaine compréhension, si elles pratiquaient assez longtemps leur métier…

D'autre part, les moyens mis à la disposition du Service de santé étaient insuffisants. Les rapports annuels signalaient le manque de médicaments, l'étroitesse des locaux, etc. La très forte proportion des indigents, malades, sous-alimentés dépassait la capacité d'action du Service de Santé, même à la fin du protectorat. Le budget de la Santé publique se situait aux alentours de 6 % du budget général, ce qui était nettement inadapté à la situationt. En 1950, la Direction de la Santé Publique comptait, pour l'ensemble du Maroc, deux cents médecins (cinquante de plus qu'en 1946), soit un médecin pour 45 000 habitants. Cette moyenne cachait en réalité la très forte disproportion entre les villes et les campagnes, et dans les villes mêmes entre les différents quartiers européens et marocains (aucune infirmerie n'existait dans les villages périphériques d'Oujda). N'oublions pas la ségrégation entre hôpitaux français et hôpitaux marocains. Les premiers étaient favorisés par des dotations budgétaires bien plus importantes. Dans un article non signé du *Bulletin économique et social*, on lit : « L'afflux des consultants aux portes de nos hôpitaux, de nos dispensaires et de nos infirmeries, a souvent contraint nos médecins à pratiquer une médecine distributive. Leur petit nombre ne leur permettait pas d'examiner à fond la foule des consultants et le rendement demandé était parfois obtenu aux dépens de la qualité » [BESM - Janvier 1946, vol. VIII, n° 28, p. 237].

Comme pour l'enseignement, l'impact de l'action sanitaire ne peut être nié, mais l'on butait toujours sur le manque de moyens financiers, aggravé par l'augmentation des besoins due à l'explosion démographique.

• **Faqih, fuqaha (pl.)** : jurisconsulte.

PARTIE 7

LA MARCHE VERS LES INDÉPENDANCES

Chapitre 16

L'Afrique du Nord pendant la Seconde Guerre mondiale : la participation

I. La période de la drôle de guerre

L'Algérie, le Maroc et la Tunisie furent fortement impliqués dans la Seconde Guerre mondiale. L'Afrique du Nord sollicitée, comme lors de la Première Guerre mondiale, de fournir des hommes et des produits agricoles, fut considérée d'abord comme un « secours puis un recours », selon l'expression de C. Levisse Touzé [23, p. 32], d'autant que le loyalisme des populations, les déclarations de solidarité du sultan (3 septembre 1939) et les déclarations de fidélité des leaders algériens envers la « mère patrie » semblaient reléguer au second plan les revendications récentes des nationalistes et les espoirs de certains que la guerre allait fournir une occasion propice à l'action contre la France. Le CARNA (Comité d'action révolutionnaire nord-africain) s'était bien mis sous la coupe de l'Allemagne au printemps 1939. Son but était d'obtenir des aides militaires de l'Allemagne et d'entraîner une majorité des Algériens dans le camp nazi. Messali Hadj*, attaché aux valeurs démocratiques, avait désavoué ces brebis égarées du PPA qui, dirigées par Mohamed El Mahdi, ancien lieutenant de tirailleurs, mettaient au service des Allemands une milice recrutée dans les bas-fonds d'Alger. Ce Comité d'action révolutionnaire nord-africain n'entraîna qu'un petit nombre de notables, heureux des difficultés de la France. On assista à une apparente « union sacrée » : le 29 août, la Fédération des élus assurait que « les Musulmans algériens [étaient] prêts à faire leur devoir comme leurs camarades français pour défendre le sol sacré de la mère patrie et sauver la démocratie ». L'engagement de Ferhat Abbas en septembre 1939 fut symbolique. Il le justifia lui-même par la solidarité nécessaire avec la France démocratique : « Si elle

*P. 205

cessait d'être puissante, notre idéal de liberté serait à jamais enseveli ». Messali Hadj, lui, resta silencieux tandis que « des marabouts* et chefs traditionnels proclamèrent ostensiblement leur loyalisme » [86, p. 154]. Seul le parti communiste algérien, un moment désarçonné par le pacte germano-soviétique, dénonça « la guerre impérialiste », ce qui lui valut l'exclusion des syndicats. Cependant, la nervosité était grande chez les Musulmans, travaillés par la propagande d'agents allemands, infiltrés par Tanger qui exploitait dans la masse « une sorte de mystique admirative autour du mythe de Hadj Guillaume protecteur de l'Islam, curieuse résurgence de la guerre de 1914 » [65, p. 606]. Les émissions de la radio allemande, facilement captée en Algérie, popularisaient le thème de l'invincibilité d'une Allemagne ennemie des Juifs et dont la victoire les libérerait du joug des Français.

* P. 55

Au Maroc, la Seconde Guerre mondiale arrêta l'action revendicative des nationalistes. Mohamed V*, dès le 3 septembre 1939, fit lire un message de soutien à la France : « Nous lui devons, disait-il, un concours sans réserve, ne lui marchander aucune de nos ressources et ne reculer devant aucun sacrifice […] ». La défaite de 1940 ne le fit pas changer d'attitude. Il demeura fidèle à la France et loyal envers le gouvernement du maréchal Pétain. De leur côté, les nationalistes promettaient de ne rien faire qui put gêner l'effort de guerre. Ils tinrent parole et, durant toute la « drôle de guerre », le Maroc put fournir des produits alimentaires, des produits miniers, des soldats. Les Marocains, eux, écoutaient aussi bien les radios allemande et italienne que franco-anglaise, mais leur surprise fut totale en apprenant la défaite française et la décision de Noguès de se rallier aux positions prise par Pétain. Ils furent rassurés par les termes de l'armistice qui précisait que l'Afrique du Nord ne serait pas touchée. Au cours de l'été 1940, la zone de Tanger fut occupée par les troupes espagnoles, tandis que le port de Mers El Kébir était bombardé par les Anglais, de même que le cuirassé *Jean Bart* dans le port de Casablanca. Le Maroc, dans son ensemble, accepta le régime de Vichy malgré une certaine méfiance quant à l'issue militaire. Pendant toute la période de Vichy, de nombreuses unités marocaines furent camouflées en supplétifs de police et des armes furent stockées en lieu sûr, qui serviront durant la campagne en Tunisie et en Italie.

Si l'Afrique du Nord n'était pas un enjeu de la guerre, elle représentait néanmoins une zone de faiblesse menacée par l'Italie en Tunisie, l'Espagne au Maroc et l'Allemagne partout. Un temps, le gouvernement français pensa y poursuivre la guerre. Mais était-il possible d'envisager une telle solution alors que rien n'avait été prévu pour cela ? L'Afrique du Nord, dépourvue d'industries métallurgiques, et avec 400 000 hommes, pouvait-elle fournir l'armement nécessaire à sa défense ?

Pendant le Blitzkrieg du 10 mai à fin juin 1940, les sept divisions d'infanterie nord-africaine participèrent à des combats très durs puisqu'ils coûtèrent la vie à 10 000 hommes. Le 17 juin, Noguès, commandant en chef, fit bien l'inventaire des forces nord-africaines qui pouvaient résister à l'ennemi, mais Pétain choisit l'armistice malgré des forces navales intactes et un Empire immense. Beaucoup de Maghrébins incrédules crurent que Pétain jouait double jeu, en accord avec de Gaulle qui, lui, continuait la lutte. Néanmoins, la foi en la France fut ébranlée.

II. Le choc de la défaite

La défaite de 1940 plongea les Musulmans de toute l'Afrique du Nord dans un grand désarroi : la France n'était donc pas cette grande puissance invincible qui dominait la région depuis plus d'un siècle ? Quant aux Français d'Algérie, du Maroc et de Tunisie, ils ne sortirent de l'angoisse sur le sort du Maghreb qu'en apprenant les conditions de l'armistice qui garantissaient l'intégrité de l'Empire. L'appel du 18 juin du général de Gaulle, censuré par le général Noguès, ne fut pas entendu. Un moment, celui-ci envisagea même la poursuite des combats en Afrique du Nord, mais, refusant de voir la France « se couper en deux », il se rallia à l'armistice signé par Pétain. L'adhésion au maréchal Pétain fut massive dans la population européenne légaliste, majoritairement à droite et antisémite. De juin 1940 au 8 novembre 1942, date du débarquement anglo-américain, l'Afrique du Nord devint un enjeu capital disputé entre les puissances belligérantes qui, chacune, tentait d'en faire une base de contournement des forces ennemies.

• **Mohammed Ben Youssef dit Mohammed V (1909-1961).** Né à Fès en 1909, il est désigné par le Résident pour succéder à son père, Moulay Youssef en 1927. Jusqu'à l'entrevue d'Anfa en 1943, durant laquelle il rencontra le Président Roosevelt, il suivit le pouvoir français. Ce n'est qu'après la Seconde Guerre mondiale qu'il affirme ses convictions, notamment en faveur de l'indépendance marocaine. Déposé en 1953, remplacé par Mohammed Ben Arafa, il est envoyé en exil à Madagascar. La ferveur du peuple marocain lui permet de retrouver son trône en 1956.

III. L'Afrique du Nord sous Vichy (juin 1940-novembre 1942)

Une législation, inspirée par la Révolution nationale, une dictature, pas toujours feutrée, s'installèrent en Algérie, au Maroc et en Tunisie, supprimant les libertés individuelles, établissant comme un crime l'attachement aux valeurs républicaines et l'adhésion à des partis de gauche, désormais interdite. L'antisémitisme en devint l'un des fondements : il s'agissait de soustraire l'Afrique du Nord à toute influence juive tant dans le domaine intellectuel qu'économique et politique.

En juillet 1940, à Mers El Kebir, le bombardement de la flotte française que les Anglais ne voulaient pas voir tomber aux mains des Allemands, renforça l'anglophobie des Européens d'Algérie, stimulée par une presse locale de droite qui désormais souhaitait ouvertement la victoire de l'Axe sur des « démocraties capitalistes » à la solde des Bolcheviques et de la « clique judéo-maçonnique ». L'*Écho d'Alger* d'Alain de Sérigny, l'*Écho d'Oran*, la *Dépêche de Constantine* attaquaient sans cesse les Juifs, les Anglais, les Bolcheviques, les francs-maçons que l'administration pourchassait [86, p. 155]. Un climat de suspicion, de délation des Juifs, de ceux qui écoutaient la BBC, des communistes, mena certains d'entre eux dans les camps de concentration.

Se retrouvaient dans ces camps des étrangers réfugiés au Maroc, souvent engagés dans la Légion étrangère pour combattre l'Allemagne nazie, des Polonais, des républicains espagnols, des anciens membres des Brigades internationales, des Juifs allemands, des prisonniers politiques, « victimes de dénonciations abusives, de jalousies professionnelles […] ».

Sous les yeux des commissions de contrôle italienne et allemande, la Légion française des combattants et ses sections de cadets dominaient la rue, surveillaient la population qu'ils impressionnaient par leurs défilés au pas cadencé. Un véritable culte du maréchal Pétain, dont les portraits trônaient dans les écoles, remplaçant dans les mairies les bustes de Marianne, était organisé dans les établissements scolaires. Le chant quotidien de « *Maréchal nous voilà* » et la levée aux couleurs exaltaient l'enthousiasme des enfants des écoles. Sous l'impulsion du général Weygand, délégué général du gouvernement, l'Administration fut épurée des éléments suspects d'attachement à la République. Plusieurs centaines de fonctionnaires furent déplacés, révoqués en vertu de la loi du 17 juillet 1940. Le nouveau régime, en assurant la relève par des hommes « sûrs », pouvait ainsi contrôler tout le pays, à la tête duquel il plaça comme gouverneur l'amiral Abrial, accueilli avec un enthousiasme révélateur de l'adhésion de la population européenne d'Afrique du Nord à la « Révolution nationale ».

> **Les camps de concentration en Afrique du Nord**
>
> *Dans ces régions dévorées de sables mouvants, de vents ardents et de soleil incandescent, on trouve deux noms sur des cartes courantes : Aïn-Sefra et Colomb-Béchar. Entre ces deux noms, dans l'une des parties les plus déshéritées du Sud Oranais [...] deux [...] oasis de pierre et de boue séchée : Hadjerat M'Ghil et Djenen Bou R'Zeg [...] Là, entre juillet 1940 et mars 1943, des centaines d'hommes furent battus et torturés à mort sur l'ordre de la France, par des officiers et des sous-officiers français [...] Tout l'arsenal de supplices physiques et moraux que l'univers concentrationnaire nous révéla après la guerre, nous le découvrons dans ces deux camps et même tout près d'Alger dans les prisons de Maison Carrée qui abritaient les ressortissants communistes.*
>
> L. ADÈS, *L'aventure algérienne 1940-1944, Pétain-Giraud-De Gaulle*, Belfond, 1979, p.88-90.

1 Les lois anti-juives de Vichy en Algérie et au Maroc

L'abolition par Peyrouton du décret Crémieux, le 7 octobre 1940, même s'il ne fut pas, comme le souligne Michel Abitbol [3, p. 63], du fait du climat d'antisémitisme qui s'était donné libre cours pendant le Front populaire et après, un coup de tonnerre dans un ciel serein, déstabilisa, avec la législation anti-juive qui la suivit, une communauté de 400 000 Juifs. Dans toute l'Afrique du Nord celle-ci portait un attachement profond à cette « grande France » qui avait libéré les Juifs sous les noms de l'abbé Grégoire, Adolphe Crémieux, Émile Zola [...] ». Les Juifs d'Algérie ou d'origine algérienne vivant au Maroc et en Tunisie avaient été mobilisés, comme tous les Français en âge de l'être. Comme leurs pères en 1914-1918, ils avaient conscience d'accomplir leur devoir envers la « Mère Patrie ». Leur déchéance de la nationalité française était tout simplement incroyable pour tous ces hommes et ces femmes qui, du jour au lendemain, perdaient la qualité de citoyens qu'ils pensaient inhérente à eux-mêmes et dont avaient joui leurs pères et leurs grands-pères depuis le 24 octobre 1870. Les associations consistoriales israélites d'Algérie envoyèrent une protestation solennelle au maréchal Pétain : « À l'heure où tant des nôtres pleurent leurs morts ou demeurent dans l'angoissante attente de nouvelles de leurs disparus, nous apprenons avec un douloureux étonnement la suppression de nos droits civiques [...] Jusqu'ici citoyens français, nous demeurons intégralement Français de cœur ». Le gouverneur général refusa même de recevoir les dirigeants des communautés juives.

Une mesure supplémentaire, la loi du 11 octobre 1940, enleva aux Juifs, et à eux seuls, toute possibilité d'accéder désormais, comme tous les indigènes, à la nationalité française à titre individuel, par le biais du sénatus-consulte de 1865, complété par la loi du 4 février 1919 qui établissait pour accéder à la nationalité complète un certain nombre de conditions que les Juifs algériens de plus de 25 ans pouvaient à peu près tous remplir. La voie de la naturalisation (avec abandon du statut personnel) qui restait ouverte aux Musulmans fut totalement fermée aux Juifs, placés ainsi « au-dessous de tous les autres habitants du pays ».

La douleur étonnée des Juifs n'eut d'égale que la joie des Européens du Maghreb, dont l'antisémitisme était une « composante quasi structurale de (leur) mentalité » [3, p. 11]. La presque totale assimilation des Juifs aux Français (adoption du costume européen, abandon des dialectes judéo-arabes, réussite dans les établissements secondaires et supérieurs, place dans les domaines culturels, en particulier dans la littérature – exemples : le philosophe Derrida, le romancier Albert Cohen, l'historien Albert Ayache) exacerbait cet antisémitisme qui se justifiait à leurs yeux par la trop grande place des Juifs dans le commerce, l'usure et de plus en plus dans l'économie, alors qu'ils ne représentaient que 2,5 % de la population totale. On oubliait qu'une grande partie des Juifs était misérable. L'éventail des professions montre cependant la faible présence des Juifs dans le monde agricole. En 1949, J. Despois parle de « l'importance du prolétariat juif » qu'il appelle les petites gens, auxquels s'ajoutent « les manœuvres, les portefaix et les non-classés » [10, p. 196]. Finalement, c'étaient bien les 2/3 des Juifs qui appartenaient aux classes besogneuses. Au Maroc, la proportion était au moins des 3/4. « Ce prolétariat, poursuit Despois, [vit] entassé dans les *hara*, les *mellah** tandis que l'élite dispersée dans les quartiers nouveaux occupe en assez petit nombre les carrières libérales (avocats et médecins sont cependant très nombreux en Tunisie) et surtout les hauts postes du commerce ».

* P. 15

La réaction des Musulmans surprit les autorités locales. Elles attendaient des manifestations de joie et de reconnaissance de la part de ceux qui, exclus du décret Crémieux, ne pouvaient que se réjouir de l'abrogation d'un texte qui avait permis aux Juifs d'acquérir une position favorisée parmi les indigènes d'Algérie. C'était sans compter avec la clairvoyance politique des Musulmans, aiguisée par un sens commun de la solidarité entre les dominés. Une délégation musulmane fit savoir au gouverneur Peyrouton les réels sentiments des populations : « On a cru que les Musulmans se réjouissaient de l'abrogation du décret Crémieux, alors que ceux-ci ont pu se rendre compte qu'une citoyenneté qu'on retirait après soixante-dix ans d'exercice était discutable [...] par la faute de ceux-là mêmes qui l'avaient octroyée ». Quel intérêt y avait-il désormais pour les assimilationnistes algériens de demander, de revendiquer une citoyenneté qui se révélait si précaire ? Soixante-dix ans après leur naturalisation, avec abandon du statut personnel, en l'occurrence la loi mosaïque, les Juifs paraissaient n'avoir été que des citoyens par... intérim.

Toute une législation anti-juive calquée sur celle qui était appliquée en France, en zone libre fut infligée aux Juifs d'Algérie, mais aussi aux Juifs des protectorats, malgré les protestations des souverains en titre [131, p. 444].

Le but de Vichy n'était-il pas de détourner les Musulmans de leurs revendications ? Dans les masses musulmanes même, la faiblesse des marques de satisfaction des mesures anti-juives inquiéta certains qui parlèrent de « connivence entre Juifs et Musulmans ». Cependant la perte des droits civiques allait se compléter d'un grand nombre d'interdits qui avaient pour but de supprimer l'influence des Juifs et d'en faire des « parias » : ce fut le statut des Juifs.

Les lois Alibert du 3 octobre 1940 et Vallat du 3 juin 1941, organisant comme en France le statut des Juifs, furent appliquées avec une extrême rigueur à tous les Juifs, même étrangers habitant en Afrique du Nord, même à ceux qui historiquement étaient, dans les protectorats, des sujets du sultan ou du *bey* qui ne purent que protester vigoureusement contre cette violation de leur autorité sur leurs sujets. La loi Alibert définissait comme juive « toute personne issue de trois grands-parents de race juive, ou de deux grands-parents juifs seulement si le conjoint est lui-même juif » même si elle s'était convertie au christianisme ou à l'islam. Cependant, il fallut tenir compte, vis-à-vis des Juifs autochtones du facteur local et ce fut ainsi qu'un israélite marocain converti à l'Islam n'était pas considéré comme Juif au Maroc et en Tunisie. Il s'agissait ici de simples protectorats.

Le sultan Mohammed V fit plusieurs gestes ou déclarations qui montrèrent sa désapprobation des mesures à l'encontre des Juifs marocains : « Nous apprenons de source sûre que les rapports entre le sultan du Maroc et les autorités françaises se sont sensiblement tendus depuis le jour où la Résidence appliqua le décret sur les mesures contre les Juifs, en dépit de l'opposition formelle du sultan [...] À l'occasion de la fête du Trône, celui-ci invita au banquet les représentants de la communauté israélite qu'il plaça ostensiblement aux meilleures places [...]. Comme par le passé, les Israélites restent sous ma protection et je refuse qu'aucune distinction soit faite entre mes sujets ». Cette sensationnelle déclaration fut vivement commentée par toute la population française et indigène.

En outre, les Juifs des trois pays du Maghreb furent frappés d'un grand nombre d'incapacités de droit public et de droit privé. On leur interdit, sauf à quelques anciens combattants décorés, l'exercice de toute fonction publique, dont les fonctions d'enseignement (sauf dans les établissements privés juifs) et les fonctions militaires. Ainsi tous les agents juifs de l'État furent mis à pied sans attendre le plus souvent le délai de deux mois prévu par la loi et se trouvèrent brutalement, eux et leur famille, sans ressources. De la même façon ils furent chassés de toutes les entreprises d'intérêt général ou bénéficiant de subventions. Ils ne pouvaient plus être membres d'assemblées professionnelles, posséder des organes de presse, etc. (en Tunisie ces deux interdictions ne furent pas appliquées). Le journalisme, la radio, l'édition, le théâtre, le cinéma, même s'il ne s'agissait que de la gestion du local de projection, leur furent interdits. L'épuration visait à leur enlever toute influence dans l'encadrement moyen de la société où ils étaient nombreux (poste, police, banque…) et dans tous les domaines qui touchaient à la culture. Si on leur laissa le commerce de détail et l'artisanat, ils furent exclus du grand négoce où ils avaient une place importante, de la publicité, des assurances, des transactions immobilières, des professions libérales. Leurs biens furent mis sous séquestre. Le 2 juin 1941, la loi Vallat proclama un deuxième statut des Juifs, aggravant le premier en imposant un *numerus clausus*. Ainsi, le nombre des avocats juifs ne put dépasser 2 % des effectifs, de même celui des médecins.

Les élèves juifs furent chassés des établissements scolaires français, à l'exception d'un petit pourcentage (2,7 %) d'enfants d'anciens combattants décorés. Au Maroc, cette catégorie ne pouvait par définition exister pour les Juifs marocains, car ils étaient exclus de toute armée. Des écoles juives privées se multiplièrent partout à l'instigation des autorités religieuses ou laïques juives. Ces écoles très contrôlées sont néanmoins en nombre très insuffisant néanmoins, faute de locaux et de crédits. À l'Université d'Alger la politique d'exclusion varia selon les facultés et l'activisme des étudiants français. (Voir le livre très documenté de Claude Singer, *Vichy, l'Université et les Juifs*).

2 Le statut des Juifs en Tunisie

En Tunisie, les lois constituant le statut des Juifs furent intégrées dans les décrets beylicaux qui en précisèrent les mesures. Cette procédure explique les délais plus ou moins longs de transposition dans le système juridique tunisien. On a pu émettre l'hypothèse que certains fonctionnaires beylicaux en avaient retardé l'application, les jugeant excessives. Quatre textes principaux déterminèrent le statut des Juifs de Tunisie. Tout d'abord, le décret beylical du 30 novembre 1940 reprit la loi française du 3 octobre 1940, définissant les personnes considérées comme juives et incluant des dispositions sur l'interdiction d'exercer certaines professions (radio, cinéma, théâtre, fonction publique) et la limitation à l'accès aux professions libérales, fixée par un *numerus clausus*. Des arrêtés prescrivaient pour chaque profession le pourcentage de personnes juives autorisées à l'exercer. Le décret beylical du 26 juin 1941 rendit applicable dans la Régence une autre loi française du 2 juin 1941 qui imposait le recensement des Juifs et la remise aux autorités d'une déclaration mentionnant leur état civil, leur profession et l'état de leurs biens. Le décret beylical du 12 mars 1942 prévoyait la nomination d'un administrateur provisoire pour gérer les entreprises et les biens appartenant à des Juifs.

D'autres textes prévoyaient également un accès limité à l'enseignement secondaire et la dissolution des associations de jeunesse. Un Comité d'administration, qui remplaçait le Conseil de la communauté israélite de douze personnes, se vit confier la tâche de gérer le culte israélite.

3 Sous l'occupation allemande

Dès leur arrivée dans la Régence, les troupes allemandes mirent en application les mesures et les actions discriminatoires à l'égard des Juifs qui existaient déjà en Allemagne. L'arrestation de personnalités juives par les S. S, le 23 novembre 1942, provoqua la protestation du Résident amiral Esteva auprès de Rudolph Rahn, ministre plénipotentiaire du Reich en Tunisie, qui lui répondit que les questions juives relevaient exclusivement des Allemands. Puis, le 6 décembre 1942, fut signifiée la dissolution du Comité d'administration de la communauté israélite, remplacé par un nouveau comité de neuf membres présidé par le Grand Rabbin. Ce Comité reçut l'ordre de fournir, pour le lendemain huit heures, une liste de 2000 Juifs qui seraient « utilisés comme travailleurs pour les besoins des Forces occupantes ». Soulignons la cruauté d'imposer le choix des travailleurs forcés à des coreligionnaires. Le Comité était personnellement responsable de l'exécution des ordres. Sollicité par la communauté juive, l'amiral Esteva ne put obtenir qu'une prorogation de 12 heures, mais il dut accepter l'augmentation à 3 000 du nombre de travailleurs. Le 8 décembre, les Allemands exigèrent à nouveau pour le lendemain la réquisition de 3 000 travailleurs supplémentaires équipés. Seules 125 personnes se présentèrent, ce qui provoqua une série de rafles au sein de la communauté juive. Ces personnes raflées, ainsi que les Juifs réquisitionnés à Tunis, à Sousse et à Sfax, furent envoyés dans tout le territoire pour effectuer des travaux au service des troupes allemandes.

À cela s'ajoutaient des réquisitions de biens et des amendes collectives. La première amende, ordonnée en décembre 1942, s'élevait à vingt millions de francs et touchait uniquement la population juive de Tunis. Elle couvrait, selon les Allemands, les dégâts occasionnés par les bombardements alliés. Quelques mois plus tard, une amende de trois millions fut décidée. Puis ces mesures atteignirent la communauté juive de Sousse et celle de Sfax en mars 1943. La population juive italienne échappa, quant à elle, à ces violences, en raison des prétentions du gouvernement italien qui se voulait le protecteur de tout sujet italien, même juif.

Dès la victoire des Alliés en Tunisie, le général Juin• rétablit les institutions juives existantes avant le régime de Vichy, puis un emprunt permit le

---

• **Alphonse Juin, Maréchal (1888-1967).** Né à Bône, il fait toutes ses études en Algérie avant d'intégrer Saint-Cyr en 1910. Il sert longtemps au Maroc notamment sous Lyautey et participe là-bas à la "pacification" et à la guerre du Rif. Il est nommé en 1938 général de l'Armée d'Afrique. Emprisonné pendant la Seconde Guerre mondiale, puis libéré par le gouvernement de Vichy, il continue de diriger les forces d'Afrique du Nord avant de se rallier aux Alliés après le débarquement anglo-américain. Il conduit les troupes françaises contre l'Africakorps. À la fin de la guerre, il est nommé de 1947 à 1951 Résident général au Maroc, puis élevé au rang de maréchal en 1952. Il se montre opposé à la politique algérienne du général de Gaulle. Cependant, il refuse de soutenir le putsch des généraux.

remboursement des amendes payées. Enfin, les décrets beylicaux se succédèrent pour abolir les dispositions discriminatoires.

4 La politique musulmane de Vichy en Algérie

Fortement teintée de paternalisme envers ceux que l'on nommait désormais « nos frères musulmans », la politique musulmane de Vichy sut un moment susciter chez les Musulmans des espoirs en un homme, un glorieux militaire, attaché aux valeurs terriennes et traditionnelles. Le nombre égal de représentants musulmans et de Français d'Algérie au Conseil national permettait tous les espoirs. Ferhat Abbas, dans une lettre du 10 avril 1941, directement adressée au maréchal Pétain, réclamait plus d'équité et de justice envers un peuple dont il décrivait les misères. Appelant à une politique d'intégration des Musulmans dans la nation française, il suggérait des mesures concrètes comme la création d'une « Caisse du paysannat » au profit des *fellahs** sans terre, une scolarisation plus générale des enfants algériens qui permettrait leur promotion sociale. Sa lettre ne reçut qu'une réponse dilatoire. Cependant, une écoute plus attentive pouvait être espérée du nouveau directeur des Affaires musulmanes, Augustin Berque, un islamisant sensible aux problèmes des Algériens. Celui-ci préconisait une rupture avec la politique d'appui sur les grandes familles (maraboutiques entre autres), dont le crédit s'était désormais effondré et un soutien plus net aux couches nouvelles, issues de la paysannerie moyenne, intéressées au maintien de la domination française, garantie de leurs propriétés, et aux nouvelles élites issues de l'école française, installées dans les professions libérales et qui aspiraient à l'accès au pouvoir par l'entrée dans la cité française. La volonté des colons de se réserver l'encadrement du pays devait laisser peu de chances à cette politique, comme le regrettait le préfet d'Alger, Pagès, en 1941 : « Le moindre emploi administratif est tenu par un Breton ou un Corse et pas un seul garde-barrière n'est musulman ». Aucune réforme politique en faveur des Musulmans ne fut engagée par Vichy à la grande déception des élites. Les mesures envisagées en faveur des *fellahs*, qui devaient aboutir à une distribution de terres de colonisation, ne furent même pas entamées. La situation dramatique des masses musulmanes fut aggravée par les pénuries engendrées par la guerre et la rupture des relations maritimes avec la métropole. La pratique du marché noir, qui enrichissait certains, ne fit qu'aggraver le sort des gens démunis qui, du coup, prêtèrent une oreille attentive à la propagande allemande diffusée par la radio. Une chanson kabyle, reproduite par Mahfoud Kaddache, montre comment on espérait la venue d'Hitler : « Ô Hitler, je vais te raconter. La France nous déteste. Elle nous abreuve d'ignominies – comme si nous étions cause de son malheur. Ils nous appellent encore

*P. 79

« bicots » [...] Nous sommes dans la misère – Viens vite, ô lion – Nous, Musulmans nous te désirons » [65, p. 621].

Néanmoins, Vichy ne désespérait pas de rallier les leaders nationalistes à son régime. Des avances furent faites au Cheikh Brahimi et surtout à celui qui avait le plus de charisme auprès des masses : Messali Hadj*. Elles étaient assorties de conditions peu acceptables par le PPA, auquel on demandait dans le cadre d'une « politique de collaboration sur un pied d'égalité entre Français et Musulmans de renoncer au suffrage universel, au parlement algérien, etc. ». Le gouverneur Abrial essuya un refus de la part de Messali Hadj. Une mutinerie de tirailleurs à Maison-Carrée en 1941, inquiétante en elle-même, marqua la rupture du dialogue : Messali fut accusé de complicité. Sa résistance à la pression du régime, auquel il refusait, par attachement démocratique, son soutien, lui valut un nouveau procès. Il y affirma la volonté du PPA de rechercher l'égalité et le « respect de nos traditions, de notre langue, de notre religion sans séparation avec la France, mais une émancipation avec la France dans le cadre de la souveraineté française ». Malgré ce langage tactiquement modéré, Messali fut condamné à 16 ans de travaux forcés, 20 ans d'interdiction de séjour et à la confiscation de ses biens. D'autres membres du PPA furent également condamnés à de lourdes peines, (au total 123 ans de travaux forcés, 114 d'emprisonnement, 560 années d'interdiction de séjour, a calculé Jacques Simon) [95, p. 98]. Cette répression avait pour but d'anéantir le PPA. En fait celui-ci poursuivit clandestinement son action par des tracts, des affiches, des inscriptions sur les murs, mais aussi des poèmes, des chants scouts. La figure du chef charismatique Messali sortit grandie de cette persécution : ses portraits étaient présents dans de nombreux foyers, et un poète kabyle demanda à Dieu de « faire de Messali un sultan ».

En France, comme en Algérie, le PPA dut entrer dans la clandestinité, à l'ombre de l'Union des travailleurs nord-africains. Le débarquement des alliés en Afrique du Nord, le 8 novembre 1942, ouvrit des perspectives nouvelles pour la région.

* P. 205

Chapitre 17

Le débarquement anglo-américain du 8 novembre 1942

I. Un tournant au Maroc

Le débarquement anglo-américain du 8 novembre 1942, que quelques résistants français, juifs et royalistes (Aboulker, d'Astier de la Vigerie) préparèrent et facilitèrent à Alger, contrairement à Oran et à Casablanca où les autorités vichystes s'opposèrent aux troupes anglo-américaines, fut un tournant non seulement dans la guerre, mais aussi dans les rapports de la France avec les pays du Maghreb qu'elle dominait sans partage jusque-là. C'était la fin du face à face de la France avec ses colonies nord-africaines.

Le débarquement se fit au Maroc, à Casablanca, Safi et Kénitra. Ce fut l'opération « *Torch* » déclenchée par surprise. L'opposition du général Noguès obligea les Américains à combattre contre les Français sur terre, sur mer et dans les airs, faisant de nombreuses victimes jusqu'à ce que Mohamed V, intervenant auprès de Noguès, déclarât : « Il faut arrêter le combat. Souverain de la nation marocaine, mon premier devoir est d'épargner son sang » [65, p. 623]. Le débarquement américain au Maroc provoqua un choc. Les divisions des Français perturbèrent les Marocains. Attentistes, ils se demandaient où résidait désormais l'autorité française, à Alger ? À Vichy ? Le sultan Sidi Mohamed ben Youssef* avait reçu en aparté, en marge de la conférence d'Anfa, le président Roosevelt. Les Américains s'étonnaient de l'installation par la France d'un régime autoritaire dans un protectorat. Ils promettaient leur aide aux Marocains après la guerre. Vers eux convergeaient l'admiration et l'espoir des nationalistes d'une aide dans leur combat pour l'indépendance. Les Français soupçonnaient les États-Unis d'avoir des vues très intéressées sur le Maroc. Ne montraient-ils pas leur désir de remplacer

* P. 279

les Français ? Samya El Machat, dans son ouvrage, *Les États-Unis et le Maroc* [122], repousse cette accusation ; pour elle, les États-Unis désiraient simplement sauvegarder leurs intérêts économiques pour la période d'après-guerre. Profitant de l'atmosphère nouvelle de liberté provoquée par la présence des Américains, les nationalistes, jusque-là divisés, ne se contentèrent plus de réclamer des réformes et se proclamèrent Parti de l'indépendance (Hizb* Al Istiqlal) dans le manifeste du 11 janvier 1944.

Psychologiquement, l'impact du débarquement fut énorme. L'écrasement des forces vichystes par les Alliés à Oran et à Casablanca apparut comme une seconde défaite de la France et on parla de « l'occupation » (les gaullistes et les Juifs parlaient eux de libération) par les troupes américaines. Les Américains suscitaient par leur équipement ultra-moderne, leur comportement décontracté, leur absence apparente de hiérarchie militaire et de racisme, puisqu'on y voyait des officiers noirs, un enthousiasme alimenté encore par la générosité de ces beaux soldats en *battle-dress*, jetant de leur jeeps chewing-gums, chocolat et cigarettes sur la population soumise, en 1942, à de rigoureuses privations.

II. La Tunisie, un sort particulier : l'invasion allemande

La Tunisie fut le seul pays à connaître l'occupation, ce qui créa une situation particulière. Erik Labonne fut remplacé, au poste de Résident, par l'amiral Esteva qui avait pour mission de maintenir la souveraineté française sur la Tunisie et de ravitailler la population française, tâche rendue difficile en raison des réquisitions pour l'Allemagne. Le nouveau Résident dut appliquer toute la ligne politique de Vichy et donc les lois anti-juives. La censure de la presse fut établie et, dans l'administration, les fonctionnaires jugés libéraux furent renvoyés.

1 Les opérations militaires sur le territoire tunisien

La détérioration des relations franco-italiennes en Tunisie précéda la déclaration de guerre de l'Italie à la France, le 10 juin 1940. En effet, Mussolini réaffirmait sa volonté de prendre possession de la Tunisie. La France mobilisa alors ses contingents sur le littoral et la ligne Mareth, au Sud. Le 9 novembre, l'arrivée de troupes allemandes sur le terrain d'aviation d'El-

Aouina, près de Tunis, déclencha les opérations militaires en Tunisie. Les Allemands s'emparèrent rapidement de toute la partie orientale du pays, s'assurant ainsi une place stratégique en Afrique du Nord et fournissant un soutien à l'Afrika Korps de Rommel•. Les troupes françaises en Tunisie étaient très faibles (malgré l'envoi de contingents d'Algérie au début de la guerre) et leur commandant, le général Barré, désobéissant au Résident général qui souhaitait rester neutre, ordonna le repli vers la Dorsale tunisienne pour protéger la route de l'Algérie. Les armées alliées répondirent d'abord par des raids aériens sur les points stratégiques, comme les aéroports et les ports. Puis, les troupes anglaises, débarquées à Bône en novembre 1942, arrivèrent en Tunisie. Elles furent soutenues par des blindés américains regroupés au sud de Tunis, près de Béja. La majorité du territoire tunisien devint un champ de bataille : les Anglais et les Américains au Nord-Ouest, les Français, soutenus par les Américains, autour de Gafsa au Sud, les Allemands tenant des positions dans la région de Bizerte et de Tunis et les Italiens essentiellement dans le centre du pays.

Grâce au soutien des troupes françaises du général Juin*, les Français avancèrent rapidement à l'Est jusqu'à franchir la Dorsale et à occuper toute sa partie orientale en décembre 1942. Mais, en janvier 1943, ils furent refoulés dans la plaine d'Ouesseltia par les Allemands qui voulaient protéger leurs lignes de communication. Le front principal s'établit dans cette région et les blindés américains vinrent venir soutenir l'armée française. Les Alliés divisèrent alors le front des opérations militaires en trois zones : les Anglais au Nord, les forces franco-américaines au Centre et les Américains au Sud. Le repliement de l'Afrika Korps de la Libye vers la Tunisie et les attaques sans répit de Rommel provoquèrent de lourdes pertes chez les Alliés. Les Allemands poussèrent les combats jusqu'au Centre-Ouest à Sbiba. Entre mars et avril, ce furent désormais les troupes alliées qui reprirent le terrain en portant plusieurs offensives au Nord sur Tunis et Bizerte, de l'Ouest à partir de Gafsa sur la partie orientale de la Dorsale et surtout au Sud à Gabès et Mareth où les troupes allemandes et italiennes étaient stationnées. Le général Montgomery intensifia les attaques sur la ligne Mareth, poussant les troupes de l'Axe à se replier sur l'oued Akarit. L'assaut final eut lieu, le 6 mai, sur la route de Tunis. Ce fut finalement le 13 mai 1943 que l'armée allemande fut défaite en Tunisie.

* P. 285

• **Erwin Rommel (1891-1944).** Un des généraux proches de Hitler, il prend la tête de l'Afrikakorps. Surnommé le renard du désert, il doit faire face au débarquement des Alliés en Afrique du Nord. Il est défait en Égypte à la bataille d'El Alamein en 1942.

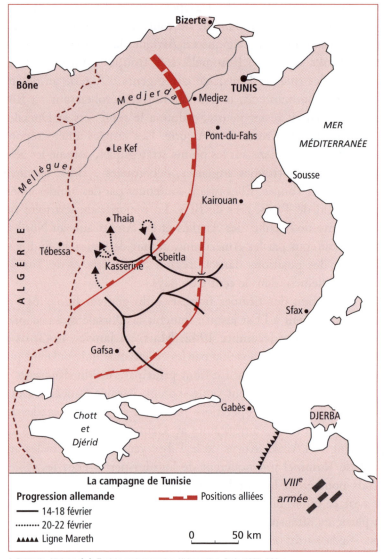

J.-F. Martin, *Histoire de la Tunisie contemporaine*, L'Harmattan, Paris, 1993, 200 p.

2 Le mouvement nationaliste pendant l'occupation allemande

Le Néo-Destour, nous l'avons vu, avait été décapité par les mesures répressives du Résident Peyrouton. Au sein du mouvement nationaliste, une nouvelle équipe, à la tête de laquelle se trouvait le docteur Thameur, prit le relais des dirigeants emprisonnés. Malgré la censure et la surveillance policière, cette équipe permit au Néo-Destour de se maintenir durant la guerre.

Il fallait prendre position sur les questions que posaient l'occupation et le gouvernement de Vichy : il s'agissait non seulement de choisir son camp dans la guerre, mais aussi de réagir face aux lois raciales.

Du côté du vieux Destour, mise à part le cheikh Taalbi*, les dirigeants collaboraient pour la plupart avec les Allemands, qui organisaient une propagande auprès des Musulmans à travers *Radio Berlin*. La propagande antisémite trouva un écho dans une population en proie à des difficultés économiques grandissantes et entraîna des conflits intercommunautaires et même des massacres de Juifs. Certains partisans de Bourguiba*, malgré ses mises en garde, voyaient en l'Allemagne un libérateur et se laissaient tenter par les appels nazis contre la France. Cependant, les dirigeants du Néo-Destour, encore sur place, faisaient preuve de prudence, comme le leur conseillait Bourguiba, persuadé de la victoire des Alliés. Cette situation provoqua une fracture entre les jeunes militants, sensibles aux sirènes allemandes, et les dirigeants qui analysaient la situation à plus long terme. L'arrestation de ces derniers, le 21 janvier 1941, entraîna un vide à la tête du mouvement, qui fut comblé par le souverain tunisien.

*P. 19

*P. 225

3 Les tentatives de réformes de Moncef Bey (1942-1943)

Le bey Ahmed décéda le 19 juin 1942 et c'est le fils de Naceur, Moncef• qui devint *bey*. Il partageait les opinions des Destouriens, ce qui rassura la population. Ses vues réformistes s'appliquèrent d'abord aux mœurs de la Cour, puis à l'administration des *caïd*. Il présenta ses revendications en seize points dans une lettre au maréchal Pétain qui peuvent se résumer en une meilleure représentation des Tunisiens dans les institutions et une instruction obligatoire avec l'enseignement de la langue arabe. Le Résident général, l'amiral Esteva, n'accueillit pas favorablement ces demandes. Les relations tendues entre les deux hommes évoluèrent dans un nouveau contexte avec le débarquement des troupes allemandes, le 9 novembre 1942, sur le territoire tunisien. Durant l'occupation germano-italienne, le *bey* afficha sa neutralité, mais maintint sa fermeté face à la politique du protectorat. Il profita, semble-t-il, de la défaite française pour faire les réformes qu'il n'avait pas pu accomplir jusque-là et alla même jusqu'à demander au gouvernement de Vichy le rappel en France de l'amiral Esteva.

• **Moncef Bey (?-1948).** Bey de Tunisie à la mort de Bey Ahmed le 19 juin 1942, son engagement en faveur des nationalistes était connu dès les années vingt durant le règne de son père, Naceur, qu'il influençait politiquement. Il mena des réformes de l'administration et des institutions tunisiennes à la faveur de l'occupation allemande de son pays qui affaiblissaient le pouvoir du Résident. Accusé d'avoir collaboré avec les troupes du Reich, il est interné et meurt en France en 1948.

Les actions du *bey* étaient dirigées, d'une part, contre le système d'administration directe et, d'autre part, contre les privilèges octroyés aux colons et aux fonctionnaires français. C'est pourquoi il ordonna aux *caïd* de ne pas obéir aux contrôleurs civils. En outre, le 1er janvier 1943, sans en référer au Résident, le souverain tunisien forma un ministère dirigé par Mohammed Chenik, assisté de trois hommes nommés à des postes clés : Mahmoud El Materi à l'Intérieur, Salah Farhat à la Justice et Aziz Jellouli à la Direction des *habous*. Le même mois, il obtint l'annulation d'un décret qui autorisait l'appropriation par les colons français de terres *habous*. De plus, désormais les fonctionnaires tunisiens allaient profiter de l'indemnité accordée à leurs collègues français. Ces mesures et l'attitude du souverain permirent de maintenir une certaine unité nationale et aux revendications nationalistes de survivre durant la guerre alors que les principaux animateurs du mouvement nationaliste étaient dans l'incapacité d'agir. En effet, le leader destourien et ses compagnons ne furent libérés que le 18 novembre 1942 et envoyés à Rome, sans pouvoir tout de suite rejoindre la Tunisie. Bourguiba ne retrouva son pays que le 9 avril 1943, sans que son arrivée modifiât la nouvelle carte politique.

4 Mars 1944 : rétablissement du protectorat

Le retour de l'hégémonie française en Tunisie se fit sous la houlette du Comité français de libération nationale (CFLN) qui insistait sur l'importance de retrouver un Empire uni pour réaffirmer la puissance de la France. Une commission d'enquête fut organisée afin de procéder aux représailles envers les collaborateurs sans l'accord de dirigeants du CFLN sur l'intensité de l'épuration. Ainsi, malgré ses écrits, Bourguiba dut s'expliquer sur sa position envers l'Axe devant les autorités françaises en juin 1943. De leur côté, dès leur arrivée, les Anglais avaient arrêté le *bey* ; il fut destitué par les Français qui l'accusaient de collaboration avec l'Allemagne. Le général Giraud, commandant en chef en Tunisie, désigna Lamine bey comme son successeur. Moncef bey fut déporté dans le sud de l'Algérie et il abdiqua le 6 juillet 1943. À sa mort, à Pau en septembre 1948, il devint un symbole de l'indépendance tunisienne et fut à l'origine d'un mouvement, le moncéfisme, alimenté par la famille beylicale. Il apparaît que les autorités françaises avaient voulu sanctionner le dirigeant tunisien pour ses prises de position contre le protectorat et en faveur de l'indépendance de son pays. Au contraire, Bourguiba avait préféré jouer la prudence et, dès son retour en Tunisie, il réaffirma son soutien aux forces alliées.

Parallèlement à la politique de répression, la volonté fut clairement déclarée de procéder à une réorganisation administrative de la Tunisie en privilégiant les anciennes institutions mises en place par le protectorat. Ce fut le général Juin, nommé Résident provisoire, qui procéda aux premières réformes, le 27 mai 1943, avec la création d'une Direction des affaires politiques, dont l'organisation reflèta le renforcement de l'administration directe avec la nomination à sa tête de contrôleurs civils et de militaires qui avaient exercé au Maroc. Le climat tunisien avait changé depuis la guerre et ce fut une population civile, qui avait espéré connaître l'indépendance grâce à Moncef bey et qui exprimait son mécontentement face à la vie économique rude (la pénurie profitait au marché noir), que le nouveau Résident, le général Mast, dut prendre en compte. Il s'engagea d'abord dans une voie identique à celle qu'avait connue le Maroc, c'est-à-dire une administration directe soutenue, vidant de son contenu les pouvoirs du Souverain. Il dut cependant faire marche arrière et une politique très prudente fut finalement adoptée. Un premier décret, le 7 février 1945, modifia la composition du Conseil des ministres en redonnant un semblant de pouvoirs au Premier ministre tunisien et au ministre de la Plume, mais surtout en créant un ministère des Affaires sociales à la tête duquel se trouvait un Tunisien. Toutefois, pour satisfaire les souhaits des Français de Tunisie, ce texte assurait l'égalité numérique entre les sections française et tunisienne du Grand Conseil qui vit également sa compétence élargie. Des assemblées, désormais élues, furent créées dans les *cheikha*. Enfin, un conseil municipal, dont les membres étaient élus, fut prévu à Tunis afin d'assurer la gestion de la ville. Ces propositions ne semblèrent pas contenter les différents courants nationalistes tunisiens qui, dès novembre 1944, se réunirent régulièrement.

Chapitre 18

Les grands manifestes indépendantistes : la fin du face à face des pays maghrébins avec la France

I. En Algérie

Dès la fin de 1942, les aspirations nationales s'exprimèrent ouvertement à la faveur de la présence américaine. La Charte de l'Atlantique de 1941 affirmant la liberté des peuples à disposer d'eux-mêmes, les déclarations anticolonialistes des Américains (entrevue d'Anfa, le 24 janvier 1943, entre Roosevelt, Churchill, Giraud et Mohammed V*) semblaient autoriser les leaders nationalistes à exprimer librement leurs revendications. Ce fut ainsi qu'un message des représentants musulmans algériens aux autorités responsables en Algérie (dont un double parvint aux autorités françaises le 22 décembre 1942) fut d'abord remis aux représentants des États alliés par Ferhat Abbas, le docteur Ben Djelloul et le docteur Tamzali.

*P. 279

En contrepartie de l'effort militaire demandé par les Alliés pour la continuation de la guerre, Ferhat Abbas et un certain nombre d'élus des trois départements réclamaient l'ouverture d'une conférence qui devrait aboutir à l'instauration d'un nouveau statut de l'Algérie sur les plans politique, économique et social. Ces demandes, en pleine guerre, parurent incongrues et le général Giraud, commandant en chef civil et militaire éconduisit la délégation musulmane en excluant toute réforme : « De réformes point ; je veux des soldats » [41, p. 81].

1 Le Manifeste de Ferhat Abbas

Ferhat Abbas fut ainsi amené, le 12 février 1943, à proclamer dans un fameux Manifeste du peuple algérien, préparé depuis février 1941 par des représentants du PPA, des *ouléma*, des élus et des étudiants (l'Association des étudiants musulmans d'Afrique du Nord) : « La colonie française n'admet l'égalité avec l'Algérie musulmane que sur un plan : les sacrifices sur les champs de bataille. Et là encore faut-il que l'indigène se batte et meure « à titre indigène » avec une solde et une pension de mercenaire même s'il est diplômé et spécialisé » (c'était le cas de F. Abbas lui-même qui, bien que pharmacien, n'eut pas droit aux galons d'officier et resta simple sergent du service de Santé).

Le Manifeste dénonçait la colonisation, « forme collective de l'esclavage individuel du Moyen Âge », ses échecs dans tous les domaines où « le dualisme [imposait] sa marque à toute la vie sociale, économique et politique » déterminant deux sociétés l'une pauvre, dans laquelle la sous-prolétarisation de la masse était le résultat de l'exploitation par les colons, l'autre, riche, minoritaire mais triomphante. Rompant avec ses illusions assimilationnistes, le leader faisait un constat d'échec : « La formation d'un seul peuple sous le même gouvernement paternel a fait faillite […] Le bloc européen et le bloc musulman sont distincts l'un de l'autre, sans âme commune […] ». Un Algérien ne demandera plus à être français. Il ne « demandera pas autre chose que d'être un Algérien musulman […] ». En conclusion, le Manifeste exigeait la fin de la colonisation et une constitution démocratique. Le gouverneur Peyrouton accepta d'examiner ces revendications, mais demanda de les préciser. Cette attitude conciliante se justifiait par la nécessité d'obtenir les hommes que réclamait la guerre. Un Additif au manifeste, plus précis et plus radical, fut préparé.

L'Additif, prévoyant qu'un État algérien autonome serait créé après la guerre et « la réunion d'une assemblée constituante élue par tous les habitants d'Algérie », rallia Messali Hadj, d'autant qu'il envisageait une Fédération d'États nord-africains avec les trois pays du Maghreb. Dans l'immédiat, le gouvernement général serait remplacé par un gouvernement dans lequel Musulmans et Français auraient un nombre égal de ministères. Cette égalité devait se retrouver dans les différentes assemblées en Algérie et dans le domaine militaire.

La création du Comité français de libération nationale et l'arrivée du général de Gaulle, le 30 mai, à Alger rompirent ce dialogue. Le chef de la France libre affirma immédiatement que rien ne serait abandonné « sur les principes de la souveraineté française intégrale dans toutes les parties de l'Empire » [95, p. 105]. Le général Catroux• succéda à Peyrouton et réaffirma que « l'Algérie [était] partie intégrante de la France ». Il refusa d'admettre le Manifeste et l'Additif où figurait pour la première fois l'expression de « nation souveraine » appliquée à l'Algérie et qui ne pouvait aboutir qu'à l'indépendance.

Le Comité français de libération nationale (CFLN) n'accorda que six ordonnances touchant la fonction publique et l'accession à la nationalité française : le refus était net de modifier le statut de l'Algérie, qui devait toujours « former trois départements français dans le cadre politique de la France ». Les protestations des nationalistes eurent pour conséquence l'exil de Ferhat Abbas. Une nouvelle commission des réformes musulmanes fut réunie, comprenant 16 membres, 6 Européens, 6 Musulmans et 4 représentants du gouvernement qui élabora un programme que de Gaulle présenta, le 12 décembre 1943, à Constantine. L'attribution de la citoyenneté française à plusieurs milliers de Musulmans français d'Algérie, sans abandon de leur statut personnel, et l'augmentation de la proportion des Musulmans français d'Algérie dans les diverses assemblées parurent tout à fait scandaleuses aux Français d'Algérie, tandis que les leaders nationalistes n'y virent, à juste titre, qu'une reprise du projet Blum-Violette qui avait été rejeté sous la pression des colons, et qui maintenant arrivait trop tard. Seuls les socialistes et les communistes, favorables à l'assimilation et à l'intégration des colonisés dans la communauté française, soucieux surtout de l'amélioration des conditions de vie des colonisés, soutinrent l'ordonnance du 7 mars 1944, qui concrétisait les nouvelles dispositions annoncées par de Gaulle pour l'Algérie.

L'ordonnance de 1944 abolissait l'indigénat, faisait de 1 500 000 musulmans non citoyens, âgés de 21 ans, des électeurs dans un collège musulman. La citoyenneté totale était réservée à seize catégories de personnalités : anciens officiers, diplômés, fonctionnaires, membres des chambres économiques, chefs indigènes (*bachaga**, *caïd*, membres des conseils syndicaux, titulaires de décorations, etc., soit 85 000 à 90 000 capacitaires ; en fait 65 285 individus seulement, qui pourraient voter dans le collège français, selon Mahfoud Kaddache) [65]. Notons que cette citoyenneté ne se transmettait pas héréditairement. C'était tout de même trop aux yeux des Français d'Algérie pour qui les indigènes étaient « congénitalement des mineurs » [86, p. 167].

*P. 85

- **Georges Catroux (1877-1969).** Général français, il sert en Indochine et en Afrique, puis participe aux opérations de pacification au Maroc. Il est à la tête du commandement du 19ᵉ corps à Alger en 1936. Il rejoint le général de Gaulle en 1940. Il est ensuite nommé Haut-commissaire au Levant en 1941, puis gouverneur général de l'Algérie en 1943. Il sera désigné pour négocier au Maroc en 1955.

Un programme de réformes en faveur des Musulmans, sur une période de 20 ans avec un plan de financement, fut proposé par Yves Chataigneau. Il concernait l'école que l'on devait ouvrir plus largement, la santé, le logement, la modernisation de l'agriculture par les SIP (Sociétés indigènes de prévoyance) et les SAR (Sociétés d'amélioration rurale), l'industrialisation (verrerie, ciment, distilleries d'alcool). Il se heurta à l'opposition des colons européens qui le jugeaient exorbitant et qui bloquèrent l'action de celui qu'ils appelaient « Chataigneau Ben Mohammed ». Ainsi, les Français opposaient-ils un front sans faille à toutes réformes qui pouvaient remettre en cause leurs privilèges et leur domination.

2 Les Amis du Manifeste et de la liberté

La déception des nationalistes permit à Ferhat Abbas de former, en mars 1944, avec les *ouléma* et le PPA clandestin, les « Amis du Manifeste et de la liberté » (AML) qui se radicalisa en faveur des thèses de Messali Hadj. Le PPA put, à la faveur de la crise économique, développer sa propagande sous le couvert des AML. Ferhat Abbas, lui-même, appela à boycotter les élections ; les *ouléma* qui étendaient leur influence hors des villes allèrent, eux, jusqu'à brandir la menace de l'excommunication contre les Musulmans qui s'inscrivaient dans le premier collège pour voter avec les infidèles. Ferhat Abbas, débordé par les tendances les plus extrêmes, dut abandonner ses thèses fédéralistes. Il avait en effet proposé pour l'Algérie « une république autonome fédérée à la République française ».

La déception fut encore plus vive qu'après la Première Guerre mondiale. Les principes de liberté, égalité et fraternité n'existaient que sur les frontons des mairies. L'action du PPA, à l'intérieur des AML, fut ainsi facilitée par la conjonction de tous les mécontentements. Les premiers mois de 1945 connurent une vive effervescence : le PPA organisa dans toute l'Algérie des manifestations appelant à libérer Messali Hadj. Des pancartes indiquaient clairement : « Vive l'Algérie libre… À bas le colonialisme ». Les appels au calme de Ferhat Abbas furent moins entendus que les échos de la Conférence de San Francisco et la naissance de la Ligue arabe (avril 1945). Le 19 avril, devant la violence des manifestations organisées en l'honneur du « leader incontesté du peuple algérien » (tel qu'on l'avait surnommé en mars), l'Administration préféra éloigner Messali de Reibell à El Goléa, puis à Brazzaville.

II. En Tunisie

La carte politique tunisienne fut modifiée dans les années suivant la Seconde Guerre mondiale avec l'apparition de nouveaux mouvements et de nouveaux acteurs politiques mais aussi en raison du contexte mondial.

1 Le Manifeste du Front Tunisien

En réaction au plan de réformes proposé par le général Jean Mast, un renouveau du mouvement national s'illustra par la constitution d'une commission d'étude, réunissant tous les mouvements nationalistes. Le texte, dit « Manifeste du Front Tunisien », auquel elle aboutit, le 22 février 1945, fut approuvé par un « comité des soixante », représentant une union de tous les courants. Les rédacteurs du texte comptaient encore sur le prestige du *bey* exilé et souhaitaient son retour. Certains, comme Bourguiba, voulaient profiter du moncéfisme qui avait conquis la société tunisienne. Ils exigeaient l'autonomie interne de la Tunisie, organisée en une monarchie constitutionnelle. L'attitude de la France n'était pas équivoque : elle ne changerait pas d'avis concernant le *bey*. Cette intransigeance amena les auteurs du Manifeste à revoir leur demande de retour du *bey*. Le manifeste provoqua la protestation du Parti communiste tunisien qui le désigna comme l'œuvre de « la conjuration des féodaux ». Les revendications nationalistes arrivèrent à un point culminant au Congrès de l'Indépendance qui se tint le 23 août 1945, lors de la nuit du Destin (veille du 27e jour du mois de Ramadan). Plusieurs courants nationalistes étaient réunis et, suivant les harangues de Salah Ben Youssef, la foule réclama l'indépendance. Le général Mast tenta à nouveau de calmer la situation avec la mise en place de nouvelles propositions portant sur la compétence et la composition du Grand Conseil.

2 Le mouvement syndicaliste-UGTT

Le 20 janvier 1946, une organisation syndicale, indépendante des organisations françaises, vit le jour et prit comme nom l'Union Générale Tunisienne du Travail (UGTT). Elle prônait une politique syndicaliste nationaliste, dirigée par Ferhat Hached. La création de l'UGTT, fusion de plusieurs syndicats, fut encouragée par le Néo-Destour. Elle fut suivie par la création de l'Union Tunisienne de l'Industrie, du Commerce et de l'Artisanat (UTICA) qui était le pendant patronal de l'UGTT, avec des membres du Néo-Destour comme dirigeants. La riposte du Parti communiste tunisien fut la transformation de l'Union départementale des syndicats en Union syndicale des travailleurs tunisiens (USTT), en octobre 1946. Les deux centrales syndicales tunisiennes agirent séparément, tant dans l'organisation des grèves que des manifestations.

Durant le séjour de Bourguiba au Caire, ce fut l'UGTT qui prit le relais de la lutte nationale. Ferhat Hached devint la figure dirigeante de l'indépendantisme tunisien et réussit à diriger un syndicat qui n'était pas sous la domination d'un parti politique, tout en regroupant un nombre considérable d'adhérents. Il disposait également du soutien de mouvements syndicalistes américains, ce qui accentua l'affrontement avec le Parti communiste tunisien et les « prépondérants » français.

3 Le contexte d'après-guerre

Le contexte d'après-guerre fut celui de la montée des actions indépendantistes dans tous les pays soumis et l'accès à la souveraineté de plusieurs pays : en 1945, les troupes françaises se retirèrent de la Syrie et du Liban et l'Indochine accéda provisoirement à l'indépendance ; en 1947 fut proclamée l'indépendance de l'Inde. Le mouvement en Afrique du Nord s'organisa désormais dans le cadre de la Ligue Arabe. Ce fut ainsi que Bourguiba, séduit pendant un temps par le panarabisme, se rendit régulièrement au Caire entre mars 1945 et septembre 1949 et devint même secrétaire du Comité de libération du Maghreb arabe. Il refusa pourtant l'idée d'une nation maghrébine, réclamée notamment par le courant de Salah Ben Youssef. Il fit également un voyage à New York en décembre 1946 pour rencontrer des délégations étrangères, présentes à l'ONU, mais aussi des dirigeants américains.

Les partisans du protectorat, quant à eux, s'organisaient. Face au nationalisme tunisien, les colons français en Tunisie décidèrent de créer un parti, Le Rassemblement français, constitué principalement de fonctionnaires et dont les membres s'appelaient les « rassemblés ».

4 Les réformes du Résident Mons

Le général Mast fut remplacé par Jean Mons en janvier 1947. Dès son arrivée, il supprime la censure de la presse et chercha à mener une politique de réformes, se heurtant, ainsi, aux protestations des colons : augmentation du nombre de Tunisiens au sein du gouvernement, redéfinition des compétences du conseil des ministres et nomination d'un Premier ministre tunisien, Mustapha Kaak, en juillet 1947. Néanmoins, ce dernier apparut vite comme un pantin aux mains du protectorat et les réformes proposées ne reçurent pas l'adhésion des nationalistes.

III. Au Maroc

Allal Al Fassi – Fondation de l'Istiqlal (fin 1943)

Comme en Algérie, le débarquement anglo-américain et la proclamation de la Charte de l'Atlantique encouragèrent au Maroc la reprise des revendications nationalistes. Le Maroc en 1943 présentait un visage nouveau tant économiquement que politiquement. Mohammed ben Youssef, par l'attitude qu'il avait eu durant la guerre, et après l'entrevue d'Anfa, avait pris une place prépondérante dans le jeu politique marocain. L'émergence d'un prolétariat marocain qui adhérait à la lutte pour l'indépendance transforma les moyens d'action des différents mouvements nationalistes qui touchèrent désormais même les milieux ruraux : « Casablanca remplace de plus en plus Fès, comme centre nerveux du nationalisme, et la rue succède aux mosquées dans les manifestations populaires » [116, p. 397]. En outre, le pays avait participé activement aux combats, menés en Tunisie contre les troupes allemandes et italiennes. Les Marocains s'attendaient donc à être récompensés par des réformes libérales. Or, le 5 juin 1943, Gabriel Puaux, auparavant en poste dans le Levant, et hostile à toute réforme, fut nommé Résident général par de Gaulle.

En décembre 1943, le Parti national devint le Parti de l'Istiqlal, c'est-à-dire de l'indépendance, soulignant ainsi la radicalisation du mouvement nationaliste qui désormais réclamait purement et simplement l'indépendance. La même année, le Parti communiste du Maroc se transforma en Parti communiste marocain, marquant ainsi sa volonté d'indépendance vis-à-vis du Parti communiste français. Jusqu'alors, les communistes ainsi que les socialistes essentiellement européens, à l'instar de ce qui se passait en Tunisie, étaient hostiles aux demandes indépendantistes et campaient sur des revendications d'ordre économique et social. Peu à peu, les communistes affirmèrent leur volonté de voir le Maroc reconquérir son indépendance. L'accession à la direction du parti de Ali Yata• fut décisive. Ce changement ne fit pas pour autant augmenter le nombre de ses adhérents et il ne concurrença jamais l'Istiqlal. Ce dernier, malgré la création du Parti démocrate de l'Indépendance en 1946 par Wazzani, demeura le parti politique prépondérant au Maroc.

• **Ali Yata (1920-1997).** L'un des fondateurs du Parti communiste marocain. En 1974, il créa le Parti du progrès et du socialisme. Il soutint les revendications du gouvernement marocain sur le Sahara occidental.

> **Manifeste des nationalistes**
>
> *Nous décidons :*
> *– de demander l'indépendance du Maroc dans son intégralité nationale sous l'égide de Sa Majesté Sidi Mohammed ben Youssef, que Dieu le glorifie ;*
> *– de solliciter de Sa Majesté d'entreprendre avec les nations intéressées des négociations ayant pour objet la reconnaissance et la garantie de cette indépendance, ainsi que la détermination dans le cadre de la souveraineté nationale, des intérêts légitimes des étrangers résidant au Maroc ;*
> *– de demander l'adhésion du Maroc à la charte de l'Atlantique et sa participation à la conférence de la Paix ;*
> *– de solliciter de Sa Majesté de prendre sous sa haute direction le mouvement de réformes qui s'impose pour assurer la bonne marche du pays, de laisser à Sa Majesté le soin d'établir un régime démocratique comparable au régime du gouvernement adopté par les pays musulmans d'Orient, garantissant les droits de tous les éléments et de toutes les classes de la société marocaine et définissant les devoirs de chacun.*
>
> J. BRIGNON, A. AMINE, B. BOUTALEB, G. MARTINET, B. ROSENBERGER, *op.cit.*, p. 409.

Le 11 janvier 1944, l'Istiqlal, soutenu en sous-main par le sultan Mohammed ben Youssef*, présenta un manifeste dans lequel les nationalistes demandaient l'indépendance. (voir aussi annexe).

* P. 279

La réponse du général de Gaulle fut transmise, le 28 janvier, par un diplomate français, René Massigli, qui informa le sultan que l'initiative des réformes n'appartenait qu'à la France et que le mot « indépendance » devait être oublié. Cette entrevue fut suivie de l'arrestation de Ahmed Balafrej*, et d'autres nationalistes pour « intelligence avec l'ennemi » (la même accusation, infondée, avait servi d'alibi pour se débarrasser de Moncef Bey). Ces arrestations semblent avoir été orchestrées par les autorités françaises pour provoquer la population marocaine. Et, en effet, des émeutes violentes se multiplièrent dans tout le pays, qui furent réprimées dans le sang.

* P. 227

La direction du mouvement indépendantiste fut alors assurée par de jeunes militants, dont Mehdi Ben Barka•, professeur de mathématiques et Abderrahim Bouabid. Ce dernier, envoyé à Paris, parvint à réunir plusieurs signatures de personnalités françaises favorables aux Marocains, au bas d'un texte qui réclamait des réformes libérales et fut remis à la direction d'Afrique-Levant, le 13 février 1946. Grâce à cette initiative, un lien était désormais établi entre les nationalistes et la société française.

Une réforme en faveur des Marocains, avec la création des Secteurs de modernisation du paysannat, échoua en 1945. Jacques Berque, qui en était l'instigateur, souhaitait non seulement fournir aux paysans marocains des moyens modernes de production, mais également un accès à l'éducation et aux soins en installant des entreprises sur des terres collectives. C'est pourquoi les *douar*, à la base de la réforme, devaient être rassemblés pour former des coopératives de production qui disposeraient d'un outillage moderne, mais aussi d'ateliers artisanaux, de dispensaires et d'écoles. L'opposition des colons poussa le résident Erik Labonne à abandonner le texte et provoqua la démission de Jacques Berque. Cet exemple montre une fois encore la vision que les Européens avaient du pays qu'ils considéraient comme une chasse gardée. La crise politique des années cinquante au Maroc fut ainsi précipitée par les colons français, crispés sur la défense de leurs intérêts économiques et politiques contre les revendications nationalistes.

• **Mehdi Ben Barka (1920-1965).** Professeur de mathématiques, militant de l'Istiqlal, il est l'un des signataires du manifeste du parti en janvier 1954, mais il apparaît très vite comme un porte-parole populaire. Et avec lui une nouvelle classe sociale, celle du petit peuple, monte sur la scène populaire. Il constate un changement dans la lutte nationale qui n'est plus menée uniquement par des aristocrates. Après l'indépendance, son action entraîne une scission de l'Istiqlal entre les partisans de Allal El Fassi et le néo-Istiqlal dont Ben Barka est partisan. Le néo-Istiqlal donne naissance en décembre 1959 à l'Union nationale des forces populaires. Ce parti de gauche est opposé au régime monarchique. Il est exilé et condamné à mort par contumace par le Maroc en 1963. Enlevé à Paris en 1965, la vérité sur sa mort reste à faire ; des dossiers le concernant, tant au Maroc, en France qu'aux États-Unis sont classés défense.

Chapitre 19

Les bouleversements économiques et sociaux

La Seconde Guerre mondiale eut les mêmes conséquences que la Grande Guerre sur les économies algérienne, tunisienne et marocaine : une forte croissance économique malgré une faible industrialisation. Des programmes de modernisation et d'équipement furent mis en place en Algérie et dans les deux protectorats dès juillet 1941. Ils furent repris après la guerre et transformés en plans quadriennaux.

Deux traits communs les caractérisaient : les fonds investis par la France étaient considérables et la balance commerciale des trois pays restait chroniquement en déficit. La forte dépendance des économies maghrébines vis-à-vis de la France était constante.

I. En Algérie

1 Les difficultés de ravitaillement pendant la guerre

Les mauvaises récoltes des années 1943 et 1944 aboutirent à une pénurie de denrées de base ; en 1945, le blé et l'orge manquaient, le cheptel ovin dépérissait. L'Algérie ne recevait plus ni engrais ni machines agricoles de France. L'organisation du ravitaillement défavorisait les campagnes (où les *fellahs* illettrés se faisaient dérober leurs cartes de ravitaillement) par rapport aux villes et les Musulmans par rapport aux Européens qui, seuls, bénéficiaient d'allocations en lait, chocolat, tissus et vêtements. Les rations accordées aux Musulmans étaient insuffisantes ; même les rations pour l'alimentation des animaux variaient selon la nationalité de leurs propriétaires ! [65, p. 682]. Le marché noir sévissait durement dans cette situation de pénurie et faisait de la distribution des cartes de ravitaillement une arme politique : on les supprima aux *douar* et aux villages où des sections syndicales ou des partis politiques étaient actifs. Le renchérissement des prix rendait menaçant le spectre de la famine dans les campagnes algériennes avec son cortège de maladies épidémiques. Les gens pauvres allaient pieds nus et en haillons.

Le mécontentement grandissait contre les injustices et des incidents éclataient ça et là. Mahfoud Kaddache refuse d'y voir une préfiguration des émeutes de 1945 : « La faim, les difficultés économiques étaient mieux supportées, écrit-il, que la soif de dignité ». On peut penser néanmoins qu'elles ont fait le lit de la révolte et du succès des nationalistes jusque dans le tréfonds des campagnes. Quant à « l'impôt du sang » payé par les Maghrébins qui venaient de contribuer à libérer l'Europe du nazisme et du fascisme par le sacrifice de centaines de milliers de morts, il justifiait, leur semblait-il, plus de respect.

2 La politique d'industrialisation en Algérie

La reprise des productions industrielles et agricoles s'explique par les difficultés de la métropole. Paradoxalement, alors que l'hypothèse en a été longtemps écartée, ce fut le régime de Vichy, et plus spécialement le général Weygand, qui élabora un plan d'industrialisation pour l'Algérie pour remédier aux carences industrielles françaises. Des militaires désireux de disposer d'une industrie militaire, des représentants des autorités coloniales, mais aussi des milieux d'affaires effrayés par l'évolution démographique de la population algérienne étaient les acteurs d'un lobby en faveur de l'industrialisation. Enfin, le mythe de la puissance coloniale française [71, p. 27] entretenait l'idée que l'industrialisation était indispensable pour protéger l'Algérie des puissances étrangères, mais aussi pour affaiblir les positions revendicatives des nationalistes. L'industrialisation devait résoudre le problème musulman. Le processus fut donc lancé par l'État français à travers des plans de modernisation et d'équipement, élaborés pour l'ensemble de l'Afrique du Nord.

Ce processus d'industrialisation aboutit pourtant à un échec qui eut plusieurs causes : des facteurs locaux handicapants (énergie coûteuse, équipements lourds…) mais aussi des facteurs politiques (mouvement d'indépendance, guerre d'Algérie…).

3 Les plans de modernisation et d'équipement et les plans d'industrialisation

Le premier plan de modernisation et d'équipement fut lancé en juillet 1941, mais interrompu en 1942 en raison de la guerre. Un plan d'industrialisation, appelé Plan Balensi, fut engagé en 1946 et dressa une liste des industries à développer en Algérie, parmi lesquelles l'industrie du sucre, l'industrie automobile et des pneumatiques. Ce plan se superposait au plan d'équipement de 1941 ; il fut précédé par des mesures fiscales en faveur des entreprises nouvelles retenues par l'Assemblée algérienne, qui prévoyaient l'exonération temporaire de l'impôt sur les bénéfices industriels et commerciaux, mais aussi de la contribution foncière. Ces deux plans fusionnèrent pour devenir, en 1949, le plan quadriennal de modernisation et d'équipement pour l'Afrique du Nord, financé par le plan Marshall.

Le second plan quadriennal fut établi en 1953 dans un environnement conflictuel dans les trois pays. Il mettait l'accent sur les travaux d'électrification et d'amélioration des transports et surtout la dépendance de l'industrialisation par rapport à l'agriculture. Il projetait notamment la construction d'usines de traitement des produits de la pêche, d'une sucrerie et d'une laiterie-fromagerie.

Ce plan quadriennal fut remplacé par le plan de Constantine du 3 octobre 1958, qui fut en réalité un discours du général de Gaulle.

4 Les capitaux

En 1955, 58 % des recettes algériennes étaient assurées par la fiscalité indirecte. Les colons étaient opposés à ce que l'impôt sur les bénéfices industriels et commerciaux augmente et ils étaient soutenus en cela par des hommes politiques français qui craignaient que les entreprises cessent d'investir en Algérie au profit d'autres colonies jugées plus attractives. Mais alors qu'elle générait des profits importants, l'agriculture algérienne bénéficiait d'exonérations qui handicapaient les autres secteurs comme l'industrie. Jusqu'à l'indépendance, il fut difficile d'augmenter la part de l'agriculture dans les impôts.

5 Les difficultés

Outre l'hostilité du patronat métropolitain, l'industrialisation de l'Algérie rencontrait d'autres obstacles. Le principal était le niveau élevé des coûts de production, dû notamment à la pénurie énergétique et hydraulique du pays. De plus, les industries ne disposaient pas de suffisamment d'ouvriers spécialisés ou d'ingénieurs, étant donné la faiblesse de l'enseignement technique. Ces facteurs, ajoutés aux difficultés de la France à financer les plans élaborés pour l'Algérie, expliquent l'échec de l'industrialisation algérienne.

II. Au Maroc : la croissance économique de 1947 à 1955

Le pays attira les investisseurs désireux de trouver un placement sûr après une période de fragilité. Cet afflux de capitaux encouragea la création d'industries de transformation essentiellement celles liées à l'agriculture : conserveries, raffineries de sucre, filatures de coton et de laine... L'après-guerre au Maroc se traduisit par un taux élevé de croissance (6 % par an contre 3,6 % dans la période antérieure).

1 L'agriculture et les mines

La cause de ce développement fut, jusqu'en 1955 [116, p. 351] (notons que le pays était doté, à la veille de la Seconde Guerre mondiale, de trois barrages de retenue et d'un barrage de dérivation qui permettaient d'irriguer des centaines de milliers d'hectares), la poursuite de la mise en valeur des terres de colonisation, contrairement à l'Algérie et à la Tunisie où ce domaine stagna, après avoir retrouvé vers 1950-1952 son niveau normal d'avant-guerre.

De même dans le domaine minier – alors que, après la période de remise en route de l'après-guerre, on assista à un plafonnement, voire un déclin en Algérie et en Tunisie – au Maroc, en particulier du fait des gisements de phosphate très riches, la production d'avant-guerre reprit, passant de 1,8 million de tonnes à 3,7 en 1949 et 5,3 en 1955. Cette progression continua après l'indépendance.

2 L'industrie de transformation

Certains industriels et hommes politiques conclurent après la guerre qu'il fallait industrialiser le Maroc pour en faire un relais en cas de nouvelles pénuries. Deux secteurs alimentaires constituaient alors l'essentiel de l'industrie marocaine : la conserverie et l'huilerie. Elles étaient tenues par des entreprises européennes, parfois de taille internationale. La fin de la Seconde Guerre mondiale vit donc le développement du secteur de l'industrie de transformation grâce à l'afflux de capitaux européens et à l'installation de filiales par les entreprises occidentales. Comme dans les deux autres pays du Maghreb, l'industrialisation fut élaborée dans des plans quadriennaux de modernisation et d'outillage, dont le premier fut lancé en 1949.

Financée essentiellement par l'arrivée de capitaux privés extérieurs, attirés au Maroc par la fiscalité qui restait légère et les bas salaires, l'industrie marocaine, très faible jusque-là, connut un véritable boom de 1949 à 1953. Ainsi l'indice de la production industrielle passa de 70 en 1948 à 120 en 1956 (base 100 en 1952), conséquence d'un taux de croissance de 6 % par an. Ce fut au cours de cette période que furent créées les principales industries marocaines, les investissements ayant été vers 1947-1948 brutalement multipliés par 3 et une importante partie d'entre eux fournis par l'État. On vit se développer principalement les industries légères : minoteries, sucreries, huileries, brasseries, conserves, textiles, à côté d'embryon d'industries de base : cimenteries, acide sulfurique et superphosphates. On assista également à la naissance d'une industrie mécanique.

Dans d'autres domaines, comme l'enseignement, la santé, les investissements administratifs connurent aussi une forte progression, de 9 à 10 % par an, qui soutint le développement économique. Le nombre des élèves musulmans de l'enseignement du 1er degré passa de 23 000 en 1938 à 41 000 en 1949 et à 487 000 en 1957. Le nombre de lits d'hôpitaux augmenta de 5 250 en 1940 à 16 750 en 1958. Pourtant, malgré ce développement considérable, comme dans les deux autres pays d'Afrique du Nord, l'industrialisation ne joua pas un rôle important : malgré les apparences, le boom industriel du Maroc ne vit guère plus que l'amorce d'une industrialisation légère, dont les résultats ne furent pas plus impressionnants que ceux de l'Algérie. Le pays restait à dominante agricole et présentait de nombreux aspects de pays en voie de développement.

Le taux de croissance globale, même dans les meilleures années de la colonisation, ne fut jamais suéprieur à 6 %, au lieu de 10 à 12 % que l'on aurait pu attendre d'une politique d'industrialisation volontariste. En effet, les conditions étaient plus favorables au Maroc qu'en Algérie et en Tunisie : le Maroc, pays neuf, riche naturellement était une zone d'attraction plus forte pour les gros investissements privés.

3 La fiscalité

La fiscalité marocaine favorisait les entreprises aux dépens de la population : « faibles taux de base, dégrèvements, exonérations en matière de taxes sur le chiffre d'affaires et d'impôts sur les bénéfices professionnels » [133, p. 180]. Les entrepreneurs, qui tenaient à maintenir des impôts bas dans le protectorat, luttaient contre toutes les mesures fiscales, comme l'établissement de la taxe sur les transactions [110, p. 258].

Le poids de la fiscalité était supporté principalement par la population marocaine, mais la pression fiscale demeurait faible (12 % de la production intérieure brute contre 20 % en Algérie et en Tunisie à la même époque) du fait du Traité d'Algésiras et de la légèreté de l'administration marocaine par rapport à celle de la Tunisie et de l'Algérie. Elle allait pourtant en augmenter, comme le montre M. Kenbib : un chef de tente qui, en 1920, payait 184 francs au titre du *tertib*, impôt sur les revenus agricoles, devait en verser 693 en 1925. Les Marocains étaient ainsi poussés à emprunter afin de faire face à l'impôt.

Durant cette période, l'investissement public ne représenta que 18 % des investissements globaux, contre 25 % en Algérie en 1954 et 45 % en Tunisie en 1953. Aussi, à partir de 1955, la chute des investissements privés productifs entraîna-t-elle le blocage de la croissance qui ne put repartir après l'indépendance. Par ailleurs, la situation du Maroc, dans les années 1948 à 1954, se distinguait de celle des deux autres pays. En Algérie, l'épargne locale finançait 92 % des investissements tandis que, en Tunisie et au Maroc, elle n'atteignait que 75 %. D'où la nécessité dans ces deux pays de faire appel aux capitaux étrangers tandis que l'Algérie faisait figure en 1954 d'un pays mûr, capable de se financer sans apports extérieurs.

4 L'artisanat marocain

L'artisanat marocain se maintint après la guerre : on recensait, en 1948-1949, 157 000 artisans (200 000 en ajoutant les artisans ruraux). Grâce à la structure de la société et au tourisme, l'industrie textile et celle du cuir employaient à elles seules environ 100 000 artisans [133].

5 Les inégalités

Les secteurs économiques employaient une main-d'œuvre nombreuse et bon marché, à laquelle n'était reconnu aucun droit syndical. Le prolétariat marocain, essentiellement urbain, forma la majorité des mouvements indépendantistes après la Seconde Guerre mondiale. En effet, le développement économique et social, particulièrement inégalitaire, ne touchait que certaines régions et ne profitait qu'aux Européens installés dans ces régions : routes, ports, centrales thermiques n'étaient destinés qu'à faciliter leur activité (ainsi A. Ayache explique que les Européens consomment, selon le recensement d'avril 1951, 4/5 de l'eau et de l'électricité et utilisent 7/8 du trafic ferroviaire et routier, *op. cit.*, p. 254).

III. En Tunisie

Devenue un théâtre d'opérations militaires dès 1942, la Tunisie subit des dégâts matériels importants. Aux problèmes d'approvisionnement que connurent aussi les deux autres pays d'Afrique du Nord s'ajoutèrent les destructions et les réquisitions de l'armée allemande d'occupation. Le ralentissement économique fut brutal du fait des difficultés d'approvisionnement : même les exploitations agricoles rencontrèrent des difficultés pour trouver des produits manufacturés et des machines. Mais la nécessité de reconstruire le pays après la guerre entraîna la croissance de la production de ciment, de chaux hydraulique et de briques.

1 L'artisanat

La guerre profita essentiellement au secteur artisanal, du fait des commandes militaires qui ne pouvaient plus transiter par le marché français. Ce regain d'activités ne concerna pas toutes les branches de l'artisanat, et en particulier les industries dites utilitaires qui utilisaient des matières importées, comme le tissage de la soie. À la fin de la guerre, les artisans subirent à nouveau la concurrence des produits bon marché, ce qui entraîna l'accroissement du chômage.

2 L'agriculture

La sécheresse de 1945 handicapa encore le secteur agricole qui vit les colons s'adresser aux autorités françaises pour obtenir des aides notamment sous forme de compensation des dommages de guerre. Deux cultures restaient prépondérantes : la vigne et l'olivier, même si le développement des cultures fruitières, et notamment l'abricot, s'accélérait. Parallèlement à la réorganisation de la production dans certaines exploitations, le domaine cultivable continuait de s'accroître, aidé par la modernisation toujours plus importante des moyens de production, mais toujours au détriment des *fellahs* qui voyaient la superficie de leurs terrains diminuer.

3 Le régime douanier de 1949

Pour faire face aux difficultés économiques des colons, un nouveau régime douanier fut instauré. Si le régime préférentiel pour la France et l'Union Française était maintenu, les droits de sortie étaient supprimés pour certains échanges : les ferrailles, les huiles d'olive, les phosphates, les minerais de fer, etc.

4 Le commerce extérieur

Les échanges après-guerre conservèrent les mêmes caractéristiques : la Tunisie continua d'exporter des produits agricoles et miniers (phosphate, plomb, vins et agrumes) et d'importer des produits fabriqués (tissus, vêtements et machines). La France restait le principal partenaire économique, avec 67 % des importations et 49 % des exportations.

5 Les capitaux, les finances

Les dommages de guerre entraînèrent la mise en place de plans de reconstruction et de modernisation nécessitant des capitaux importants. Un emprunt de 1 270 millions de francs fut contracté en 1945. Il s'ajoutait aux déficits existants avant-guerre et gonfla le montant de la dette publique. Pour faire face à ces dépenses, le protectorat ponctionna les Tunisiens. En 1948, les impôts sur la consommation supportés par les Tunisiens représentaient 79 % des recettes nettes du budget, ce qui a fait dire à P. Sebag que « c'est le peuple tunisien qui paie en dernière instance, chemins de fer, routes, ports, tous travaux d'équipement, financés par l'État, dont les colonisateurs […] sont les principaux bénéficiaires » [174, p. 48].

6 L'urbanisation

Après la Seconde Guerre mondiale et dans les années cinquante, la Tunisie était un territoire divisé en deux zones inégales : une Tunisie intérieure défavorisée, tandis que les principaux pôles économiques, liés aux activités d'exportation, étaient installés sur le littoral (en 1950, Tunis et sa banlieue concentraient 70 % des usines). Les villes, comme Tunis, Bizerte et Sousse, attiraient les populations rurales pauvres à la recherche de travail. La fracture entre les Européens et les Tunisiens apparaissait également dans la répartition de l'espace : la population européenne se concentrait dans les grandes villes du littoral, dont l'essor ne ralentissait pas. Ainsi, en 1955, 13,8 % de la population musulmane vivait en ville alors qu'à la même date 95,8 % de la population non musulmane était urbaine [4]. Il y avait donc une séparation, même une ségrégation de plus en plus affirmée entre les deux populations. Comme dans les deux autres pays du Maghreb, cette situation entraînait une ignorance réciproque et donc du racisme. On est loin de la fusion des deux peuples imaginés par Louis Machuel.

Chapitre 20

Troubles et réformes politiques

I. Le 8 mai 1945 en Algérie

Le 1er mai à l'occasion de la fête du travail, les manifestations organisées par le PPA en faveur de Messali Hadj, firent trois morts et des blessés. Le 8 mai 1945, à Sétif, une manifestation autorisée, mais sans banderole ni drapeau nationaliste, tourna à l'émeute sanglante et fit 21 morts et de nombreux blessés du côté européen. Des troubles éclatèrent dans tout le pays. L'évaluation du nombre des victimes de la répression impitoyable contre les Musulmans, difficilement chiffrable [41, p. 139], varie selon les auteurs de 15 000 à 45 000. C'est dire, en tout cas, combien elle fut violente, non seulement à Sétif, mais dans les communes de Guelma, Choiseul, Kerrata, Djidjelli et les régions environnantes où quelque 50 000 émeutiers avaient massacré les Européens rencontrés [39, p. 573-575]. Le pays est « parcouru de bandes qui se ruent sur les dépôts d'alimentation, les rumeurs les plus invraisemblables circulent dans le Constantinois ; elles annoncent que la révolte est générale et qu'un gouvernement arabe est installé à Alger » [86, p. 172]. Les exécutions sommaires de suspects, ordonnées par le général Duval (500 à 600 avoua-t-il), les bombardements aériens de nombreux villages, celui de Kerrata, par le croiseur *Duguay-Trouin*, l'action répressive brutale et aveugle de l'infanterie qui causa des milliers de morts selon le rapport du général Tubert, sans compter les vengeances personnelles, laissèrent un souvenir horrifié et une cassure définitive entre les deux communautés en Algérie : « Les pierres volent, les injures pleuvent ». Les indigènes menaçaient les Français ; les Européens répliquaient par des termes de mépris : « Sale race » résonnait trop fréquemment.

Cependant, dans un but d'apaisement, la politique de réformes se poursuivit après que des notables musulmans se furent rendus à des cérémonies d'*aman** où les Algériens vinrent rendre leurs armes, tandis que les leaders

* P. 57

communistes du PCA, en visant Messali Hadj, rejetaient la faute des troubles sur des « pseudo-nationalistes pro-hitlériens ». Des protestations de loyalisme affluèrent de toute l'Algérie au Gouvernement général.

En août 1945, une ordonnance, dans un semblant d'esprit égalitaire si l'on considère l'importance respective des populations, accorda le même nombre de représentants aux Français du premier collège et aux Musulmans du second. Les Algériens, malgré l'appel à l'abstention de Messali Hadj, participèrent aux différentes élections d'après-guerre. Celles d'octobre 1945, pour l'élection de l'Assemblée constituante, mobilisèrent 55 % des électeurs musulmans, dont les voix se portèrent essentiellement sur les nationalistes modérés et les socialistes partisans de l'assimilation qui furent confortés par la loi d'amnistie de mars 1946.

De nombreux historiens, et le général Tubert lui-même, considèrent l'épisode du 8 mai 1945 comme une préfiguration du 2 novembre 1954. Les enquêtes menées, à la suite de l'émeute, tendraient à prouver que le soulèvement devait s'étendre à toute l'Algérie. Plus tard, de nombreux membres du FLN rappelèrent leur émotion devant la répression sanglante. Kateb Yacine, cité par Robert Aron, écrivit plus tard : « J'avais seize ans. Le choc que je ressentis devant l'impitoyable boucherie qui provoqua la mort de milliers de musulmans, je ne l'ai jamais oublié. Là, se cimenta mon nationalisme ». Peut-on totalement faire foi à ce souvenir évoqué tardivement, en pleine guerre d'Algérie », se demanda Robert Aron ? [41]

Les Européens, surpris, ébranlés, regardèrent vers la mère patrie. Seraient-ils obligés de quitter cette terre que leurs arrière-grands-parents avaient fécondée ? Ils demandèrent l'arrêt des réformes, signe pour eux de faiblesse. « Une psychose de peur déferle sur l'Algérie des colons, comme la psychose de mécontentement et de suspicion qui agite les masses musulmanes » [41].

La France était sortie de la guerre dans le camp des vainqueurs, mais sa défaite devant l'Allemagne n'était pas oubliée. Les alliés anglo-saxons, par comparaison, faisaient pâlir son image aux yeux des Musulmans qui tournaient leurs espoirs vers ces puissances libératrices.

Par ailleurs, la création de la Ligue arabe, relayée à Genève par le « Comité supérieur de défense de l'Afrique du Nord », animé par le nationaliste arabe Chekib Arslan*, la solidarité des États arabes aboutirent, deux ans plus tard, à la création du Congrès du Maghreb arabe et au Comité de libération du Maghreb arabe. La perspective d'un conflit armé s'imposait à tous, mais la méthode et l'heure du déclenchement faisait l'objet de discussions. Le mouvement national algérien, malgré des tentatives répétées d'union, restait divisé.

* P. 227

II. Des réformes tardives et inefficaces pour résoudre la crise dans les trois pays

1 En Algérie : le statut de 1947

Le statut organique du 20 septembre 1947 dota l'Algérie d'un ensemble de dispositions organisant les institutions et le fonctionnement administratif. Il intervint dans le contexte de l'adoption d'une nouvelle constitution en France en 1946 qui avait, dans son article 60, défini l'Union française comme suit : d'une part, la République Française, qui comprend la France métropolitaine, les départements et territoires d'outre-mer et, d'autre part, les territoires États associés (le Maroc et la Tunisie par exemple). Quelle était la place de l'Algérie ? La question devait faire l'objet d'un texte particulier issu d'un projet gouvernemental. L'article 1er de la loi énonça que « l'Algérie constitue un groupe de départements doté de la personnalité civile, de l'autonomie financière et d'une organisation particulière […] ».

Deux principes étaient affirmés : « un principe d'assimilation (l'Algérie, partie de la France) et un principe de décentralisation (l'Algérie, unité administrative particulière de plusieurs départements) » [88, p. 89]. Le point essentiel de cette loi concernait la création d'une Assemblée algérienne qui délivrerait des avis sur toutes les lois françaises, à l'exception de celles exclues par le texte (c'est-à-dire notamment l'état civil, les libertés constitutionnelles….) et sous réserve d'accord du Conseil du gouvernement. Elle se vit également transférer les compétences budgétaires des Délégations financières disparues, mais le rôle omniprésent du Gouverneur général la vida de toute efficacité. En effet, ce dernier conservait le pouvoir de bloquer les textes votés par l'Assemblée, il présidait le Conseil du gouvernement, il assurait le maintien des libertés constitutionnelles. Il était l'autorité de tutelle de l'Assemblée.

La véritable innovation du texte était la mise en place de deux collèges égaux de soixante représentants, chacun élu pour six ans. Le premier collège regroupait les Français de naissance et les Musulmans devenus français par l'ordonnance du 7 mars 1944, le second collège tous les autres musulmans. La seconde innovation du texte était la disparition des communes mixtes et des territoires du Sud, transformés pour les premières en communes de plein exercice et pour les seconds en départements.

Le texte fit l'objet de vives critiques tant des Européens que des Musulmans. Des élections municipales eurent tout de même lieu en octobre et virent la victoire du Mouvement pour le triomphe des libertés démocratiques (MTLD) pour le collège musulman et des partis français qui demandaient le maintien des privilèges coloniaux en Algérie. Ce résultat eut pour effet le remplacement du gouverneur général, Yves Chataigneau, un socialiste libéral, par Marcel-Edmond Naegelen, partisan de l'Algérie française. Il souligna les trois obstacles auxquels se heurtait le statut de 1947 : « L'ignorance où se complaisaient les milieux métropolitains [...], l'intransigeance des nationalistes algériens [...], et les craintes, les préjugés, l'égoïsme, la myopie de la plupart des dirigeants de la population algérienne d'origine européenne ».

Le refus des réformes par les colons

Leur résistance aux réformes profondes fut d'autant plus obstinée qu'ils étaient de bonne foi et convaincus que la fin de leur règne serait la fin de l'Algérie française et même de l'Algérie tout court. Ils croyaient sincèrement vouloir et faire le bien des Musulmans en maintenant leur propre suprématie politique et économique. Quelques-uns ne songeaient qu'à sauver leurs richesses ou à en garder les sources. Ils disposaient de la presse algérienne. Les petits colons, les ouvriers et employés des villes, les fonctionnaires, agents de police et douaniers, sûrs et fiers de leur supériorité sur la plèbe musulmane, dans leur grande majorité suivaient ces mesures autoritaires de l'opinion européenne...

Marcel-Edmond Naegelen, *Mission en Algérie. Témoignage d'un gouvernement*, Flammarion, 1992.

Il devait « préparer » les élections à l'Assemblée algérienne. Afin de garantir l'échec notamment des messalistes, l'Administration intervint dans le choix des candidats du collège musulman, mais aussi lors du déroulement du vote. La victoire des « Indépendants » (les candidats soutenus par l'administration française) fut nette et provoqua la protestation du MTLD et de l'UDMA, indignés par les irrégularités commises.

Le compromis réalisé dans le statut de 1947 entre les poussées nationalistes et les partisans de la prépondérance française avait échoué, d'autant plus que la France en voulant utiliser Ferhat Abbas, afin qu'il prenne position contre les messalistes, n'avait fait que renforcer l'influence de Messali.

2 Au Maroc : les réformes d'Erik Labonne, le discours de Tanger

En mars 1946, l'arrivée d'Erik Labonne, désigné par Ch.-A. Julien [130, p. 198] comme « le seul résident vraiment libéral qu'ait connu le Maroc », permit la reprise du dialogue entre les nationalistes et le protectorat. Le nouveau résident libéra, dès son arrivée, les militants nationalistes arrêtés en 1944. Il donna l'autorisation à l'Istiqlal d'éditer un journal, *Al 'Alam* (*L'étendard*). La politique libérale du Résident permit également, en 1946, à un nouveau syndicat de voir le jour, l'Union Générale des Syndicats Confédérés du Maroc, UGSCM, créée à partir de la section marocaine de la CGT. Les syndicalistes marocains profitèrent ainsi de l'autorisation tardive faite aux Marocains d'adhérer aux syndicats français. Leurs principales demandes portaient sur l'égalité entre ouvriers français et marocains et l'augmentation des salaires. En 1955, en effet, un ouvrier musulman gagnait, en moyenne, 150 000 francs par an contre 450 000 francs pour un ouvrier européen.

Erik Labonne, espérant détourner les nationalistes de l'idée d'indépendance, présenta, le 22 juillet 1946, au Conseil de gouvernement, assemblée constituée essentiellement de membres français, un programme de réformes sociales et économiques qui fut immédiatement rejeté par les Français, mais aussi par l'Istiqlal. Les colons français réclamèrent alors le rappel du résident, trop favorable à de bonnes relations avec le sultan. Souhaitant briser ces liens, il semble que les « prépondérants » français aient organisé l'incident à l'origine de l'émeute de Casablanca qui eut lieu le 7 avril 1947, quelques jours avant la visite du sultan à Tanger. Des soldats sénégalais ouvrirent le feu, sans raison certaine, sur des centaines de Marocains. L'intention des « organisateurs » de ce massacre était de provoquer la rupture entre Mohammed ben Youssef et Erik Labonne. Le sultan, indigné par le massacre, rappela dans son discours à Tanger l'unité du Maroc et l'attachement du pays au monde arabe et à l'Islam, mais il omit de rendre hommage à l'œuvre française comme le lui avait demandé le Résident. Ce camouflet entraîna le rappel immédiat de Labonne et son remplacement par un militaire, le général Juin*, décision qui témoignait du durcissement des positions françaises. Plus tard, analysant le déroulement des événements, Erik Labonne considéra que ce fut à Tanger que se joua l'évolution des relations franco-marocaines [130, p. 200].

* P. 285

3 En Tunisie
a. Les sept points de Bourguiba
Rentré en septembre 1949 en Tunisie, Bourguiba*, après la décision de l'Assemblée générale de l'ONU, en décembre, d'entériner l'indépendance de la Libye, et délaissant le panarabisme, se tourna vers les États-Unis. Soucieux de ne pas laisser le *bey* apparaître comme l'unique interlocuteur des autorités françaises, il relança les demandes tunisiennes en France. Tandis que le *bey* envoyait une lettre au Président de la République, Bourguiba, le 14 avril 1950, reprit ses revendications et présenta un programme en sept points à Paris :
1. Résurrection de l'Exécutif tunisien, dépositaire de la souveraineté tunisienne ;
2. Constitution d'un gouvernement tunisien, homogène, responsable de l'ordre public, présidé par un Premier ministre tunisien, désigné par le souverain ;
3. Suppression du secrétaire général du protectorat ;

* P. 225

4. Suppression des contrôleurs civils ;
5. Suppression de la gendarmerie française ;
6. Institution de municipalités élues ;
7. Création d'une Assemblée nationale, élue au suffrage universel, qui élaborera une constitution démocratique et fixera les futurs rapports franco-tunisiens sur la base du respect des intérêts légitimes de la France et de la souveraineté tunisienne.

La réponse de la France se fit sous la forme d'une déclaration de Robert Schuman à Thionville, le 10 juin 1950, demandant au nouveau Résident de la Tunisie, Louis Perillier, de mener le pays vers l'indépendance, ce qui provoqua la protestation vigoureuse des « prépondérants », dont les intérêts avaient été défendus par le sénateur Antoine Colonna. Sur le terrain, L. Perrillier se heurta à la résistance des colons français et à la démission des membres français du Grand Conseil.

b. Les accords Chenik (1951)

D'autres négociations furent lancées, le 17 août, dans le cadre de la formation d'un nouveau gouvernement, composé notamment du Docteur Materi, de Mohammed Badra, deux personnalités politiques moncéfistes, et de Salah Ben Youssef, représentant le Néo-Destour, et à la tête duquel se trouvait Mohamed Chenik. La mission assignée à ce gouvernement était de négocier « les modalités institutionnelles qui, par étapes successives, devaient conduire la Tunisie vers l'autonomie interne » [169, p. 464]. Cependant, ce qui devait apparaître comme une négociation, se révélait une course d'obstacles. En effet, les représentants français des colons, mais aussi des fonctionnaires français en Tunisie, des partis politiques en France, s'opposaient à tout changement et organisèrent une offensive dans la presse. Malgré des incidents violents, notamment celui d'Enfidaville en novembre 1950, Bourguiba et les Néo-Destouriens n'étaient pas prêts à abandonner la voie des pourparlers, ce qui permit d'obtenir un accord le 8 février 1951. Ce texte procédait à des modifications dans le gouvernement et l'administration en prévoyant que le Premier ministre dirigerait un gouvernement composé de membres français et tunisiens à parts égales. De même dans l'administration, des quotas fixaient un nombre plus important de Tunisiens. En pratique, l'entente entre les Tunisiens et les Français, au sein du gouvernement ou de l'administration, fut difficile et entraîna une situation tendue dans le pays.

Les tensions existaient aussi dans le camp nationaliste. Des critiques s'élevaient contre Bourguiba, venant du Vieux-Destour, mais aussi des nationalistes marocains et algériens ; ils lui reprochaient de revenir sur l'engagement qu'il avait pris en Égypte de ne pas négocier séparément avec la France. Ce mouvement aboutit à la création d'un Front National pour l'Indépendance, soutenu par la Ligue arabe.

De leur côté, Bourguiba et les ministres tunisiens du gouvernement poursuivaient leur politique modérée et prudente. Le souverain tunisien, Lamine Bey, conseillé par son fils Chedli, participait même à ces revendications et tint un discours, le 15 mai 1951, lors de la fête du Trône dans lequel il demanda la poursuite des réformes. Ce discours provoqua la colère de Perillier, mais le *bey* de son côté adressa une lettre au Président de la République pour lui faire part de l'attitude du Résident. Celui-ci proposa alors un programme prévoyant la participation des Français aux municipalités tunisiennes que le Néo-Destour condamna comme une consécration de la co-souveraineté. Ce fut le moment que choisit Mohamed Chenik pour partir à Paris, accompagné de quatre ministres, en octobre 1951. Une note remise à R. Schuman reprenait leurs demandes : « La formation d'un gouvernement entièrement tunisien, l'élection d'une assemblée représentative tunisienne, mais la France conserve tout pouvoir en matière de défense et de diplomatie ». La réponse du gouvernement français se faisait attendre d'autant plus que les « prépondérants », les partisans du protectorat, et les milieux du colonialisme en France, conduit par Antoine Colonna, envoyaient des délégations pour faire pression et demandaient le rappel de Perillier. Finalement, le gouvernement français rejeta les demandes nationalistes en réaffirmant le principe de co-souveraineté.

c. La note du 15 décembre 1951

Ce fut dans une lettre de Maurice Schumann, secrétaire d'État au Quai d'Orsay, rédigée par la sous-direction Afrique-Levant, que parvint la réponse française. Ce document marqua les relations franco-tunisiennes jusqu'à l'arrivée de Pierre Mendès France au pouvoir. La note rappelait l'œuvre de la France dans le pays, mais aussi celle des Français de Tunisie : « Dans cette œuvre civilisatrice, les Français de Tunisie ont joué un rôle essentiel que nul ne saurait songer à contester. La part qu'ils prennent par leur travail à la vie économique du pays, l'importance de leur contribution au budget de l'État tunisien ne permettent pas d'écarter leur participation au fonctionnement des institutions politiques. Le gouvernement français est fortement attaché à ce principe. Il importe de garder ces considérations présentes à l'esprit en étudiant les rapports futurs de nos deux pays qui ne peuvent être fondés que sur la reconnaissance du caractère définitif du lien qui les unit ». Il engageait par cette formule la Tunisie sur la voie de la co-souveraineté, comme ce fut le cas avec la tentative du maréchal Juin au Maroc en février de la même année. La déception des milieux nationalistes tunisiens, qui attendaient la proclamation de l'autonomie interne, amena Bourguiba à proclamer la lutte contre la France. Une nouvelle période s'ouvrait, faite de combats et de violence.

Chapitre 21

Les indépendances

I. La crise des années cinquante et la fin des protectorats

1 En Tunisie

Le nouveau Résident général Jean de Hauteclocque arriva à Tunis le 13 janvier 1952. Son arrivée provocante avait donné le ton de son mandat : il avait débarqué d'un croiseur à Bizerte, entouré de forces militaires.

a. Jean de Hauteclocque (1952-1953)

Jean de Hauteclocque avait été secrétaire général en Syrie et il ne disposait pas, à sa nomination, du soutien du chef de l'État [168, p. 34]. La personnalité de chaque Résident général jouait un rôle important dans la manière d'exécuter la politique française en Tunisie. Dans le cas de Jean de Hauteclocque, la brutalité du personnage fut très vite ressentie : le 15, il demanda au *bey* le renvoi des ministres ; le 16, il interdit un congrès du Néo-Destour ; le 18, il procéda à l'arrestation de 150 Destouriens et à la déportation de Bourguiba.

b. La lutte armée, les fellagha

Après les négociations, les pétitions, les appels à la grève, un nouveau type de lutte nationaliste s'affirma en 1952, celui de la lutte armée. Que ce soit sous forme d'attentats individuels contre des représentants du pouvoir colonial ou de combats entre groupes armés dans le Sud tunisien, la lutte se durcit. Il n'était pas étonnant que les premières attaques aient lieu dans le Sud. Cette région, une des plus pauvres du pays, était très touchée par des années de famine et de sécheresse. De plus, ses habitants avaient connu les vagues d'expropriation dues aux exploitations de phosphate, à la construction du chemin de fer et à l'installation des troupes françaises, et avaient « subi les premiers la déstructuration sociale inhérente aux transformations économiques de la mise en valeur coloniale » [179, p. 268]. Les hommes avaient été enrôlés dans l'armée française, étaient partis travailler dans les ports du nord du pays ou étaient employés comme ouvriers. À l'occasion de leur retour dans leur région natale, ils exposaient les idées nationalistes qui circulaient dans le pays et les problèmes sociaux dont ils étaient souvent les premières victimes. C'est la raison pour laquelle le mouvement des *fellagha*, paysans coupeurs de routes, naquit dans cette région. Leur nombre grossit rapidement et le mouvement atteignit les campagnes du Nord, s'organisant en une armée nationale avec des structures administratives et militaires. Ce ne fut qu'en 1954 qu'un découpage militaire du pays fut officiellement réalisé par les dirigeants du mouvement : trois zones furent délimitées et dirigées par Lazhar Chraiti, Sassi et Tahar Lassoued.

Si le déclenchement de la lutte des *fellagha* ne semble pas avoir été influencé par un quelconque parti, plus tard, des contacts furent établis avec le Néo-Destour, ce qui permit à Bourguiba* de faire cesser les attaques lorsque les négociations reprirent avec la France. Les relations avec le parti étaient pourtant complexes. En effet, au moment de l'indépendance, la situation économique difficile dans le Sud et la dissidence youséfiste amenèrent certains anciens *fellagha* à reprendre les armes, ce qui entraîna le pays vers une quasi-guerre civile.

* P. 225

c. Exil de Bourguiba et co-souveraineté

Bourguiba avait été assigné à résidence en janvier 1952 à Tabarka. Plusieurs fois déplacé, il pouvait recevoir des visiteurs, au gré des autorités, et ainsi continuait à faire parvenir ses idées à ses partisans, mais aussi aux dirigeants français. Les manifestations et les grèves se multipliaient dans tout le pays. Des attentats et des assassinats étaient également organisés. La capitale était sous tension et des opérations d'arrestations, confiées d'abord à l'armée, du 20 au 25 janvier, dans la région du Cap-Bon, puis à la police, furent aussi le moyen de procéder à des actions d'intimidation ; néanmoins elles dérapèrent souvent en pillages et violences, couverts par le résident général. Le gouvernement français, dirigé par Edgar Faure qui, comme le président Auriol, ne faisait pas confiance à Hautecloque, décida de réagir en confiant à François Mitterrand, alors ministre d'État, la mission d'établir un programme de réformes. Mais le projet, qui comportait deux obligations (fixer une limite aux concessions que la France pouvait faire et établir les réformes auxquelles elles pouvaient consentir), fut oublié à la chute du gouvernement Faure, le 29 février 1952. Le Résident s'octroya une nouvelle liberté d'action et fit arrêter plusieurs membres du gouvernement tunisien, dont Mohamed Chenik et le docteur Materi. En effet, la plainte déposée par Chenik au secrétariat général de l'ONU en janvier 1952 avait provoqué la colère de Hautecloque qui décida dès lors de se débarrasser de ce ministre encombrant. À plusieurs reprises en 1952, des pays d'Afrique ou d'Asie, indépendants, demandèrent que la question tunisienne fût étudiée à l'ONU en raison, prétendaient-ils, de la situation grave du pays qui portait atteinte au maintien de la paix dans le monde. En octobre 1952, le bureau de l'Assemblée générale, acceptant de considérer la question, se heurta à la position de la France qui considéra que les affaires tunisiennes relevaient exclusivement de sa compétence.

Face à Hauteclocque se dressait Lamine Bey qui, à la mort de Moncef, avait réussi à gagner une certaine popularité. Après avoir hésité et contraint par une nouvelle manœuvre de la Résidence générale, le *bey* nomma Salheddine Baccouche Premier ministre, le 28 mars 1952. Celui-ci fut chargé de présenter un plan de réformes, élaboré conjointement, et donc avec difficulté, par le *bey* et le Résident. Soumis à l'étude d'un groupe de personnalités nommées par le *bey*, ce plan provoqua les protestations de la population tunisienne, mais aussi celles des Français de Tunisie qui ne voulaient pas perdre leurs privilèges. Quant au Néo-Destour, il dénonça un texte qui maintenait le régime du protectorat. Le projet fut finalement rejeté et la situation s'enlisa pendant plusieurs mois, en raison notamment des hésitations du Président Auriol et du soutien dont bénéficiait Hauteclocque. En effet, depuis la note du 15 décembre 1951 de Maurice Schumann, les dirigeants français comprenaient peut-être que la première concession faite précipiterait l'indépendance.

La France maintint sa pression sur le *bey*, d'autant plus que les difficultés financières du souverain constituaient une arme contre ses éventuelles désobéissances, notamment son refus de sceller les décrets de réforme pris par la Résidence. Ce fut dans ce contexte que Lamine Bey, à la surprise générale, réunit, le 1er août, une quarantaine de personnalités représentant la société tunisienne. Un collège, issu de ses membres, rédigea un rapport dans lequel il exposa un argumentaire juridique contre l'administration directe et favorable au recours à l'ONU. Les échanges de lettres se poursuivaient entre les dirigeants français et le *bey*, alors que la situation du pays était désastreuse. Tandis que le « terrorisme » grandissait, la répression débordait du cadre de la police ou de l'armée pour s'étendre à des groupes armés français, dont la « Main Rouge ».

À la fin de l'année, le 5 décembre 1952, Ferhat Hached fut assassiné, (par la « Main rouge », selon plusieurs auteurs), ce qui créa une grande émotion non seulement dans le pays, mais aussi dans les pays étrangers, en raison de l'affiliation de l'UGTT à une confédération internationale des syndicats libres et de l'appui américain dont elle bénéficiait (notamment l'American Federation of Labor). Cet assassinat aurait été le déclencheur de l'émeute des 7 et 8 décembre 1952 à Casablanca. Pourtant, l'enquête policière fut dirigée vers la piste de nationalistes rivaux du syndicaliste assassiné.

Dans le pays, la situation se dégradait et les élections municipales organisées à Tunis furent boycottées par le Néo-Destour. Les multiples désobéissances de

Hauteclocque finirent par provoquer son renvoi. Un nouveau résident fut nommé en septembre 1953 ; Pierre Voizard détendit immédiatement l'atmosphère. Il employa un ton diplomatique, en levant le couvre-feu et la censure sur la presse. Cependant, s'il multipliait les contacts avec le *bey*, il refusa de rencontrer les membres du Néo-Destour. Proposé par le *bey*, Mohamed Salah Mzali, ancien *caïd* et collaborateur de Chenik, se laissa convaincre de diriger un ministère tunisien. Le Résident proposa alors, le 4 mars 1954, de modifier les institutions en donnant plus de pouvoirs au Premier ministre et en créant une assemblée élue au suffrage universel masculin indirect. Ces propositions furent une nouvelle fois rejetées par une partie du Néo-Destour qui ne pouvait accepter le maintien de la co-souveraineté à travers des institutions du protectorat ; le parti traversa une crise, certains, dont Héri Nouira, ayant jugé ces propositions acceptables. Parallèlement, les actions violentes sur le terrain continuaient : des groupes armés, les *fellagha*, s'étaient formés et procédaient à des attaques. Cent jours plus tard, le 17 juin 1954, le gouvernement Mzali démissionna sans avoir trouvé d'alternative à la crise et sans rétablir le calme dans le pays.

d. Mendès France/discours de Carthage (31 juillet 1954). Accords du 3 avril 1955

L'investiture de Pierre Mendès France comme président du Conseil, le 17 juin 1954, inaugura une politique plus ouverte de la France. Même si sa priorité restait l'indépendance de l'Indochine, il portait une attention particulière à la Tunisie. Il multiplia les entretiens, tant auprès des « prépondérants » qu'auprès de personnalités libérales comme Ch.-A. Julien. Pour montrer sa volonté de reprendre des négociations, il fit transférer Bourguiba de l'île de Groix au Château de la Ferté en Bourgogne. Les contacts du leader tunisien avec Alain Savary, envoyé de Pierre Mendès France, maintinrent un lien avec la France.

Le président du Conseil arriva à Tunis le 31 juillet 1954, accompagné du maréchal Juin* et de Pierre Boyer de Latour, nommé la veille Résident général. Il se rendit immédiatement au palais de Carthage pour voir le *bey*. La déclaration qu'il prononça comportait des éléments anciens, déjà énoncés par d'autres dirigeants français avant lui, mais elle fit naître un vif espoir chez les Tunisiens :

*P. 285

« L'autonomie interne de l'État tunisien est reconnue et proclamée sans arrière-pensée par le gouvernement français, qui entend tout à la fois l'affirmer en son principe et lui permettre dans l'action la consécration du succès. Le degré d'évolution auquel est parvenu le peuple tunisien – dont nous avons lieu de nous réjouir d'autant plus que nous y avons largement contribué – la valeur remarquable de ses élites justifient que ce peuple soit appelé à gérer lui-même ses propres affaires. C'est pourquoi nous sommes prêts à transférer à des personnes et à des institutions tunisiennes l'exercice interne de la souveraineté ».

Restait à reconstituer un gouvernement vacant depuis la démission de Mzali. Tahar Ben Ammar prit la tête de cette formation d'union nationale. Le Néo-Destour fut appelé à y participer et certains de ses membres composèrent la délégation tunisienne chargée de négocier avec la représentation française, dirigée par Christian Fouchet•. Avant tout pourparler, les Français exigeaient la cessation des attaques de la guérilla tunisienne. Bourguiba, de sa résidence à Chantilly, appela les combattants à déposer les armes. L'arrivée au pouvoir d'Edgar Faure ne porta pas atteinte aux négociations et le nouveau président du Conseil français rencontra Bourguiba à Paris, le 21 avril 1955. Cette rencontre permit de mettre au point la Convention franco-tunisienne.

e. La fin du protectorat

Le 1er juin 1955, Bourguiba rentra à Tunis par la mer, accueilli par une foule immense. Il rendit visite au *bey* avant de défiler à cheval dans les rues de la ville. Le 3 juin, la Convention franco-tunisienne, dernière étape avant l'indépendance, fut signée. Elle prévoyait une union monétaire et douanière entre les deux pays, l'arabe était proclamé langue officielle, un Haut Commissaire succédait au Résident général.

Quelques mois plus tard, Salah Ben Youssef* mit fin à son exil au Caire. Ses opinions divergeaient de celles de Bourguiba. Il prônait une unité du Maghreb dans une vision politique empreinte de panarabisme. Les divergences débouchèrent sur une rivalité entre les deux dirigeants et provoquèrent la tenue d'un congrès à Sfax en octobre 1955, congrès auquel Ben Youssef refusa de se rendre. S'ensuivit une lutte contre le Secrétaire général, qui fut d'abord exclu du parti, puis un mandat d'amener ayant été lancé contre lui pour faits de révolte par le résident, il quitta clandestinement la Tunisie en janvier 1956. Après l'accès du Maroc à l'indépendance, le 2 mars 1956, le 20 du même mois, ce fut au tour de la Tunisie de devenir indépendante. La détermination de la nature du régime du pays restait en suspens tandis que Ben Ammar organisait l'élection d'une assemblée constituante. Le 25 mars 1956, Habib Bourguiba en fut élu président.

*P. 279

Cependant, depuis 1952, le Sud tunisien, touché par une crise sociale profonde, transformée en une crise politique en raison de l'opposition youssé-fiste, était en proie à des troubles. La crise culmina en 1955-1956. Chômage,

• **Christian Fouchet (1911-1974).** Résistant, il rejoint dès juin 1940 le général de Gaulle à Londres. Il occupe plusieurs postes de diplomate à la fin de la guerre. Il est nommé ministre des Affaires marocaines et tunisiennes dans le gouvernement de Pierre Mendès-France, puis Haut-commissaire en Algérie pendant les tractations d'Évian.

disette et famine étaient à l'origine de grèves. La mécanisation entraînait la fermeture totale, ou partielle, d'exploitations et de mines et donc le licenciement de milliers d'ouvriers. Cette situation fut exacerbée par la non-application des mesures d'amnistie en faveur des *fellagha*. Des groupes armés, appuyés par des combattants algériens, menèrent des combats contre l'armée française, toujours présente dans le Sud tunisien. Les différents partis politiques durent alors prendre position pour l'un des deux camps : Néo-Destour ou courant yousséfiste. Vieux-Destour, l'UGAT, universitaires de la Zaytûna et certains membres de la cour beylicale prirent position pour Salah Ben Youssef, alors que le Néo-Destour disposait de l'appui du PCT et des syndicats, USTT, UGTT. Après le Congrès de Sfax et l'exclusion de Ben Youssef, d'anciens chefs *fellagha* reprirent les armes. La proclamation de l'indépendance ne mit pas fin aux combats. Le calme ne fut effectif dans les campagnes qu'à la fin de l'année 1956. Le Néo-Destour, soutenu par l'UGTT, triompha des autres mouvements nationalistes. Malgré les attaques de Salah Ben Youssef et celles des traditionalistes accusant Bourguiba d'incroyant, « d'agent de l'Occident et [d']ennemi de l'arabisme et de l'Islam », le 25 juillet 1957, ce dernier fut élu président de la République tunisienne.

2 Au Maroc

a. *Les Français du Maroc*

Les événements qui s'étaient déroulés depuis la fin de la Seconde Guerre mondiale avaient créé un fossé entre les Marocains et les Européens : les émeutes de 1944, puis le massacre de Casablanca avaient installé des rapports de violence et de peur. La crise des années cinquante trouva là une explication : les Français « n'étaient nullement prêts à abandonner un pays où ils se trouvaient bien, où ils gagnaient convenablement leur vie et où ils avaient conscience d'avoir accompli une belle œuvre, dont les Marocains auraient dû leur être reconnaissants ».

La crise des années cinquante ne peut se comprendre sans la prise en considération de la mentalité des Français du Maroc et des appuis politiques dont ils bénéficiaient. Ainsi, on peut parletr d'un véritable « lobby marocain », constitué par les élus d'Algérie au Parlement français, des diplomates, des journalistes et des industriels. Avec le général Juin se forma ce que le général Guillaume appela « l'équipe de Constantine » [130, p. 209]. En effet, la femme du Résident était originaire de cette ville où elle avait des appuis. Juin s'aida par ailleurs du chef de région de Casablanca, Philippe Boniface [130, p. 192], auparavant en poste en Algérie. On remarquera l'importance de l'élément français d'Algérie dans les hautes sphères coloniales au Maroc et ceci dès la conquête (rappelons que « c'est Eugène

Étienne, né à Oran, inspecteur des chemins de fer de l'État et devenu député d'Oran, qui poussa à la conquête du Maroc »). Étudiant la composition de la colonie européenne, Albert Ayache remarque que, parmi les Français, les immigrants d'Algérie « ont joué un rôle capital dans la pénétration, la colonisation et l'administration du Maroc » [110, p. 251]. Les intérêts économiques et la culture coloniale de ces hommes les poussèrent à être les plus fervents adversaires de l'indépendance marocaine.

b. Les Juifs du Maroc

Parallèlement, les relations entre Juifs et Musulmans furent envenimées par le problème palestinien et la proclamation de l'État d'Israël, le 14 mai 1948. À Oujda, une émeute anti-juive éclata, le 7 juin 1948, faisant cinq morts et une quinzaine de blessés et la même journée la population juive de Djerada fut décimée (37 morts et 21 blessés). Le massacre précipita l'exode des Juifs vers les villes où ils se sentaient plus protégés et le départ de milliers de Juifs vers l'Algérie, appelée selon eux à rester française, mais qui ne fut qu'une étape vers Israël.

Ces « événements » de juin 1948 eurent de graves conséquences sur les esprits. Les Juifs marocains, rejetés par les Français, haïs par les Musulmans, ne se sentaient plus en sécurité au Maroc [131, p. 490]. Eux qui jusque-là n'avaient aucun doute sur la pérennité de leur présence sur le sol marocain et sur la volonté du sultan de les protéger, commençaient à percevoir le tragique de leur situation.

c. Le général Juin, résident général

Ce fut à Paris, durant le Conseil des ministres du 14 mai 1947, que deux décisions majeures furent prises : la nomination du général Juin et la déposition du sultan. Le ministre des Affaires étrangères, Georges Bidault•, et le président du Conseil, Paul Ramadier étaient ouvertement hostiles au sultan et donnèrent instruction au nouveau Résident de le forcer à signer les *dahir*. La vision qu'avait G. Bidault de l'Empire français expliquait la tension qui régnait non seulement au Maroc, mais aussi en Tunisie. En effet, ce dernier voulait maintenir l'Empire français, coûte que coûte, sans faire de concession aux nationalistes, vision que partageait le général Juin. Rappelons que c'est ce dernier qui avait provoqué la destitution de Moncef Bey en Tunisie en mai 1943 [130, p. 204].

• **Georges Bidault (1899-1983).** Homme politique français, résistant, il est élu en juin 1943, à la mort de Jean Moulin, à la tête du Conseil national de la résistance (CNR). Membre du MRP, il occupe plusieurs postes au gouvernement. Il s'oppose à la politique algérienne de de Gaulle et prend la tête de l'OAS à la suite du général Salan.

Si la déposition du sultan était l'objectif du général Juin, il lui était également demandé de procéder à la réforme du mode de gouvernement du pays, ce qui remettait en cause le traité de Fès, afin d'aboutir à un régime de co-souveraineté dans lequel la population française verrait ses droits se renforcer au détriment de la population marocaine. Sous couvert de moderniser le *Makhzen**, il s'agissait de lui enlever tout pouvoir. Les premiers *dahir* prévoyaient ainsi la création d'un Conseil des Directeurs et Vizirs (au sein duquel les représentants français étaient majoritaires), la participation de directeurs français aux réunions du Gouvernement… Mais la réforme la plus importante qui vit s'opposer les autorités françaises et le sultan fut celle de la création des Commissions municipales. Ces dernières devaient être composées de membres élus français et marocains, en nombre égal, avec des pouvoirs réels. Mohammed ben Youssef* ne pouvait accepter une telle réforme qui donnait le droit de vote aux élections marocaines aux ressortissants français, ceux-ci formant une minorité surreprésentée. Malgré les faibles appuis dont il disposait, (Allal El Fassi* étant parti en exil au Caire, le 25 mai), le sultan entama donc « la grève du Sceau » et envoya, dès le 3 décembre 1947, des mémoires en France pour faire connaître les agissements du Résident et obtenir l'ouverture de discussions concernant le Maroc. De même, il refusa que le Maroc fasse partie de l'Union française au titre d'État associé. Il fallut attendre le séjour du sultan en France, du 8 octobre au 6 novembre 1950, pour que le contact entre le sultan et les autorités françaises fût réellement renoué. Durant son séjour en Métropole, il présenta un mémoire, le 11 octobre 1950, au gouvernement français dans lequel il contestait l'organisation et la gestion du protectorat et demandait que soit fixé clairement le but que la France voulait atteindre au Maroc, ainsi qu'un programme par étapes. Il lui fut répondu, le 31 octobre, par une lettre dans laquelle de vagues promesses d'aboutissement à l'indépendance étaient énoncées. Le langage diplomatique en France contrastait avec les décisions prises par les représentants de cette politique dans le protectorat. En France comme au Maroc, des hommes politiques français souhaitaient l'éviction du sultan et leurs prises de position, allant jusqu'à désobéir aux ordres du gouvernement, envenimaient les relations entre le souverain chérifien et les dirigeants français.

L'épreuve de force eut lieu au Maroc, après l'expulsion du Conseil du gouvernement d'un élu, membre de l'Istiqlal,. Le sultan réagit en recevant les élus de l'Istiqlal, leur manifestant ainsi son soutien. Les membres du parti nationaliste, après les élections de 1948, occupaient la majorité des sièges du collège marocain, au sein duquel ils imposaient leurs idées. Puis, au mois de décembre, une altercation entre le pacha de Marrakech, El Glaoui*, et le sultan amena ce dernier à renvoyer El Glaoui du palais, dont l'accès lui fut désormais interdit. Il semblerait que les propos insultants, tenus par le pacha (ce dernier aurait dit : « Vous n'êtes pas le sultan du Maroc ; vous êtes le sultan de l'*Istiqlal* », cité par R. Le Tourneau), lui aient été dictés par la Résidence. En effet, un complot aurait été monté par Boniface, Thami El Glaoui, le chérif El Kittani et le général Juin, pour déposer le sultan, quelles que soient les instructions du gouvernement français. Pour Charles-André Julien, Georges Bidault, ministre des Affaires étrangères, aurait été au courant de la préparation du coup de force [130, p. 206-207].

Le 26 janvier 1951, Juin adressa un ultimatum à Mohammed ben Youssef : « Ou vous désavouez ouvertement le Parti de l'Istiqlal, ou vous abdiquez » [130, p. 236], et il ordonna au sultan de cesser la « grève du Sceau ». Au retour du Résident des États-Unis, le sultan n'ayant pas changé de position, des troupes des *caïd*, réquisitionnées par le protectorat, avancèrent vers Fès et Rabat et des blindés encerclèrent le Palais ainsi que la villa du Prince Moulay Hassan•. Le sultan signa alors les *dahir*, mais fit savoir qu'il l'avait fait sous la contrainte. Ce fut finalement le Résident qui perdit la partie. Nommé à l'OTAN, il souhaita décider du choix de son remplaçant et sa politique pesa durant le mandat du général Guillaume qui lui succèda. Les auteurs du complot de 1951 maintinrent leur objectif de déposer le sultan en s'appuyant sur la faiblesse du nouveau Résident et ceci en violation du Traité de Fès.

Le sultan poursuivit sa politique des mémoires réclamant des négociations sans recevoir de réponse de la France. Lors de la fête du Trône du 18 novembre 1951, il prononça un discours demandant « l'émancipation politique totale et immédiate du Maroc ». Parallèlement, la question du protectorat fut portée devant l'ONU sans aboutir à une condamnation de la France.

d. Les « Carrières centrales »

La situation s'aggrava au Maroc à l'annonce de l'assassinat du syndicaliste Ferhat Hached, en décembre 1952, en Tunisie. Il s'ensuivit à Casablanca, et notamment dans un bidonville, les « Carrières centrales », des émeutes qui furent réprimées durement pour finir en un véritable carnage ; un appel à la grève générale fut lancé par l'Istiqlal*. La Résidence profita de cet événement dramatique pour faire aboutir son projet de déposer le sultan. Le 8 décembre, alors qu'une réunion syndicale se tenait à Casablanca, les forces de police cernèrent le lieu et frappèrent les personnes présentes, puis les livrèrent à la foule européenne, surexcitée par de fausses nouvelles de viols et de massacres

* P. 213

• **Moulay Hassan dit Hassan II (1929-1999).** Né à Rabat où il commence ses études universitaires avant de les poursuivre en France. En 1952, son père Mohammed Ben Youssef le fait participer au discours du trône. À la déposition du sultan, il est contraint à l'exil. En 1956, il est nommé chef de l'État-major des forces armées marocaines. Il réprime alors le soulèvement du Rif. En 1961, il est proclamé roi du Maroc sous le nom de Hassan II. Son fils, Mohammed VI lui succède à sa mort.

d'Européens, propagées par la presse coloniale. Les autorités procédèrent à l'arrestation de militants de l'Istiqlal et du parti communiste marocain. Plusieurs centaines de Marocains trouvèrent la mort ou furent blessés au cours de cet épisode. Mais l'objectif de faire désavouer le sultan par une partie de l'opinion ne fut pas atteint. Il fallut alors trouver un nouveau scénario.

e. La déposition du sultan, le 20 août 1953, par le général Guillaume

L'instrumentalisation de la religion prit une place prépondérante dans la déposition de Mohammed ben Youssef. El Glaoui* et El Kettani l'accusaient de ne plus respecter la religion et lui déniaient le statut d'*imam*, c'est-à-dire de chef spirituel des Musulmans. Une première pétition, signée d'abord par des *caïd*, puis par des chefs de confréries, *pacha* et autres notables, fut lancée par El Glaoui, condamnant l'attitude du sultan et demandant sa déposition. Une cérémonie expiatoire fut organisée au sanctuaire de Moulay Idriss et un nouvel imam fut proclamé sans que les *ouléma* fussent consultés. El Glaoui remit la pétition, le 21 mai, au Résident Guillaume, puis une seconde pétition fut lancée par le fils d'El Glaoui. Ce scénario tendait à démontrer que la déposition du sultan n'était ni une question politique ni une volonté de la France, mais un problème proprement marocain. Quant aux autorités du protectorat, elles faisaient pression sur le sultan afin qu'il signât plusieurs *dahir* qui transféraient ses pouvoirs au Grand Vizir. Le Glaoui réunit des notables dans son fief de Marrakech afin de proclamer Mohammed ben Arafa, membre de la famille royale, sultan du Maroc. Ce fut alors que se déroula la tuerie d'Oujda, le 16 août 1953, durant laquelle la foule, apparemment dirigée par l'Istiqlal, massacra, sans raison, des Européens et des Juifs. Cet événement, contrairement aux espoirs de certains qui le présentaient comme la preuve de l'immaturité des Marocains pour l'accession à l'indépendance, ne joua pas le rôle escompté [130, p. 333]. La suite se déroula à Paris : au Conseil des ministres, Vincent Auriol et Georges Bidault approuvèrent la déposition du sultan. Le 21 août 1953, des troupes investirent le palais, encerclé par des blindés, tandis que le prince Moulay Hassan était gardé à vue. Devant le refus du sultan d'abdiquer, les Français le déposèrent et l'exilèrent en Corse. Mohammed ben Arafa fut désigné comme sultan. Mais, privé du soutien populaire, il ne garda pas son trône longtemps.

f. Les réactions à la déposition de Mohammed ben Youssef

La lutte pour l'indépendance prit alors un visage différent. Mohammed ben Youssef fut considéré comme un martyr, la population déserta les mosquées où les prières étaient dites au nom du sultan ben Arafa, elle boycotta les produits français, mais surtout les mouvements nationalistes choisirent la lutte armée pour répondre au coup de force de la France.

Les divers mouvements politiques avaient été décapités par la répression et des actions individuelles, violentes, remplacèrent désormais les manifestations et les discours. Dès les premiers jours de la déposition du sultan, des attentats furent perpétrés contre Mohammed Ben Arafa, principalement à Casablanca. Ainsi, le 11 septembre 1953, une bombe éclata alors que le nouveau sultan se rendait à la mosquée. Les attentats furent également dirigés contre les représentants du pouvoir français : le 7 novembre 1953, le train Casablanca-Alger dérailla ; le 24 décembre, la veille de Noël, une bombe éclata au marché de Casablanca. La police y répondit par la répression, aidée par un groupe, « Présence française », qui procédait à des rafles, des enlèvements. La torture dans les locaux de l'Administration tentait d'avoir raison de la résistance des Marocains.

L'année 1954 vit les attentats contre les personnalités du régime se multiplier : le 20 février 1954, ce fut la personne du Glaoui qui fut visée dans l'attentat de la mosquée de la Koutoubiya à Marrakech ; puis, le 5 mars, un nouvel attentat à la grenade eut lieu à Marrakech ; le 24 mai ce fut au tour du Résident d'être pris pour cible. Les procès se multiplièrent : à Oujda, c'est celui des participants aux émeutes d'août 1953 qui innocenta la plupart des accusés. À chaque anniversaire de la déposition du sultan ben Youssef, des manifestations étaient organisées partout dans le pays, très souvent réprimées dans le sang. Ces manifestations témoignaient de la ferveur populaire qui soulevait tout le pays, faisant du sultan exilé un héros. L'affection que portait le peuple marocain à son souverain, surnommé Al Mahbub (le bien aimé), se manifestait par son portrait accroché dans toutes les maisons, les paysans allant même jusqu'à voir dans la lune le profil du sultan bien aimé.

Grâce aux appuis extérieurs, dont celui de l'Espagne – elle n'avait pas été consultée et refusa de reconnaître le nouveau sultan – et de la Ligue Arabe, la question marocaine connut un retentissement international. Deux autres faits vinrent changer le cours des événements : la défaite de Dien Bien Phu, en mai 1954, qui atteignait le prestige militaire de la France et servit la cause du Maroc comme celle de la Tunisie, mais surtout l'insurrection algérienne qui détourna définitivement la France du Maroc. En novembre 1954, l'armée française s'était engagée dans la lutte contre le mouvement indépendantiste algérien et ne pouvait se permettre d'affaiblir ses forces en luttant également sur le territoire marocain. La solution politique sembla prendre le pas sur le rapport de forces dans le dossier marocain. Au Maroc et en France, des Français organisèrent une campagne en faveur de l'indépendance : Jean Lemaigre-Dubreuil, une des figures des « Libéraux » du Maroc, mais aussi le mouvement France-Maghreb, créé le 1er juin 1953 et présidé par François Mauriac.

g. Fondation de l'A.L.M. (Armée de Libération Marocaine) 1955

Gilbert Grandval, nommé Résident en juin 1955, avait pour mission de se débarrasser de Ben Arafa, sans pour autant rétablir Mohammed ben Youssef. Pour ce faire, deux actions furent menées simultanément : écarter les personnalités françaises qui avaient entraîné le pays dans une épreuve de force et libérer les nationalistes marocains emprisonnés. Le travail de Grandval fut arrêté par les émeutes européennes de Casablanca qui commencèrent le 14 juillet et prirent pour cible des Marocains. Une bombe éclata, le 14 juillet 1955, à Casablanca, inaugurant trois jours d'émeute et entraînant une action répressive des Européens qui tirèrent sur les Musulmans, faisant 55 morts parmi les Marocains. Les « ratonnades » dans la *médina** de Casablanca et l'intervention musclée des légionnaires du 4ᵉ régiment, des policiers et des goumiers firent des milliers de morts dans toutes les villes du Maroc, Rabat et Settat en particulier, tandis que les récoltes brûlaient dans le bled. Le Résident prit à nouveau des mesures contre les dirigeants français qui avaient participé ou n'avaient pas voulu arrêter le massacre. La politique de G. Grandval lui valut l'hostilité de la population française et ne fit pas cesser pour autant les manifestations en faveur de Mohammed ben Youssef. Le Résident décida donc d'accélérer le projet de mise en place d'un Conseil de régence pour éviter la restauration du sultan ben Youssef. Ce projet fut rejeté par Paris qui décida d'organiser une consultation de personnalités marocaines, sous la direction d'Edgar Faure, entouré de quatre autres hommes politiques français, à Aix-les-Bains. Deux éléments bouleversèrent le plan du gouvernement : la décision de Ben Arafa de se retirer et les émeutes berbères qui commencèrent, le 19 août, à Kenitra et connurent leur paroxysme, le 20 août, à Essaouira, Sidi Quacem, Casablanca… sous l'impulsion de l'Istiqlal. La répression sanglante qui s'ensuivit, menée par des soldats sénégalais et des légionnaires, fit 100 morts et 150 blessés parmi les Marocains, mais aussi 90 morts et 20 blessés parmi les Européens. Les émeutes de Casablanca eurent un retentissement international d'autant plus que trois journalistes, dont un reporter de la NBC, trouvèrent la mort sur la route menant de Kenitra à Oued Zem. Cette répression, les négociations qui avaient commencé à Aix-les-Bains et surtout la mort du général Duval poussèrent le résident Grandval à démissionner le 22 août.

Ces événements ne mirent pas fin aux consultations entreprises par les autorités françaises à la conférence d'Aix-les-Bains. Un accord fut finalement trouvé, prévoyant la création d'un Conseil du Trône et d'un gouvernement marocain qui négocierait avec la France l'accès à l'indépendance. Les contacts pris avec Mohammed ben Youssef, en exil à Antsirabé à Madagascar, se multiplièrent à la faveur de la participation aux pourparlers du

* P. 267

général Catroux, ancien gouverneur de l'Indochine et ancien gouverneur général de l'Algérie. Il n'était toujours pas question de rétablir ben Youssef et la nomination du général Boyer de Latour au poste de Résident, le 30 août, laissait espérer aux Français du Maroc que leurs intérêts seraient sauvegardés. La désobéissance des représentants du gouvernement français au Maroc, en premier lieu celle du Résident, retarda le départ de Mohamed ben Arafa, qui n'abdiqua que le 1er octobre.

Dans le pays, la lutte nationaliste dispersée, sans dirigeant unique, se concrétisa par le passage à l'action de l'Armée de Libération Marocaine (ALM) dans la nuit du 1er au 2 octobre 1955. Plusieurs commandos attaquèrent des postes frontières du Rif. Le lendemain, dans la nuit toujours, de nouvelles attaques furent perpétrées contre deux autres postes. Ces combattants nationalistes étaient soutenus par des militants algériens du PPA, mais également par les autorités espagnoles qui leur assuraient une impunité sur leur territoire et par l'Égypte qui les fournissait en armes. Leur objectif était l'indépendance du Maroc sous l'autorité du roi Mohammed ben Youssef. Les dirigeants du mouvement se refusaient pourtant à passer un accord avec l'Istiqlal.

h. *La fin du protectorat*

Les actions armées de l'ALM, coïncidant avec le départ de ben Arafa pour Tanger, précipitèrent les événements. Une discussion s'engagea à l'Assemblée nationale qui aboutit, le 8 octobre, à un vote en faveur de l'établissement d'un Conseil du Trône et des accords d'Aix-les-Bains. Le 15 octobre, cinq personnalités furent nommées membres de ce Conseil, avec l'approbation de Mohamed ben Youssef. Fatmi Ben Slimane forma un gouvernement tandis que, le 25, El Glaoui opérait un revirement politique en soutenant le retour du sultan ben Youssef. Ce dernier regagna la France où des pourparlers s'engagèrent avec Antoine Pinay, ministre des Affaires étrangères, à La Celle-Saint-Cloud. Ces négociations aboutirent à un texte qui prévoyait « l'ouverture des négociations destinées à faire accéder le Maroc au statut d'État indépendant, uni à la France par les liens permanents d'une interdépendance librement définie et consentie ». Malgré l'utilisation du terme d'interdépendance, le retour sur le trône de Mohamed V ne faisait plus aucun doute. Le 16 novembre, la famille royale rentra au Maroc, accueillie triomphalement par la population marocaine. Cependant, la situation juridique ne correspondait pas encore à la situation réelle du pays. Les négociations, qui s'étaient ouvertes à Paris en présence de René Coty, président de la République et de Mohammed V*, aboutirent le 2 mars 1956 à Paris, abolissant le Traité de Fès et proclamant l'indépendance du Maroc. De son côté, le gouvernement espagnol reconnut, le 7 avril, la pleine souveraineté du Maroc.

* P. 279

II. La guerre d'Algérie

1 L'Algérie à la veille de l'insurrection de novembre 1954

La situation à la veille de ce que l'on devait longtemps n'appeler en France que « les événements » était critique : l'opposition des coloniaux avait fait échouer tous les projets de réformes. L'espoir n'existait plus, même parmi les plus optimistes des « évolués » indigènes, de voir la situation s'améliorer pour l'ensemble des autochtones. Le dialogue avec les nationalistes algériens modérés semblait n'avoir pour but que de les apaiser et de leur faire perdre toute crédibilité auprès de leurs coreligionnaires ; ils passaient pour des fantoches manœuvrés par l'administration. La situation économique, malgré des investissements publics importants, mais accordés tardivement, de même que l'élévation du niveau de scolarisation encore bien faible, 15,3 % en 1954, étaient mis en échec par les réticences des coloniaux et surtout la progression démographique qui rendait dérisoire toute réalisation. Ainsi les débuts d'industrialisation, prometteurs, ne pouvaient-ils permettre l'emploi des masses paysannes arrachées à leur campagne par la misère, venues grossir les villes, dont la population avait doublé de 1936 à 1954, avec pour corollaire les logements précaires et le chômage.

L'écart qui ne cessait de croître entre les communautés au niveau économique et social, et l'arrogance des Européens vis-à-vis des indigènes accentuaient les frustrations des Musulmans et particulièrement de ceux qui étaient passés par l'école française, dispensatrice des idées d'égalité et de fraternité, dont ils ne voyaient aucune application dans la réalité.

Le retour vers les valeurs traditionnelles leur semblait parfois une voie pour échapper à la sujétion des Français, mais l'attraction de la modernité était trop forte. Une tension terrible naissait de ces contradictions, qui fit accueillir la nouvelle de la création du FLN comme l'annonce d'une libération prochaine, espoir renforcé par la perte de prestige des colonisateurs qui avaient essuyé un échec en Indochine et l'affaiblissement de leurs forces sous les coups des révoltes du Maroc et de la Tunisie.

2 Le soulèvement : « La Toussaint rouge »

Dans la nuit du 31 octobre 1954, peu avant minuit, des bombes éclatèrent presque simultanément à Alger, à Blida, en plusieurs points en Kabylie, dans les Aurès. En tout, trente attentats qui firent dix morts contre des objectifs militaires ou de police. Il ne s'agissait donc pas, comme lors du 8 mai 1945, d'une émeute spontanée, mais d'une insurrection programmée même si elle ne provoqua pas un soulèvement général, comme l'espéraient peut-être ses initiateurs. Malgré les avertissements des services de renseignements cette explosion surprit à Paris où, quelques semaines plus tôt, le ministre de l'Intérieur, François Mitterrand (de retour d'un voyage en Algérie) avait assuré que tout allait bien là-bas. N'avait-il rien perçu de l'évolution qui désormais portait l'esprit des indigènes vers des revendications radicales qui ne pouvaient être satisfaites que par la force ? Depuis quelques années déjà, désespérant d'obtenir une reconnaissance véritable, les nationalistes étaient convaincus que seule une action armée pouvait faire avancer les choses, débloquer une situation devenue de plus en plus intolérable et mettre fin à l'injustice criante imposée par des coloniaux agrippés à leurs privilèges, exploitant les indigènes qu'ils méprisaient. Une organisation spéciale (l'OS), une branche du PPA-MTLD, avait même pour but de préparer une insurrection militaire, mais après le hold-up de la poste d'Oran mené par un de ses dirigeants, Ben Bella, elle fut démantelée. Mohamed Khider, Aït Ahmed• et Ben Bella•, ses dirigeants, se réfugièrent au Caire. En mars 1954, le CRUA, Comité Révolutionnaire d'Unité et Action, reprit le flambeau, en Algérie même, tandis que le MTLD se déchirait entre messsalistes et anti-messalistes du Comité central, partisans de la négociation. Ce fut au Congrès d'Hornu (14 au 16 juillet 1954) que la décision fut prise d'engager le MTLD dans la lutte armée dès le mois de décembre.

3 Naissance du FLN

Les fondateurs du FLN, Mohamed Boudiaf, Mourad Didouche, Larbi Ben M'hidi, Moustafa Ben Boulaïd, Rabah Bitat et Belkacem Krim• avaient une trentaine d'années. Issus des classes moyennes, ils avaient fréquenté l'école française, sans être des intellectuels. Tous issus du MTLD, décidés à agir pour sortir la situation politique de l'enlisement qu'elle connaissait, en parti-

---

• **Hocine Aït Ahmed (1926-).** Né en Kabylie, docteur en droit, membre du PPA de Messali, il est un des fondateurs du FLN. C'est l'un des partisans de la lutte armée. Il est arrêté en 1956 avec Ben Bella. À l'indépendance algérienne, il est emprisonné. À sa libération, il se réfugie en Suisse où il fonde un parti d'opposition au régime militaire algérien, le Front des forces socialistes. Il est notamment l'auteur de *Mémoire d'un combattant*.
• **Ahmed Ben Bella (1916-).** Ancien officier de l'armée française, il entre comme militant au MTLD, puis participe au soulèvement de novembre 1954. Il est l'un des fondateurs du FLN. Arrêté en 1956 alors qu'il effectuait un voyage au Caire, il devient à sa libération en 1962, président de la République algérienne jusqu'en 1965.
• **Krim Belkacem (1922-1970).** Né dans une famille aisée de Kabylie, il adhère au PPA de Messali. Il est l'un des fondateurs du FLN. Nommé chef de la zone III, la Kabylie, il dirige les opérations militaires dans cette région. Il devient ministre des forces armées dans le GPRA, puis participe aux accords d'Évian. Il est assassiné en 1970.

culier du fait des divisions du mouvement nationaliste, face à un colonialisme inentamable. Un tract revendiquant les attentats circula, annonçant la création du FLN (Front de libération nationale) et de son bras armé l'ALN (Armée de libération nationale). La date de l'insurrection avait été fixée au 1er novembre, jour de la Toussaint, pour sa représentation symbolique pour les chrétiens. Ce n'était pas un soulèvement de masse et l'ordre avait été donné de ne viser que des objectifs militaires. Cependant, un jeune instituteur qui venait prendre son poste, Guy Monnerot, fut tué ainsi qu'un *caïd* pro-français assis à côté de lui, dans un car qui franchissait les gorges de Tighanimine. Les massifs de l'Aurès, les montagnes boisées de Kabylie offraient toutes facilités à la guérilla qui venait de se déclencher, d'autant que ces régions pauvres étaient sous-administrées. Il n'y avait, comme le dira le ministre de l'Intérieur plus tard, que « quatre-vingts gendarmes pour sept mille habitants dans cette région d'Algérie. »

L'assassinat d'un instituteur, symbolique à plus d'un titre pour les colonisés, comme pour les colonisateurs, marqua le déclenchement de ce qu'on appellera la « Toussaint rouge ». Personne ne comprit alors, du côté français, que l'on entrait dans une véritable guerre. Longtemps d'ailleurs, celle-ci ne voudra pas dire son nom. On parla, en France durant des années, de pacification, d'opérations de « maintien de l'ordre ». En fait, une véritable guerre commençait qui allait durer sept ans et quatre mois.

4 Une guerre de guérilla

Cinq hommes dirigèrent les opérations de sabotage et de terrorisme à l'intérieur : Mustapha Ben Boulaïd (Aurès), Ben M'hidi (Oranie), Krim Belkacem (Kabylie), Mourad Didouche (Constantinois), Rabah Bitat (Algérois).

Au Caire, le FLN était représenté par Hocine Aït Ahmed, Ahmed Ben Bella et Mohamed Khider et au Maroc par Mohamed Boudiaf, Le manifeste du FLN indiquait nettement le but poursuivi : l'indépendance nationale par la restauration d'un État national algérien souverain, démocratique et social dans le cadre des principes islamiques et le respect de toutes les libertés fondamentales, sans distinction de races ni de confessions. Pour y arriver, les chefs du FLN comptaient que des négociations auraient lieu dans un climat favorable puisque le Maroc et la Tunisie venaient d'obtenir, l'un la perspective d'une autonomie, l'autre l'ouverture de négociations, mais le nouveau ministre de l'Intérieur, François Mitterrand de retour d'un voyage d'inspection en Algérie, précisa devant l'Assemblée : « L'Algérie, c'est la France ». Pierre Mendès France, de son côté, établissant la différence entre l'Algérie et les deux protectorats, avait déjà fermement affirmé : « L'Algérie est française depuis longtemps. Il n'y a donc pas de sécession concevable. » Le parti communiste à son tour fit une déclaration le 9 novembre, désapprouvant tous les actes de terrorisme « susceptibles de faire le jeu des colonialistes, si même ils n'étaient pas fomentés par eux ». Individuellement quelques militants communistes ou trotskistes rejoignirent les maquis FLN, dès le début de l'insurrection, mais aucun parti de gauche, en tant que tel, ne proclama son soutien au FLN. Les positions de part et d'autre semblaient donc irréductibles.

Le rapport des forces était militairement, sinon moralement, défavorable au FLN. Ben Bella a pu affirmer que la rébellion avait commencé avec 350 à 400 armes à feu, plus ou moins démodées (fusils Mauser abandonnés par les Allemands à la fin de la guerre, pistolets laissés par les soldats de Vichy).

Peu nombreux, les « *Moudjahidine* », les « combattants du Djihad », compensaient leur infériorité numérique par la rapidité d'action, la connaissance des terrains très accidentés le plus souvent, où les blindés et les jeeps de l'armée française, repérés de loin, avaient du mal à manœuvrer sur des terrains tourmentés qui en revanche offraient leurs anfractuosités comme abris aux « rebelles » de Kabylie et des Aurès.

Sans chercher qui étaient les véritables auteurs des attentats du 1er novembre, la répression s'abattit sur des responsables politiques, en particulier du MTLD ; pourtant celui-ci n'avait pas été averti du déclenchement de l'insurrection. La mort de Mourad Didouche, le principal responsable du FLN dans le Constantinois, l'arrestation de Moustafa Ben Boulaïd et d'autres membres du FLN firent croire à la possibilité d'un règlement rapide de la question algérienne.

5 Jacques Soustelle : une politique contradictoire

Le choix par Pierre Mendès France, comme Gouverneur général, de Jacques Soustelle• (15 février 1955), résistant gaulliste et ethnologue soucieux de « comprendre » les autres civilisations, était révélateur de l'espoir de résoudre le problème algérien autrement que par la répression. En janvier 1955 en effet, le gouvernement avait élaboré tout un programme de réformes, mis au point par J. Soustelle et F. Mitterrand, qui tendait à réduire les inégalités entre les deux communautés. Ainsi, la création à Alger d'une école d'administration devait permettre l'accès des Algériens musulmans à l'encadrement administratif dont ils étaient exclus jusque-là, puisque, sur 2000 fonctionnaires du

---

• **Jacques Soustelle (1912-1990).** Ethnologue et homme politique français, il est l'un des dirigeants de la Ligue des intellectuels anti-fascistes. Il rejoint en 1940 de Gaulle. Il est nommé chef de la Direction générale des services spéciaux à Alger en novembre 1943. Il s'oppose à la l'autodétermination en Algérie et quitte le gouvernement en 1960. Exilé, il revient en France en 1968 et sera nommé à l'Académie française en 1983.

Gouvernement général de l'Algérie, ne figuraient que deux Musulmans [97, p. 429]. L'application intégrale du statut de 1947, sans cesse repoussée, devait assurer une extension du droit de vote autorisant l'élection de maires musulmans, de même qu'une scolarisation plus large des enfants musulmans, dont 15 % seulement accédaient alors à l'école française.

Ce fut en grande partie, sur ce programme concernant l'Algérie que Mendès France tomba le 5 février 1955. Il fut remplacé par Edgar Faure, ce qui n'empêcha pas Jacques Soustelle de rejoindre, le 15 février 1955, son poste de gouverneur à Alger où il fut accueilli avec méfiance par les Européens hostiles à tout homme réputé libéral et ouvert aux problèmes des colonisés. Avec la sociologue Germaine Tillion* et Vincent Monteil, un ami officier arabisant à ses côtés, il entama, dès le début, une politique d'ouverture (des contacts furent pris avec les nationalistes) et de respect des droits de l'homme : ainsi il interdit la torture et remplaça le général Charrière, dont les « ratissages » soulevaient les populations, par le général Lorillot, tandis que le général Parlange installait les SAS (Sections administratives spécialisées), unités militaires territoriales inspirées des anciens « Bureaux arabes », qui devaient assurer sur tout le territoire algérien l'assistance et l'encadrement des populations rurales regroupées. En accord avec le président du Conseil et le ministre de l'Intérieur, Bourgès-Monoury, le Gouverneur général fit voter, le 31 mars 1955, par l'Assemblée nationale « l'état d'urgence ». Ses modalités d'application, votées en mai et juin 1955, permirent de renforcer les pouvoirs de l'armée et la pression sur les populations soumises au principe de la responsabilité collective, principe qui avait été pourtant condamné par la Convention de Genève ratifiée par la France [76, p. 170]. De même, la possibilité de déplacer et de regrouper des populations pour les soustraire à la pression du FLN qui en exigeait le soutien financier et logistique aboutit à multiplier les « camps d'hébergement », dont le premier fut ouvert à Kenchela avec 160 personnes.

Le 19 mai 1955, devant la multiplication des actions terroristes perpétrées par les rebelles contre les colons isolés, le gouvernement procéda au rappel de plusieurs classes et à l'envoi de renforts. L'armée lança des « opérations de ratissage » qui, loin d'affaiblir le FLN, contribuèrent à lui rallier nombre de *fellahs*, ulcérés par la brutalité des militaires français. J. Soustelle, entraîné de plus en plus dans l'action répressive, fut contraint d'abandonner la politique d'ouverture et de rappeler plusieurs classes, ce qui porta l'effectif de l'armée à 114 000 au 1er juillet. Germaine Tillion et Vincent Monteil démissionnèrent.

6 Le 20 août 1955 : soulèvement des masses dans le Constantinois

Le 20 août 1955 marqua un premier tournant de la guerre. Pierre Miquel parle « d'émeute sauvage » [82, p. 203]. Alors que dans un café d'Alger éclatait une bombe faisant 14 blessés et un mort, dans tout le Constantinois autour de Collo, Philippeville, Constantine, Guelma, environ 2000 paysans se ruèrent sur les villes, armés de gourdins, de serpes, de couteaux, de rasoirs et (rarement) de fusils. Les *fellahs*, faiblement encadrés par des soldats en uniforme de l'ALN, s'attaquèrent aux postes de gendarmerie, envahirent les maisons et les cafés, égorgèrent les Européens, mais aussi des Musulmans (le neveu de Ferhat Abbas, Allaoua, fut assassiné en guise d'avertissement à tous ceux qui seraient tentés de répondre aux invites du Gouverneur général). Cette révolte du Constantinois avvait été conçue et préparée par Zighoud Youcef, successeur de Didouche Mourad et de son adjoint Lakhdad ben Tobbal, responsables de la zone Nord-Constantinois du FLN. Son déclenchement dans l'une des zones les plus politisées de l'Algérie, grâce à l'action du MTLD, survint après une série d'attentats, de petits soulèvements locaux, d'actes terroristes qui avaient alerté l'Administration.

La concomitance avec des événements semblables au Maroc était frappante. En effet, les échos des « événements sanglants du Maroc, » à la veille du second anniversaire de la déposition du sultan d'août 1953, se répandaient par la radio qui diffusait les discours d'Allal El Fassi* jusque dans les villages les plus reculés d'Algérie, dénonçant la politique répressive du Résident Gilbert Grandval. On a vu que l'Istiqlal, avec la connivence du FLN, suscitait partout des troubles, obligeant le gouvernement français à prélever des troupes en Algérie et faisant intervenir les parachutistes français. Depuis le Maroc, une traînée de violence, entraînant une répression terrible, se répandait en Algérie. Le gouvernement Edgar Faure tardait à écarter le très impopulaire Ben Arafa et à remettre sur son trône le sultan Mohamed V, désormais adulé par la population, pour arrêter les émeutes. Le 20 août, les villes et les campagnes, sous l'impulsion de l'Istiqlal et avec la connivence du FLN, s'embrasaient, obligeant le gouvernement à faire venir d'Algérie, imprudemment comme certains le prétendirent, des troupes d'intervention. Des renforts arrivèrent également de France pour répondre à l'attaque des tribus déchaînées, descendues de l'Atlas. Oued

*P. 213

• **Germaine Tillion (1907-).** Ethnologue, résistante, elle est déportée à Ravensbrück. En 1934, elle fait son premier voyage en Algérie. En novembre 1954, elle retourne en Algérie aux côtés de Jacques Soustelle et de Vincent Monteil. Elle dénonce les actes de torture commis là-bas et démissionne en opposition à la violence de la répression. Elle publie plusieurs livres sur la société algérienne et notamment *Le harem et les cousins*.

Zem, à 150 km de Casablanca, connaissait des événements sanglants qui mirent aux prises parachutistes français et cavaliers des Zaïyanes.

Ce fut le même jour que l'émeute éclata dans le Constantinois, faisant officiellement 80 à 110 tués par les rebelles. La répression fut terrible (1 272 à 7 500 tués, selon les sources, par les Français), menée par les parachutistes et l'infanterie jusqu'à la fin août. Elle tournait parfois aux massacres perpétrés par des militaires français, mais aussi par des civils européens, organisés en véritables milices armées. (Claire Mauss-Copeaux relate un massacre au Kroubs, durant lequel une soixantaine de suspects furent exécutés entre 6 h 30 et 9 h 30 du matin). François Mauriac pouvait écrire dans son bloc-notes du 3 septembre 1955 : « Ces crimes répondaient à des crimes ; comme au Maroc, une répression sauvage répond à un massacre sauvage ».

Les maquis FLN, contrairement aux attentes des Français, sortirent renforcés de ces terribles épreuves, car, pour la première fois, les masses s'étaient soulevées sous la bannière du FLN / ALN.

En France, le rappel, le 24 août 1955, de 60 000 soldats du contingent récemment libérés et, le 30 août, le maintien sous les drapeaux de 180 000 libérables provoquèrent des manifestations contre la guerre d'Algérie. Des jeunes gens se couchaient sur les rails pour empêcher les trains de transporter les « rappelés » vers Marseille. L'Algérie intéressait enfin les Français de France. Et l'émeute du 20 août détruisait l'image d'un FLN formé de brigands sans prise sur le pays.

7 Le refus de l'intégration

La présence des soldats FLN en uniforme, encadrant les masses, impressionna Jacques Soustelle. Bouleversé par les massacres perpétrés par les *fellaghas* et le mécontentement des Européens qui, à Philippeville, avaient piétiné les fleurs des couronnes envoyées par le gouvernement et le préfet de Constantine, il fut conforté dans l'idée que seule l'intégration de l'Algérie à la France pouvait combler le fossé qui séparait les deux communautés, en conférant « à tous ses habitants, sans discrimination, les droits et les devoirs qui s'attachent à la qualité de citoyens français ». Mais les Européens ne voulaient pas entendre parler de cette intégration qui noierait politiquement la minorité française dans la masse musulmane et accorderait à cette dernière la primauté sur le pays.

8 La motion des « soixante et un »

La terrible répression désespéra même les Algériens modérés qui jusque-là espéraient en la France. Autour du docteur Ben Djelloul se rassemblèrent soixante et un notables qui signèrent une motion affirmant que « l'immense majorité des populations est présentement acquise à l'idée nationale algérienne. »

Ce manifeste révélait les progrès du FLN dans les classes moyennes et les élites. Il réussissait à transformer l'insurrection de 1954 en une véritable guerre de libération nationale ; il ralliait de plus en plus les masses, mais aussi les élites politiques et sociales, avec l'adhésion de grandes familles (Bouderba – Abbas – Turqui, etc.). Les centralistes du MTLD furent les premiers à rallier le FLN au printemps de 1955, puis ce furent les *ouléma* en janvier 1956 et Ferhat Abbas le 22 avril 1956 au Caire. La tentative du parti communiste algérien de créer une organisation militaire indépendante échoua : les combattants de la libération, où militaient un certain nombre d'Européens, sans soutien dans les masses, en butte à la méfiance du peuple et à la répression coloniale, furent dispersés au bénéfice du FLN qui n'acceptait que les adhésions individuelles.

En France, l'envoi du contingent en Algérie créait de graves mécontentements. Edgar Faure dut se résoudre à dissoudre l'Assemblée nationale, le 2 décembre 1955.

9 1956, l'année terrible

On redoutait tellement des élections nouvelles dans le climat de tension qui régnait en Algérie qu'une motion fut votée par l'Assemblée algérienne renvoyant *sine die* les élections législatives en Algérie (ainsi, les départements français qui formaient ce pays n'auront pas de députés, dans la nouvelle assemblée où « le front républicain » constitué par Mendès France et Guy Mollet l'emportait sur les gaullistes). Guy Mollet•, investi comme président du Conseil, créa un ministère de l'Algérie à la tête duquel il nomma le vieux général Catroux (80 ans), tandis que J. Soustelle, rappelé, s'embarquait pour la France, accompagné par des manifestations de regret des versatiles « pieds noirs ». Ceux-ci accueillirent Guy Mollet en 1956 avec des projectiles divers, ce qui resta dans l'histoire comme la « journée des tomates ». Guy Mollet demanda au général Catroux, honni des Français d'Algérie, de renoncer à sa mission. Cette reculade devant les ultras d'Alger créait un dangereux précédent. Les nationalistes modérés n'eurent plus confiance dans le soutien de la

---

• **Guy Mollet (1905-1975).** Homme politique français, résistant, secrétaire général de la SFIO en 1946, il lutte contre le communisme. Il organise avec Pierre Mendès France le Front Républicain et triomphe aux élections de 1956. Il dirige alors le gouvernement de février 1956 à mai 1957. Il réussit à obtenir la loi-cadre sur le statut des territoires d'outre-mer en 1956 et décide de l'intervention française au canal de Suez. Il dirige une politique algérienne de maintien de la présence française.

gauche française : on vit encore certains d'entre eux se rallier au FLN. Les Européens d'Algérie continuaient à croire que le FLN et ceux qui le suivaient n'étaient qu'une « poignée de fanatiques xénophobes » poussés par l'étranger, (l'Égypte, l'URSS), devant lesquels les gouvernements de Paris capitulaient lâchement. Persuadés de leur bon droit, décidés à ne rien céder de leurs privilèges, justifiés à leurs yeux par l'œuvre persévérante de générations qui avaient mis en valeur le pays, ceux que l'on appela plus tard les « pieds-noirs » (sans que l'on soit éclairé sur l'origine de cette expression) ne voyaient plus, dans les dirigeants, que des « bradeurs d'Empire » qu'il s'agissait d'empêcher de nuire. Pour ce faire, des Comités de vigilance se créèrent à Alger, animés par des étudiants, des anciens combattants, des officiers de réserve : Bab El Oued et Belcourt à Alger qui bourdonnaient des conspirations de baroudeurs espérant, comme l'avocat Biaggi, dans le retour de de Gaulle pour remettre de l'ordre en Algérie. Guy Mollet fut amené à multiplier les assurances que la France resterait toujours en Algérie. Il nomma Robert Lacoste• Ministre Résident en Algérie. Ne connaissant rien à ce pays, mais muni des pouvoirs spéciaux, celui-ci dut faire face à une situation qui s'aggravait. Comme il le confessa dans son discours à l'Assemblée, le 8 mars 1956 : « Les pertes françaises mensuelles étaient en janvier 1956 de 284, au lieu de 30 en novembre 1954. Les attaques se multiplient contre les autocars, les voitures, les fermes européennes isolées ». L'appel au cessez-le-feu qui impliquait une capitulation sans condition n'avait pas été entendu.

10 Le congrès clandestin de la Soummam (20 août 1956)

À la veille du Congrès de la Soummam, le FLN regroupait tous les nationalistes, sauf la fraction messaliste du MTLD qui avait formé le MNA (Mouvement national algérien). Le FLN, dans le congrès clandestin de la Soummam du 20 août 1956, tenu en l'absence des hommes politiques de l'extérieur, réaffirma les conditions mises à un armistice : la reconnaissance de l'indépendance totale de l'Algérie, nation indivisible, la libération de tous les détenus politiques algériens, la reconnaissance du FLN comme seul représentant du peuple algérien. La direction du mouvement fut confiée à un Conseil national de la révolution algérienne, le CNRA, de 17 membres avec un CCE, Comité de coordination et d'exécution, de cinq membres (dont Abane Ramdane, Belkacem Krim, Larbi M'hidi, Ben Kheddach, Dahlab). Le Congrès adopta un certain nombre de motions : primauté du politique sur le militaire, primauté de l'intérieur sur l'extérieur. Quant à l'armée, l'ALN, le Congrès l'organisa sur le modèle des armées classiques très hiérarchisées, sauf à l'échelon de la wilaya où la direction devait rester collégiale. Il s'agissait de renforcer la cohésion de l'armée sous un commandement plus uni, alors qu'en fait rivalités de personnes et particularismes créaient bien des dissensions. Le Congrès de la Soummam établit aussi un plan d'action au niveau international. Il s'agissait d'intéresser l'opinion publique mondiale à l'Algérie et à son combat pour l'indépendance. On comptait particulièrement sur l'ONU où la question algérienne fut finalement inscrite, alors que la France refusait l'ingérence des instances internationales dans ce qu'elle considérait comme un problème intérieur.

La Conférence des non-alignés de Bandoung en avril 1955 avait déjà donné la parole aux délégués algériens et, en septembre, l'ONU avait inscrit, pour la première fois, « le problème de l'Algérie » à l'ordre du jour. Par ailleurs, les syndicats algériens aspiraient à une reconnaissance internationale. L'UGTA, lié au FLN, put adhérer à la CISL (Confédération internationale des syndicats libres), ce qui fut refusé à l'USTA (Union syndicale des travailleurs algériens, liée au mouvement national algérien de Messali Hadj). Au niveau mondial, les étudiants de l'UGEMA (Union générale des étudiants musulmans algériens) étaient très actifs dans leur propagande en faveur de la cause algérienne.

Le FLN installa, à partir de 1957, diverses délégations dans les capitales d'Europe de l'Est (Berlin, Prague) et de l'Ouest (Bonn, Londres, Rome), en Chine, en Inde, aux États-Unis, en Amérique du Sud. Le Maroc et la Tunisie, devenus indépendants, soutenaient fortement le FLN qui pouvait se réfugier sur leur territoire et les prendre comme base de lancement d'opérations en Algérie. Tous ces soutiens exaspéraient les militaires français qui prirent l'initiative de détourner sur Alger l'avion transportant, du Maroc au Caire, le 22 octobre 1956, les leaders FLN : Ben Bella, Hocine Aït Ahmed, Mohamed Khider, Boudiaf, Mostefa Lacheraf. Le roi du Maroc et Bourguiba* protestèrent vigoureusement contre l'arraisonnement. De même, l'attaque sur Suez, le 6 novembre 1956, par les forces anglo-françaises et israéliennes qui visait à rétablir la libre circulation dans le canal nationalisé par Nasser, mais aussi pour la France à affaiblir les soutiens du FLN, souleva contre la France l'indignation des puissances mondiales : les États-Unis et l'URSS mirent un coup d'arrêt à l'expédition franco-israélo-britannique.

* P. 225

Les pouvoirs spéciaux, votés le 12 mars 1956 par l'Assemblée nationale, avaient permis d'augmenter les effectifs militaires, au-delà même de ce que

---

• **Robert Lacoste (1898-1989).** Né en 1898 en Dordogne, fonctionnaire des Finances, résistant. Il devient ministre dans le Gouvernement provisoire du général de Gaulle après la Libération. Il est également ministre dans le gouvernement de Guy Mollet avant d'être nommé ministre-résident en Algérie en 1956. Partisan de la manière forte, il confie, en 1957, avec le général Salan les pouvoirs de police à Alger aux paras du général Massu.

demandait l'armée, pour écraser la rébellion. En effet, au 1ᵉʳ juin 1956, l'armée de terre atteignait avec les unités territoriales (et les supplétifs) 373 000 hommes. Cependant, les chefs militaires avaient besoin de l'adhésion de la population civile autochtone. Pour rallier celle-ci aux Français, on reprit la formule des « Bureaux arabes » avec des officiers des affaires indigènes sachant l'arabe et attentifs aux besoins des populations. Aussi, l'armée fut-elle employée à des travaux publics, à des actions médicales et d'enseignement, dans le cadre des SAS. Celles-ci, qui atteignirent le chiffre de 700, encadrèrent des populations rurales regroupées ou, sous le nom de SAU (sections administratives urbaines), implantées en milieu périurbain en nombre moindre, entreprirent une action sociale similaire (logement, action sanitaire, scolarisation). Leur « action psychologique » fut entravée par celle des nationalistes plus en phase avec les indigènes.

Pour atteindre une efficacité plus grande dans cette Algérie dont on dénonçait la sous-administration, on procéda à un fractionnement des trois départements : leur nombre fut porté à 13. Le Sahara fut englobé dans cette réforme administrative. Les communes mixtes furent assimilées aux communes de plein exercice ; l'encadrement administratif devait désormais comprendre 50 % de musulmans. Ces réformes ne pouvaient avoir d'effet immédiat. L'armée, malgré le rappel de plusieurs classes et la prolongation à 30 mois du service militaire, n'obtenait pas non plus de résultats décisifs. La guérilla, menée par des militants FLN, renforcée par l'adhésion de milliers de jeunes Algériens, triomphait. Le changement de commandant en chef de l'armée française, réclamé par Robert Lacoste, allait-il être décisif ? Le général Raoul Salan•, entouré d'un groupe d'officiers, anciens d'Indochine comme lui, fit de l'armée l'arbitre de la situation politique en Algérie. Appliquant les leçons de la « guerre subversive », recueillies dans l'œuvre de Mao Tsé Toung, contre le FLN, considéré « fantasmatiquement » (Meynier) comme une émanation du communisme international, la lutte prit un autre sens. En même temps, le Comité de coordination et d'exécution du FLN décidait, en juin 1956, de porter son action sur les villes. Une nouvelle phase de la guerre s'ouvrit en janvier 1957.

11 La « bataille d'Alger »

Le FLN donna l'ordre de grève générale aux commerçants : ce fut le début de la « bataille d'Alger ». Les attentats, en riposte à l'exécution par l'armée française de deux militants du FNL et aux actions terroristes des « activistes » pieds-noirs, plongèrent les villes, et particulièrement Alger, dans la terreur.

L'assassinat en plein cœur d'Alger d'Amédée Froger, président de l'Interfédération des maires d'Algérie et « symbole du colonat réactionnaire »

(Meynier), donna lieu à de violentes manifestations de haine contre les Musulmans : certains qui suivaient le cortège mortuaire furent molestés et lynchés à mort. On attribua, sans preuve, l'assassinat d'Amédée Froger aux Musulmans ; or, certains y virent le résultat des menées ultra : on avait vu dans la foule Joseph Ortiz. Les contacts qu'il avait eus avec les généraux Faure, Salan et Cogny pour s'opposer aux tractations de Paris avec le FLN avaient eu pour résultat la mise aux arrêts de Faure et son rappel à Paris.

Du côté algérien, la fermeture de magasins, la cessation de toute activité apparaissaient comme une arme révélant l'influence du FLN et sa forte emprise sur les populations. Une grève débuta le 28 janvier à Alger : « L'objectif était, à la face du monde, de signifier que, dans le lieu symbolique suprême du pouvoir colonial, les Algériens se reconnaissaient massivement dans le FLN pour vouloir arracher derrière lui l'indépendance de leur pays » [80, p. 323].

Robert Lacoste confia aux paras du général Massu• le rétablissement de l'ordre à Alger. Du 20 janvier au 27 février 1957, les opérations de la bataille de la *kasbah* d'Alger, en réponse à l'action terroriste lancée par le CCE (comité de coordination et d'exécution installé à Alger avec Ben Khedda et Ben M'Hidi), favorisée par la configuration de la ville qui offrait bien des abris et des « caches » pour les hommes, les armes et les explosifs, donna des résultats certains. L'armée employa la manière forte et, au grand dégoût même de certains chefs français qui démissionnèrent, la torture camouflée dans les rapports militaires sous l'euphémisme « d'interrogations poussées à fond » aboutit à la diminution des attentats FLN, mais au prix de la démoralisation de jeunes appelés embarqués dans cette « sale guerre » et de la désapprobation d'une partie de l'opinion en France et dans le monde.

En effet la torture fut employée sous prétexte que grâce à elle on sauverait des vies humaines en faisant « avouer » par les méthodes utilisées pendant la Seconde Guerre mondiale par la Gestapo : supplice de la baignoire, électricité sur les parties génitales, etc. La torture, qui ne voulait donc pas dire son nom, pratiquée depuis longtemps, fut appliquée aussi à des Européens suspectés d'être favorables au FLN. Ainsi Maurice Audin, un assistant de la

---

• **Raoul Salan (1899-1984).** Général français, il est commandement en chef en Algérie en 1956. De Gaulle le nomme délégué général du gouvernement en Algérie avec tous les pouvoirs civils et militaires. Il s'associe au putsch militaire du 22 avril 1961 et rejoint Challe à Alger. Il crée le mouvement de l'OAS. Condamné à mort par contumace en 1961, il profite de l'amnistie générale en 1968.

• **Jacques Massu (1908-).** Général français, rallié à de Gaulle en 1940, il est aux côtés de Leclerc dans ses différentes campagnes. Il mène les opérations militaires d'Alger en 1956. Il devient président du Comité de salut public d'Alger en mai 1958. Son rappel en France provoque les émeutes du 24 janvier 1960 à Alger. Commandant des forces françaises en Allemagne, il accueille de Gaulle à Baden Baden en 1968, et négocie l'amnistie des putschistes.

faculté des sciences d'Alger, fut arrêté, torturé et éliminé dans la nuit du 11 au 12 juin 1957 ; le cas d'un avocat, Maître Boumendjel, dont le « suicide » après un long interrogatoire ne trompa personne, et de bien d'autres, finirent par ébranler la bonne conscience des Français de la métropole, surtout lorsque le général Paris de la Bollardière démissionna, en disant son désaccord avec des méthodes qui déshonoraient la France. De même, le secrétaire général de la police à Alger, Paul Teitgen, démissionna, le 12 septembre 1957, en protestation contre les méthodes musclées du général Massu et de ses « paras ». L'opinion française se mobilisa à la suite des dénonciations précises et répétées de ces méthodes par l'historien Pierre Vidal-Naquet et par Henri Alleg dont le livre, *La Question*, témoignait de la torture qu'il avait lui-même subie en juin 1957. André Malraux, Roger Martin du Gard, Jean-Paul Sartre lancèrent un appel au Président de la République pour que soit mis fin à ces pratiques cruelles et moyenâgeuses. La presse de gauche (*France-Observateur, Esprit, les Temps modernes…*), malgré une censure sévère, n'accepta plus de se laisser museler et ne se priva pas de critiquer les méthodes de l'armée. Ces journaux avertissaient du danger représenté par la démoralisation des jeunes gens, témoins ou acteurs forcés de ces pratiques, et le glissement vers le fascisme entraîné par le mépris affiché de la dignité humaine. Par ailleurs, des Français allèrent jusqu'à épouser la cause du FLN. C'étaient des communistes en « rupture avec le PCF », des prêtres ouvriers et des « sans-parti ». À l'automne 1957, se forma un véritable réseau de soutien au FLN autour du philosophe Francis Jeanson et de sa femme Colette. Les actes de deux communistes furent significatifs de ces engagements absolus : en avril 1956, l'aspirant Henri Maillot détourna un convoi d'armes en faveur d'un maquis communiste qui échoua ; peu après en novembre de la même année, Yveton, chargé de faire sauter l'usine à gaz où il était employé, fut arrêté. Condamné à mort, il fut guillotiné.

L'engrenage du terrorisme et du contre-terrorisme mettait Alger à feu et à sang. Une bombe, placée sous le podium de l'orchestre au Casino de la corniche à Alger, fit 11 morts et 35 blessés, le 9 juin 1957, déclenchant la colère des Européens qui exigèrent une répression plus vigoureuse.

L'arrestation de Yacef Saadi et de sa compagne, Zohra Drif, découverts dans leur cache d'Alger, le 24 septembre 1957, marqua, avec la prise de l'autre terroriste, Ali la Pointe, qui se serait tué le 7 octobre dans son repaire de la *Kasbah* que les paras firent sauter, la fin de la guerre urbaine à Alger. L'armée avait pleinement rempli l'action de police qui lui avait été confiée, les réseaux du FLN avaient été démantelés, les morts se comptaient par milliers sans qu'on puisse en donner le chiffre exact, auquel il fallait ajouter des centaines de disparus. Cependant, l'ALN avait pu, grâce au soutien de la population ralliée au FLN par la violence de la répression française, tenir neuf mois face à des soldats suréquipés.

Les divergences au sein du FLN se traduisaient aussi par des actions brutales : ainsi Ramdane fut éliminé par le FLN lui-même. La démoralisation atteignait les Algériens effrayés, des massacres entre frères musulmans, comme celui de Melouza, le 28 mai 1957, où 315 villageois, soupçonnés de soutenir le mouvement messaliste, le MNA, furent massacrés par le FLN. Des soldats révoltés par ces drames étaient « retournés » par les militaires français, comme le général messaliste Bellounis, un chef du FLN, qui rejoignit alors l'armée française. Cette situation facilitait aussi le recrutement de supplétifs musulmans par l'armée française. Les *harkis* atteignirent le chiffre de 30 000 pour l'année 1957. Des militants repentis, « les bleus de chauffe », allèrent même jusqu'à faire tomber des chefs du FLN.

Le gouvernement français ne désespérait pas de rallier l'ensemble de la population algérienne par des réformes qui permettraient une amélioration sensible de son sort : pour venir à bout de la rébellion, on comptait sur une politique de développement économique et social. Robert Lacoste, reprenant un projet de Soustelle, lança une véritable réforme agraire. Une caisse d'accession à la propriété devait permettre à des *fellahs* d'obtenir des concessions sur des terres issues de la nationalisation (avec indemnisation) d'immenses propriétés, créées sous le Second Empire au profit des sociétés capitalistes, comme la Société genevoise qui possédait 15 000 ha dans le Constantinois. Le *khamessat** fut remplacé par le système de métayage en faisant bénéficier le loueur de la moitié du produit, au lieu du cinquième. La création de Secteurs d'amélioration rurale (SAR) et l'augmentation des salaires agricoles tendaient aussi à rallier les populations. Par ailleurs, étaient envisagées des élections au collège unique qui permettraient de désigner des « interlocuteurs valables » avec lesquels des négociations pourraient s'ouvrir, après le cessez-le-feu, toujours posé en préalable. Robert Lacoste réaffirmait les droits imprescriptibles de la France en Algérie.

* P. 77

12 « La ligne Morice »

Sur le plan militaire, la construction en 1957, le long de la frontière algéro-tunisienne, d'une ligne électrifiée de deux cents kilomètres, « la ligne Morice », pour empêcher le passage de soldats du FLN qui se ravitaillaient en Tunisie ou s'y réfugiaient après avoir attaqué l'armée française, isola, comme la zone fortifiée de la frontière marocaine, l'armée FLN de ses soutiens naturels. Néanmoins, le FLN monta des opérations à partir de la Tunisie, comme celle du 11 janvier 1958 où quatre soldats du contingent, tombés dans une embuscade, furent amenés prisonniers en Tunisie. La

France considéra qu'elle pouvait exercer un droit de suite en Tunisie contre le FLN : le 8 janvier 1958, l'aviation française bombarda le village de Sakiet Sidi Youssef, à la frontière algéro-tunisienne, faisant 69 morts et 130 blessés (des civils, dont de nombreux enfants) et provoquant l'indignation des pays arabes et du monde entier. Les Anglo-Américains s'empressèrent d'offrir leurs « bons offices », dont furent chargés l'Américain Murphy, connu de longue date en Afrique du Nord, et l'Anglais Beeley. Bourguiba exigea l'évacuation des bases militaires françaises de Tunisie, ce à quoi le gouvernement Félix Gaillard consentit, sauf pour Bizerte. Cela fut considéré en France comme une capitulation devant l'OTAN.

Les analyses de Raymond Aron qui osait envisager la fin de l'aventure coloniale algérienne, et surtout les récriminations de Raymond Cartier qui dénonçait le coût financier de la guerre et les investissements qui se faisaient aux dépens de la France, trouvaient de plus en plus d'écho en France. Les partisans de de Gaulle, comptant sur son prestige et son autorité pour résoudre le problème algérien, crurent le moment venu de remettre le général sur le devant de la scène. Guy Mollet fut renversé le 28 mai 1957 ; ses successeurs, Bourgès-Maunoury, puis Félix Gaillard ne purent, pas plus que lui, mettre un point final à la guerre. Ce dernier fit voter un projet de loi-cadre pour l'Algérie dont on reconnaissait la personnalité et qui devait former une fédération de territoires. Le collège unique que le projet impliquait fut rejeté autant par les Français d'Algérie, (toujours opposés à la « submersion électorale » par les « Arabes ») que par le FLN qui refusait l'éclatement du pays et attendait que l'on reconnaisse la « nation algérienne » et son indépendance. Le gouvernement de Félix Gaillard tomba le 15 avril 1958. Le président de la République, René Coty, ne put convaincre que le 8 mai Pierre Pflimlin* (MRP) de former un gouvernement. Le nouveau président du Conseil ne cacha pas son intention d'ouvrir des négociations avec le FLN, au grand scandale des Européens d'Algérie qui évoquèrent un « Dien Bien Phu politique ». La situation devenait de plus en plus confuse et le pouvoir de plus en plus affaibli par les « événements » d'Algérie. À Alger, des complots multiples se tramaient : des groupes d'« activistes » recherchaient l'homme providentiel qui sauverait l'Algérie française. De son exil à Colombey-les-deux-églises, de Gaulle, auquel beaucoup songeaient, tout en prétendant qu'il ne voulait pas revenir au pouvoir, laissait ses amis, le ministre de la Défense, Jacques Chaban-Delmas, et son envoyé, l'habile Léon Delbecque, à Alger, Roger Frey et Olivier Guichard, tisser leur toile en sa faveur. Celui qui avait déjà joué ce rôle de sauveur de la France était prêt à nouveau à sortir la France de l'ornière algérienne.

13 Le 13 mai 1958

La Quatrième République, affaiblie par une grave crise économique et financière, incapable de sortir du « bourbier algérien », semblait avoir épuisé ses forces : les grandes puissances exerçaient sur elle une forte pression en faveur de la paix en Algérie. Les multiples complots, fomentés à Alger, animés par l'extrême-droite, prenaient appui à Paris sur les députés attachés à l'Algérie française et tendaient à soulever les Européens contre « un gouvernement de pourris et d'incapables ». Le 9 mai, l'annonce par le FLN de l'exécution, en représailles des condamnations à mort d'Algériens, de trois soldats français prisonniers du FLN fit l'effet d'une bombe. Le général Salan appela imprudemment à une manifestation « dans la dignité » en hommage aux soldats fusillés. Ce fut l'occasion offerte du coup de force tant attendu. À l'appel de Pierre Lagaillarde•, avocat, ancien président de l'Association des étudiants d'Alger, la foule immense se lança, sans provoquer de réactions du 3ᵉ régiment de parachutistes, à l'assaut du bâtiment du Gouvernement général, dispersant les archives, brûlant la bibliothèque. La foule appelait l'armée au pouvoir. Au lieu de Salan, à qui le gouvernement donna tous les pouvoirs, ce fut Massu, que les manifestants réclamaient, qui prit la tête d'un Comité de salut public. Les deux généraux, plus ou moins manœuvrés par Delbecque, lancèrent un appel à de Gaulle. L'Assemblée nationale donna son investiture à Pflimlin, mais en vain. Le président de la République René Coty, se rendant compte de l'impuissance de l'Assemblée nationale, se laissa convaincre d'appeler « le plus illustre des Français », qu'il chargea de constituer un nouveau gouvernement. De Gaulle reçut tout à fait régulièrement l'investiture de l'Assemblée, le 1ᵉʳ juin, et, muni des pleins pouvoirs, il s'attela à la tâche qu'il s'était fixée : changer la Constitution pour renforcer l'exécutif et régler le problème algérien. Dès le 4 juin, il s'envola pour Alger. Ce jour même, du balcon du Gouvernement Général, il lança le fameux « *je vous ai compris* », qui souleva l'enthousiasme de toutes les parties, inaugurant cette série de proclamations à l'emphase gaullienne, assez ambiguës pour que tout le monde y trouve son compte et pour que finalement aussi tout un chacun se sente ensuite floué. Les Français d'Algérie triomphaient, les militaires partisans de l'intégration et les services psychologiques de l'armée organisaient des manifestations de fraternisation entre les Français et les Musulmans. Les

---

• **Pierre Pflimlin (1907-2000).** Avocat, ministre de la France d'Outre-Mer de mars 1952 à janvier 1953, il forme le gouvernement à la demande du Président René Coty au moment de la crise d'Alger en mai 1958. Il doit faire face à l'opposition du comité de vigilance algérienne et des Comités de salut public. Il démissionne, le 28 mai 1958, avant de revenir en tant que ministre dans le gouvernement de de Gaulle.
• **Pierre Lagaillarde (1931-).** Avocat en Algérie, puis député d'Alger en 1958. Incarcéré après la semaine des barricades en 1960, il réussit à s'enfuir en Espagne et créa, avec Susini notamment, l'OAS. Condamné en 1961, puis amnistié.

« pieds-noirs » se ralliaient ainsi implicitement au principe du collège unique, qu'ils avaient rejeté jusque-là, puisque de Gaulle affirmait : « À partir d'aujourd'hui, dans toute l'Algérie il n'y a qu'une seule catégorie d'habitants. Il n'y a que des Français à part entière, avec les mêmes droits et les mêmes devoirs ». En fait, l'équivoque était totale et chacun imaginait que de Gaulle imposerait la solution à laquelle il était attaché. Certains remarquaient cependant que, sauf une fois, à Mostaganem, de Gaulle ne prononça pas l'expression « Algérie française ». En effet, même après la fraternisation du Forum, de Gaulle gardait l'idée que la francisation était irréaliste. N'avait-il pas confié dès 1944 à André Philip, selon Jean Lacouture : « On ne s'en tirera que par l'indépendance de l'Algérie par étapes et, si possible, en association avec la France » ? [69] Pierre Montagnon raconte que des propos semblables furent tenus, le 30 octobre 1956, au prince Moulay Hassan [83, p. 170]. Pourtant, avec de Gaulle, la guerre d'Algérie dura encore quatre ans et la France, sous l'égide du Général, tenta plusieurs expériences dont le but était le maintien de l'Algérie française. Le FLN ne pouvait se faire une idée juste des intentions de de Gaulle, surtout en considérant son entourage, composé de militaires qui refusaient l'idée de la défaite en Algérie après celle d'Indochine, de ministres aux idées divergentes sur le devenir de l'Algérie et les moyens à utiliser pour arriver à régler le problème algérien : guerre psychologique, amélioration du sort des Algériens, croyance en une troisième force formée de modérés acquis à l'influence française. Le référendum du 28 septembre 1958, auquel participèrent les Algériens musulmans (y compris les femmes) malgré les consignes d'abstention du FLN, apparut comme une victoire de de Gaulle : 80 % des inscrits votèrent et 96 % d'entre eux positivement. Était-ce un ralliement des Algériens à la France ? En fait, la transformation, le 19 septembre, du CCE en GPRA (gouvernement provisoire de la République algérienne) affirmait la volonté du FLN de durcir la lutte.

14 Le plan de Constantine

Le 3 octobre 1958, de Gaulle vint annoncer lui-même, à Constantine, un programme économique financier et social qui devait transformer le pays en cinq ans.

Le secteur industriel se retrouvait au centre du plan, non seulement en raison de l'installation des grands ensembles industriels, mais aussi en raison des objectifs d'emploi annoncés : l'agriculture ne pouvait assurer une telle quantité d'embauches, il fallait donc compter sur l'industrie. Les autres mesures assuraient le développement du secteur du bâtiment et des travaux publics ; la découverte de pétrole devait absorber une certaine quantité de main-d'œuvre. Les crédits alloués au plan étaient très importants, notam-

> – L'admission de Français d'origine musulmane dans la fonction publique métropolitaine, à raison de 10 % au moins du recrutement ;
> – La mise à un niveau comparable à ceux versés en Métropole des salaires et des traitements payés en Algérie ;
> – L'attribution de 250 000 hectares de terres à des agriculteurs musulmans ;
> – L'installation de grands ensembles industriels, notamment métallurgiques et chimiques, utilisant le gaz et le pétrole du Sahara ;
> – La construction de logement pour un million de personnes ;
> – La scolarisation des deux tiers des filles et garçons ;
> – La création de 400 000 emplois réguliers en Algérie, auxquels il conviendrait d'ajouter 100 000 emplois nouveaux à créer en métropole pour des Algériens.

ment dans le domaine énergétique (il avait été décidé de maintenir le gaz et le pétrole découverts à des prix avantageux) afin de faire baisser les coûts de production industrielle. Des aides étaient accordées aux entreprises nouvelles qui bénéficiaient également de dispositions fiscales très favorables. Le bilan du plan de Constantine fut assez négatif malgré le boom des investissements entre 1959 et 1961 : les industries mécaniques et électriques bénéficièrent de la plus grande partie de la création d'entreprises au détriment de l'industrie textile ou alimentaire. Cependant la situation de l'emploi ne s'améliora pas et les investissements se concentrèrent dans des régions déjà développées.

Les « rebelles », coupés de leurs bases tunisienne et marocaine dont ils ne recevaient plus suffisamment d'armes et de munitions, semblaient affaiblis. L'action psychologique menée par l'armée française réussit à intoxiquer et à retourner certains chefs, par la ruse, comme Amirouche, que l'on berna en créant chez lui le doute sur la fidélité de ses compagnons d'armes qu'il décima. Les forces de l'ALN, qui ne comptaient plus que « quelques dizaines de milliers d'hommes » (Ageron), en furent considérablement amoindries.

Lors d'une conférence de presse le 23 octobre, de Gaulle offrit la « paix des braves » pour ouvrir les négociations. Le GPRA ne répondit pas à cette offre et posa un préalable à toutes négociations : la reconnaissance de l'indépendance algérienne. Lors des élections législatives du 30 novembre 1958, les Musulmans votèrent avec les Français dans le collège unique.

Parallèlement, de Gaulle demanda au général Challe•, qui avait remplacé Salan, d'intensifier la lutte contre le FLN. Une entreprise de ratissage systématique par l'aviation et les chars vint à bout de l'action de l'ALN. De plus les « *mujahiddin* pris au combat, avec ou sans uniforme, continuaient de souffrir la torture, les mauvais traitements ou la guillotine » [86, p. 255].

• **Maurice Challe (1905-1979).** Major-général des forces armées françaises en 1955, il prépare l'expédition du canal de Suez en 1956. Il met en place un plan militaire contre les rebelles algériens, qui prendra le nom de « plan Challe ». Il dirige le putsch de 1961 et se rend après l'échec. Condamné à 15 ans de détention criminelle, il est gracié par de Gaulle en 1966.

Les camps de regroupements des populations rurales, qui devaient soustraire les *fellahs* à l'emprise du FLN-ALN, déracinaient des populations entières. On a pu parler d'une violence multiforme sur la société algérienne prise entre le marteau et l'enclume. Une guerre dans la guerre se développa dans les deux camps français et musulman. Le FLN, pour imposer son monopole, n'hésita pas à exercer une violence inouïe sur les militants politiques, en particulier ceux du MNA de Messali Hadj qui, en contestant le monopole du FLN, apparaissaient comme des diviseurs, des traîtres et étaient abattus aussi bien en Algérie que dans les rangs de l'émigration en France. Ce furent des cadres qui manqueront plus tard à l'Algérie indépendante.

15 L'autodétermination : 16 septembre 1959

L'armée du général Challe, forte de 450 000 hommes, ne parvenait pas à éliminer complètement l'ALN. Par ailleurs, la guerre d'Algérie apparaissait de plus en plus aux métropolitains comme un fardeau, comme un frein au développement économique et à la modernisation nécessaire de la France. Dans son discours du 16 septembre 1959 de Gaulle proposa l'autodétermination de la population indigène, au grand scandale de beaucoup d'officiers activistes et des Français d'Algérie qui y virent le premier pas vers l'abandon et l'indépendance de l'Algérie. Il présenta les trois solutions possibles : la sécession qu'il jugeait suicidaire pour l'Algérie, la francisation qui paraissait irréaliste ou bien un régime d'autonomie assorti d'une association avec la France, qui avait sa préférence. Pour les Français d'Algérie, c'était une trahison : il n'était plus question d'Algérie française, de Gaulle allait lâcher l'Algérie. Pourtant, le GPRA ne répondit pas aux avances de la France : ses exigences portaient sur l'indépendance et l'intégrité du territoire de l'Algérie, comprenant le Sahara. De Gaulle, après une tournée en Algérie où il visita les postes militaires et les djebels, fut persuadé devant l'attitude respectueuse mais fermée des indigènes (27 au 30 octobre 1959), de l'impossibilité d'assimiler une population qui demeurait hostile. Le rappel en France de Massu, véritable idole des « pieds noirs », après une interview donnée, le 16 janvier 1960, à un journal allemand, dans laquelle il émettait plus que des réserves sur la politique de de Gaulle en Algérie, mit le feu aux poudres. Elle enflamma de colère des Algérois et une partie de l'armée : les légionnaires et les parachutistes du 1er REP qui se laissèrent entraîner par le cafetier Ortiz et l'ex-étudiant Susini• n'hésitèrent pas à se retrancher dans les facultés.

16 La semaine des barricades

Le 24 janvier 1960, entre les émeutiers armés et dirigés par Lagaillarde qui construisaient des barricades au cœur de la ville, et la gendarmerie mobile, le choc fut brutal. Des Français tiraient sur des Français. Des officiers s'interposèrent pour mettre fin à cette tuerie (26 morts et 146 blessés) et obtinrent la reddition des insurgés. Après un discours télévisé du général de Gaulle, l'armée divisée, consciente de l'hostilité de l'opinion métropolitaine à l'agitation algéroise, finit par se rallier entièrement à l'autorité du Président de la République. L'échec de l'émeute était patent, Lagaillarde fut transféré à la prison de la Santé à Paris, Ortiz était en fuite. Du côté algérien, l'affaire Si Salah, chef de la Wilaya IV (Algérois) qui demanda une entrevue à de Gaulle, démontrait que l'appel à la « paix des braves » n'avait pas été vain. Le 10 juin 1960, il fut reçu à l'Élysée. Cependant, de Gaulle préférait n'avoir affaire qu'au GPRA et laissa repartir Si Salah qui fut fait prisonnier par le FLN et mourut au cours d'un combat l'année suivante. Muni des pouvoirs spéciaux pendant un an « pour le maintien de l'ordre et la sauvegarde de l'État », de Gaulle procéda à des mutations et remplaça le général Challe par Crépin ; Jacques Soustelle fut écarté le 25 février. Dans une nouvelle « tournée des popotes », de Gaulle sut reprendre l'armée en main en l'assurant qu'il attendait d'elle la victoire complète. Pourtant, le 14 mars 1960, il lança la formule « Algérie algérienne » semant la confusion dans les esprits des Français attachés à l'Algérie française. Ceux-ci, le 15 juin 1960, constituèrent un Front de l'Algérie française (FAF) sous l'inspiration de Maître Isorni, Bernard Lafay et Jean-Louis Tixier-Vignancourt. Le FAF essayait de regrouper les activistes français de tous bords, prenait appui sur des officiers comme le général Salan et sur les U.T. (Unités territoriales). Au lendemain de l'appel au « cessez-le-feu » lancé par de Gaulle à la télévision aux dirigeants de « l'insurrection » « pour trouver, avec eux, une fin honorable aux combats qui se traînent encore », 64 % des Français se rallièrent à la position gaulliste. Bernard Droz écrit : « Le mythe de l'Algérie française est bien mort sur les barricades pour la grande majorité des Français » [53].

Les pourparlers, ouverts à Melun le 25 juin 1960, avec des négociateurs algériens, dirigés par Maître Boumendjel, tournèrent court. Pour les Français, le cessez-le-feu constituait un préalable aux négociations « qui devront

---

• **Jean-Jacques Susini (1933-).** Né à Alger, il adhère au parti du général de Gaulle en 1948. Il devient en 1959 président de l'Assemblée générale des étudiants d'Alger. À la suite de la semaine des barricades en 1960, il est arrêté, mais parvient à s'enfuir en Espagne et crée l'OAS. Après l'échec du putsch d'Alger, il s'enfuit en Italie. Condamné à mort par contumace, il est gracié en 1968. Il devient membre du bureau politique du Front national et député européen en 1999 de ce parti.

se faire avec toutes les tendances qui pourront prendre part aux débats qui fixeront les conditions du référendum ». Le GPRA décelait l'exigence d'une reddition sans garantie ; d'autre part, le FLN refusait d'accepter à la table des négociations aucune autre tendance nationaliste. Aussi, le 29 juin, les pourparlers furent interrompus à la stupéfaction générale. Ferhat Abbas à Tunis en conclut que le FLN devait « renforcer ses moyens de lutte [...] l'indépendance ne s'offre pas, elle s'arrache » [53].

L'opinion française supportait mal la prolongation de la guerre. Son poids financier était quotidiennement dénoncé et pas seulement dans les journaux de gauche, et chacun de calculer ce que l'on pourrait faire avec l'argent dépensé ainsi en pure perte. Une opposition à la guerre commençait véritablement à s'organiser avec les réseaux d'intellectuels qui apportaient leur aide au FLN.

Le 5 septembre 1960, un manifeste des « 121 » proclama le droit à l'insoumission à la guerre d'Algérie. Il était signé par des écrivains, des professeurs, des journalistes, des membres des professions libérales. Il devenait clair que la volonté de reprise en main de l'État par de Gaulle était rendue très difficile par les « événements d'Algérie » et les dérèglements qu'ils entraînaient : la torture, les camps de regroupements, les tribunaux militaires, produisaient un désordre insupportable et une mauvaise image de la France à l'étranger. Pour mettre un terme à cette décomposition de l'État, de Gaulle fit un pas décisif. Dans sa conférence de presse du 4 novembre 1960, il annonça un référendum national sur sa politique algérienne qui devait déboucher sur une « Algérie algérienne ». En Algérie, le FAF réagit violemment en lançant, le 11 novembre, des manifestations « Algérie française ». De Gaulle, lors d'un nouveau voyage en décembre en Algérie (le dernier qu'il devait faire), ne put que constater l'hostilité des « pieds-noirs » à sa politique. Pourtant, le référendum du 8 janvier 1961 le conforta dans ses opinions : 69 % de oui (essentiellement en métropole, il est vrai) traduisaient l'adhésion à sa politique. En Algérie, le oui ne représenta que 47 % des inscrits. Le GPRA, constatant la solidité de la position de de Gaulle, manifesta sa volonté d'entamer des négociations. Une déclaration du ministre Louis Joxe, affirmant la nécessité de négocier aussi avec le MNA de Messali Hadj, retarda les négociations qui ne s'ouvrirent à Évian que le 7 avril 1961. Dans la conférence de presse du 11 avril, de Gaulle, soulignant le poids financier de la guerre sur l'économie nationale, faisait valoir qu'il était de l'intérêt national de résoudre le problème algérien. Plaçant le problème de la guerre d'Algérie dans le contexte général de la décolonisation, il parla d'un « État algérien souverain », ce qui fit éclater la haine des « pieds noirs » contre celui qu'ils surnommaient « la grande Zohra ». Les chefs activistes de l'armée, ceux mutés en France après les événements de janvier 1960, comme ceux en activité en Algérie, pensaient que seule l'épreuve de force pouvait arrêter le processus prévu à Évian, qui ne pouvait mener qu'à la destruction de l'Algérie française.

17 Le putsch des généraux : du 22 au 25 avril 1961

Des généraux Edmond Jouhaud•, Maurice Challe, démissionnèrent pour manifester leur désaccord avec le gouvernement ; des colonels, comme Argoud pensaient rééditer le 13 mai. Ils durent convaincre Challe de la nécessité d'un coup de force avant que des négociations ne s'engagent à Évian. Il s'agissait d'obliger de Gaulle à changer de politique. Cependant, la phrase fatidique prononcée, le 11 avril, par de Gaulle affirmant « la décolonisation est notre intérêt et par conséquent notre politique » ne leur laissait place à aucun espoir. Le 21 avril, « un quarteron de généraux en retraite » (selon l'expression de de Gaulle), Challe, Salan, Zeller• et Jouhaud prenaient le pouvoir à Alger, avec l'aide des parachutistes, des légionnaires et de l'Organisation armée secrète (OAS), formée en février 1961, encadrée par des officiers et des responsables civils comme Susini. Les points stratégiques d'Alger : l'aérodrome, la radio, la poste tombèrent entre leurs mains. Les relations avec la métropole étaient coupées. Cependant, la nouvelle du putsch y parvint rapidement. La proclamation du général Challe, s'adressant à l'armée pour sauver l'Algérie du FLN et des Soviétiques, provoqua la stupeur à Paris où l'état d'urgence fut décrété. Un plan d'investissement de Paris fut intercepté mais, apprenant que la plupart des officiers et les soldats du contingent en Algérie refusaient de se rallier au coup de force, de Gaulle fut rapidement persuadé de l'échec des généraux rebelles. Inquiets, les partis politiques, sauf l'extrême-droite, serrèrent les rangs autour du Président de la République. Le putsch fut unanimement condamné par les grandes puissances. Cependant l'optimisme régnait à Alger où on invita même les Musulmans « à se rallier autour de l'armée française dans un esprit de fraternité ». Au Conseil des ministres, Michel Debré envisageait les pires hypothèses, en particulier celle de l'extension de l'insurrection en métropole. De Gaulle, conscient d'incarner la nation et le pouvoir légal, décida d'appliquer l'article 16 de la Constitution qui lui donnait tous les pouvoirs. Prenant la parole pour condamner les putschistes, il appela tous les Français à la résistance contre les

• **Edmond Jouhaud (1905-1995).** Né à Bou Sfer en Algérie. Général de l'armée de l'air, il participe au putsch d'Alger en 1961 et devient chef de l'OAS en 1962. Condamné à mort puis gracié, il est amnistié en 1968.

• **André Zeller (1898-1979).** Officier français, il participe à la campagne de Tunisie et au débarquement en Provence. Il est un des dirigeants du putsch des généraux en 1961.

factieux. Cette allocution fut entendue dans toutes les casernes grâce aux transistors que l'on n'avait pas retirés aux soldats. Le contingent, qui avait le plus souvent refusé d'obéir aux officiers « challistes », fut conforté dans sa position légaliste.

Dans la crainte d'un débarquement de parachutistes sur le territoire métropolitain (en particulier sur la région parisienne), le Premier ministre Michel Debré interdit tous les vols et les atterrissages. Des « groupes défense civile » furent équipés place Beauvau, qui vit affluer des centaines de Parisiens répondant à l'appel de Debré et de Malraux, attendant de pied ferme l'arrivée des mutins. À Lyon, à Toulouse même mobilisation, même attente… vaine.

18 L'échec du putsch

En Algérie, l'armée ne suivit pas les généraux rebelles. Le contingent, conscient désormais de représenter une force déterminante pour le sort de l'Algérie, voire de la République, se rangea du côté de la légalité. La marine ne s'était pas ralliée aux putschistes. La situation se dégrada, des tracts gaullistes circulèrent auprès des appelés tandis que des messages de soutien arrivaient au chef de l'État. La révolte s'effondrait partout. Le général Challe se rendit, suivi bientôt par André Zeller tandis que les colonels factieux et les légionnaires déserteurs entraient dans la clandestinité. L'OAS prit en charge les militaires en fuite (les colonels Gardes et Godard dans la région d'Alger) tandis que Susini fuyait en Espagne.

19 L'action de l'O.A.S.

En métropole, ce fut le soulagement devant l'échec du putsch, tandis qu'en Algérie, le sentiment d'avoir été trahis alimentait une révolte amère des « pieds noirs ». L'OAS, exploitant leur crédulité, tentait de les mobiliser à nouveau contre « les forces d'occupation », autrement dit l'armée française. Le colonel Godard créa un Comité supérieur de l'OAS, présidé par Salan qui prétendait gagner les masses populaires par un véritable quadrillage des villes. Victime d'un véritable conditionnement par l'OAS dans laquelle elle voyait son seul espoir, une partie de la population européenne se rendit complice d'assassinats, d'attentats, de crimes racistes. Son angoisse sur son avenir en Algérie fut aggravée par le discours du 8 mai du chef de l'État, dans lequel il annonçait la reprise des pourparlers avec le FLN, d'autant que celui-ci reprenait son action terroriste après une interruption pendant le putsch.

20 Les négociations

Les négociations avec le GPRA s'ouvrirent à Évian, le 18 mai 1961, dans un climat très tendu, malgré la trêve unilatérale décidée par de Gaulle, la libération de 6 000 détenus algériens et le transfert au château de Turquan de Ben Bella et de ses compagnons de captivité. Cependant, les exigences du GPRA et son intransigeance sur différents points (garantie de l'autodétermination avant tout cessez-le-feu, reconnaissance du Sahara comme partie intégrante de l'Algérie, droit commun pour les Européens d'Algérie) parurent exorbitantes au chef de l'État et Louis Joxe suspendit, le 13 juin, cette première conférence d'Évian. Des rumeurs de partage de l'Algérie répandues comme une solution destinée à protéger les Européens dans le cadre d'une Algérie indépendante, inquiétaient le FLN. Le transfert en France de plusieurs grandes unités de l'armée devaient, dans l'esprit du Général, apaiser les craintes du FLN et le convaincre de la volonté de négociation. De discours en discours, de Gaulle se voulait rassurant pour les insurgés, mais par là même il désespérait les « pieds-noirs » : le 29 juin, parlant du Sahara, il invoqua la possibilité « d'un arrangement (qui) peut être trouvé, peut-être sous forme de royalties à donner aux riverains… ». Le Sahara, étendu sur plus de deux millions de kilomètres carrés, mais désertiques dans leur ensemble, sauf des oasis cultivées, était peuplé par environ 540 000 habitants, dont un tiers nomadisait entre les points d'eau. Ce qui faisait l'intérêt de cette région, c'était le pétrole : en 1961, la production s'élevait à 15,5 millions de tonnes et on attendait pour 1962 plus de 20 millions de tonnes. À cela s'ajoutait l'immense gisement de gaz d'Hassi R'mel.

Le 12 juillet, de Gaulle déclara : « La France accepte sans aucune réserve que les populations algériennes constituent un État entièrement indépendant […] ». Cependant, le GPRA restait méfiant.

L'attaque tunisienne, le 19 juillet 1961, de la base aéronavale de Bizerte restée française compromit le climat des négociations qui s'ouvrirent à Lugrin le 20 juillet 1961. Les négociations, qui achoppaient toujours sur la question du Sahara où la France désirait conserver certains droits et sur celle du statut des Européens d'Algérie, furent rompues le 28 juillet. Le 11 août, le gouvernement mit fin à la trêve unilatérale instituée depuis la veille de la rencontre d'Évian. Le terrorisme FLN et celui de l'OAS en mai et juin 1961, les affrontements dramatiques entre musulmans et Européens à Oran ne laissaient pas prévoir une fin prochaine du conflit. Même la métropole connaissait des attentats du FLN et de l'OAS.

21 Tripoli-août 1961

Lors de la réunion du C.N.R.A. à Tripoli, le 27 août 1961, l'influence grandissante du marxisme s'affirmait. Le remplacement de Ferhat Abbas par Ben Khedda, traduisait la volonté de surveiller étroitement les négociations d'Évian et de refuser tout compromis susceptible de limiter l'indépendance de l'Algérie, tant dans le domaine politique qu'économique. L'affirmation que l'Algérie indépendante serait socialiste et le rejet de toute idée d'association de cette Algérie à la France pouvaient faire craindre un blocage complet. Cependant, le désir de reprendre les négociations, partagé par Ben Khedda et par de Gaulle, aboutit à de nouveaux contacts secrets dès le mois d'octobre (Bruno de Leusse, Claude Chayet rencontraient, à Bâle et à Genève Saad Dahlab, chargé des affaires étrangères, et Mohammed Saddik Ben Yahia). Ce fut pendant ces négociations que l'action de l'OAS se radicalisa : une véritable guerre fut lancée par des civils contre les Musulmans mais aussi contre les fonctionnaires français de l'administration fiscale, de la police, de l'enseignement. Salan justifiait ces actions de guerre civile par la volonté inébranlable de garder l'Algérie française. Des mots d'ordre, diffusés par la radio, mobilisaient les Européens qui devaient exprimer leur désaccord contre les pourparlers d'Évian le plus bruyamment possible (journées des casseroles, klaxons actionnant sans arrêt un rythme « Algérie française ! ». De Gaulle, désigné comme l'ennemi à abattre, échappa, à la grande déception des « pieds-noirs », à un attentat à Pont-de-Seine en septembre 1961.

Les Européens d'Algérie, peu conscients de la gravité de leur soutien, étaient derrière l'OAS. Salan était présenté comme un grand « résistant » qui s'opposait à la dictature gaullienne. En métropole, l'OAS étendit son action, recrutant dans la jeunesse étudiante et parmi les militaires déserteurs, utilisait les services de tueurs professionnels. À Paris, la gauche organisa des manifestations de protestation contre le terrorisme OAS. La police réagit mollement contre l'OAS, par contre sa brutalité se déchaîna, le 17 octobre 1961, contre les Algériens qui manifestaient pacifiquement contre l'instauration d'un couvre-feu. Plus d'une centaine d'Algériens furent tués et de nombreux blessés jetés à la Seine. Le Préfet de police Maurice Papon déclara : « La police parisienne a fait ce qu'elle devait faire ». Les journaux de gauche et certains périodiques, bravant la censure, rendirent compte de cette terrible nuit. L'OAS poursuivit ses forfaits bien que le conseil des ministres eût décrété sa dissolution, le 6 décembre 1961. En Algérie, l'OAS répandait la terreur : on dénombrait une vingtaine de morts par jour. Les Musulmans n'osaient plus sortir de chez eux. Oran devint une ville où le racisme se donnait libre cours, véritable peste bubonique à la manière de celle décrite par Camus. Des plastiquages étaient perpétrés également en métropole (une trentaine en huit jours à Paris faisant un mort et douze blessés au Quai d'Orsay). Des domiciles d'écrivains de gauche furent visés : lors de l'attentat visant le domicile de Malraux, le 7 février 1962, une petite victime de quatre ans, Delphine Renard, restera aveugle. L'allocution du 5 février du général de Gaulle, condamnant ces crimes, et amorçant une paix prochaine en Algérie, n'empêcha pas l'OAS de multiplier ses actions criminelles qui soulevèrent une partie de l'opinion contre elle. À Paris, la manifestation anti-OAS du 8 février 1962, brutalement réprimée par la police, fit 8 morts au métro Charonne.

22 1962 : la fin de la guerre

L'année 1962 commença, le 3 et 4 janvier, par des scènes d'horreur à Oran, où des heurts violents entre les deux communautés firent dix-neuf morts et un blessé. À Alger, un attentat contre une brigade anti-OAS fit huit morts. L'opinion métropolitaine, lasse de tant d'années de violence et de guerre, est enfin acquise à l'idée que la solution du problème algérien ne peut se trouver que dans la négociation : aux Rousses dans le Jura, du 11 au 19 février 1962, Louis Joxe, Jean de Broglie, secrétaire d'État au Sahara, Robert Buron, ministre des Travaux publics, rencontrèrent les ministres algériens : Krim Bel Kacem, vice-président du GPRA, Ben Tobbal, ministre d'État, Saad Dahlab, ministre des Affaires extérieures, M'Hamed Yazid, ministre de l'Information. Du 5 au 8 mars, une seconde conférence se tint à Évian pour mettre la dernière main aux accords rédigés aux Rousses et approuvés par le CNRA. Du côté français, le réalisme de de Gaulle, son désir d'une paix définitive ne laissant pas en suspens un *casus belli* comme le Sahara, permirent d'abandonner toute idée de partition et de solution militaire. Comme le désirait Ben Khedda, la phase d'autodétermination put être sautée, pour en arriver à l'idée d'indépendance de l'Algérie.

23 Les accords d'Évian

Un accord de cessez-le-feu, qui prit effet le 19 mars à 12 heures, fut signé à Évian, le 18 mars 1962, entre les représentants du gouvernement français et des émissaires du GPRA (Krim Belkacem, Dahlab…). Ces accords, selon les termes de de Gaulle lui-même dans *Mémoires d'espoir*, ne constituaient pas un traité, mais une déclaration du gouvernement français par laquelle les électeurs devaient approuver le texte « que le peuple votera en France et en Algérie ». En effet, de Gaulle, n'ayant pas reconnu le GPRA, pouvait justifier la procédure par le fait « qu'il n'existe pas de souveraineté algérienne » et que seul le référendum, organisé à l'issue d'une période de cessez-le-feu de 3 mois, donnerait force de loi aux accords qui reconnaissaient l'indépendance de l'Algérie, comprenant le Sahara.

Un certain nombre de garanties étaient accordées dans le domaine militaire et naval (la base de Mers El Kebir par exemple), en matière civile (double nationalité possible pour les Français durant une période de trois ans, à l'issue de laquelle un choix devrait être fait entre l'une ou l'autre nationalité), garantie aussi pour les biens et propriétés foncières… La coopération entre la France et l'Algérie devait constituer « la garantie des garanties » [69, p. 169], le plan de Constantine être poursuivi de même que l'œuvre culturelle de la France. Les intérêts, en particulier pétroliers, de la France au Sahara seraient sauvegardés. La France procéderait à l'organisation provisoire des pouvoirs publics. Ces accords, s'ils avaient le mérite de mettre un terme aux combats, ne furent pas appliqués, Ben Bella en demanda la révision dès 1963. Pourtant le référendum du 8 avril 1962 en France obtint 90,70 % des suffrages exprimés et 64,87 % des inscrits, et celui organisé en Algérie, le 1er juillet 1962, 5 992 115 oui sur 6 070 800 votants et 6 549 736 inscrits.

24 L'OAS joue les prolongations

L'OAS avait proclamé que ce cessez-le-feu ne la concernait pas et elle mit toute son énergie criminelle à le saboter, harcelant l'armée française, qualifiée de « forces ennemies », et les intellectuels musulmans : « Chaque fois qu'un de ceux-ci sera soupçonné de sympathie à l'égard du FLN il devra être abattu ». C'est en vertu de ce soupçon que l'écrivain Mouloud Feraoun fut assassiné. La « chasse aux Musulmans » s'amplifia. « C'est le déchaînement, écrivit Jean Lacouture, « ratonnades » et chasses à l'Arabe, massacres des partisans de la paix, incendies des bâtiments publics, fusillades. »

Le 23 mars, l'OAS proclama Bab El Oued (un quartier d'Alger) « zone insurrectionnelle ». Les commandos OAS tirèrent sur les soldats du contingent, 6 soldats furent tués. La riposte de l'armée n'épargna pas les habitants du quartier. Il y eut 20 morts et 80 blessés. L'OAS voulut venger ses victimes et appela à une manifestation pour le 26 mars au monument aux morts à Alger. Une fusillade éclata dans la rue d'Isly sans qu'on sache qui en prit l'initiative. Elle se solda par 46 morts européens, d'où une nouvelle flambée de haine : dix Musulmans assassinés à Belcourt dans la nuit, neuf blessés sauvagement achevés dans une clinique de la banlieue d'Alger. Dans la rue, des femmes de ménage musulmanes qui se rendaient à leur travail le matin furent abattues. La terreur OAS règnait. Le FLN, avec Azzedine, réorganisa la zone autonome d'Alger (Z.A.A) : 17 Européens furent tués, plusieurs enlevés. Le 7 avril, le chef du commando « Delta », le lieutenant de la

Légion Degueldre, fut arrêté et, le 20, Raoul Salan lui-même. L'OAS était défaite à Alger. Elle prétendit faire d'Oran une république qui accueillerait les « pieds-noirs », auxquels l'OAS interdit de quitter l'Algérie. Mais il était trop tard, les départs s'accélèrent, les gens se rendant compte que la tactique de la terre brûlée lancée par Susini ne mènait qu'à une impasse. Ils quittaient un pays dans lequel ils ne voulaient pas former une minorité au sein d'un État islamique où le rapport des forces serait inversé par rapport à celui de la période coloniale. Croyant n'avoir le choix qu'entre la « valise et le cercueil », les « pieds noirs » choisirent la première. Ils partirent pour la France surtout, mais aussi en Espagne, et en Israël (100 000 personnes durant le mois de mai). L'OAS perdait son soutien. Par un revirement surprenant, elle prôna un rapprochement avec les Musulmans. Susini appela à l'entente entre tous les Algériens, où il incluait les Français « pieds noirs » et en dehors de toute intervention de la France. Sous l'égide de Jacques Chevallier, des contacts furent pris entre Susini et l'Exécutif provisoire, dirigé par Mohamed Farès. Le 30 mai, Susini ordonna aux commandos OAS de cesser toute activité. Cependant, cette trêve fut rompue le 7 juin, et l'OAS mit le feu à la bibliothèque de l'université d'Alger, à la mairie et à l'Institut d'études politiques. Le docteur Mostefai déclara réprouver les violences, d'où qu'elles venaient, et assura que les accords d'Évian seraient respectés. Susini accepta de négocier avec Mostefai. Il n'obtint rien de plus que le contenu des accords d'Évian. Pour la campagne pour le référendum d'autodétermination du 1er juillet, l'OAS, qui avait mis fin aux combats, songea à former un parti politique, mais le FLN s'y opposa. Susini appela sans vergogne à voter oui « à l'Algérie du courage, du progrès et de la fraternité ». Le oui l'emporta par 91,2 % par rapport aux inscrits et 99,72 % par rapport aux suffrages exprimés [53, p. 341].

Le 3 juillet, de Gaulle proclama solennellement l'indépendance de l'Algérie.

Bibliographie

MAGHREB

1. « Du Maghreb », *Les Temps modernes*, octobre 1977, Paris, 520 p.
   Connaissances du Maghreb. Sciences sociales et colonisation, Centre de recherches et d'études sur les sociétés méditerranéennes, Éditions du CNRS, 1984, 436 p.
2. ABITBOL M., *Judaïsme d'Afrique du Nord aux XIXe-XXe siècles*, Jérusalem, Ben-Zvi Institute, 1980, 166 p.
3. ABITBOL M., *Les Juifs d'Afrique du Nord sous Vichy*, Judaïsme en terre d'Islam, G.P. Maisonneuve et Larose, Paris, 1983.
4. AMIN Samir, *Le Maghreb moderne*, Minuit, 1972.
5. BENACHENHOU A., *Régime des terres et structures agraires au Maghreb*, Éditions populaires de l'armée, 1970, 200 p.
6. BERQUE Jacques, *Le Maghreb entre les deux guerres*, Seuil, Esprit, 1979, 288 p.
7. CHEVALIER Louis, *Le problème démographique nord-africain*, PUF, Paris, 1947, 224 p.
8. COQUERY-VIDROVITCH Catherine, AGERON Ch.-R., *Histoire de la France coloniale, Le déclin*, 3e Tome, Pocket, Armand Colin, 1991, 550 p.
9. CHOURAQUI André, *La saga des Juifs d'Afrique du Nord*, Paris, 1972, 396 p.
10. DESPOIS Jean, *L'Afrique du Nord*, Colonies et Empires, Partie IV Géographie de l'Union Française, Tome 1, PUF, 1949, 624 p.
11. DUVIGNAUD Jean et LECA Jean, *Les nationalismes maghrébins*, Fondation Nat. des Sc. pol., 1966, Coll. « Études maghrébines », 98 p.
12. EBERHARDT Isabelle, *Notes de route : Maroc, Algérie, Tunisie*, Paris, 1923.
13. EISENBETH Maurice, *Juifs d'Afrique du Nord. Démographie et onomastique*, Alger, 1936, 192 p.
14. GANIAGE Jean, *Histoire contemporaine du Maghreb*, Fayard, Paris, 1994, 822 p.
15. GANIAGE Jean, *L'Expansion coloniale de la France sous la Troisième République*, Payot, Paris, 1968, 434 p.
16. GALLISSOT René, *Maghreb-Algérie, classes et nation*, Arcantère, Paris, 1987.
17. GARDET Louis, *La cité musulmane, vie sociale et politique*, Vrin, 1954, 400 p., 4e éd. 1976, 438 p.
18. GAUTIER E.F., *Un siècle de colonisation*, Alcan, Paris, 1930.
19. JULIEN Charles-André, *L'Afrique du Nord en marche. Nationalismes musulmans et souveraineté française*, Julliard, 1952, 418 p.
20. JULIEN Charles-André, *Histoire de l'Afrique du Nord*, Payot, 1931, Paris, 866 p.
21. JULIEN Charles-André, *Les techniciens de la Colonisation XIXe-XXe s.*, ouvrage collectif, PUF, Paris, 1946, pp.55-74.
22. LAROUI Abdallah, *Histoire du Maghreb*, FM, « François Maspero », 1976, 206 p.

23. LEVISSE-TOUZE Christine, *L'Afrique du Nord dans la guerre 1939-1945*, Albin Michel, 1998, 468 p.
24. LIAUZU Claude, MEYNIER Gilbert (dir.), *Enjeux urbains au Maghreb*, L'Harmattan, Paris, 1985.
25. MARSEILLE Jacques, *Empire colonial et capitalisme français, Histoire d'un divorce*, coll. « Histoire », Points, 1984, 458 p.
26. MEMMI Albert, *Portrait du colonisé*, précédé de *Portrait du colonisateur*, Paris, N.R.F., Gallimard, 1957, 200 p.
27. MEMMI Albert, « Colonisateurs et colonisés », *Cahiers internationaux de sociologie*, 4, 1957, pp.85-96.
28. MEMMI Albert, *La dépendance : esquisse pour un portrait du dépendant*, Paris, Gallimard, 1979, 216 p.
29. MEYER J., TARRADE J., REY-GOLZEIGUER A., THOBIE J., *Histoire de la France coloniale*, Armand Colin, 1990.
30. RIVET Daniel, *Le Maghreb à l'épreuve de la colonisation*, Hachette Littératures, 2002, 460 p.
31. SAINTE-MARIE Alain, « La crise de 1929 en Afrique du Nord », *Peuples méditerranéens*, n°4, oct.-nov. 1969.
32. TAIEB Jacques, *Être juif au Maghreb à la veille de la colonisation*, Albin Michel, « Présence du Judaïsme », 1994.
33. VALENSI Lucette, *Le Maghreb avant la prise d'Alger, 1790-1830*, Flammarion, 1969, « Questions d'histoire », 140 p.

ALGÉRIE

34. Actes du colloque en l'honneur de Ch-R. Ageron, *La guerre d'Algérie, au miroir des décolonisations françaises*, Sorbonne, novembre 2000, Société française d'Histoire d'Outre-mer, Paris, 2000, 684 p.
35. ADDI Lahouari, *Les mutations de la société algérienne. Famille et lien social dans l'Algérie contemporaine*, Ed. La Découverte, textes à l'appui, série sociologique, 1999, 224 p.
36. ADDI Lahouari, *De l'Algérie pré-coloniale à l'Algérie coloniale, Économie et société*, Entreprise nationale du Livre, Alger, 1985, 176 p.
37. ADÈS Lucien, *L'aventure algérienne 1940-1944, Pétain-Giraud-De Gaulle*, Belfond, 1979, 252 p.
38. AGERON Charles-Robert, *Les Algériens musulmans et la France 1871-1919*, PUF, 1968, 2 vol., 1298 p.
39. AGERON Charles-Robert, *Histoire de l'Algérie contemporaine*, PUF, Paris, 1979, 644 p.
40. AGERON Charles-Robert, « Une émeute anti-juive à Constantine (août 1934) », *Revue de l'Occident Musulman et de la Méditerranée*, 1973, pp.23-40.
41. ARON Robert, *Les origines de la guerre d'Algérie*, Fayard, 1962, 332 p.
42. BERNARD Augustin, *L'Algérie*, Librairie Renouard, Coll. « Les colonies françaises », Paris, 1929.
43. BONTEMS C., *Manuel des institutions algériennes de la domination turque à l'indépendance*, Tome 1, Cujas, Paris, 1976, 564 p.
44. BOYER Pierre, *La vie quotidienne à Alger à la veille de l'intervention française*, Hachette, 1964, 268 p.
45. CARLIER Omar, *Entre Nation et djihad – Histoire sociale des radicalismes algériens*, Paris, Presses de Sciences Po, 1995, 443 p.
46. CHARNAY Jean-Paul, *La vie musulmane en Algérie*, d'après la jurisprudence de la 1re moitié du XXe siècle, PUF, 1991, 430 p.

47. COLLOT Claude, *Les institutions de l'Algérie durant la période coloniale (1830-1962)*, Éditions du CNRS, Paris, 1987.
48. COLOMBE Michel, « L'Algérie turque », *in Initiation à l'Algérie*, Librairie d'Amérique et d'Orient, Maisonneuve, Paris, 1957, p. 99 et *sq*.
49. COLONNA Fanny, *Instituteurs algériens 1883-1939*, Presses de la Fondation nationale des sciences politiques, 1975, 239 p.
50. COURRIÈRE Yves, *Les fils de la Toussaint*, Fayard, Paris, 1968.
51. DAOUD Zakya, *Abd El Krim, une épopée d'or et de sang*, Préface Bruno Étienne, Éditions Selguier, 1999.
52. DERMENJIAN Geneviève, *La crise anti-juive oranaise*, L'Harmattan, Paris, 1986.
53. DROZ Bernard, LEVER Evelyne, *Histoire de la guerre d'Algérie, 1954-1962*, Histoire, Points, Seuil, 1982, 384 p.
54. ÉTIENNE Bruno, *Abd el-Kader*, Hachette, 1994.
55. EVENO Patrick, PLANCHAIS Jean, *La guerre d'Algérie*, La Découverte, 1989, 424 p.
56. FONTANILLES, *Colonies agricoles : Saint-Cloud*, Oran, 1896.
57. FREMAUX Jacques, *Les Bureaux arabes dans l'Algérie de la conquête*, Denoël, 1993.
58. GILLETTE Alain, SAYAD Abdelmalek, *L'immigration algérienne en France*, Éditions Entente, Coll. « Minorités », Paris, 1984, 286 p.
59. HADJ Messali, *Mémoires*, Lattès, Paris, 1982.
60. HAMDANI Amar, *La vérité sur l'expédition d'Alger*, Balland, Paris, 1985.
61. HARBI Mohammed, *La guerre commence en Algérie*, Éditions complexe, Bruxelles, 1984, 208 p.
62. HARBI Mohammed, *Le F.L.N. Mirage et réalité*, Éditions J.A., 1985, 446 p.
63. HIFI Belkacem, *L'immigration algérienne en France, Origines et perspectives de non-retour*, L'Harmattan, 1985, 188 p.
64. JULIEN Charles-André, *Histoire de l'Algérie contemporaine*, T.1., La conquête et les débuts de la colonisation (1827-1871), PUF, 1964, IV, 636 p.
65. KADDACHE Mahfoud, *Histoire du nationalisme algérien 1919-1951*, S.N.E.D, Alger, 1981 (2 vol.).
66. KATAN Yvette, « Les colons de 1848 en Algérie : mythes et réalités », *Revue d'histoire moderne et contemporaine*, avril-juin 1984.
67. LACHERAF Mostefa, *L'Algérie, nation et société*, Cahiers libres 71-72, François Maspéro, 1965, 346 p.
68. LACOSTE Y., NOUSCHI A., PRENANT M., *L'Algérie passé et présent*, Éditions sociales, 1960.
69. LACOUTURE Jean, *Algérie : 1962, la guerre est finie*, Éd. Complexe, 1985, 208 p.
70. LECONTE Daniel, *Les pieds-noirs*, Paris, Seuil, 1980.
71. LEFEUVRE Daniel, *Chère Algérie*, S.F.H.O.M., 1997, 397 p.
72. LESPES René, *Alger : étude de géographie et d'histoire urbaine*, Paris, 1930.
73. LUCAS P. et VATIN J.-C., *L'Algérie des anthropologues*, Maspero, Paris, 1975.
74. MANCERON Gilles, REMAOUN Hassan, *D'une rive à l'autre, la guerre d'Algérie, de la mémoire à l'histoire*, Syros, Paris 1993.
75. MARTIN C., *Histoire de l'Algérie française (1860-1962)*, Paris, 1963.
76. MAUSS-COPAUX Claire, *Appelés en Algérie. La parole confisquée*, Pluriel, Hachette.
77. MERAD Ali, *Le réformisme musulman en Algérie de 1925-1940, Essai d'histoire religieuse et sociale*, Mouton, Paris-La Haye, 1967.
78. MEYNIER Gilbert, *L'Algérie révélée*, Librairie Droz, Genève-Paris, 1981, 794 p.
79. MEYNIER Gilbert, KOULAKSSIS Ahmed, *L'Émir Khaled, Premier za'im ?*, L'Harmattan, 1987, 380 p.
80. MEYNIER Gilbert, *Histoire intérieure du FLN. 1954-1962*, Fayard, 2002, 812 p.

81. MEYNIER Gilbert, HARBI Mohammed, *Le FLN, document et histoire. 1954-1962*, Fayard, 2004, 898 p.
82. MIQUEL Pierre, *La guerre d'Algérie*, Fayard, 1995, 554 p.
83. MONTAGNON P., *La conquête de l'Algérie*, Pygmalion, Paris, 1984.
84. MORIZOT Jean, *L'Algérie kabylisée*, Cahiers de l'Afrique et de l'Asie, J. Peyronnet et Cie, Paris, 1962, 164 p.
85. NOUSCHI André, *Les armes retournées, Colonisation et décolonisation françaises*, Belin, 2005.
86. NOUSCHI André, *L'Algérie amère 1914-1994*, Éditions de la Maison des sciences de l'homme, Paris, 1995, 350 p.
87. NOUSCHI André, *La naissance du nationalisme algérien 1914-1954*, Éditions de Minuit, Paris, 1962, 162 p.
88. OPPERMAN Thomas, *Le problème algérien*, Maspero, Paris, 1961.
89. PERVILLE Guy, *La paix en Algérie*, La Documentation française, Paris, 1992.
90. REY-GOLDZEIGUER Annie, *Le royaume arabe*, Société nationale d'édition et de diffusion, Alger, 1977, 814 p.
91. REY-GOLDZEIGUER Annie, *Aux origines de la guerre d'Algérie 1940-1945*, La Découverte, 2002, 402 p.
92. RIOUX. J.-P., SIRINELLI J.-F. (dir.), *La guerre d'Algérie et les intellectuels français*, Éditions complexe, 1991, 406 p.
93. SAYAD A. et BOURDIEU P., *Le déracinement. La crise de l'agriculture traditionnelle en Algérie*, Ed. Minuit, Paris, 1964, 228 p.
94. SIMON Jacques, *L'Étoile nord-africaine (1926-1937)*, L'Harmattan, 2003, 118 p.
95. SIMON Jacques, *Messali Hadj (1898-1974)*, Editions Tiresias, Paris, 1998, 246 p.
96. SINGER Claude, *Vichy, l'université et les Juifs*, Hachette, 1996, 436 p.
97. STORA Benjamin, DAOUD Zakya, *Ferhat Abbas, Une utopie algérienne*, L'aventure coloniale de la France, Denoël, 1995, 430 p.
98. STORA Benjamin, *Histoire de l'Algérie coloniale 1830-1954*, La Découverte, 1991, 128 p.
99. STORA Benjamin, *La gangrène et l'oubli*, La Découverte, Paris, 1991.
100. TILLION Germaine, *L'Algérie en 1957*, Éditions de Minuit, Paris, 1957.
101. TILLION Germaine, *Le harem et les cousins*, Le Seuil, coll. « Points », Paris, 1982.
102. TRUQUIN Norbert, *Mémoires et aventures d'un prolétaire à travers la révolution, 1833-1877*, coll. « Actes et Mémoires du Peuple »,. Maspero.
103. TURIN Yvonne, *Affrontements culturels dans l'Algérie coloniale*, Maspero, Paris, 1971, 434 p.
104. URBAIN Ismaël, *L'Algérie française. Indigènes et immigrants*, Paris, 1862, 74 p.
105. VALENSI Lucette, *Le Maghreb avant la prise d'Alger* (1790-1830), Flammarion, Paris, 1969, Paris, 142 p.
106. VATIN Jean-Claude, *L'Algérie politique, histoire et société*, Presses de la Fondation nationale des sciences politiques, 1983, 394 p.
107. VIDAL-NAQUET Pierre, *Les crimes de l'armée française Algérie 1954-1962*, La Découverte, 2001, 172 p.
108. YACONO X., *Un siècle de franc-maçonnerie algérienne 1785-1884*, Maisonneuve et Larose, Paris, 1969, 320 p.

MAROC

109. ADAM André, *Histoire de Casablanca des origines à 1914*, Aix-en-Provence, éd. Ophrys, 1968, 192 p.

110. AYACHE Albert, *Le Maroc, Bilan d'une colonisation*, Préface de Jean Dresch, Ed. Sociales, 1956, 368 p.
111. AYACHE Albert, *Le mouvement syndical au Maroc*, L'Harmattan, coll. « Racines du présent, Histoires et perspectives méditerranéennes, 328 p.
112. BEN ALI Driss, *Le Maroc précapitaliste*, Société marocaine des éditeurs réunis, Rabat, 1982, 310 p.
113. BEN MLIH Abdallah, *Structures politiques du Maroc colonial*, coll. « Histoire et perspective méditerranéennes », L'Harmattan, 1990.
114. BLEUCHOT Hervé, *Les libéraux français au Maroc 1947-1956*, ÉEd. de l'Université de Provence, Aix, 1973, 282 p.
115. BOUDERBALA Najib, PASCON Paul, *Le droit et le fait dans la société composite : essai d'introduction au système juridique marocain*, BESM, mars-juin 1970, n°117, p.1-17.
116. BRIGNON Jean, AMINE Abdelazziz, BOUTALEB Brahim, MARTINET Guy, ROSENBERGER Bernard, *Histoire du Maroc*, Paris, Hatier, Casablanca, Lib. nat., 1967, 416 p.
117. CAGNE Jacques, *Nation et nationalisme au Maroc*, Rabat, 1988, 784 p.
118. COLLIEZ André, *Notre protectorat, la première étape (1912-1930)*, Paris, 1939.
119. DECHAUD (éd.), *Lyautey 1903-1923*, Rabat, 1942, 212 p.
120. DRESCH Jean, *Lyautey, in Les techniciens de la Colonisation (XIX-XXe siècle)*, Paris, 1946, p. 133-156.
121. DRESCH Jean et BIROT P., *La Méditerranée et le Moyen-Orient*, PUF, Paris, 1953, 552 p.
122. EL MACHAT Samya, *Les États-Unis et le Maroc. Le choix stratégique 1945-1959*, L'Harmattan, 1997, 224 p.
123. ESCALIER Robert, *Villes et urbanisation du Maroc au début du XXe siècle*, colloque de Szeged, Études sur la région méditerranéenne, 1993.
124. GALLISSOT René, *Le patronat européen au Maroc (1931-1942)*, Rabat, Éd. Techniques nord-africaines, 1964, 288 p.
125. GAUDEFROY-DEMOMBYNES R., *L'œuvre française en matière d'enseignement au Maroc*, Geuthner, 1928, 248 p.
126. GAUDIO Attilio, *Maroc du Nord, Cités andalouses et montagnes berbères*, N.E.L., Paris, 1980, 170 p.
127. GHALLAB Saïd, « Les Juifs vont en enfer », *Les Temps modernes*, Juin 1965, pp.2247-2255.
128. GUILLEN P., *L'Allemagne et le Maroc de 1870 à 1905*, PUF, Paris, 1967, 992 p.
129. HARDY G., *La France au Maroc*, Paris, 1930.
130. JULIEN Charles-André, *Le Maroc face aux Impérialismes (1415-1956)*, Éd. Jeune Afrique, Paris, 1978, 552 p.
131. KATAN Yvette, *Oujda, une ville-frontière du Maroc (1907-1956). Musulmans, chrétiens et juifs en milieu colonial*, L'Harmattan, 1989, 690 p..
132. KENBIB Mohamed, *Juifs et musulmans au Maroc, 1859-1948*, Publications de la Faculté des Lettres et des sciences humaines de Rabat, Université Mohammed V, 1994.
133. KENBIB Mohamed, *La grande Encyclopédie du Maroc* (1986-1987).
134. KNIBIEHLER Yvonne, *Des Français au Maroc*, Denoël, Coll. « L'aventure coloniale de la France », 1992, 412 p.
135. LAROUI Abdallah, « Abd El-Krim et le nationalisme marocain jusqu'en 1947 », *Colloque Abd El-Krim*, pp.478-488.
136. LAROUI Abdallah, *Les origines sociales et culturelles du nationalisme marocain 1830-1912*, Maspéro, 1977, 482 p.
137. LE TOURNEAU Roger, *L'évolution politique de l'Afrique du Nord musulmane 1920-1962*, A. Colin, 1962, 504 p.
138. LE TOURNEAU Roger, *La vie quotidienne à Fès en 1900*, Hachette, 1965, 316 p.
139. LE TOURNEAU Roger, *Fès avant le protectorat*, Éditions La Porte, Rabat, 1980.

140. LE TOURNEAU Roger, *Histoire du Maroc moderne*, Université de Provence, 1992.
141. LEVY S., « La communauté juive dans le contexte de l'histoire du Maroc du XVIIe siècle à nos jours », in *Actes du Colloque International sur la communauté juive marocaine*. Grenoble 1980, pp.105-150. Éd. La Pensée sauvage sous le titre *Juifs du Maroc. Identité et dialogue*.
142. LEVY-MONGELLI, « Un cas d'aliénation culturelle : les Juifs d'Afrique du Nord dans l'aventure coloniale française », in *Actes du Colloque International sur la communauté juive marocaine*, Grenoble, 1980, pp.247-255.
143. LYAUTEY Hubert, *Paroles d'action, Madagascar, Sud-Oranais, Oran, Maroc, 1900-1926*, Colin, 1927, XXXV, 480 p.
144. MIEGE Jean-Louis, *Le Maroc*, PUF, 1950, 6e éd., 1977, 128 p.
145. MIEGE Jean-Louis, *Le Maroc et l'Europe*, 4 Tomes, Éd. La Porte, Rabat, 1989, 508 p.
146. MONTAGNE Robert, *La crise nationaliste au Maroc, Pol. étrang.*, déc.1937, pp.535-562.
147. MONTAGNE Robert, *Révolution au Maroc*, France-Empire, 1953, 416 p.
148. OVED Georges, *La gauche française et le nationalisme marocain 1905-1955*, 2 vol., L'Harmattan, Paris, 1984.
149. PAYE Lucien, *Enseignement et société musulmane- Introduction et évolution de l'enseignement moderne au Maroc*, Thèse Lettres Paris, 1957, 624 p. 3 vol.
150. REZETTE R., *Les partis politiques marocains*, Préface de Maurice Duverger, Colin, 1955, Cahiers fond. Nat. Sciences politiques, 422 p.
151. RIVET Daniel, *Lyautey et l'institution du protectorat français au Maroc*, 3 Tomes, L'Harmattan, Paris, 1988.
152. SLOUSCH Nahum, « Étude sur l'histoire des Juifs et du judaïsme au Maroc », *Archives marocaines*, T. IV, 1906, pp.345-410.
153. SPILLMAN Georges, *Du protectorat à l'indépendance* (1912-1955), Plon, Paris, 248 p.
154. STILLMAN Norman, « L'expérience judéo-marocaine » in *Judaïsme d'Afrique du Nord au XIXe et XXe siècles*, Centre de recherches sur le Judaïsme d'Afrique du Nord, Institut Ben Zvi, 1980.
155. TIANO André, *Le Maroc entre les mythes. L'économie nord-africaine depuis l'indépendance*, PUF, Paris, 324 p.
156. VOINOT Louis, « Le début du système des revendications algériennes contre le Maroc (1876-81) », *Rev. Afr.*, 3e trim., 1924, pp.390-471.
157. ZAFRANI Haïm, *Pédagogie juive en terre d'Islam*, Maisonneuve, Paris, 1969, 192 p.
158. ZAFRANI Haïm, *Mille ans de vie juive au Maroc, Histoire et culture, religion et magie*, Maisonneuve et Larose, Paris, 1983, 316 p.
159. Colloque (1978), « La communauté juive marocaine : vie culturelle, histoire sociale et évolution », Éditions la Pensée sauvage, 1981.

TUNISIE

160. ALEXANDROPOULOS Jacques, CABANEL Patrick (éd.), *La Tunisie mosaïque*, Presses Universitaires du Mirail, Toulouse, 2000, 586 p.
161. ARNOULET François, *L'enseignement en Tunisie (1881-1901)*, IBLA, 1991.
162. BESSIS Juliette, *La méditerranée fasciste, L'Italie mussolinienne et la Tunisie*, Karthala, 1981, 404 p.
163. BOURGUIBA Habib, « *Ma vie, mon œuvre 1934-1938* », Plon, 1986, 568 p.
164. CAMAU Michel, *La Tunisie*, PUF, Paris, « Que sais-je ? », n° 318, 128 p. .
165. DEBBASCH Ch., CAMAU M., *La Tunisie*, Éditions Berger-Levrault, 1973, 90 p.
166. GANIAGE Jean, *Les origines du protectorat français en Tunisie, 1861-1881*, Paris, 1959, 776 p.

167. HUBAC Pierre, *Tunisie*, Berger-Levrault, Paris, 1948, 160 p.
168. JULIEN Ch.-A., *Et la Tunisie devint indépendante*, Jeune Afrique, Paris, 1985, 216 p.
169. KASSAB Ahmed, *Histoire de la Tunisie : l'époque contemporaine*, STD, Tunis, 1976, 506 p.
170. LIAUZU Cl., « La pressse ouvrière européenne en Tunisie (1881-1939), *Annuaire de l'Afrique du Nord*, 1970.
171. MAHJOUBI Ali, *L'établissement du protectorat français en Tunisie*, Publications de l'université de Tunis, 1977, 424 p.
172. MARTIN Jean-François, *Histoire de la Tunisie contemporaine*, L'Harmattan, Paris, 1993, 200 p.
173. PELLEGRIN Arthur, *Histoire de la Tunisie*, Éditions de la Rapide, Tunis, 1944, 3e éd., 264 p.
174. SEBAG Paul, *La Tunisie*, Éditions sociales, 1951, 240 p.
175. SEBAG Paul, *Histoire des Juifs de Tunisie. Des origines à nos jours*, L'Harmattan, 1991, 336 p.

DIVERS

176. AGERON Ch.-R., *L'anticolonialisme en France de 1871 à 1914*, PUF, 1973.
177. BLANCHARD P., BANCEL N., LEMAIRE S. (dir.), *La fracture coloniale*, La Découverte, Paris, 2005, 312 p.
178. DALLOZ J., *Textes sur la décolonisation*, PUF, coll. » Que sais-je ? », n°2491.
179. GALLISSOT René (dir.), *Mouvement ouvrier, communisme et nationalismes dans le monde arabe*, Cahier du Mouvement social n° 3, Les Éditions ouvrières, 1978, 292 p.
180. HOWE S.E., *Lyautey du Tonkin au Maroc*, Paris, 1938.
181. LIAUZU Cl., *L'Europe et l'Afrique méditerranéenne. De Suez (1869) à nos jours*, Complexe, 1994, 272 p.
182. MARRUS M., PAXTON R., *Vichy et les Juifs*, Calmann-Lévy, Paris, 1981.
183. MOPIN Michel, *Les grands débats parlementaires de 1875 à nos jours*, La Documentation française, Paris, 1988.
184. RUSCIO Alain, *Que la France était belle au temps des colonies. Anthologie des chansons coloniales et exotiques françaises*, Maisonneuve et Larose, Paris, 2002.
185. SOURDEL Dominique et Janine, *Dictionnaire historique de l'Islam*, Presses universitaires de France, Paris, 1996.

Annexes

Traité du protectorat

Le Gouvernement de la République Française et le Gouvernement de Sa Majesté Chérifienne, soucieux d'établir au Maroc un régime régulier, fondé sur l'ordre intérieur et la sécurité générale, qui permette l'introduction des réformes et assure le développement économique du pays, sont convenus des dispositions suivantes

Art. 1. Le Gouvernement de la République Française et Sa Majesté le Sultan sont d'accord pour instituer au Maroc un nouveau régime comportant les **réformes** administratives, judiciaires, scolaires, économiques, financières et militaires **que le Gouvernement Français jugera utiles d'introduire sur le territoire marocain.**
Ce régime sauvegardera la **situation religieuse**, le **respect** et le **prestige** traditionnel du **Sultan**, l'exercice de la religion musulmane et des institutions religieuses, notamment de celles des **habous**. Il comportera l'organisation d'un Makhzen chérifien réformé.
Le Gouvernement de la République se concertera avec le Gouvernement Espagnol au sujet des intérêts que le Gouvernement tient de sa position géographique et de ses possessions territoriales sur la côte marocaine.
De même la ville de Tanger gardera le caractère spécial qui lui a été reconnu et qui déterminera son organisation municipale.

Art. 2. Sa Majesté le Sultan admet dès maintenant que le Gouvernement Français procède, après avoir prévenu le Makhzen, aux occupations militaires du territoire marocain qu'il jugerait nécessaires au maintien de l'ordre et de la sécurité des transactions commerciales et à ce qu'il exerce toute action de police de terre et dans les eaux marocaines.

Art. 3. Le Gouvernement de la République prend l'engagement de prêter un appui constant à Sa Majesté Chérifienne contre tout danger qui menacerait sa personne ou son trône ou qui compromettrait la tranquillité de ses États. Le même appui sera prêté à l'héritier du trône et à ses successeurs.

Art. 4. Les mesures que nécessite le nouveau régime de Protectorat seront édictées, sur la proposition du Gouvernement Français, par Sa Majesté Chérifienne ou par les autorités auxquelles elle en aura **délégué le pouvoir**. Il en sera de même des règlements nouveaux et de modifications aux règlements existants.

Art. 5. Le Gouvernement Français sera représenté auprès de Sa Majesté Chérifienne par un commissaire Résident Général dépositaire de tous les pouvoirs de la République au Maroc, qui veillera à l'exécution du présent accord.

Le commissaire Résident Général sera le seul intermédiaire du Sultan auprès des représentants étrangers et dans les rapports que ces représentants entretiennent avec le Gouvernement Marocain. Il sera, notamment, chargé de toutes les questions intéressant les étrangers dans l'Empire Chérifien. **Il aura le pouvoir d'approuver et de promulguer, au nom du Gouvernement Français, tous les décrets rendus par Sa Majesté Chérifienne.**

Art. 6. Les agents diplomatiques et consulaires de la France seront chargés de la représentation et de la protection des sujets et des intérêts marocains à l'étranger.
S.M. le Sultan s'engage à ne conclure aucun acte ayant un caractère international sans l'assentiment préalable du Gouvernement de la République Française.

Art. 7. Le Gouvernement de la République Française et le Gouvernement de S.M. Chérifienne se réservent de fixer d'un commun accord les bases d'une réorganisation financière qui, en respectant les droits conférés aux porteurs des titres des emprunts publics marocains, permettra de garantir les engagements du Trésor Chérifien et de percevoir régulièrement les revenus de l'Empire.

Art. 8. S.M. Chérifienne s'interdit de contracter à l'avenir, directement ou indirectement, aucun emprunt public ou privé et d'accorder, sous une forme quelconque, aucune concession sans l'autorisation du Gouvernement Français.

Art. 9. La présente convention sera soumise à la ratification de la République Française et l'instrument de ladite ratification sera remis à S.M. le Sultan dans le plus bref délai possible.
En foi de quoi, les soussignés ont dressé le présent acte et l'ont revêtu de leurs cachets.

Fait à Fès, le 30 mars 1912/11 rabî'1330.

DAHIR DU 16 MAI 1930, RELATIF À L'ORGANISATION DE LA JUSTICE DANS LES TRIBUS DE COUTUMES BERBÈRES NON POURVUS DE MAHKAMAS POUR L'APPLICATION DU CHRA'.

LOUANGE À DIEU SEUL
(Grand sceau de Sidi Mohammed)

Que l'on sache par les présentes – puisse Dieu en élever et en fortifier la teneur.

Que notre Majesté Chérifienne,

Considérant que le dahir de Notre auguste père S.M. Le Sultan Moulay Youssef en date du 11 septembre 1914 (20 Choual 1332) a prescrit, dans l'intérêt du bien de nos sujets et de la tranquillité de l'État, de respecter le statut coutumier des tribus berbères pacifiées ; que dans le même but, le dahir du 15 juin 1922 (19 Choual 1340) a institué des règles spéciales en ce qui concerne les aliénations immobilières qui seraient consenties à des étrangers dans les tribus de coutume berbère non pourvues de mahkamas pour l'application du Chrâa ; que de nombreuses tribus ont été depuis lors régulièrement classées par Notre Grand Vizir parmi celles dont le statut coutumier doit être respecté ; qu'il devient opportun de préciser aujourd'hui les conditions particulières dans lesquelles la justice sera rendue dans les mêmes tribus,

A DÉCIDÉ CE QUI SUIT

ARTICLE PREMIER – Dans les tribus de Notre Empire reconnues comme étant de coutume berbère, la répression des infractions commises par des sujets marocains qui serait de la compétence des caïds dans les autres parties de l'Empire est de la compétence des chefs de tribus.

Pour les autres infractions, la compétence et la répression sont réglées par les articles 4 et 6 du précédent dahir.

ARTICLE 2 – Sous réserve des règles de compétence qui régissent les tribunaux français de Notre Empire, les actions civiles ou commerciales, mobilières ou immobilières sont jugées, en premier ou dernier ressort, suivant le taux qui sera fixé par arrêté viziriel, par les juridictions spéciales appelées tribunaux coutumiers.

Ces tribunaux sont également compétents en toute matière de statut personnel ou successoral.

Ils appliquent, dans tous les cas, la coutume locale.

ARTICLE 3 – L'appel des jugements rendus par les tribunaux coutumiers, dans les cas où il sera recevable, est porté devant les juridictions appelées tribunaux d'appel coutumiers.

ARTICLE 4 – En matière pénale, ces tribunaux d'appel sont également compétents, en premier et dernier ressort, pour la répression des infractions prévues à l'alinéa 2 de l'article premier ci-dessus, et en outre de toutes infractions commises par des membres des tribunaux coutumiers dont la compétence normale est attribuée au chef de la tribu.

ARTICLE 5 – Auprès de chaque tribunal coutumier de première instance ou d'appel est placé un commissaire du Gouvernement, délégué par l'autorité régionale de contrôle de laquelle il dépend. Près de chacune de ces juridictions est également placé un secrétaire-greffier, lequel remplit en outre les fonctions de notaire.

ARTICLE 6 – Les juridictions françaises statuant en matière pénale, suivant les règles qui leur sont propres, sont compétentes pour la répression des crimes commis en pays berbère quelle que soit la condition de l'auteur du crime.

Dans ces cas, est applicable le dahir du 12 août 1913 (9 ramadan 1331) sur la procédure criminelle.

ARTICLE 7 – Les actions immobilières auxquelles seraient parties, soit comme demandeur, soit comme défendeur, des ressortissants des juridictions françaises, sont de la compétence de ces juridictions.

ARTICLE 8 – Toutes les règles d'organisation, de composition et de fonctionnement des tribunaux coutumiers seront fixées par arrêtés viziriels successifs, selon les cas et suivant les besoins.

Manifeste du parti de l'Istiqlal

Le Parti de l'Istiqlal (Parti de l'indépendance) qui englobe les membres de l'ex-Parti National et des personnalités indépendantes.

Considérant que le Maroc a toujours constitué un État libre et souverain et qu'il a conservé son indépendance pendant treize siècles jusqu'au moment où, dans des circonstances particulières, un régime de protectorat lui a été imposé.

Considérant que ce régime avait pour fin et pour raison d'être de doter le Maroc d'un ensemble de réformes administratives, judiciaires, culturelles, économiques, financières et militaires, sans toucher à la souveraineté traditionnelle du Peuple Marocain sous l'égide de son Roi.

Considérant qu'à ce régime les Autorités du protectorat ont substitué un régime d'administration directe et d'arbitraire au profit de la colonie française dont un fonctionnariat pléthorique est en grande partie superflu et qu'elles n'ont pas tenté de concilier les divers intérêts en présence.

Considérant que c'est grâce à ce système que la colonie française a pu accaparer tous les pouvoirs et se rendre maîtresse des ressources vives du pays au détriment des autochtones.

Considérant que le régime ainsi établi a tenté de briser par des moyens divers l'unité du Peuple Marocain, a empêché les Marocains de participer de façon effective au gouvernement de leur pays et les a privés de toutes les libertés publiques et individuelles.

Considérant que le monde traverse actuellement des circonstances autres que celles dans lesquelles le Protectorat a été institué.

Considérant que le Maroc a participé de façon effective aux guerres mondiales aux côtés des Alliés ; que ses troupes viennent d'accomplir des exploits qui ont suscité l'admiration de tous aussi bien en France qu'en Tunisie, en Corse, en Sicile et en Italie et qu'on attend d'elles une participation encore plus étendue sur d'autres champs de bataille, notamment pour aider à la libération de la France.

Considérant que les Alliés, qui versent leur sang pour la cause de la liberté, ont reconnu dans la Charte de l'Atlantique le droit des peuples à disposer d'eux-mêmes et qu'ils ont récemment, à la Conférence de Téhéran, proclamé leur réprobation de la doctrine qui prétend que le fort doit dominer le faible.

Considérant que les Alliés ont manifesté, à différentes reprises, leur sympathie à l'égard des peuples dont le patrimoine historique est moins riche que le nôtre et dont le degré de civilisation est d'un degré inférieur à celui du Maroc.

Considérant enfin que le Maroc constitue une unité homogène qui, sous la haute direction de son Souverain, prend conscience de ses droits et de ses devoirs tant dans le domaine interne que dans le domaine international et sait apprécier les bienfaits des libertés démocratiques qui sont conformes aux principes de notre religion et qui ont servi de fondement à la constitution de tous les pays musulmans.

DÉCIDE :

A. En ce qui concerne la politique générale

1°) De demander l'indépendance du Maroc dans son intégrité territoriale sous l'égide de sa Majesté Sidi Mohammed Ben Youssef que Dieu le glorifie.
2°) De solliciter de Sa Majesté d'entreprendre avec les nations intéressées des négociations ayant pour objet la reconnaissance et la garantie de cette indépendance, ainsi que la détermination, dans le cadre de la souveraineté, des intérêts légitimes des étrangers résidant au Maroc.
3°) De demander l'adhésion du Maroc à la Charte de l'Atlantique et sa participation à la Conférence de la Paix.

B. En ce qui concerne la politique intérieure

De solliciter de Sa Majesté de prendre sous sa haute direction le mouvement de réforme qui s'impose pour assurer la bonne marche du Pays et laisse à Sa Majesté le soin d'établir un régime démocratique comparable au régime de gouvernement adopté dans les pays musulmans d'Orient, garantissant les droits de tous les éléments et de toutes les classes de la société marocaine et définissant les devoirs de chacun.

Fait à Rabat, le 14 Moharam 1363/11 janvier 1944

Pour toutes les sections du Parti de l'Istiqual dans toutes les régions du Maroc

Signé :

Muhammad al-Yazîdi, membre du Comité Exécutif de l'ex-Parti National,
Al-Hâjj Ahmad al-Sharqâwî, membre du Conseil Supérieur de l'ex-Parti National, licencié ès-lettres, diplômé des Hautes Études de la Sorbonne, directeur de l'Institut Mhammad Guassûs,
Muhammad Ghâzî, membre du Comité Exécutif de l'ex-Parti National, 'alim, directeur de la revue *Risâlat al Maghrib*,
'Abd al-Kârîm ben Jallûn, licencié ès-lettres, licencié en droit, juge au Haut Tribunal Chérifien,
'Abd al-Kb^r al Fîhrî al-Fâsî, juge au Haut Tribunal Chérifien,
'Abd al-Jalîl, al-Quabbâj, inspecteur des *Habûs*, président honoraire de l'*Association des Anciens Élèves du Collège Moulay Youssef de Rabat*,
'AbdAllâh al-Ragrâgî, secrétaire à la Bibliothèque Générale de Rabat,
Mas'ûd al-Shîgr, secrétaire au *Makhzen* Central,
Al-Mahdî ben Barka, président de l'*Association des Anciens Élèves du Collège Mûlay Yûsif de Rabat*, membre du Conseil du Gouvernement, professeur au Collège Impérial et au Lycée Gouraud,
Muhammad al-Jazûlî, ancien membre du Conseil du Gouvernement, membre de la Commission Municipale de Rabat, commerçant,
Al-Hâjj Muhammad al-Rifâ'î, 'alim, ex-Cadi suppléant de Rabat,
Abû Bakr al-Qâdirî, membre du Conseil Supérieur de l'ex-Parti National, directeur d'école libre à Salé,
Muhammad al-Baqqâlî, directeur d'école libre à Salé,
Al-Sadîq bel-'Arbî, journaliste.

Chronologie générale

Date	Algérie	Tunisie	Maroc	Monde
1822			Début du règne de Moulay Abderrahmane	Massacre de Chios (mort de 30 000 Grecs)
1823			Traité signé avec le Portugal	
1825			Traités signés avec la Grande-Bretagne et la France	
1827				
30 avril	Coup de chasse-mouches du dey d'Alger au consul de France			
1830		Tunisie octroie à la France le statut de la nation la plus favorisée		1ere locomotive à vapeur, création de la machine à coudre en Angleterre
juillet				Révolution de juillet, les Trois Glorieuses, Charles X est détrôné, Louis-Philippe d'Orléans devient roi.
5 juillet	Prise d'Alger			
1833	Création du 1er Bureau Arabe			
1834			Delacroix peint « Une fantasia au Maroc »	Abolition de l'esclavage dans les colonies britanniques
22 juillet	Acte de naissance de l'Algérie			
1837	Traité de la Tafna	Arrivée au pouvoir d'Ahmed Bey		
13 octobre	Reddition de Constantine			
1838		Création de l'école du Bardo		
1839				Guerre de l'Empire ottoman contre l'Égypte
1843				

Date	Algérie	Tunisie	Maroc	Monde
10 mai	Prise de la Smala			
1844				
30 mai			Victoire de Lamoricière	
18 juin			Entrée de Bugeaud à Oujda	
14 août	Défaite d'Abd El-Kader à l'Oued d'Isly		Défaite de l'Oued Isly	
10 septembre	Traité de Tanger			
1845				
18 mars	Convention de Lalla Maghnia		Convention de Lalla Maghnia	
1847				
23 décembre	Reddition d'Abd El-Kader			
1848	Organisation de l'Algérie en 3 départements français. Représentation des colons au Parlement. Création des colonies agricoles			Révolution de février à Paris, Abdication de Louis-Philippe, Proclamation de la 2e République
1851	Loi de cantonnement			Coup d'Etat de Louis-Napoléon
1855		Début du règne du Bey Mohammed Sadok		
1856			Régime de la porte ouverte	Traité de Paris, Fin de la guerre de Crimée. Abolition de la course
1859	Soulèvement de l'Aurès		Règne de Mohammed IV	
1860				
6 juin			Entrée à Tétouan des troupes espagnoles	
septembre	1er Voyage de Napoléon III	Rencontre de Mohamed Sadok et Napoléon III		
1861	Soulèvement du Hodna	Promulgation de la Constitution		Règne d'Ismaël vice-roi d'Égypte
1863		Démission de Khereddine	Convention Béclard	
22 avril	Senatus consulte portant sur la propriété foncière			
juin	Révolte des Ouled Sidi Cheikh			
1865				
3 mai-7 Juin	Voyage de Napoléon III en Algérie			
juillet 14	Senatus consulte sur la citoyenneté			
1869				

Date	Algérie	Tunisie	Maroc	Monde
5 juillet		Constitution de la Commission financière internationale		
4 septembre				Défaite de Sedan
1870	Décret Crémieux			
1871	Insurrection de la Kabylie (mars), Commune d'Alger (novembre)			Adolphe Thiers élu Président de la République
29 mars	Louis Henri de Gueydon gvr général			
10 juillet				Traité de Francfort entre la France et l'Allemagne
1873	Loi Warnier	Début du Ministère Khereddine	Règne de Moulay Hassan 1er	Mission de Dournaux Duperré pour Tombouctou
10 juin	Antoine Alfred Eugène Chanzy nommé gouverneur général			Mac-Mahon Président de la République
1878				
13 juillet				Traité de Berlin
1879				
15 mars	Albert Grévy gvr général			
1880			Conférence de Madrid	
1881	Instauration du Code de l'indigénat			
12 mai		Traité de Ksar Saïd, dit du Bardo		
26 août	Décret des "rattachements"			
26 novembre	Louis Tirman nommé gouverneur général			
1882	Occupation du Mzab			Mort d'Abd El Kader à Damas
18 février		Paul Cambon nommé Résident général		
mai 20				Adhésion de l'Italie à l'alliance austro-allemande
1883				
21 février				2nd ministère Ferry
8 juin		Convention de la Marsa		
1885				
26 février				Acte de Berlin
1886				
novembre		Justin Massicault Résident général		
1887				
4 avril				Conférence coloniale

Date	Algérie	Tunisie	Maroc	Monde
1888				
octobre				Convention du Canal de Suez
1889	Loi sur les naturalisations des étrangers			Fondation de l'École coloniale en France
juin				Conférence de Bruxelles pour l'abolition de l'esclavage
1890				
1891				
18 avril	Jules Cambon gvr général			
19 juillet		Loi douanière franco-tunisienne		
1892	Commission d'enquête des XVIII	Colonisation officielle		
novembre		Charles Rouvier Résident général		
1894			Règne de Moulay Abdelazziz	Occupation de Tombouctou par Joffre
septembre		René Millet Résident général		
1896	Fin des « rattachements »	Création de la Khaldounia		
30 septembre		Convention franco-italienne sur la Tunisie		
1897				
1er octobre	Louis Lépine gvr général			
1898	Crise anti-juive			Création de la Ligue des droits de l'Homme
10 juillet				Occupation de Fachoda
26 juillet	Edouard Laferrières gvr général			
1900	Autonomie budgétaire et personnalité civile à Alger			Exposition coloniale
3 octobre	Charles Jonnart gvr général			
1901	Prise de Timimoun	Stephan Pichon Résident général	Mise en place du Tertib	Mort de la reine Victoria
18 juin	Paul Révoil gvr général			
1902	Création des Territoires du Sud		Accord français avec l'Italie	Renouvellement de la Triple Alliance
1903			Occupation d'Oujda par Bou Hmara	
11 avril	Maurice Varnier gvr général			
5 mai	Charles Jonnart gvr général			
1905		Fondation de la Sadikiya		

Date	Algérie	Tunisie	Maroc	Monde
31 mars			Guillaume II à Tanger	
1906			Conférence d'Algésiras	
1907	Occupation de Djanet par les Français	Naissance du mouvement « Jeunes-Tunisiens »	Assassinat du Dr Mauchamp à Marrakech, occupation d'Oujda et incidents de Casablanca	Congrès de Stuttgart de la IIe Internationale
28 mars			Occupation d'Oujda par les Français	
juillet			Débarquement des Français à Casablanca	
29 décembre		Gabriel Alapetite Résident général		
1908			Règne de Moulay Abdel Hafid	Révolution des Jeunes Turcs
1910				
11 avril		Convention de Tripoli		
1911	Exode de Tlemcen		Soulèvement des tribus guich	Guerre de l'Italie contre l'Empire ottoman
22 mai	Charles Lutaud gvr général			
08 juin			Moulay Ez Zin capturé à Fès	
7 novembre		Incidents du cimetière du Djellaz		
1912			Règne de Moulay Youssef	Le gouvernement turc reconnaît la souveraineté italienne sur la Tripolitaine
30 mars			Convention de Fès	
			Lyautey Résident. Abdication de Moulay Hafid remplacé par Moulay Youssef, choisi par la Résidence	
avril			Révolte de Fès	
mai			Révolte hibiste	
1914	Insurrection de l'Aurès contre la conscription			
16 mai			Prise de Taza	
1er août				L'Allemagne déclare la guerre à la Russie
17 décembre				Protectorat anglais sur l'Égypte
1917				
avril 06				Les Etats-Unis déclarent la guerre à l'Allemagne
novembre				Déclaration Balfour sur un foyer national juif en Palestine

CHRONOLOGIE GÉNÉRALE 383

Date	Algérie	Tunisie	Maroc	Monde
1918				Sa'ed Zaghloul demande l'autonomie de l'Égypte
08 janvier				14 points de Wilson
29 janvier	C. Jonnart gvr général			
11 novembre				Armistice
1919		Flandin Résident		Traité de Versailles
4 février	Réformes Jonnart-Clemenceau favorables aux Algériens musulmans			
juin		Publication de La Tunisie martyre		
29 août	Jean Baptiste Eugène Abel gvr général			
1920		Naissance du Parti constitutionnel Destour		Traité de Sèvres avec la Turquie après les victoires d'Atatürk
24 novembre		Lucien Saint Résident		
1921			Les Espagnols sont vaincus à Anduel par Abd El-Krim	
janvier		Neuf points du Destour		
28 juillet	Théodore Steeg gvr général			
8 novembre		Décret portant sur la naturalisation française		
1922		Programme du Bey Naceur		Fin du protectorat anglais sur l'Égypte
février 01			Proclamation de la République rifaine par Abd El-Krim	
juillet		Crise politique opposant le Bey et le Résident		
1923				Nouvelle Constitution en Égypte
		Décès du Bey Naceur, avènement de Mohamed Bey		
		Taalbi s'exile		
		Loi de naturalisation dite loi Morinaud		
1924	Exil de l'Émir Khaled	Fondation de la CGTT		
février				Abolition du califat par Mustepha Kemal
1925		Démantèlement de la CGTT	Victoire d'Abd El Krim sur la tribu des Beni Aroual	Grève organisée par le PCF en France pour la paix au Maroc
17 avril	Henri Dubief gvr général			

Date	Algérie	Tunisie	Maroc	Monde
12 mai	Maurice Viollette gvr général			
août		Pétain commandant en chef en Tunisie		
1926	Naissance de l'Étoile Nord-Africaine		Capitulation d'Abd El Krim	
		Promulgation des décrets scélérats	Théodore Steeg Résident général	
1927			Règne de Mohamed ben Youssef	
20 novembre	Pierre Louis Bordes gvr général			
1929		Manceron Résident	Naissance de Moulay Hassan Lucien Saint Résident général	
octobre				Krach Boursier à New York
1930	Mémoire de Messali Hadj devant la SDN	Congrès eucharistique de Carthage	Fondation du Parti national par Allal El Fassi	
6 mai		Exposition coloniale de Vincennes		
16 mai			Le Dahir berbère	
30 juin				Indépendance de l'Irak
3 octobre	H. Carde gvr général			
1931	Création de l'Association des Ouléma réformistes	Troubles contre le congrès eucharistique		
6 mai				Exposition coloniale à Paris
1932				
12 novembre		Décrets autorisant le droit syndical		
1933			Henri Ponsot Résident général	
30 janvier				Hitler, chancelier du Reich
14 avril		Question de l'inhumation des Tunisiens naturalisés		
12 mai		Congrès du Destour		
31 mai		Dissolution du Destour		
3 juin		Peyrouton Résident		
1934			Fin de la pacification	Création de la Libye
			Création du Comité d'Action Marocaine (CAM)	
4 mars		Congrès de Ksar-Hellal, Fondation du Néo-Destour		
3-4 août	Pogrom de Constantine			

Date	Algérie	Tunisie	Maroc	Monde
1er décembre			Publication du plan de réformes marocaines	
1935				
21 septembre	G. Le Beau gvr général			
2 octobre				L'Italie envahit l'Éthiopie
1936			Ouazzani quitte le parti	
avril		Armand Guillon Résident général		
mai		Libération des dirigeants du Néo-Destour	Marcel Peyrouton Résident général	Gouvernement Blum
juin	Début du Congrès Musulman	Rencontre Viénot-Bourguiba à Paris		
décembre			Charles Noguès Résident général	
30 décembre	Projet Blum-Violette			
1937	Dissolution de l'E.N.A			
février		Viénot en visite à Tunis		
mars	Fondation du P.P.A par Messali	Incidents de Metlaoui		
18 mars			Dissolution du CAM	
12 avril		Dissolution du Néo-Destour		
27 août	Arrestation de Messali			
octobre	Triomphe du P.P.A aux élections	Eric Labonne Résident	Incidents à Rabat, Fès, Meknès…	
			Arrestation de leaders nationalistes	
1938				
29 septembre				Conférence de Munich
1939	Dissolution du P.P.A			
1940				
18 juin				Appel du général de Gaulle
25 juin				Armistice franco-allemand
juin		Peyrouton Résident		
juillet	Bombardement de Mers el Kébir	Jean Pierre Esteva Résident général		
20 juillet	Abrial gvr général			
1941				
31 mars				Contre-offensive allemande en Afrique du Nord
19 juin		Moncef Bey au pouvoir		
16 juillet	Maxime Weygand gvr général			
20 novembre	Yves Charles Châtel gvr général			

Date	Algérie	Tunisie	Maroc	Monde
7 décembre				Pearl Harbor
1942				
octobre				Bataille d'El-Alamein
8 novembre			Débarquement anglo-américain en Afrique du Nord	
14 novembre		Débarquement allemand		
décembre		Ministère Chenik		
1943			Gabriel Puaux Résident général	Bataille de l'Atlantique
janvier			Rencontre Roosevelt Mohammed ben Youssef à Anfa	
20 janvier	Peyrouton gvr général			
12 février	Manifeste du Peuple Algérien			
7 mai		Troupes alliées à Tunis		
mai	Visite de de Gaulle à Alger	Déposition de Moncef Bey		
3 juin	G. Catroux nommé gvr général			
juin		Mast Résident		
3 septembre				Capitulation de l'Italie
décembre	Discours de Constantine		Naissance de l'Istiqlal	
1944				Conférence de Brazzaville
janvier			Manifeste de l'Istiqlal	
29 janvier			Arrestations de dirigeants de l'Istiqlal	
janvier-Février			Émeutes à Rabat et à Fès	
mars	Fondation des Amis du Manifeste et de la liberté (AML)			
7 mars	Ordonnance abolissant l'indigénat			
6 juin				Débarquement allié en Normandie
30 août				Gouvernement provisoire transféré à Paris
8 septembre	Châtaigneau gvr général			
1945				
février		Réforme du Grand Conseil		
22 février		Manifeste du Front Tunisien		
avril	Incidents de Ksar Chellala	Bourguiba en Égypte		Mort de Roosevelt

Date	Algérie	Tunisie	Maroc	Monde
8 mai	Manifestation de Sétif			Victoire des Alliés
14 mai	Arrestation de Ferhat Abbas			
mai		Création de l'UGTT		
20 octobre				Création de la Ligue Arabe
1946				Constitution de la IVe République
mars			Erik Labonne Résident général	
2 juin	Victoire de l'UDMA aux élections			
23 octobre	Messali Hadj crée le Mouvement pour le triomphe des libertés démocratiques			
1947	Statut pour l'Algérie			
janvier		Mons Résident		
10 avril			Discours du Sultan à Tanger	
14 mai			Alphonse Juin Résident général	
20 octobre	Triomphe du MTLD aux élections			
1948				Proclamation de l'État d'Israël
11 février	Naegelen gvr général			
7 juin			Pogrom d'Oujda	
septembre	Mémoire de Messali à l'O.N.U	Mort de Moncef Bey		
1949				
11 mai				Israël est admis à l'ONU
8 septembre		Retour de Bourguiba		
1950	Démantèlement de l'Organisation spéciale			
juin		Périllier Résident		En Égypte, retour du Wafd au pouvoir
octobre			Voyage du Sultan en France où il réclame la révision du traité du Protectorat	
novembre		Événements d'Enfidaville		
21 décembre			Altercation entre le Glaoui et Sultan	
1951				
26 janvier			Marche des tribus sur Fès et Rabat ; Ultimatum de Juin	
8 février		Réformes politiques		

Date	Algérie	Tunisie	Maroc	Monde
9 avril			Front National marocain	
12 avril	Léonard gvr général			
28 août			Augustin Guillaume Résident général	
14 décembre				Indépendance de la Libye
décembre 15		Note de Schumann		
5 mai				
13 janvier		Jean de Hauteclocque Résident général		
18 janvier		Arrestation de Bourguiba		
20-25 janvier		Ratissage du Cap Bon		
mai	Déportation de Messali			
05 décembre		Assassinat de Ferhat Hached		
7-8 décembre			Émeutes de Casablanca	
1953				
16 août			Émeute à Oujda	
23 août			Déposition du Sultan remplacé par Mohammed Ben Arafa	
2 septembre		Voizard Résident		
27 décembre	Scission entre messalistes et centralistes au MTLD			
1954		Pierre Boyer de La Tour Résident général	Francis Lacoste Résident général	
mars		Gouvernement Mzali		
7 mai				Défaite de Dien Bien Phu
17 juin		Démission du gouvernement Mzali		
10 juillet	Fondation du C.R.U.A			
21 juillet				Fin de la guerre d'Indochine
31 juillet		Discours de Carthage		
1er novembre	Toussaint rouge			
décembre	Création du Mouvement national algérien			
1955			Création de l'Union Marocaine des Travailleurs	
26 janvier	J. Soustelle gvr général			
0 février	L'Assemblée nationale refuse la confiance à Mendès			
31 mars	Vote de la loi sur l'état d'urgence			
avril				Conférence de Bandoung

Date	Algérie	Tunisie	Maroc	Monde
3 mai		Signature des conventions franco-tunisiennes		
19 mai	Le conseil des ministres décide l'envoi de renforts			
1er juin		Retour de Bourguiba		
juin			Assassinat de Lemaigre-Dubreuil	
			Gilbert Grandval Résident général	
			Conférence d'Aix-les-Bains	
juillet			Troubles à Casablanca	
20-21 août	Émeutes dans le Constantinois			
septembre			Pierre Boyer de La Tour Résident général	
novembre			André Dubois Résident général	
1956		Code de Statut personnel		
30 janvier	G. Catroux Résident général			
février 06	Visite de Guy Mollet à Alger			
	Démission de Catroux et nomination de Robert Lacoste			
15 février			Négociations ouvertes à Paris	
2 mars			Indépendance du Maroc	
20 mars		Indépendance de la Tunisie		
11 avril	Dissolution de l'Assemblée algérienne			
18 mai	Militaires massacrés près de Palestro			
20 août	Congrès du FLN			
22 octobre	Arrestations des leaders du FLN			
			Massacre de Meknès	
	Démission de Savary et de de Leusse			
1957		Bourguiba élu Président		
7 janvier	Début de la « bataille d'Alger »			
mars				Traité de Rome créant la C.E.E
29 mai	Massacre de Mélouza			

Date	Algérie	Tunisie	Maroc	Monde
12 septembre	Démission de Paul Teitgen			
24 septembre	Arrestation de Saadi			
1958				Constitution de la Ve République
8 février		Bombardement de Sakhiet		
13 mai	Manifestation à Alger, appel au Général de Gaulle			
13 mai	André Mutter Résident général			
29 mai				Formation du gouvernement de Gaulle
1er juin	L'Assemblée investit le Général de Gaulle			
4-7 juin	Voyage du général de Gaulle en Algérie			
7 juin	Raoul Salan délégué général			
19 septembre	Constitution du Gouvernement provisoire de la République Algérienne			
septembre 28	Nouvelle Constitution française approuvée en Algérie			
2-5 octobre	Plan de Constantine			
12 décembre	Paul Delouvrier délégué général			
1959			Création de l'Union des Forces Populaires	
16 septembre	Le général de Gaulle proclame le droit des Algériens à l'autodétermination par voie de réferendum			
1960				Bombe A française au Sahara
24-31 janvier	Semaine des barricades			
24-29 juin	Échec des pourparlers de Melun			
5 septembre	Ouverture du procès du réseau Jeanson			
6 septembre	Manifeste des 121			
23 novembre	Jean Morin délégué général			
1961				
8 janvier	Victoire du « oui » en métropole			

Date	Algérie	Tunisie	Maroc	Monde
21-22 avril	Coup de force militaire à Alger			
20 mai	Ouverture de la conférence d'Évian			
17-18 octobre	Manifestation de 20 000 Algériens à Paris			
1962				
8 février				Manifestation à Paris anti-OAS au métro Charonne
19 mars	Christian Fouchet Haut Commissaire			
18 mars	Conclusion des accords d'Évian			
8 avril	Accords d'Évian approuvés par référendum			
3 juillet	Le général de Gaulle reconnaît l'indépendance de l'Algérie			

Index des termes définis

A
'abid : 17
'açabiyya : 19
'achûr ou ashour (ou 'ushr): 31
Affaire Tesi, le 2 juin 1885 : 120
'âlim, 'ûlama (pl.) : 15
'arch : 167
agha : 29
amân : 57
amel : 271
Azhar (al) : 213

B
bachaga : 85
baraka : 15
bay'a : 61
ben : 19
bey : 163
beylik : 31
Bled siba : 13

C
cadi (ou qadi) : 31
caïd : 15
calife (ou khalife) : 39
charâa ou chraä ou shraa : 163
Charif, chorfa (pl.) : 11
chéchia : 25
cheikh : 19
Chérif : 11
Commununes mixtes : 89

D
dahir : 25
dar al Islam : 121
dar : 31

dépenses budgétaires. 89
destour : 193
dhimmi : 15
diwân : 29
douar : 19
doub : 151

F
faqih, fuqaha (pl.) : 273
fatwa (ou fetwa) : 225
fellah : 79
fqih : 15

G
Gharb : 23
goum : 105

H
Habous (habûs) : 51
Hafcides : 21
Hagada : 15
hostilité : 233

I
Ibn : 11
Imam : 97
immatriculation des terres : 175
Istiqlal : 213

J
Jama'a (ou djemaa) : 19
janissaire : 29
Jihad : 19

K
kaftan : 57

kanoun ou qanoun : 227
kasbah (ou casbah) : 23
khalife : 55
khammès : 77
khassa : 25
Kroumirs : 119
Kulughlî (ou Koulougli) : 207

M
Maghreb : 11
Makhzen : 15
Mamelouk : 25
marabout : 55
mechta : 185
medersa (ou madrasa) : 25
médina (ou madina) : 267
mehalla : 33
mejba : 113
mektoub : 21
melk : 21
mellah : 15
mendoub (ou mandoub) : 141
mo'allem : 25
mohtasseb : 25
mokhalat : 127
Moulay : 17
msid : 227
muezzin (ou mu'adhdhin) : 159
muphti : 159

N
Nahda : 203
noria : 157

O
odjak : 29
oued : 55
ouléma (ou 'ulâma) : 25
oumana : 131

P
Préside : 125

R
raïs : 35
razzia : 57

S
Salafisme, Salafiyya : 211
Salafiste : 213
shari'a : 13
smala : 57
souk : 23
spahi : 57

T
tabor : 139
taïfa des raïs : 29
tâlib : 15
tolba : pluriel de tâlib : 160
tujar, ou Toujar, pluriel de tajer : 26

U
umma : 13

Z
za'im : 233
zakkat : 31
zâwiya : 19

Index des biographies

A
Ahmed (Messali) 205
Aït Ahmed (Hocine) 337
Al Fassi (Allal) 213
Al Glaoui (Al Thami) 137
Al Wazani (Muhammed) 237
Ali (Mohammed) 196
Arslan (Chekil) 227

B
Balafrej (Ahmed) 227
Barrault (Émile) 75
Belkacem (Krim) 337
Ben Badis 229
Ben Barka (Mehdi) 305
Ben Bella (Ahmed) 337
Ben Youssef (Mohammed) 279
Bey (Moncef) 293
Bidault (Georges) 329
Boulanger (Georges) 120
Bourguiba (Habib) 225
Bourmont (Louis de) 49
Bugeaud (Thomas-Robert) 55

C
Caillié (René) 103
Cambon (Jules) 97
Cambon (Paul) 119
Catroux (Georges) 299
Cavaignac (Louis Eugène) 65
Challe (Maurice) 353
Crémieux (Adolphe) 87

E
El Din El Afghani (Jamal) 203
El Hiba 141
El Kader (Abd) 55

El Krim (Abd) 133
Enfantin (Barthélemy Prosper) 85

F
Ferry (Jules) 97
Fouchet (Christian) 327

G
Griffuelhes (Victor) 173

H
Hanotaux (Gabriel) 119
Hardy (Georges) 173
Hassan (Moulay) 331

J
Jouhaud (Edmond) 357
Jouhaux (Léon) 195
Juin (Alphonse, maréchal) 285
Julien (Charles-André) 77

K
Khaliq Al Turrès (Abd) 237

L
Lacoste (Robert) 345
Lagaillarde (Pierre) 351
Lamoricière (Louis de) 59
Lavigerie (Charles) 97
Leroux (Pierre) 67
Lyautey (Louis) 103

M
Mac-Mahon (Edme, comte de) 83
Massu (Jacques) 347
Mollet (Guy) 343
Monatte (Pierre) 207

N
Noguès (Charles) 235

P
Pflimlin (Pierre) 351
Pivert (Marceau) 207

R
Ramadier (Paul) 237
Randon (Jacques-Louis) 61
Roches (Léon) 57
Rommel (Erwin) 291

S
Salan (Raoul) 347
Savary (Anne, duc de Rovigo) 51

Soustelle (Jacques) 339
Susini (Jean-Jacques) 355

T
Thiers (Adolphe) 57
Tillion (Germaine) 341

U
Urbain (Ismaël) 83

Y
Yata (Ali) 303

Z
Zeller (André) 357

Table des matières

Notes sur les transcriptions 3

Sigles 4

Partie 1. L'Afrique du Nord avant l'arrivée des Français

Chapitre 1. L'Afrique du Nord avant la colonisation française 7
   I. Un ensemble homogène et divers 7
   II. Une société agraire, tribale et inégalitaire 18
   III. Atonie démographique 20
   IV. Des modes de vie ruraux 21
   V. Les échanges et les rapports villes-campagnes 22

**Chapitre 2. L'Afrique du Nord
entre les Espagnols et les Turcs : XVIe-XIXe siècles** 27
   I. La régence d'Alger 27
   II. La régence de Tunis : l'Ifriqiya ottomane 33
   III. Le Maghreb El Aqsa au XIXe siècle 36

Partie 2. L'établissement de la France en Afrique du Nord

Chapitre 3. La France en Algérie 47
   I. Les relations de la France et de la Régence d'Alger avant 1830 47
   II. La conquête de l'Algérie et les résistances armées 49
   III. La fin de la conquête (1841-1847) 55
   IV. Le Maroc et la Tunisie face à l'invasion de l'Algérie 60
   V. L'Algérie sous la Monarchie de Juillet 62
   VI. L'Algérie sous la Deuxième République : « l'Algérie française » 65
   VII. Napoléon III et l'Algérie 76

Chapitre 4. L'Algérie de 1871 à 1898 87
   I. La revanche des colons sous la Troisième République 87
   II. Le nouveau régime de l'Algérie : les Délégations financières 100
   III. L'expansion au Sahara : 1852-1917 102

PARTIE 3. L'EXTENSION DE LA PUISSANCE COLONIALE FRANÇAISE EN TUNISIE ET AU MAROC

Chapitre 5. La Tunisie sous la dynastie husseinite (1830-1883) 109
    I. Ahmed Bey (1837-1855) le temps des réformes 109
    II. Le Pacte fondamental de 1857 sous le règne de Mohamed Bey 110
    III. La Constitution de 1861 sous Mohamed Es Sadok (1859-1882) 112
    IV. Révolte et crise économique des années soixante 112
    V. Le ministère Khereddine (1873-1877) 114
    VI. Vers la perte de l'indépendance (1875-1881) 115
    VII. La reconnaissance de la prépondérance de la France en Tunisie au Congrès de Berlin (1878) 116
    VIII. L'intervention : avril 1881 118
    IX. Le Résident Paul Cambon 120

Chapitre 6. Le Maroc et l'Europe : les rivalités européennes au XIXe siècle 121
    I. La fixation de la frontière du Maroc avec l'Algérie, la convention de Lalla Maghnia 122
    II. Le « système impérial » sous Moulay Abd Er Rahman (1822-1859). 122
    III. Le traité de 1856 : le régime de la « porte ouverte » 123
    IV. La guerre avec l'Espagne (1859-1860) 124
    V. Le problème de la protection : la convention Béclard 126
    VI. Hassan 1er et la Conférence de Madrid : avril 1880 127
    VII. Les réformes de Hassan Ier 128
    VIII. La modernisation de l'armée 129
    IX. Les communications 129
    X. L'appropriation foncière 130
    XI. 1894-1907 : la crise marocaine 130
    XII. Le règne de Moulay Aziz 131
    XIII. Les accords de troc colonial entre les puissances rivales 133
    XIV. Le Maroc et l'Allemagne 134
    XV. La Conférence d'Algésiras (1906) 134
    XVI. La pénétration française à l'Est et à l'Ouest (1907) 135

PARTIE 4. L'AFRIQUE DU NORD COLONISÉE

Chapitre 7. Les bouleversements dus à la colonisation en Algérie jusqu'en 1914 147
    I. Les transformations économiques 147
    II. Les bouleversements démographiques et sociaux en Algérie 148
    III. À la campagne, une société mise en mouvement : l'exemple de la Kabylie 154
    IV. Les bouleversements cultuels 158

Chapitre 8. La Tunisie 1883-1918 161
    I. Le Résident et le fonctionnement du protectorat 161
    II. Le Bey et les structures administratives 162
    III. Les problèmes démographiques. Les Italiens 163
    IV. Les naturalisations de Juifs et de Musulmans 165

V. L'organisation de la justice civile en Tunisie	166
VI. Le développement économique	167
VII. Le mouvement revendicatif « Jeunes Tunisiens » et les troubles (1911-1912)	169
VIII. La Tunisie et la France durant la Première Guerre mondiale	170

Chapitre 9. Le Maroc : l'ère Lyautey-Moulay Youssef (1912-1918) — 173

I. L'action de Lyautey pour transformer le pays	174
II. Le développement économique	175
III. Les infrastructures de transports et d'équipement	176
IV. Urbanisation et urbanisme	178
V. Les finances	179
VI. Une politique économique volontariste	179
VII. L'organisation de la justice civile	180
VIII. La poursuite après la guerre des opérations militaires dites de « pacification »	181

Chapitre 10. Les conséquences de la Première Guerre mondiale — 183

I. L'Algérie au secours de la France en guerre	183
II. La découverte d'une autre France par les immigrés maghrébins : regards croisés	186
III. La famine de 1920	188

PARTIE 5. L'AFRIQUE DU NORD ENTRE LES DEUX GUERRES

Chapitre 11. L'émergence des mouvements nationalistes après la Première Guerre mondiale — 193

I. Les « Jeunes-Tunisiens »	193
II. En Algérie : « Vieux Turbans » et « Jeunes-Algériens »	197
III. Les résistances armées au Maroc	207
IV. Naissance du mouvement nationaliste marocain	212

Chapitre 12. Les années trente : triomphalisme colonial et Empire en crise — 215

I. L'Exposition coloniale	215
II. La crise économique et ses conséquences en Afrique du Nord dans les trois pays	216
III. Le renforcement des mouvements nationalistes dans les années trente	224
IV. Le Front populaire : espoirs et déception au Maghreb	227

PARTIE 6. L'ÉCOLE FRANÇAISE ET L'ACTION SANITAIRE EN AFRIQUE DU NORD

L'enseignement traditionnel au Maghreb	240

Chapitre 13. L'action scolaire de la France en Algérie — 243

I. Les hésitations	243
II. Évolution de la scolarisation après la Première Guerre mondiale en Algérie	249
III. L'action scolaire des ouléma en Algérie	250

Chapitre 14. L'école française dans les protectorats : la Tunisie et le Maroc 253
    I. L'école française en Tunisie 253
    II. L'école française du protectorat au Maroc 259

Chapitre 15. L'action sanitaire 271

PARTIE 7. LA MARCHE VERS LES INDÉPENDANCES

Chapitre 16. L'Afrique du Nord pendant la Seconde Guerre mondiale : la participation 277
    I. La période de la drôle de guerre 277
    II. Le choc de la défaite 279
    III. L'Afrique du Nord sous Vichy (juin 1940-novembre 1942) 280

Chapitre 17. Le débarquement anglo-américain du 8 novembre 1942 289
    I. Un tournant au Maroc 289
    II. La Tunisie, un sort particulier : l'invasion allemande........................ 290

Chapitre 18. Les grands manifestes indépendantistes : la fin du face à face des pays maghrébins avec la France 297
    I. En Algérie 297
    II. En Tunisie 301
    III. Au Maroc 303

Chapitre 19. Les bouleversements économiques et sociaux 307
    I. En Algérie 307
    II. Au Maroc : la croissance économique de 1947 à 1955 310
    III. En Tunisie 312

Chapitre 20. Troubles et réformes politiques 315
    I. Le 8 mai 1945 en Algérie 315
    II. Des réformes tardives et inefficaces pour résoudre la crise dans les trois pays 317

Chapitre 21. Les indépendances 323
    I. La crise des années cinquante et la fin des protectorats 323
    II. La guerre d'Algérie 336

Bibliographie 365

Annexes 373

Chronologie générale 379

Index des termes définis 393

Index des biographies 395

Imprimé en France par Dumas-Titoulet Imprimeurs à Saint-Étienne
N° d'édition : 003391-01 - N° d'imprimeur : 45035
Dépôt légal : février 2007